北京理工大学马克思主义学院资助

余嘉锡学术思想研究

／著

河北出版传媒集团
河北人民出版社
石家庄

图书在版编目（CIP）数据

余嘉锡学术思想研究 / 安学勇著. -- 石家庄：河北人民出版社，2020.12
 ISBN 978-7-202-15064-1

Ⅰ.①余… Ⅱ.①安… Ⅲ.①学术思想－思想史－中国－文集 Ⅳ.①B2-53

中国版本图书馆CIP数据核字(2020)第229206号

书　　名	余嘉锡学术思想研究
	YUJIAXI XUESHU SIXIANG YANJIU
著　　者	安学勇
责任编辑	王　琳
美术编辑	王　婧
责任校对	付敬华
出版发行	河北出版传媒集团　河北人民出版社
	（石家庄市友谊北大街330号）
印　　刷	石家庄天荣印刷有限公司
开　　本	787毫米×1092毫米　1/16
印　　张	22.75
字　　数	304 000
版　　次	2020年12月第1版　2020年12月第1次印刷
书　　号	ISBN 978-7-202-15064-1
定　　价	86.00元

版权所有　翻印必究

序言

　　安学勇博士的著述《余嘉锡学术思想研究》即将出版，这是他在博士学位论文基础上精心修改之作，倾注了多年史学研究的心血，颇多学术精要之处，谨弁言于此。

　　余嘉锡是近现代著名的史学家，以历史文献学研究见长，撰述朴实严谨，考释深切，而且对于史籍的辨伪和考订方法，也多有概括和总结。四卷本《四库提要辨证》为其代表作，乃治史者不可不阅读、不可不利用之书。他是民国时期评定为院士的学者，享有很高的声誉，20世纪50年代仍然受到重视，但后来似乎渐渐边缘化；加之身体不佳，较早去世，及今名气已然不太显著。然而细致衡量，余嘉锡留下的学术遗产相当丰富，其历史文献学的学术成果具有长久的价值，非若应时发论、热烈一番随即云消雾散者可比。以此而言，多做些实在沉潜的文献整理、历史考证工作，对史学持续发展的贡献未必微不足道。但迄今大多中国史学史专著，皆比较忽视这一类史家的业绩，是为缺憾，理应在学界引为关注，今后的史学史研究需要适当地调整视角，做中国史学史上的全面考察和评析。

　　安学勇君于2011年考入南开大学，攻读史学史专业博士学位，列于我之名下。他性情沉稳而待人大方，读书细致也不乏理论思维。自攻读博士学业始，就将毕业论文选定为研究余嘉锡的学术贡献，显示出对于近代以来坚持沉潜治学、扎实考辨之学者的格外重视，这也决定了他个人的学术研究，将从沉潜考释、缜密思索的风格起步，这是一种厚积薄发的学术途径。于今研究进程已届十年，十年寒窗苦，终有成果出。本书的面世，可喜可贺。展阅全篇，乃如实和全面展示了余嘉锡学术历程和学术成果，可圈可点之处甚多，从本书朴实无华的叙述中，可以使读者得到许多学术信息和学术启示。

例如本书第五章对于余嘉锡"历史考据的取信准则"予以总结，得出了"同时代人之著述，相对可信""时代相近，去古未远，相对可信""后出者相对不可信""不得据后人之本轻议前人之稿""传闻之言，未可轻信"等13条论断，这都是余嘉锡治史实践中对于历史记述或疑或信的取舍标准，其中包含余嘉锡的真知灼见，但也有不少值得商榷之处。在此种得失之间加以认真剖抉，可以获知：倘若将经验主义的总结直接提升为机械性的普遍原则，易生谬误，是很不可靠的。安学勇本人或者任何读者，均可以从中获得启发，继续深入研讨，兼指得失地分析余嘉锡的历史考据学思想。

又如本书对于余嘉锡《四库提要辨证》一书的评述，十分全面和具体。此书是余氏最重要的著述，凝聚了作者毕生的治学心血，是其文献学学术成果的结晶。众所周知，余嘉锡把阅读、学习《四库全书总目》的各书提要作为治学门径，由此而逐步登堂入室。但他阅读《四库全书总目》而汲取丰富知识的同时，却逐步发现该书一个又一个的错误，通过积累与进一步的搜求，竟撰成一部丰硕的《四库提要辨证》，建功于学术界。安学勇君根据《四库提要辨证》的考辨，总结出《四库全书总目》之失，具有17种类型，其中包括粗疏、轻率、武断、引错史文、曲解原文、人云亦云、前后矛盾、自乱体例等多种情况，这样的总结归纳，可以显示出四库馆臣并非都是硕学之士，撰定提要之际，也并非时时认真尽责，这直接影响对清朝官方修书撰史活动的整体评论。

尤其可贵的是，安君本书在充分肯定余嘉锡学术成果的同时，也指出其学术观点和具体主张上的讹误，不像有些学者那样往往给研究对象着力辩护，一味赞扬。本书第三章第三节指出了余嘉锡治史思想的局限性，而第四节则专门指出余嘉锡在学术上的"不足"之处，其实这种"不足"包含很多学术理念上原则性的错误。例如第三章第三节关于对余嘉锡"信汉与崇古"的评论，是一个整体性的学术思想误区，其中带有"历史退化论"的倾向。第四节指出余嘉锡固执地认为《孙子兵法》真是春秋时期有个名为孙武的人撰成，与其《古书通例》主张战国之前无私家著述的观点自相矛盾，究其根源，这其实是严重信古观念作怪。至今一些顽固信古的学人，发扬和扩展了余嘉锡的错误理念，说什么"对古书的形成和流传的新认识，使我们知道，我国古书大多数典籍是很难用'真''伪'二字来判断的"（李学勤：《简帛佚籍与学术史》，江西教育出版社2001年版第32页）。有人也应声放言曰："既然古书难以用'真''伪'作出判断，那么也就在整体上否定了疑古派的学术方向。"（张京华：《一些足以破解疑古思想的论述》，《湘南学院学报》，2006年第6期）这种诡辩根本站不住脚，许多先秦古书旧题的作者，乃是后人伪托其名，其中有的是伪托于传说中的圣人，如《黄帝内经》；有的伪托于一个学派的宗师，如《墨子》。但既然是伪托的作者，就已经是一定背景下的伪书，连"黄帝"是否真实存在都大成问题，安得有什么黄帝时期的医书？这岂不纯属伪造？但如果揭示它是汉代造作的书籍，倒也不能完全抹杀其文献价值。《墨子》并非先秦墨翟一人撰成，大多篇章为墨家后学整理写就，自是一种伪托，但不失为墨家学派保存了思想资料。因此，判断古书的真伪之间，确实具有辩证的关系，以时间、语境为背景可以作不同的对待，而其中"伪"的因素是无法解除的。涉及历史内容真伪的判断，要比其他书籍更要严格，如《尧典》《禹贡》，被置于真的《今文尚书》之内，这种"真"仅仅是符合汉代的真本，绝非是文献和内容的绝对真实；相反，以其名而责其实，则无疑属于伪书。若将这些文献的历史资料引证为所谓尧舜禹时期的历史实况，那就是将伪书用作证据。借口典籍具有复杂的形成和流传过程，即肆口否定文献学的真伪判断，等于欲图扼杀历史学最根本的求真准则，将历史学科釜底抽薪，搅浑水以售其欺，给新的伪造历史行为大开方便之门。安君本书虽然表达了不赞同抹杀古书真伪判断的见解，但此事关系颇大，理应进行更广阔、更深刻的批判与论辩。

时至如今，历史学的发展虽然积累了许多可喜的成果，但也积累了不少貌似"共识"的错误说法，这在中国近代史学史研究之中，对中国近代史家、史书的评论之中，事例甚多，牵涉着理论、理念、立场、学识等很多的宏观性问题，亟须理清思想，辨明是非。因此，十分寄望于年轻的史学新人，提高理论水平与治学能力，肩负起推动中国历史学健康发展的学术重任。近日，笔者填有《清平乐》词一阕，录之于此，可与诸君共勉。

清平乐读史评论文
2020 年 8 月 5 日

山横水纵，
隔断云游梦。
宅居书文灯与共，
不觉思波涌动。

史坛近代论评，
几多浅识迷蒙。
莫作一双冷眼，
何当呐喊三声！

乔治忠
2020 年 8 月 15 日于天津南开园上思斋

目录

第一章　余嘉锡生平及学术交游／001

　　第一节　余嘉锡生平简述／002

　　第二节　余嘉锡的学术交游／012

　　　　一、与业师柯劭忞／012

　　　　二、结识陈垣，任教辅仁／015

　　　　三、结识湘籍学者杨树达／017

　　　　四、与当时其他学人／021

第二章　余嘉锡与目录学研究／025

　　第一节　余嘉锡的目录学思想及地位／026

　　　　一、20世纪早期的中国目录学／026

　　　　二、余嘉锡的目录学思想／027

　　　　三、余嘉锡目录学思想评价／040

　　　　四、如何认识"辨章学术，考镜源流"／044

　　第二节　从版本比较看余嘉锡目录学观念的微变／046

　　　　一、整齐篇章结构／047

　　　　二、补充材料，充实文章中的论据／050

　　　　三、文字删削，使表述更加严谨缜密／056

　　　　四、少许观点略有变化／059

　　　　五、版本比较看余嘉锡目录学思想中的崇汉倾向／060

第三节　余嘉锡对章学诚目录学思想的批评／062

一、关于辨章学术，考镜源流／066

二、关于"校雠"与"目录"之别／069

三、关于"别裁"／071

四、"事""理"先后与目录体例／073

五、关于郑樵删削《崇文总目》／075

六、关于《辑略》存亡问题／077

第四节　宗刘：余嘉锡目录学思想探源／078

一、关于"目录"释名／079

二、目录书体制的阐释皆首举刘氏／080

三、论"目录学源流"与"类例沿革"／084

第三章　余嘉锡的古书体例研究与古书辨伪／087

第一节　《古书通例》撰写的学术背景／088

一、疑古辨伪思潮的兴盛／088

二、时人在古书体例方面的研究成果／089

三、余嘉锡对清代学术的继承／091

第二节　余嘉锡对古书体例的总结／092

一、余嘉锡对古籍真伪考辨的重视／092

二、《古书通例》的主体内容／095

三、《四库提要辨证》中对《古书通例》思想应用举例／106

第三节　余嘉锡与疑古派学者古籍辨伪思想比较／108

一、梁启超、胡适与余嘉锡辨伪观念上的差异比较／108

二、两派辨伪分歧举例／120

三、与古史辨伪学者的相同之处／131

第四节 余嘉锡古书体例研究的不足／137

一、余嘉锡对于古书体例有过于泛用之嫌，或将不是"非一时一人"之书，而判为"非一时一人"之书／137

二、余嘉锡考辨古书的理论与实际论证存在相互矛盾之处／143

三、余嘉锡过于崇汉的学术倾向造成的不良影响／146

四、反对使用默证／148

第四章 余嘉锡《四库提要辨证》研究／151

第一节 《四库提要辨证》创作的学术背景／152

一、留守北京／152

二、晚清以来学者对《四库全书总目》的研究／155

三、新出文献的利用／158

四、域外汉籍的发现及与其相关的学术成果／159

第二节 《四库提要辨证》的成书过程／163

第三节 从《四库提要辨证》观《总目》之失／169

一、《总目》之失，贻误后学／169

二、从《四库提要辨证》观《总目》之失／171

第四节 论余嘉锡的历史编纂学思想／189

一、论史书体例／189

二、论历史文学／194

三、论史料／198

四、结语／200

第五章 历史时代与余嘉锡的学术思想／203

第一节 余嘉锡立足于考据学的学术特征／204

一、余嘉锡以考据学名家／204

二、清儒考据之不足／205

　　三、余嘉锡历史考据的取信准则／212

　　三、余嘉锡的考据学方法／220

　　四、余嘉锡考据学的时代特色／236

第二节　持平于汉学与宋学之间／244

　　一、余嘉锡对《四库全书总目》批评宋代理学家的驳正／244

　　二、余嘉锡与新派学者在戴震评价上的分歧／249

　　三、余嘉锡对民国时期考据学者专尚考据的批评／253

第三节　学术求真基础上兼顾致用／259

　　一、学术致用／259

　　二、求真为致用之基础／267

余论／271

　　一、传统考据学的继承发展／272

　　二、折中于汉宋的学术风气／273

　　三、传统学术近代化的努力／275

附录／279

　　附录1　余嘉锡学术编年／280

　　附录2　《四库提要辨证》古籍辨伪书目／286

参考文献／329

第一章 余嘉锡生平及学术交游

第一节 余嘉锡生平简述

余嘉锡,字季豫,湖南武陵人,光绪十年(1884年)生于河南商丘。其父余嵩庆,字子澄,号芷苓,光绪二年丙子恩科进士,"以户部主事出为河南知县,官至湖北候补知府"①。"嘉锡"之名取自《离骚》"皇览揆余初度兮,肇锡余以嘉名"一句,余嘉锡为余嵩庆第四子,生于河南,故其字为"季豫"。

余嘉锡少时从其父受学,秉受庭训。《四库提要辨证》自序中说:"嘉锡束发受书,先君子自课之。"余嵩庆以章句、五经、《楚辞》、《文选》等口授余嘉锡,既卒业,则命观四史、《资治通鉴》及古诗文,而不令余嘉锡学习八股制艺。在余氏一生的治学过程中,并没有明显的师承授受,可以说,余氏少时从父受学,研习传统典籍,奠定了他一生治学的基础。余嘉锡幼年时期勤奋向学,光绪二十三年(1897年),14岁的余嘉锡作成《孔子弟子年表》,并效《郁离子》之体著书数万言。16岁时注《吴越春秋》,但自称"于学问之事,实未有所解"②。余嘉锡在《四库提要辨证》中也写道:"愚于十余龄时,曾作《吴越春秋辨证》,旋悔其少作,弃置不道,其稿亦于兵燹时失去。"③从余氏作《孔子弟子年表》及注《吴越春秋》来看,余嘉锡少时已钟情于考据,所作文章皆用考据方法,这也奠定了余嘉锡后来的治学道路。

当余嘉锡阅读到张之洞《书目答问》时,则惊骇该书之浩博,"茫乎失据,不知学之所从入"。而当读到张氏《輶轩语》曰:"今为诸生指一良师,将《四库全书提要》读一过,即略知学问门径矣。"余嘉锡不禁雀跃曰:"天下果有是书耶?"遂日求购读。光绪二十六

---

① 余嘉锡:《四库提要辨证·序》,北京:中华书局,2007年,第46页。
② 余嘉锡:《四库提要辨证·序》,北京:中华书局,2007年,第46页。
③ 余嘉锡:《四库提要辨证》,北京:中华书局,2007年,第39页。

年（1900年），其父余嵩庆去长沙办事，为余嘉锡购得《四库全书总目》，得到《总目》的余嘉锡穷日夜而读之不厌。遇到有疑难的地方，发箧陈书以考证之，并笔于原书之上。至光绪二十七年（1901年），余嘉锡将所考证的内容重新誊录，整理为一册，这可以看作是余嘉锡从事《四库提要辨证》的开始。同年，余嘉锡参加了补行庚子科乡试，中得举人，并拜主考官柯劭忞为师，后被选为吏部文选司主事，到京师任职。不久之后，因为父亲余嵩庆去世，余嘉锡返回常德老家。1907年，余嘉锡曾担任常德武陵县劝学所所长，后被聘为省公立第二师范学堂国文教员，但收入微薄，所得仅够维持生活。辛亥革命以后，谭延闿督湖南。谭与余为乡榜同年，故电请余嘉锡出仕以共济时艰，但余嘉锡不图仕进，竟辞而不往，并取《论语》中"狷者有所不为"之意而自号"狷庵"[1]。

民国初年，在柯劭忞的引荐下，余嘉锡来到北京，寄住于清史稿主编赵尔巽家。在教授赵氏子弟的同时，余嘉锡也协助赵尔巽审阅《清史稿》初稿。此时，余嘉锡打算携家眷北上定居北京，但因夫人陈福彩顾念陈太夫人年老而未能成行。民国初年的常德并不太平，由于常德地处湘西北交通要道，在军阀混战的情况下，百姓生活也不得宁日。"各个部队往来如穿梭，子弹呼啸，掠头而过，妇孺惊惧，头顶棉被以避流弹。拉民夫，派捐款，市镇扰攘，居无宁日。"[2] 在这种情形之下，余嘉锡的家族也避免不了战争灾祸带来的不幸，为躲避战祸，余嘉锡甚至更名亡命，只身避难于长沙。如其后来在写给陈垣的信中提到："其每篇（《四库提要辨证》）皆有擦损涂灭处，原系贱名。因去年避祸，变姓名亡命，携此自随，惧为所侦查，是以涂去。"[3]

---

[1] 张舜徽：《诚挚的仰慕 深切的怀念——纪念余嘉锡先生诞生一百周年》，《张舜徽学术文化随笔》，北京：中国青年出版社，2001年，第376页。
[2] 周祖谟、余淑宜：《余嘉锡先生传略》，《余嘉锡文史论集》，长沙：岳麓书社，1997年，第664页。
[3] 陈智超编注：《陈垣来往书信集》（增订本），北京：生活·读书·新知三联书店，2010年，第366页。

1927年，夫人陈福彩不幸去世。常德长期战乱，家族遭难，又夫人离世，余嘉锡心情抑郁，因此在处理好丧事后，将二个幼女余淑宜、余淑班分别寄居于弟、妹处，便携子余逊再次来到了北平，"驾言出游，以写其抑郁"①。抵达北平之后，余嘉锡受聘于民国大学，所任科目为"经学通论""史学通论"与"中国文学史"三种。"此数者之中，惟经学所涉稍浅，余则自问尚堪讲授。他若目录、诗文、小说之类，亦平日所尝用心者也。"②但其收入微薄，仍不能以自活。在困顿之际，余嘉锡通过其子余逊得以结识陈垣。1928年，陈垣授课于北大历史系时，发现余逊学识过人，知其家学渊源甚深，便约见其父余嘉锡。余嘉锡与陈垣相见后，两人谈起治学经历，颇能契合。对于与陈垣的会面，余嘉锡难掩喜悦之情。1928年余嘉锡在致陈垣的书信中写道：

> 先生（陈垣）之学之识，素为私心所向往景慕。及蒙接见，所以督饬训诲之者甚厚，为之忻然以喜。即欲持以奉质，而稿本（《四库提要辨证》）删改涂乙，不便省览。又以相见之始，即进而请益，近于冒昧，且惧公私之事繁而有所未暇观也。前日小儿来传叙尊谕，竟承索观，闻命之余，踊跃欢抃，不能自已。③

余嘉锡并将所著之《四库提要辨证》稿本九册呈送陈垣请教。余嘉锡致陈垣书信云：

> 至于拙著，出于摭拾采获，以备遗忘，义乏宏深，词靡条贯，见闻孤陋，纰缪实繁。尚乞俯赐纠正，加以删改，俾附大名以传不朽，幸甚幸甚。④

---

① 陈智超编注：《陈垣来往书信集》（增订本），北京：生活·读书·新知三联书店，2010年，第366页。
② 陈智超编注：《陈垣来往书信集》（增订本），北京：生活·读书·新知三联书店，2010年，第366页。
③ 陈智超编注：《陈垣来往书信集》（增订本），北京：生活·读书·新知三联书店，2010年，第365页。
④ 陈智超编注：《陈垣来往书信集》（增订本），北京：生活·读书·新知三联书店，2010年，第366页。

当读过余嘉锡《四库提要辨证》稿本后，陈垣也意识到余嘉锡是一位极具传统学问根柢的学者，并有意延揽余嘉锡至辅仁大学担当国学讲席。余嘉锡在致陈垣的书信中，也曾向陈垣自荐：

  承谕国学尚缺教师，如蒙推毂，遂获承乏，是亦昌黎之举侯喜，东坡之荐乐圖也。学虽不逮，事正相仿，何幸如之。前日先生言及于此，嘉锡虽私心感激，而赧于自荐，言辞拙钝，未能自道其意，故复以书奉陈，伏希垂察。①

经陈垣的聘请，1930 年 4 月，余嘉锡正式出任辅仁大学国文系讲师，1931 年升为教授，1932 年 9 月兼任国文系主任②。辅仁初创之期，陈垣重视有真才实学的学者，广揽人才，所以能够延聘余嘉锡至辅仁任教。任教辅仁，为余嘉锡在北平学界立足打下了基础，但余氏为人不善交际，在北平的生活，似乎并不完全如人意。余嘉锡任辅仁教授既久，也在北大兼课，为北大师生所倾服。时任北大文学院院长的胡适欲聘余氏为北大史学系专职教授，胡适就此事曾与陈垣商调，陈垣不欲余嘉锡离开辅仁，故婉言谢绝了胡适。此事余嘉锡曾与张舜徽道及，谓："吾与援庵交谊甚深，共事已久，渠既不欲吾他适，义不得去此取彼"③。然余嘉锡不去北大，似乎与太炎门生长期把持北大文史两系有一定关系，即便是胡适，往往也不得不避其锋芒。同时，余嘉锡在辅仁大学，似乎也并不太得意。据杨树达《积微翁回忆录》1933 年 5 月 15 日所载："余季豫来电话，云不日南归；往谈。季豫性情忄卷挚，闻见广博，而能识微。相交五年，与余相得甚欢。在辅仁大学，意不自得。北京大学为某等把持，止以数小时敷衍，决不聘为教授，

---

① 陈智超编注：《陈垣来往书信集》（增订本），北京：生活·读书·新知三联书店，2010 年，第 366 页。
② 辅仁大学档案，案卷号：52，《辅仁大学教职员履历表（1925—1948）》。转引自孙邦华《身等国宝志存辅仁——陈垣》，济南：山东教育出版社，2004 年，第 125 页。
③ 张舜徽：《诚挚的仰慕 深切的怀念——纪念余嘉锡先生诞生一百周年》，《张舜徽学术文化随笔》，北京：中国青年出版社，2001 年，第 377 页。

致与人相形见绌。比以病后，又时局日紧，故决计南归。"①现实中的不如意，加之身染疾病，日本占领东北之后华北时局又日益紧张，故1933年5月17日，余嘉锡南下返湘回到常德。

返回常德，经过一段时间的休养，余嘉锡身体渐愈，但仍较为虚弱，不耐繁剧。五年未归，当年故交也大多零落。久居于家，夫人已逝，旧交零落，无书可读，无人论学，索居寂寞。因此，余嘉锡又怀念在北平时的生活，挂念北平学术界的状况，他在1933年6月7日致陈垣信中提到：

> 拜别以来，倏将匝月，引领北望，结想为劳。惓惓之情，无时或释。乃者狂寇凭陵，震惊畿辅。鲁连谈笑，自处危城，身之著书，藏之地室，高怀雅报，抗迹古人，遐听下风，莫名钦服。得小儿书，知北平国学诸生，怵于鹤唳风声，遂至卷堂大散，独辅仁弦歌不辍，讲诵如恒，以此见儒者之设施不同流俗，是又艺苑之雅谈也。……辅大秦汉史承公代授，不胜感激，糠秕在前，惟以增愧。北平学术界有何新闻，《宋会要》尚能付印否？②

陈垣接到余嘉锡来信之后，随即电复，邀请余嘉锡尽快北返辅仁，继续任教。接到陈垣来信后，余嘉锡决意北返，故复信陈垣说：

> 小儿（余逊）以廿八日抵家，具叙辅仁情形并传达尊意，本拟即日束装北上。奈五年未归，一切琐事一时未能摆脱，现在积极办理，大约八月初间当可抵平。③

余嘉锡从常德途经长沙，于1933年7月11日在长沙拜会老友杨树达后，次日登车北返，继续任教于辅仁大学。

1937年七七事变之后，华北很快被日本占领。不久之后，平津

---

① 杨树达：《积微翁回忆录》，北京：北京大学出版社，2007年，第50页。
② 陈智超编注：《陈垣来往书信集》（增订本），北京：生活·读书·新知三联书店，2010年，第370—371页。
③ 陈智超编注：《陈垣来往书信集》（增订本），北京：生活·读书·新知三联书店，2010年，第371页。

各高校纷纷内迁、南迁，北平大部分教授也大都选择南下。辅仁大学是罗马教廷天主教会所创办，并由德国神甫主持校务，因此可以不受日敌伪当局控制，也能够得到国民政府的承认，当时没有南下的很多知名学者都集中到了辅仁，余嘉锡也选择了留守。据时任北京大学中文系教授兼学校秘书长的郑天挺后来回忆，当时北大负责人均已南下，学校只能由其一人负责，郑天挺将学校诸同学与教授妥善安排南迁之后，于11月7日与罗常培、陈雪屏、魏建功、罗庸等最后一批离平南下。临别之前，郑天挺特意来到辅仁大学与留守的陈垣及余嘉锡辞行。[1] 1941年太平洋战争爆发以后，日美关系破裂，由美国教会主持的燕京大学也被日伪关闭，辅仁成为北平唯一一所还被国民政府承认的高等院校。此时的辅仁大学则集中了一大批的专家学者，以1941年时的辅仁大学中国文学系为例，余嘉锡为中国经学教授兼国文学系主任。在国文学系教员中，教授有储皖峰、郭家声（名誉教授）、沈兼士、孙人和（名誉教授）、余嘉锡，讲师有赵万里、陈君哲、朱以书、顾随、刘盼遂、陆宗达、孙楷第、戴君仁、于省吾，教员有周祖谟，助教有李纽荣。

陈垣、余嘉锡与沈兼士等辅仁师生，在日伪的统治时期，以《辅仁学志》《辅仁生活》等校内刊物为中心发表多篇学术著作，这些作品多以考据学的面貌出现，但其中却蕴藏着以学术来褒贬劝诫、彰善瘅恶的情怀，实为特殊时期的"有意义之史学"。抗战期间，留守辅仁的学者在极艰苦条件下仍坚持学术研究，但受时事影响，此时的学术研究多掺杂着以史为鉴、褒忠贬逆的特征，体现了较强的为时事所发的色彩。如陈垣此时便改变原有学术风格，所作"宗教三书"及《通鉴胡注表微》，皆寓褒贬于考证之中。与陈垣相似，余嘉锡此时作品往往也不仅是为论史而论史。在写给杨树达的书信中，余嘉锡"忧

---

[1] 郑天挺：《深切怀念陈援庵先生》，陈智超主编：《励耘书屋问学记》（增订本），北京：生活·读书·新知三联书店，2006年，第15页。

愤满纸，自署曰'钟仪'，以楚囚自况"[1]，并改题其书斋为"不知魏晋堂"，著述自题籍贯武陵，以《桃花源记》中避秦时乱的逸民自比。[2]日伪统治期间，余嘉锡杜门却扫，息绝交游，不复与世接，生事日艰，以致"家人皆食稷粱，独季（余嘉锡）一人白粲耳"[3]。与余嘉锡杜门却扫相似，居北平教授中，很多学者不问世事，闭门不出，如"张孟劬养病，足不下楼。不相见者已年余。沈兼士于外事一切不问。高阆仙闭门养疾，并授课事亦不肯任"[4]。此期间，余嘉锡的学术风格，在坚持考据的同时，转而兼顾致用，以倡民族大节。余氏于此时期所作之文，虽仍以考据见长，但"举凡作者著书，多因时感事而发"[5]。《世说新语笺疏》一书作于沦陷期间，《笺疏》不仅仅是版本校勘、探寻史实、订正谬误之学，书中也品评人物，实为因时事而发，意在以古援今，彰善瘅恶，正士气，励志节。[6]抗战期间，余嘉锡还于《辅仁学志》上发表《杨家将故事考信录》等文，通过以史证小说，来申明国家复仇之义。

虽然身处日伪统治区，但辅仁诸师与南下学者之间，仍然想尽一切办法，保持着书信联系，彼此探知对方的情形。陈垣通过在香港的长子陈乐素，与诸学术诤友保持联系，并曾提及余嘉锡。如余嘉锡曾将《宋江等三十六人考实》寄给陈乐素转递陈寅恪[7]，1942年，陈寅恪曾有打算北上辅仁任教的想法，陈乐素致书陈垣谈及此事，陈垣与余嘉锡等得知消息，皆十分欢喜，陈垣在写给陈乐素的信中说："寅

---

[1] 杨树达：《积微翁回忆录》，北京：北京大学出版社，2007年，第98页。
[2] 傅试中：《忆余季豫先生》，《私立辅仁大学》，台北：南京出版有限公司，1982年，第126页。
[3] 杨树达：《积微翁回忆录》，北京：北京大学出版社，2007年，第141页。
[4] 杨树达：《积微翁回忆录》，北京：北京大学出版社，2007年，第101页。
[5] 周祖谟，余淑宜：《余嘉锡先生传略》，《余嘉锡文史论集》，长沙：岳麓书社，1997年，第676页。
[6] 周祖谟，余淑宜：《余嘉锡先生传略》，《余嘉锡文史论集》，长沙：岳麓书社，1997年，第674—675页。
[7] 陈智超编注：《陈垣来往书信集》（增订本），北京：生活·读书·新知三联书店，2010年，第1116页。

丈愿在辅仁授课，此梦想而不得者也。当未接此信时，曾与余季丈谈及，昨接信后，即告同人，皆大欢喜。"[1]抗战胜利之后，战时南迁高校北返，1946年，清华大学、北京大学、南开大学复学之前，在北平设置了临时大学补习班，其中第二分班为文学院，由郑天挺担任主任，郑天挺与余逊商量，聘请了几位硕学坚贞的大学者授课，其中便包括余嘉锡。对于此事，郑天挺在1946年1月8日的日记中载道："此次第二（分）班，哲学系请得林宰平先生、严群先生；国文系请得余季豫（嘉锡）、孙蜀丞（人和）、孙子书（楷第）、俞平伯、顾羡季（随）、陈君哲先生……今又蒙陈先生（陈垣）惠然肯来，此真平生第一快事。"[2]

抗战胜利之后，中国的教育界于1946年10月20日，在南京举行了中央研究院第二届评议会，在此次会议上，决定设置中研院院士。1947年10月13日，在召开的中研院院士选举筹备委员会上，将有关单位及评议员提名的510人压减到402名。10月17日继续召开评议会，经过激烈的讨论，最后确定候选人共150名，其中数理组49名，生物组46名，人文组55人。胡适拟的中国文学组候选人有沈兼士、杨树达、傅增湘，史学组候选人有张元济、陈垣、陈寅恪、傅斯年，并没有余嘉锡的名字。傅斯年拟的中国文学组候选人有吴敬恒、胡适、杨树达、张元济，史学组候选人则有陈寅恪、陈垣、傅斯年、顾颉刚、蒋廷黻、余嘉锡或柳诒徵。1948年3月27日，中央研究院院士选举的结果公布，共选出院士81人。余嘉锡与胡适、张元济、杨树达共同当选中国文史组院士。余嘉锡在致杨树达的信中，对当选为院士，难掩喜悦与兴奋之情，余嘉锡说："此次院士选举，兄以声誉卓著，为众望所归，故以二十票顺利通过。弟则不为人所知，

---

[1] 陈智超编注：《陈垣来往书信集》（增订本），北京：生活·读书·新知三联书店，2010年，第1131页。
[2] 郑天挺：《深切怀念陈援庵先生》，陈智超主编：《励耘书屋问学记》（增订本），北京：生活·读书·新知三联书店，2006年，第18页。

而卒获附骥，盖幸也。然全国私立大学与此选者惟弟一人，其难如此（陈援庵亦私立大学，然本是评议员）。"①9月21日余嘉锡与陈垣同机飞抵南京，参加第一届中央研究院院士大会。9月26日，史语所举行茶会，介绍人文组的院士与研究所人员相见，傅斯年邀请余嘉锡与杨树达在会上作了学术演讲。余嘉锡以寒食散及妙音尼、殷仲堪事作了报告。当选院士之时，与其他学者相比，余嘉锡并不具有很高的知名度，甚至没有一部正式出版的专著面世，其《四库提要辨证》只有1937年的史、子两部的印本，而《目录学发微》及《古书通例》更是只以讲义印本的形式流传，能当选为院士，足以说明其文献学的成绩已经得到学术界的公认，实属不易。

1949年7月1日，中国新史学研究会筹备会在北平正式成立，据当时的《文汇报》载：

> 中国新史学研究会筹备会已于一日在平正式成立，一致通过迅速筹备召开全国历史工作者代表会议，该筹备会于一日下午三时半假北京饭店举行，到有该会发起人郭沫若、范文澜、邓初民、陈垣、侯外庐、翦伯赞、向达、吴晗、郑振铎、黎锦熙、裴文中、马衡、余嘉锡、郑天挺、陈钟凡等三十余人（发起人名单附后）。会中，郭沫若、范文澜、邓初民、向达、陈钟凡等均先后发言，一致表示全国历史工作者应团结起来，从事新史学的建设工作。筹备会全体通过了筹备会的组织规程和中国新史学研究会暂行简章。并决□迅速筹备召开全国历史工作者代表会议。选出郭沫若、吴玉章、范文澜、邓初民、陈垣、侯外庐、翦伯赞、向达、吴晗、杨绍萱、吕振羽等十一人为筹备会常务委员会委员，筹备会常委会推选郭沫若任主席，吴玉章、范文澜任副主席，侯外庐、杨绍萱任秘书，负责进行召开全国历史工作者代表

---

① 杨树达：《积微翁回忆录》，北京：北京大学出版社，2007年，第192页。

会议筹备事宜。[①]

中国新史学研究会筹备会的成员中，虽然也有一些在北平的旧学者，如陈垣、余嘉锡等人，但掌握领导权力的则是马克思主义史学家，他们意在改造非马克思主义史学派的学者，使其接受新的马克思主义思想。

中华人民共和国成立之后，许多旧知识分子开始了思想更新。这其中包括余嘉锡的挚友杨树达与陈垣。1949年9月25日，《民主报》请杨树达为文纪念政协，杨树达以《实事求是》为题，"谓清代皖派汉学家戴东原等标榜实事求是，故其学派超越汉唐"[②]，并认为"今中共治军行政概以实事求是为口号，且能实行，建国成功，绝无可疑"[③]。《人民湖大》编辑则请杨树达撰文抗美，杨氏特作《倒行逆施的美国》一文。在知识分子思想改造运动中，杨树达积极力行批评与自我批评，"自我检讨书十日来屡次修改，今日始定稿"[④]。而陈垣更是来到四川巴县积极参加土改，回到辅仁大学后又投入到"教师思想改造"运动中，总结自己解放后思想上的变化，于《光明日报》发表颇为深刻的自我检讨。陈垣还致信杨树达，劝杨氏"法高邮何如法韶山"[⑤]，要主动学习马列主义毛泽东思想。

此时，余嘉锡从辅仁大学中文系主任退下。1949年11月中国科学院成立，他被聘为中国科学院语言研究所专门委员。这年冬天，余嘉锡考证《东林点将录》与《天鉴录》二书时，用思过度而罹疾，"病剧之时，第觉病榻之前后左右所陈列者莫非书也。迨病愈，而考索愈力，未及终篇，忽转为风痹，卧床数月始愈"[⑥]。1950年2月7日，杨树达于日记中也记载："余让之（余逊）书告，季豫前以读书再病，

---

① 《文汇报》，1949年7月8日。
② 杨树达：《积微翁回忆录》，北京：北京大学出版社，2007年，第208页。
③ 杨树达：《积微翁回忆录》，北京：北京大学出版社，2007年，第208页。
④ 杨树达：《积微翁回忆录》，北京：北京大学出版社，2007年，第49页。
⑤ 杨树达：《积微翁回忆录》，北京：北京大学出版社，2007年，第306页。
⑥ 余嘉锡：《四库提要辨证·序》，北京：中华书局，2007年，第47页。

今已恢复。"①卧床 5 个月之后，余嘉锡病情有所恢复，始能步履，粗作文字。1950 年 8 月 19 日，邓之诚去看望余嘉锡，言余嘉锡已"能步能言矣"②。1951 年，余嘉锡又患严重的失眠，言语也不清晰，右体木强，步履不便，已不能作字著书，终日以读小说自遣。③ 1952 年秋，在撰著《元和姓纂提要辨证》后，不慎摔伤右股，以致瘫痪，卧床不起，生活也需要他人照顾，从此再不能提笔著述。

乙未年（1955 年）除夕之夜，余嘉锡吃饭时被馒头所噎而离世，终年 72 岁。得知余嘉锡去世的消息，杨树达极为悲恸："峻书告余季豫于甲午除日逝世，至为痛悼。记一九四八年南京相别时，季涕下如雨，云恐不得再见，余急以余当来京相见慰之。去年两次当入京，皆以病不果，今则虽竟入京，亦不得见此良友矣，痛哉！"④顾颉刚也对余嘉锡的去世表达了惋惜之情："闻余季豫（嘉锡）先生日前逝世，年七十三。渠一生读书，著作甚多，已刊出者只《四库提要辨证》一小部分耳。"⑤"闻杨遇夫先生于旧历正月初三日逝世，惊悼无已。去年旧历元旦余季豫先生没，湘中两大学者一年都尽，伤哉！"⑥

第二节 余嘉锡的学术交游

一、与业师柯劭忞

余嘉锡中举后，拜主考官、翰林院编修侍读柯劭忞为师。柯劭忞，字凤荪，号蓼园，凭《新元史》获日本东京帝国大学文学博士。

---

① 杨树达：《积微翁回忆录》，北京：北京大学出版社，2007 年，第 211 页。
② 邓之诚：《邓之诚文史札记》，南京：江苏凤凰出版社，2012 年，第 528 页。
③ 杨树达：《积微翁回忆录》，北京：北京大学出版社，2007 年，第 223 页、第 241 页。
④ 杨树达：《积微翁回忆录》，北京：北京大学出版社，2007 年，第 285 页。
⑤ 顾颉刚：《顾颉刚全集·顾颉刚日记卷七》，北京：中华书局，2011 年，第 648 页。
⑥ 顾颉刚：《顾颉刚全集·顾颉刚日记卷八》，北京：中华书局，2011 年，第 23 页。

民国期间，曾担任清史馆总纂兼代馆长。余嘉锡居北京期间，时常携友人拜访柯劭忞。如杨树达《积微翁回忆录》就记载，其曾与余嘉锡合宴柯劭忞于莼园。[①] 1933年10月柯劭忞去世，余嘉锡担任丧礼主祭。柯、余两人在治学方向上多有不同，师承关系并不明显。柯劭忞主治元史、经学，余嘉锡则专注于目录学与古文献学。但两人治学上也有些共通之处。

第一，对章学诚与刘知几的评价。新派学人诸如梁启超、胡适等皆极推崇章学诚的《文史通义》，受此影响，弟子牟润孙曾向柯氏请教："讲史学，是不是应当以章实斋之说为准绳？"柯不以为然，认为章学诚很多地方都讲错了。与贬章不同，柯氏极力推崇刘知几的《史通》。[②] 似乎是受到柯氏影响，余嘉锡不仅对章学诚的目录学思想有所批评，更对章氏讲史学颇致意不满，并"鄙薄郑樵、章学诚考证粗疏，甚轻易之"[③]。其《书章实斋遗书后》中说："章实斋《文史通义》深思卓识，固有过人之处，所惜读书未博，故立言不能无失。"又说，"然性既健忘，又自视太高，除创通大义数十条外，他皆非所措意，征文考献，辄所谬误。《文史通义》内篇，是其平生精力所注，又每一篇成，辄就正通人，相与商榷改定，故引证尚无大失。然考核不免粗疏，持论时近偏僻。外篇及文集，气矜弥甚，其失弥多，持较内篇，抑又不逮。"又，章学诚认为唐仲友与朱子不和，因此元人修《宋史》不为仲友立传，章氏进而批评宋濂修《元史》不为仲友作补传。余嘉锡认为，章学诚"为仲友于《元史》中补传，其说至不可通，与儿童之见无以异"，"章氏所论史法，虽或乖僻不情，然尚言之成理，未有如此节荒谬之甚者！真苏东坡所谓'村学究饮白酒，吃瘴死牛肉，醉饱后所发也。'如此而讲史法，不如不讲之为愈矣"。余嘉

---

① 杨树达：《积微翁回忆录》，北京：北京大学出版社，2007年，第40页。
② 牟润孙：《蓼园问学记》，《海遗丛稿》（二编），北京：中华书局，2009年，第70页。
③ 张舜徽：《诚挚的仰慕，深切的怀念——纪念余嘉锡先生诞辰一百周年》，《张舜徽学术文化随笔》，北京：中国青年出版社，2001年，第375页。

锡不仅对章氏讲史学有所批评，对其考证更深为讥讽："实斋自命甚高，欲为方志开山之祖，史家不祧之宗，班、范而下，皆遭指摘，自谓'卑论仲任，俯视子玄'。而乃不知李延寿为何人之子，唐明宗为何朝之帝，以演义为三国志，以长编为宋末书，荒疏至此，殊非意料所及者矣。其他纰缪之处，尚不可胜数。然或事理必待考证而后明，典故必须检寻而后得者，既非实斋之所长，吾固不欲苛责之矣。"①因此之故，在《四库提要辨证》中，余氏遍引群集，却鲜见章学诚之文。与其师柯劭忞赞同刘知几相类似，余嘉锡在《四库提要辨证》中对刘知几多有征引，推崇有加。

第二，两人皆主持平汉宋学术之间。柯劭忞讲学，开宗明义说："吾人治学，当讲宋人之义理，清人之考据，不可学阮元（芸台）。阮氏全讲错了。"②阮元追随戴震，标榜训诂明则义理明，攻击宋儒不讲训诂。但柯氏认为，戴震攻击宋儒，说宋儒不讲训诂之学，义理也不正确，实则是借反对宋儒来反对雍正、乾隆以理学来统治人民。以柯劭忞看来，戴震所说的"以理杀人"不是指宋儒，实际是指当朝皇帝。而阮元笃信戴震，专心致志于训诂之学去讲求义理，作了《性命古训》等文章。③与柯劭忞持平于汉学与宋学相同，余嘉锡对纪昀等四库馆臣诋毁宋儒也多有批评。《四库提要辨证·序》中即说："纪氏……自名汉学，深恶性理，遂峻词丑诋，攻击宋儒，而不肯细读其书。"④在《四库提要辨证》书中，余嘉锡对四库馆臣攻击宋儒之处多有辨证。如《四库全书总目》云《庆元党禁》无杨万里之名，是讲学家不欲引之为气类，余嘉锡考辨后得出结论则是杨万里于孝宗时乞祠不复出，并无因党禁罢官之事，⑤批评四库馆臣诋毁宋代道学家，而不考

---

① 余嘉锡：《书章实斋遗书后》，《余嘉锡文史论集》，长沙：岳麓书社，1997 年，第 578—586 页。
② 牟润孙：《蓼园问学记》，《海遗丛稿》（二编），北京：中华书局，2009 年，第 67 页。
③ 牟润孙：《蓼园问学记》，《海遗丛稿》（二编），北京：中华书局，2009 年，第 67 页。
④ 余嘉锡：《四库提要辨证·序》，北京：中华书局，2007 年，第 51 页。
⑤ 余嘉锡：《四库提要辨证》，北京：中华书局，2007 年，第 344 页。

情事之言。①更为可贵的是，治学秉承乾嘉考据学术而来的余嘉锡，对乾嘉汉学巨擘戴震的学术品格提出了尖锐批评。②余嘉锡虽以考据学名家，但对汉学流弊深恶痛绝；亦尊宋儒，为之正名不遗余力。

第三，两人治学领域也有相同。柯劭忞曾说："我的门人中有两人致力于《四库提要》。"③一个是胡玉缙，另一个就是余嘉锡。余嘉锡毕一生之功于《四库提要辨证》，而《续四库提要·经部》易类的提要多出于柯劭忞之手。《续四库提要》由日本东方文化事业委员会发起，利用日本退还我国的庚子赔款作为经费，由日本人桥川时雄主办。柯劭忞与吴承仕等人负责易类提要的撰著及整理。从台湾商务印书馆发行的《续修四库全书提要》易类提要看，其有署名者皆为柯劭忞所作，占易类提要绝大部分。

二、结识陈垣，任教辅仁

如前文所言，余嘉锡通过其子余逊结识陈垣。在陈垣的聘请之下，余嘉锡出任辅仁大学国文系讲师，后升为教授，1932年9月又兼任国文系主任。④辅仁初创之期，陈垣重视有真才实学的学者，广揽人才，所以能够延聘余嘉锡至辅仁任教。台静农在《辅仁旧事》中说："这一新兴的大学，主要教授多未从其他大学物色，而是从大学范围以外罗致的。因为援庵先生居北平久，结识的学人多，一旦有机会，也就将他们推荐出来。如国文系主任余嘉锡先生，现在都知道他的博学，是一位严谨的考据学者，他原是前清举人，在北京做过官，自己说是六品小京官。"⑤陈垣与余嘉锡的治学方法与治学态度，颇有

---

① 余嘉锡:《四库提要辨证》，北京：中华书局，2007年，第338页。
② 余嘉锡:《四库提要辨证》，北京：中华书局，2007年，第428页。
③ 牟润孙:《学兼汉宋的余季豫先生》，《海遗丛稿》（二编），北京：中华书局，2009年，第219页。
④ 辅仁大学档案·案卷号：52，《辅仁大学教职员履历表（1925—1948）》。转引自孙邦华《身等国宝志存辅仁——陈垣》，济南：山东教育出版社，2004年，第125页。
⑤ 台静农:《辅仁旧事》，《台静农代表作》，北京：华夏出版社，1998年，第262页。

共通之处,"彼此治学的经过,各有甘苦,颇能契合"①。两人治学都深受乾嘉考据学的影响,而不受各种新史学思潮的左右。陈垣对当时史学界的现象深为不满,牟润孙在纪念陈垣的文章中回忆说:"民国以后,许多人凭着一时的灵感,或抓着少许稀见的史料,讨论一些狭窄而琐细的问题,这样的人竟凭一篇文章,一跃而登龙门,成为学者,如果要他去教国文,可能念错字,讲历史则不易抓着系统。先师(陈垣)大约甚不以这个风气为然,不过口头则很少表示。"②面对当时学界的这种浮躁现象,治学严谨崇尚实证的陈垣,"将一个默默无名,苦读《四库提要》,终日伏案一丝不苟地给提要作辨证的余嘉锡"③引入辅仁大学任教。

陈垣与余嘉锡的治学方法颇能共通,都是以《四库全书总目》和《书目答问》等书籍作为治学门径。陈垣也曾经致力于四库总目的研究工作,在《中国佛教史籍概论》的"缘起"中,陈垣提到:"《四库》著录及存目之书,因《四库提要》于学术上有高名,而成书仓猝,纰缪百出,易播其误于众。"④因此,陈垣在该书中,撰有"四库提要正误"专条,对《四库全书总目》释家类中的错误,一一加以纠正。在四库总目辨误上,陈、余时有交流。如,余嘉锡曾向陈垣询问周亮工著述被撤出四库的原因,陈垣复函余嘉锡,据乾隆朝档案详细论述了周亮工《读画录》、吴其贞《书画记》、李清《诸史同异录》等书撤出《四库全书》的原因和经过。⑤又陈垣曾两致函余嘉锡讨论

---

① 陈垣:《余嘉锡文史论集·序》,第1页,载余嘉锡《余嘉锡文史论集》,长沙:岳麓书社,1997年。
② 牟润孙:《励耘书屋问学回忆》,《励耘书屋问学记》(增订本),北京:生活·读书·新知三联书店,2006年,第72页。
③ 牟润孙:《励耘书屋问学回忆》,《励耘书屋问学记》(增订本),北京:生活·读书·新知三联书店,2006年,第72页。
④ 陈垣:《中国佛教史籍概论·缘起》,上海:上海世纪出版集团,2001年,第1页。
⑤ 陈智超编注:《陈垣来往书信集》(增订本),北京:生活·读书·新知三联书店,2010年,第367—368页。

《四库全书总目》中《大唐西域记》提要之误。① 余嘉锡能够任教辅仁并长期立足，与陈垣的帮助是分不开的。

三、结识湘籍学者杨树达

杨树达（1885—1956），字遇夫，号积微，湖南长沙人，近代语言文字学家。杨树达治学也继承了清代考据学传统。1902 年，余嘉锡与杨树达伯兄杨树谷同举光绪壬寅科湖南乡试，且皆拜师于柯劭忞。1927 年，杨树达于《甲寅周刊》阅读到余嘉锡所作之《陆贾新语提要辨证》，知余氏长于考证之学。1929 年 6 月 28 日，杨伯峻偕余逊拜访杨树达，杨树达问知余逊为余嘉锡之子，知其父长于考证，便以所著《老子古义》交余逊代赠余嘉锡。② 7 月 3 日，余嘉锡拜访杨树达，两人久谈，杨树达记载："余知季豫之名久矣，今日始相见也。余来京后，交友求益之意颇殷，而湘人居京者，无一真读书人。得季豫可弥此缺憾矣。"③ 湘人居京学者颇多，而杨树达独以余嘉锡为同道，在于二者皆为居京湘人中治朴学者。清代以来，湖南学者多治宋学，"乾嘉之际，汉学之盛如日中天，湘士无闻焉。"④ 咸同以后，湖南学者习汉学者渐多，但魏源、王闿运、皮锡瑞等人的成就主要还在今文经学方面。钱基博在《中国现代文学史》中称："五十年来，学风之变，其机发自湘之王闿运；由湘而蜀（廖平），由蜀而粤（康有为、梁启超），而皖（胡适、陈独秀），以汇合于蜀（吴虞），其所由来者渐矣，非一朝一夕之故也！"⑤ 故自清以来，湖南学风由宋学而今文经学，治朴学者甚少。民国学人对湘中学者亦多有如此印象，如 1935 年 12 月杨树达与余嘉锡拜访浙人张孟劬，张氏对余、杨考据训诂之

---

① 陈智超编注：《陈垣来往书信集》（增订本），北京：生活·读书·新知三联书店，2010 年，第 371—372 页。
② 杨树达：《积微翁回忆录》，北京：北京大学出版社，2007 年，第 29 页。
③ 杨树达：《积微翁回忆录》，北京：北京大学出版社，2007 年，第 29 页。
④ 杨树达：《积微翁回忆录》，北京：北京大学出版社，2007 年，第 155 页。
⑤ 钱基博：《现代中国文学史》，北京：商务印书馆，2017 年，第 4 页。

学颇多称赞，云"湘中学者自为风气。魏默深不免芜杂，王益吾未能尽除乡气。两君造诣之美，不类湘学"①。对于张孟劬如此评价，杨树达明显不满，其记中写道："孟劬，浙人。意盖谓余二人为江浙人之学也。余不足论也，季豫目录学之精博，江浙士何尝有之乎？"②正因杨树达亦以考据训诂为治学根本，称今文家学者"无一真读书人"，不将其引以为类，结识余嘉锡，使杨树达在北京找到一位同治朴学的同乡，颇可补憾。此后，两人往来频繁，互为切磋，相得甚欢，关系较为密切。杨氏所作文字训诂及考订金石刻辞之文，每一篇成，辄持之以示余嘉锡，余氏"伸纸疾读，往往拍案叫绝"③。杨氏著《积微居小学金石论丛》，则请余嘉锡为之作序。而余嘉锡亦以所著《四库提要辨证》稿本与《目录学讲义》见示，杨树达则誉之为"透辟精审，其专门之业也"④。汉西乡侯兄残碑，杨树达曾为之跋，徐行可藏有此碑精拓本，嘱余嘉锡录杨树达跋于卷末，余嘉锡因此并作《汉池阳令张君残碑跋》⑤，并以之示杨树达，杨氏称赞该文"考证精审，于是此碑无复义矣"⑥。余嘉锡认为《北史·隋炀帝纪》已经亡佚，今本《炀帝纪》则是抄自《隋书》。杨树达则云："世传马总《通历》沿用《南史》《北史》，《炀帝纪》与今本称谓不同，乃《北史》原文也。季豫校勘之精审如此。"⑦沈兼士曾有意延请杨树达执教辅仁大学，还需要托付余嘉锡邀请。据《积微翁回忆录》记载，杨、余两人交往密切，杨树达居北京期间，两人时常拜访董作宾、柯劭忞、傅增湘、张尔田、章太炎等学界名流，问学切磋。

---

① 杨树达：《积微翁回忆录》，北京：北京大学出版社，2007年，第76页。
② 杨树达：《积微翁回忆录》，北京：北京大学出版社，2007年，第76页。
③ 余嘉锡：《积微居小学金石文字论丛序》，《余嘉锡文史论集》，长沙：岳麓书社，1997年，第540页。
④ 杨树达：《积微翁回忆录》，北京：北京大学出版社，2007年，第29页。
⑤ 余嘉锡：《汉池阳令张君残碑跋》，《余嘉锡文史论集》，长沙：岳麓书社，1997年，第556页。
⑥ 杨树达：《积微翁回忆录》，北京：北京大学出版社，2007年，第53页。
⑦ 杨树达：《积微翁回忆录》，北京：北京大学出版社，2007年，第72页。

1937年5月，杨树达因父亲病重，向清华大学请假南归。七七事变之后，华北很快被日本占领，杨树达便没有北返，而是选择了受聘湖南大学。不久之后，平津各高校纷纷内迁、南迁，余嘉锡则坚守辅仁。从此，余、杨之间处于长期的南北隔绝状态，未能相见，只能靠书信维持往来。当时留守北平的学者欲知杨树达的消息，往往询问余嘉锡，而杨树达也是通过与余嘉锡的通信得知北平诸友状况。如1937年12月7日杨树达日记中记载："得余季豫书……言吴检斋已离平。高阆仙恐见汙，闭门不出。张孟劬已迁入城居。"[①] 1938年3月14记载："得余季豫书告，张孟劬近得胃疾，与渠书问余近状。高阆仙足疾已愈。孙蜀丞近益收敛。际兹危局，伏处故乡。故友关怀，只赠感喟。"[②] 1938年9月21日载："得余季豫书，云：张孟劬养病，足不下楼。不相见者已年余。沈兼士于外事一切不问。高阆仙闭门养疾，并授课事亦不肯任。僻处荒乡，闻故友近状，为之一慰。"[③] 1939年6月11日载："得余季豫书，知北平诸友近状。"1940年7月20日载："余季豫来书言，胡绥之年八十二矣，尚在。罗叔言近日已死。在平诸友近况如故。" 1941年8月4日载："得余季豫书，言吴检斋因疑畏抱病死，非为日寇所戕。并云其不肖子斥卖其遗产殆尽，虽著述稿亦不免。检斋一生治学，结果如此，可为痛哭。"[④] 1943年3月5日载："得余季豫北平书，言生事日艰，家人皆食稷粱，独季一人白粲耳。告沈兼士冥鸿他去，盖南行也。"

对留守的余嘉锡，时已南下的杨树达于诗词中也表达了挂念之情。杨树达《积微居诗文钞》现存怀余嘉锡诗两首，今录于下：

怀季豫北平

我思何所属？朴学武陵余。读破连椟简，镕成几卷书。

---

① 杨树达：《积微翁回忆录》，北京：北京大学出版社，2007年，第98页。
② 杨树达：《积微翁回忆录》，北京：北京大学出版社，2007年，第99页。
③ 杨树达：《积微翁回忆录》，北京：北京大学出版社，2007年，第101页。
④ 杨树达：《积微翁回忆录》，北京：北京大学出版社，2007年，第124页。

生还应有幸，老瘦近何如？日饮成良计，袁丝小住吴。①
　　得季豫北平书喜赋　一九三八年九月二十七日
思君不可见，一札亦开颜。况是烽烟急，幽居独闭关。
新篇何日达？故友几人残？忽忽年余事，开尊傍社坛。②

　　从1943年3月到1946年2月，由于战争阻隔，两人之间长期失去联系。直至1946年2月杨树达才"得余季豫书，告近年艰苦之状及胜利后北平教育界事，为之绝倒"③。此时陈垣托付余嘉锡致意杨树达，邀请杨氏北返任教辅仁大学，但杨树达已有留湘培养乡里后进的想法，故复书余嘉锡，辞去了陈垣的邀请。

　　1947年，中央研究院推举的院士候选人名单共150人，杨树达及余嘉锡皆列其中。但余嘉锡对自己是否能当选为院士并没有足够的把握。在致杨树达的信中，余嘉锡说："陈援庵比此次名单为公车征士录，虽不中选，亦何幸而得为阎潜邱、全绍衣耶？"④并坚信杨树达定能当选："明年院士之选兄必入谷，盖从各方衡量，略得端倪，非无据漫谈也。"⑤1948年，两人皆当选为第一届中央研究院院士。余嘉锡致信杨树达，极其希望杨树达能参加8月的院士会议，并约定当联袂返湘。1948年9月，两人皆参加了中研院的院士大会，故交多年未见，多日相谈甚欢，会议过后，余嘉锡北返北平，杨树达南下长沙。南京离别之时，余嘉锡涕下如雨，恐二人不得再次相见。1954年，杨树达两次入京，皆因故未能拜会余嘉锡。1955年，听到余嘉锡去世的消息，杨树达悲恸不已。

---

① 杨树达：《积微居诗文钞》，《积微翁回忆录·积微居诗文钞》，上海：上海古籍出版社，1986年，第16页。
② 杨树达：《积微居诗文钞》，《积微翁回忆录·积微居诗文钞》，上海：上海古籍出版社，1986年，第17页。
③ 杨树达：《积微翁回忆录》，北京：北京大学出版社，2007年，第166页。
④ 杨树达：《积微翁回忆录》，北京：北京大学出版社，2007年，第188页。
⑤ 杨树达：《积微翁回忆录》，北京：北京大学出版社，2007年，第188页。

四、与当时其他学人

任教辅仁大学，为余嘉锡在北平学界立足打下了基础。北平作为故都，虽然已不是政治中心，但仍然是不可替代的全国文化中心，各大学图书馆、故宫博物院图书馆以及北平图书馆，藏书巨丰，且有许多内府秘籍，这为余嘉锡从事《四库全书总目》辨证工作提供了得天独厚的条件。而与当时学界中老派新辈的广泛接触，为增进余嘉锡的学术研究以及扩大知名度，奠定在北平学界的地位，都有着至关重要的作用。除陈垣与柯劭忞外，余嘉锡与胡玉缙、董作宾、罗振玉、傅增湘、杨树达、伦明、沈兼士、吴承仕、陈寅恪、高阆仙、胡适、张尔田、尹炎武、孙楷第、孙蜀丞、于省吾、朱少滨、赵万里、顾颉刚等人都有所往来。

伦明字哲如，民国时期古籍收藏家，1929年聘为辅仁讲师，主讲目录学和版本学。其人喜好收书、藏书，又精通目录版本之学，曾大力倡导续修四库全书，并参与日本东方文化事业委员会主持的《续修四库总目提要》工作，完成《续修四库全书提要》撰述多篇。伦明治四库及目录版本之学，与余嘉锡有着共同学术旨趣。其人酷好藏书，从余嘉锡所作的几篇序跋文中可见一二。1934年，北京琉璃厂通学斋有高邮王念孙三世稿本若干种，无奈索价甚高，更数主皆不谐。伦明便与余嘉锡等人商议集赀合购，其大部归孙蜀丞、其奇零归余嘉锡与伦明，精华则为陈垣所得。余氏等对此欢喜赞叹，不忍去手。[①] 徐行可曾得《巴陵方氏藏书志》一册，以两本寄余嘉锡请校雠序次之，伦明见后携原本而去，嘱书手录为二通，以其一归余嘉锡。[②] 伦明在《辛亥以来藏书纪事诗》中，赞余嘉锡《四库提要辨证》博而核，诗云："改字删篇四库书，馆臣属草更粗疏。隔时应有他山石，

---

① 余嘉锡：《跋王石臞父子手稿》，《余嘉锡文史论集》，长沙：岳麓书社，1997年，第600页。
② 余嘉锡：《巴陵方氏藏书志序》，《余嘉锡文史论集》，长沙：岳麓书社，1997年，第528页。

精识吴彭谢弗如。"① 称赞余嘉锡于古今目录之学探索尤深:"武陵余季豫同年（嘉锡）积二十余年之力，成《四库提要辨证》，博而核，止史、子二部已得七百余篇。所辨者单就提要本文证其舛谬，于阁书之割裂删改尚未之及也。君此外校辑之书尚多，于古今目录之学探索尤深。"②

余嘉锡与傅增湘也有所往来，于学术"平日相与讨论"③。杨树达在日记中就曾记载与余嘉锡同访傅增湘，观傅氏新得宋蝴蝶装本《文苑英华》及商务新影印宋本《论语疏》。④ 由于研究领域相同，傅增湘作《藏园群书题记》，便请余嘉锡为之作序，余嘉锡极尽溢美之词，称傅氏为版本校雠名家，其书与四库提要合而观之，则刘向校书"论其指归，辨其讹谬"者，义乃大备。⑤ 傅增湘见余嘉锡所藏明刊本《新续古今名家杂剧五集》，亦题识云:"此帙乃常德余君嘉锡季豫得于桃源旧家，虽残缺不及半，要自可珍，异时当驰告诵芬室主人（董康）影刊传播之。"⑥

余嘉锡与其他学人也多有往来。余嘉锡考辨《契丹国志》作者叶隆礼时，曾向于省吾借所藏旧抄善本宋《中兴馆阁录》，以断定叶隆礼生平。于省吾见借时，曾要以作跋，应于省吾之邀，余氏作《跋旧抄本中兴馆阁录》，以酬雅意。⑦ 孙楷第完成《述也是园旧藏古今杂剧》，请余嘉锡作序，余氏盛赞孙楷第治元曲之精，考镜源流以穷其变化，斟明体例以究其文词，用力之勤，与昔人治经史诗赋者，殆无

---

① 伦明:《清代藏书楼发展史续补藏书纪事诗传》，沈阳:辽宁人民出版社，1988年，第265页。
② 伦明:《清代藏书楼发展史续补藏书纪事诗传》，沈阳:辽宁人民出版社，1988年，第265页。
③ 余嘉锡:《藏园群书题记序》，《余嘉锡文史论集》，长沙:岳麓书社，1997年，第535页。
④ 杨树达:《积微翁回忆录》，北京:北京大学出版社，2007年，第30—31页。
⑤ 余嘉锡:《藏园群书题记序》，《余嘉锡文史论集》，长沙:岳麓书社，1997年，第535页。
⑥ 傅增湘:《藏园群书经眼录》，北京:中华书局，1983年，第1611页。
⑦ 余嘉锡:《跋旧抄本中兴馆阁录》，《余嘉锡文史论集》，长沙:岳麓书社，1997年，第570—571页。

异也。①沈兼士得《碎金》一册于内阁大库，以为罕见之本，影印行世，以余嘉锡通目录之学，嘱其为跋。②沈又得王鸣盛《窥园图记》，余嘉锡跋此书，言王鸣盛并非今文家，却以郑康成之好图谶而附会之，亦通人之蔽也。③王欣夫辑得《黄顾遗书》，索余嘉锡为之序，余氏谓两先生（黄丕烈、顾广圻）之题识传，而古书之崖略亦传。④

1932年，章太炎北上讲学，在平期间，除诸多弟子外，学界同人后进纷纷前往问学，余嘉锡亦曾登门拜见，⑤4月6日，余嘉锡与陈垣、尹炎武、伦明、杨树达等公宴章太炎于谭篆卿家。⑥1933年，伯希和访问北平，1月10日，历史语言研究所在欧美同学会举行公宴，除该所研究员、特约研究员等皆到外，并请北平研究院、故宫博物院、北京大学、清华大学、北平图书馆、营造学社等机构的学界名流，余嘉锡作为辅仁大学代表，也曾作陪。⑦

余嘉锡的学界交游中，柯劭忞、傅增湘、张尔田等都是民国时期的老辈学者，与余嘉锡交情甚笃的陈垣、杨树达等人，也都有极深的旧学功底。陈垣称自己治学用的是"土法"⑧，杨树达虽自称治学与乾嘉诸儒不同，⑨但其根本却是从传统的音韵训诂入手，循序渐进，经史

---

① 余嘉锡：《述也是园旧藏古今杂剧序》，《余嘉锡文史论集》，长沙：岳麓书社，1997年，第546—547页。
② 余嘉锡：《内阁大车本碎金跋》，《余嘉锡文史论集》，长沙：岳麓书社，1997年，第563页。
③ 余嘉锡：《王西庄先生窥园图记卷子跋》，《余嘉锡文史论集》，长沙：岳麓书社，1997年，第602—603页。
④ 余嘉锡：《黄顾遗书序》，《余嘉锡文史论集》，长沙：岳麓书社，1997年，第537—539页。
⑤ 杨树达：《积微翁回忆录》，北京：北京大学出版社，2007年，第42页。
⑥ 杨树达：《积微翁回忆录》，北京：北京大学出版社，2007年，第43页。
⑦《法国汉学家伯希和莅平》，《北平晨报》，1933年1月15日。
⑧ 牟润孙：《从〈通鉴胡注表微〉论援庵先师的史学》，《励耘书屋问学记》，北京：三联书店，1982年，第76页。
⑨ 杨树达《积微翁回忆录》1952年8月15日载："谓余所用皆清乾嘉以来常用之方法，其实不然。一，余尝习外国文字，于欧洲语源之学有所吸取。二，前人只证明许训，如段、桂是，余则批判接受。三，前人只在文字学本身着力，如王、朱是，余则取古书传注，现代语言及其他一切作材料。四，古韵部分大明，甲、金文大出，尽量撷取利用。五，继承《仓颉篇》《说文》形义密合的精神，紧握不放。"《积微翁回忆录》，北京：北京大学出版社，2007年，第249页。

兼治。余嘉锡与这些学者治学领域虽有同有异,但他们的治学方法与治学态度,颇有共通之处,都是对传统乾嘉考据学的继承发展,又与当时兴起的各种新学术有一定的距离。与当时学界的广泛接触,对余嘉锡的学术创作工作,有着很大的影响。

第二章 余嘉锡与目录学研究

第一节　余嘉锡的目录学思想及地位

一、20世纪早期的中国目录学

20世纪以来，在西方目录学理论的冲击与影响之下，中国传统的目录学开始了近代化进程。1909年，孙毓修在《图书馆杂志》撰文介绍西方的"杜威十进分类法"。新文化运动以后，西方的目录学著作大量被译介到中国，并在一定程度上影响了中国传统目录学的研究，使此时期中国目录学研究领域流派纷呈，出现了大量理论性著作。1925年，梁启超提出要继承并改造中国传统的目录学，以建设"中国的图书馆学"。[①] 20世纪30年代是中国目录学发展史中的一个高峰，呈现出新旧多种理论并存的局面。新旧学者都开始了目录学理论体系的创建。

图书馆学家李小缘对当时的目录学流派作了如下的分析：

（一）考书目之历史者，研究目录之渊源历史，或考证一书版刻之历史者，是谓史的目录学家。如汪国垣之《目录学研究》及刘咸炘之《目录学》。（二）精研一书之版刻异同得失，是为版本学家，如傅增湘之《藏园群书题记》，赵万里之《斐云群书题记》及钱基博《版本通义》可为其代表。（三）就"校雠"二字表面言之，研究某一书籍与其他一书内容字句上之讹异，是谓校雠之学，有如冤家仇雠，相视责难，其代表者如卢报经、黄丕烈之流，近则有蒋元卿之《校雠学史》、胡朴安之《校雠学》。依郑樵、章学诚二氏之论，则以分类义例、编目义例，辨章学术，考镜源流，皆为校雠，易今人之名词言之是则分类条例，编目条例，及解题书

[①] 梁启超：《中华图书馆协会成立会演说辞》，《梁启超全集》第七册，北京：北京出版社，1999年，第4322页。

目提要中之一条例。然则为叙述每一书之起源，与他书之关系，是即"辨章学术，考镜源流"也。此外字义上之神秘玄奥，则治此学者之自立门墙，自神其说，以自求巩固其学说之计耳。何奇之有哉？（四）界乎以前数者之间，自鸣新旧俱全者，则有杜定友之《校雠新义》、姚名达之《目录学》、马导源之《书志学》，姚、马二氏，以粗浅图书馆编目原理，而名之曰"目录学"，实离题太远。[①]

同一时期的汪辟疆也将当时的目录学分为四种，即："有目录家之目录，有史家之目录，有藏书家之目录，有读书家之目录。"[②] 今日学者对当时目录学派的划分，如乔好勤则归纳为旧派、新派与新旧俱全派[③]，传统派以刘纪泽、余嘉锡、汪辟疆为代表。其实所谓传统派者，基本就是李小缘所提到的"史的目录学家"。他们在20世纪30年代，出版了一批专著。代表性者如余嘉锡的《目录学发微》、汪国垣的《目录学研究》、刘纪泽的《目录学概论》以及程会昌的《目录学丛考》等书。王国强则将传统派的史的目录学家，定义为保守主义者，王国强说："当时目录学界活跃着三大流派，即以余嘉锡为代表的保守主义，以杜定友为代表的西化主义，和以姚名达为代表的兼容主义。"[④]

二、余嘉锡的目录学思想

对于中国传统的目录学，周祖谟认为，"历代的目录书很多，各书的编排、分类和内容性质不尽相同，要利用这些书，不能不先理解这类书的性质、体例、作用和源流。这就是传统的目录学所要阐述的

[①] 李小缘：《中国图书馆事业十年来之进步》，《南京大学百年学术精品·图书馆学卷》，南京：南京大学出版社，2002年，第260—261页。
[②] 汪辟疆：《目录学研究》，上海：华东师范大学出版社，2000年，第4页。
[③] 乔好勤：《略论我国1919—1949年的目录学》，《云南图书馆》，1982年第1期。
[④] 王国强：《中国目录学传统的创造性转化》，《河南图书馆学刊》，1995年第2期，第16页。

主要内容。换言之,要利用目录书,应当先通晓目录学。"[1]在《目录学发微》中,余嘉锡便以其渊博的知识储量以及精湛的考据方法,对传统目录学的功用、意义、体制、源流、类例作了阐发。全书分四卷,卷一"目录学之意义及其功用""目录释名",卷二"目录书体制",卷三"目录学源流考",卷四为"目录类例之沿革"。读书篇幅不长,但言语精炼,考据精详,条分缕析,对中国传统目录学作了系统总结。该书是作者1930年至1948年间,在北京各大学讲授目录学课程时所用的讲义,因教学需要,曾印刷面世,但一直未能正式出版,后又经作者修改增删。1962年,该书根据余嘉锡晚年修改过的稿本重新校点,于1963年由中华书局正式出版。

《目录学发微》一书对传统目录学的理论总结,主要有以下几点。

(一)"目录"释名

何为目录呢?余嘉锡说:"目谓篇目,录则合篇目及叙言之也。"[2]《汉书·艺文志》说:"每一书已,向(刘向)辄条其篇目,撮其旨意,录而奏之。"[3]对于《汉志》的记载,余嘉锡理解道:"旨意即谓叙中所言一书之大意,故必有目有叙乃得谓之录。"[4]"录"实际上是由"目"与"叙"两部分而组成,则"举录可以该目"[5]。

既然"录"包含了"目"与"叙"两部分,为何又会将"目""录"并称而成"目录"一词呢?余嘉锡解释说:"其所以又有目录之名者,因向之著录起于奉诏校书。当时古书多篇卷单行,各本多寡不一。向乃合中外之书,除其重复,定著为若干篇,遂著其篇目以防散佚,且以见定本之与旧不同。篇目之后,又作叙一篇,发明其

---

[1] 周祖谟《目录学发微·前言》,余嘉锡:《目录学发微》,《余嘉锡说文献学》,上海:上海古籍出版社,2001年,第3页。
[2] 余嘉锡:《目录学发微》,《余嘉锡说文献学》,上海:上海古籍出版社,2001年,第20页。
[3] 班固:《汉书》,北京:中华书局,1962年,第1701页。
[4] 余嘉锡:《目录学发微》,《余嘉锡说文献学》,上海:上海古籍出版社,2001年,第20页。
[5] 余嘉锡:《目录学发微》,《余嘉锡说文献学》,上海:上海古籍出版社,2001年,第20页。

意，随书奏上。因编校之始，本以篇目为主，故举目言之，谓之目录也。诸书所载向、歆之奏，亦或谓之叙录。盖二名皆举偏以该全，相互以见意耳。实则录当兼包叙目。"①余嘉锡认为"目录""叙录"二名实际上都是举偏该全。简而言之，如下图所示：

录 ｛（目录）目……条其篇目
　　（叙录）叙……撮其指意

（二）论目录学之意义及其功用

余嘉锡论目录学，侧重于从目录书之体制方面强调目录学"考见学术之源流"的作用。余嘉锡通过对中国古代目录书体制的研究，将目录之书分为三类：第一类是"部类之后有小序，书名之下有解题者"②。现存书中如晁公武的《郡斋读书志》、陈振孙的《直斋书录解题》、马端临的《文献通考·经籍考》，清代官修的《四库全书总目》等。第二类是"有小序而无解题者"③。如《汉书·艺文志》《隋书·经籍志》等。第三类是"小序解题并无，只著书名者"④。如《旧唐书·经籍志》《新唐书·艺文志》《明史·艺文志》《通志·艺文略》以及各家藏书目录等。

对于第一种即有小序又有解题的书目，体制最为完善，在考辨学术源流中作用也最明显。余嘉锡非常重视解题在目录书中的作用，他说："目录不著解题但记书名者，固薄其浑漫，视为无足轻重；即有解题者，若其识解不深，则为美犹有憾。"⑤以有解题的目录书，方为最善。对于第二类有小序无解题的书目，多为史志目录，此类目录之所

---

① 余嘉锡：《目录学发微》，《余嘉锡说文献学》，上海：上海古籍出版社，2001年，第20页。
② 余嘉锡：《目录学发微》，《余嘉锡说文献学》，上海：上海古籍出版社，2001年，第6页。
③ 余嘉锡：《目录学发微》，《余嘉锡说文献学》，上海：上海古籍出版社，2001年，第6页。
④ 余嘉锡：《目录学发微》，《余嘉锡说文献学》，上海：上海古籍出版社，2001年，第6页。
⑤ 余嘉锡：《目录学发微》，《余嘉锡说文献学》，上海：上海古籍出版社，2001年，第7页。

以删掉或者不著解题，并非以为解题无用，只是要考虑到史书的篇幅问题，故删繁就简，只保留小序，其作用则在于"穷源至委，竟其流别，以辨章学术，考镜源流"①。对于第三类即无小序又无解题的书目，向来为目录学家所批评，但郑樵却以"类例既分，学术自明"一语概括此类目录的作用，余嘉锡也认为此类目录"苟出自通人之手，则其分门别类，秩然不紊，亦足考镜源流，示初学以读书之门径"②。此三类目录学书籍，虽然体制有不同，但作用则一。余嘉锡指出："以此三者互相比较，立论之宗旨，无不吻合，体制虽异，功用则同。盖吾国从来之目录学，其意义皆在'辨章学术，考镜源流'。"③

中国传统目录学重学术之源流，利用目录学则可以考辨学术之发展。因此，利用目录学则可以收到如下之功用："一，以目录著录之有无，断书之真伪……二，用目录书考古书篇目之分合……三，以目录书著录之部次，定古书之性质……四，因目录访求阙佚……五，以目录考亡佚之书。六，以目录书所载姓名卷数，考古书之真伪。"④而目录之功用又不仅如此，最为重要的，"在能用解题中之论断，以辨章古人之学术。"⑤以上所言，都是将目录书作为考证辨伪之资，非普通学人所能利用。因此，对于普通学人来说，目录学仍可以作为"读书引导之资，凡承学之士，皆不可不涉其藩篱"⑥。就像张之洞在《輶轩语·语学》中所言："今为诸君指一良师，将《四库全书总目提要》读一过，即略知学术门径矣。"⑦

---

① 余嘉锡：《目录学发微》，《余嘉锡说文献学》，上海：上海古籍出版社，2001年，第15页。
② 余嘉锡：《目录学发微》，《余嘉锡说文献学》，上海：上海古籍出版社，2001年，第12—13页。
③ 余嘉锡：《目录学发微》，《余嘉锡说文献学》，上海：上海古籍出版社，2001年，第15页。
④ 余嘉锡：《目录学发微》，《余嘉锡说文献学》，上海：上海古籍出版社，2001年，第16—17页。
⑤ 余嘉锡：《目录学发微》，《余嘉锡说文献学》，上海：上海古籍出版社，2001年，第18页。
⑥ 余嘉锡：《目录学发微》，《余嘉锡说文献学》，上海：上海古籍出版社，2001年，第18页。
⑦ 张之洞撰，司马朝军点校：《輶轩语详注》，上海：华东师范大学出版社，2010年。

(三) 论目录书之体制

如果说目录学的意义为"辨章学术，考镜源流"，那么，目录书究竟如何来实现"辨章学术，考镜源流"的呢？余嘉锡通过对目录书体制的考察，详细阐述了"篇目""叙录""小序"与"版本序跋"的功用。余嘉锡认为目录体制，大要有三，即篇目、叙录与小序。余嘉锡对其功用分别进行了论述。他说："目录者，学术之史也。综其体制，大要有三：一曰篇目，所以考一书之源流；二曰叙录，所以考一人之源流；三曰小序，所以考一家之源流。三者亦相为出入，要之皆辨章学术也。三者不备，则其功用不全。"①

1. 论篇目。

何为篇目？"篇目之体，条别全书，著其某篇第几。"② 先秦诸子著书，往往随作随传，多以单篇的形式流传于世，最初没有一个统一的定本，更无专著可言。各篇在流传过程中，则由其弟子或后人收拾编定成书，因此篇与篇之间往往分合不定，秦时焚书坑儒，加之秦末天下大乱，书籍散乱，更使书籍之分合混乱不一。到刘向、刘歆父子整理图书之时，"求遗书于天下。天下之书既集，向乃用各本雠对，互相除补，别为编次。"③ 刘向校书之时，于所整理的图书，广集众本，删除重复，重新厘定为若干篇，并于每本书都著录篇目，以防止图书的散失以及错乱。故余嘉锡认为："篇目之体，在于条别群书。"对于篇目的作用，余嘉锡认为主要有以下三点：

第一，本来是完整的古书，但由于种种原因，在流传过程中，造成传世卷数与目录书所载卷数不尽合，因此有人怀疑该书或有亡佚，或怀疑该书有后来人所依托的部分。余嘉锡认为，若《别录》中的篇目尚存，或后来的目录书籍在著录书籍时能同时载其篇目，"则按图

---

① 余嘉锡:《目录学发微》,《余嘉锡说文献学》,上海：上海古籍出版社,2001年,第30页。
② 余嘉锡:《目录学发微》,《余嘉锡说文献学》,上海：上海古籍出版社,2001年,第30页。
③ 余嘉锡:《古书通例》,《余嘉锡说文献学》,上海：上海古籍出版社,2001年,246页。

索骥，不至聚讼纷纭"①。第二，古书虽然亡佚了，但如果该书的篇目能够保存下来，仍可以窥见此书所言的大意，所谓"古书虽亡而篇目存，犹可以考其崖略"②。第三，宋代以后，辑佚之风逐渐兴起，学者所辑之书，若有篇目可考，则"望文而知其义，则各归之本篇"③。若无篇目可考，则"以所出之书为次序。亦或意为先后，文义凌乱，无复条理。使目录皆著篇目，则无此患矣"④。

2. 论叙录。

叙录，又称解题、提要。叙录之体源自书叙，作叙的方法则略同于列传。孟子曰："颂其诗，读其书，不知其人，可乎？是以论其世也。"⑤读书当以知人论世，当知书为何人所作，"其平生之行事若何，所处之时代若何，所学之善否若何者"⑥。叙录当起到这样的作用。叙录应该考察书籍的作者的哪些方面呢？余嘉锡从"考作者之行事、作者之时代、作者之学术"⑦三个方面加以论述。

（1）考作者之行事。论考作者之行事，余嘉锡分为"附录""补传""辩误"三种情况。

所谓"附录"，即"《别录》于史有列传事迹已详者，即剪裁原文入录，是曰附录"⑧。此种方法古人可以使用，若如今仍然效法于此，则近乎"窜乱古史"。但余嘉锡认为似可以变其成法，"附录本传或家传表志于叙录之前"⑨，如班固《汉书·艺文志》于书名之下注明"有列传"，又如《四库全书总目》以"事迹具某史本传"的方式，于作者之名氏爵里外，来注明作者之行事。所谓"补传"，"《别录》《七

---

① 余嘉锡：《目录学发微》，《余嘉锡说文献学》，上海：上海古籍出版社，2001年，第33页。
② 余嘉锡：《目录学发微》，《余嘉锡说文献学》，上海：上海古籍出版社，2001年，第34页。
③ 余嘉锡：《目录学发微》，《余嘉锡说文献学》，上海：上海古籍出版社，2001年，第35页。
④ 余嘉锡：《目录学发微》，《余嘉锡说文献学》，上海：上海古籍出版社，2001年，第35页。
⑤《孟子·万章下》，《十三经注疏》本。
⑥ 余嘉锡：《目录学发微》，《余嘉锡说文献学》，上海：上海古籍出版社，2001年，第41页。
⑦ 余嘉锡：《目录学发微》，《余嘉锡说文献学》，上海：上海古籍出版社，2001年，第41页。
⑧ 余嘉锡：《目录学发微》，《余嘉锡说文献学》，上海：上海古籍出版社，2001年，第41页。
⑨ 余嘉锡：《目录学发微》，《余嘉锡说文献学》，上海：上海古籍出版社，2001年，第41页。

略》，于史有列传而事迹不详，或无传者，则旁采他书，或据所闻见以补之。《七志》《七录》亦多补史所阙遗，是曰补传。"[1]所谓"辩误"，"《别录》于撰人事迹之传讹者，则考之他书以辩正之"[2]，余嘉锡认为，这也开创了后来考据家之先声。

（2）论考作者之时代。考作者之时代，有四条原则应当遵循。"一曰叙其仕履而时代自明……二曰作者之始末不详，或不知作者，亦考其著书之时代……三曰叙作者之生卒，并详其著书之年月……四曰不能得作者之时，则取其书中之所引用，后人之所称叙，以著其与某人同时，或先于某人，在某人后，以此参互推定之。"[3]

余嘉锡认为，相比于作者的姓名、官爵和乡里等，作者所处的时代对于我们来说更加重要。因为名氏爵里只关乎作者一人，而其所处的时代则关乎当世。若作者所处的时世不明，则"作者所言，将无以窥其命意"[4]。古人著书，其动机虽然不一，但余嘉锡认为，"人不能脱离时代，斯其动于中而发于外者，无不与时事相为因缘"[5]。因此，如果一部书的著作时代明了，"则凡政治之情况，社会之环境，文章之风气，思想之潮流，皆可以推寻想象得之"[6]。在这样的基础上，才可以真正做到"辨章学术，考镜源流"，若作者所处的时代尚且都不明了，则"何从辨其学术之派别，考其源流之变迁耶？"[7]

（3）论考作者之学术。余嘉锡认为，考作者之学术，以判定书之善否，在目录中居于最重要的地位，这比成一家之言的难度更大。"非博通古今，明于著作之体，好学深思、心知其意者不能办。"[8]想要

---

[1] 余嘉锡:《目录学发微》，《余嘉锡说文献学》，上海：上海古籍出版社，2001年，第43页。
[2] 余嘉锡:《目录学发微》，《余嘉锡说文献学》，上海：上海古籍出版社，2001年，第46页。
[3] 余嘉锡:《目录学发微》，《余嘉锡说文献学》，上海：上海古籍出版社，2001年，第47—50页。
[4] 余嘉锡:《目录学发微》，《余嘉锡说文献学》，上海：上海古籍出版社，2001年，第51页。
[5] 余嘉锡:《目录学发微》，《余嘉锡说文献学》，上海：上海古籍出版社，2001年，第52页。
[6] 余嘉锡:《目录学发微》，《余嘉锡说文献学》，上海：上海古籍出版社，2001年，第52页。
[7] 余嘉锡:《目录学发微》，《余嘉锡说文献学》，上海：上海古籍出版社，2001年，第52页。
[8] 余嘉锡:《目录学发微》，《余嘉锡说文献学》，上海：上海古籍出版社，2001年，第52页。

讨论古人著书的得失，就必须穷原竟委，考察其治学的方法，要做到"虚其心以察之，平其情以出之，好而知恶，恶而知美，不持己见而有以深入乎其中，庶几其所论断皆协是非之公"①。余嘉锡认为学者之弊在于不能心平气和，客观公正，因此他强调治学当在史才、史学之外，尤贵秉承史识以及章学诚主张的史德。②

3. 论小序。

刘向校书，每完成一书，辄条其篇目，撮其指意。刘向去世以后，刘歆在其父的工作基础上，部次群书，指陈各家源流，"总为一篇，谓之《辑略》。以当发凡起例"③。班固修《艺文志》之时，本刘歆之《七略》，删除《七略》中原有的解题，只保留《辑略》中的论述，并将《辑略》各文分别载于六略各个部类之后，成为《汉书·艺文志》各略、类的大小序。小序的作用，也以"考一家之源流，辨章学术之得失"为最重要。

余嘉锡考察了历代目录书的小序并作了简要的评价，余嘉锡说："其后目录之书，多仿《辑略》之体，于每一部类，皆剖析条流，发明其旨，王俭《七志》未之条例，许善心《七林》谓之类例，魏征《隋志》、毋煚《古今书录》谓之小序……其他目录之书，惟《崇文总目》每类有序，然尚空谈而少实证，不足以继轨汉、唐。晁、陈书目虽号为佳书，晁氏但能为四部各作一总序，至于各类无所论说；陈氏并不能为总序，虽或间有小序，惟说门目分合之意，于学术殊少发明也。至清修《四库全书》，然后取法班、魏，寻千载之坠绪，举而复之。既有总叙，又有小序，复有案语。虽其间论辩考证皆不能无误，然不可谓非体大思精之作也。"④余嘉锡认为："诸家目录，能述作者之意者，虽不可云绝无，至于每类皆为之序，于以辨章学术，考镜源流

---

① 余嘉锡:《目录学发微》,《余嘉锡说文献学》,上海:上海古籍出版社,2001年,第53页。
② 余嘉锡:《目录学发微》,《余嘉锡说文献学》,上海:上海古籍出版社,2001年,第53页。
③ 余嘉锡:《目录学发微》,《余嘉锡说文献学》,上海:上海古籍出版社,2001年,第57页。
④ 余嘉锡:《目录学发微》,《余嘉锡说文献学》,上海:上海古籍出版社,2001年,第59—62页。

者，实不多见。"①"盖目录之书莫难于叙录，而小序则尤难之难者。"②

（四）对目录类例理论的探讨

何谓"类例"？余嘉锡云："凡每略分为若干种，每部分为若干类，每类又分若干子目，即所谓类例也。"③

从刘向、刘歆父子的《别录》《七略》到《汉书·艺文志》以至《隋书·经籍志》，历来的目录学家都关注目录中大小序与解题的作用，而忽视对目录书类例进行探讨，并轻视那些只著录书籍名称而不具备大小序与解题的目录，如《隋书·经籍志》便说："汉时刘向《别录》、刘歆《七略》，剖析条流，各有其部，推寻事迹，疑则古之制也。自是之后，不能辨其流别，但记书名而已。博览之士，疾其浑漫，故王俭作《七志》，阮孝绪作《七录》，并皆别行。大体虽准向、歆，而远不逮矣。"④直至郑樵著《通志》之时，认为《崇文总目》每书之下皆为之著说为文繁无用。郑樵说："古之编书，但标类而已，未尝注解，其著注者，人之姓名耳。……但随其凡目，则其书自显。惟《隋志》于疑晦者则释之，无疑晦者则以类举。今《崇文总目》出新意，每书之下必著说焉。据标类自见，何用更为之说？且为之说也已自繁矣，何用一一说焉？至于无说者，或后书与前书不殊者，则强为之说，使人意怠。"⑤与以往文献学家不同的是，郑樵认为与大小序及解题比较起来，目录书之类例的作用更为重要，大小序与解题可以没有，而"类例"则必不可少。郑樵说："学之不专者，为书之不明也；书之不明者，为类例之不分也。类例分则百家九流各有条理，虽

---

① 余嘉锡：《目录学发微》，《余嘉锡说文献学》，上海：上海古籍出版社，2001年，第62页。
② 余嘉锡：《目录学发微》，《余嘉锡说文献学》，上海：上海古籍出版社，2001年，第62页。
③ 余嘉锡：《目录学发微》，《余嘉锡说文献学》，上海：上海古籍出版社，2001年，第126页。
④ 魏征、令狐德棻：《隋书》，北京：中华书局，1973年，第992页。
⑤ 郑樵：《通志》卷七十一《校雠略》第一，清文渊阁四库全书本。

亡而不能亡。"① 又说："类例既分，学术自明，以其先后本末具在。"②自刘向以来的目录学家，其所著目录之书，都是依照一定的类例来编撰的，但他们大多以类例作为部次之法，并没有阐述类例划分对目录书的重要性。郑樵最早将类例的作用提高到如此之高的地位，提出了"类例既分，学术自明"的说法。

余嘉锡在《目录学发微》中，也认识到类例的重要作用，他说："樵所谓类例者，不独经部分六艺，子部分九流十家而已。则其自谓'类例既分，学术自明'者，亦非过誉。然此必于古今之书不问存亡，概行载入，使其先后本末俱在，乃可以知学术之源流。故又作编次必记亡书论，则樵之意可以见矣。"③ 又说："编撰书目，不附解题，而欲使其功用有益于学术，其事乃视有解题者为更难。"④ 余嘉锡认识到郑樵"类例既分，学术自明"理论的目录学价值，故在《目录学发微》中专设一卷，讨论"目录类例之沿革"。

1. 类例划分当兼顾"部次甲乙"。

虽然"类例既分，学术自明"，但余嘉锡对类例观念的总结，并不是完全以明学术源流为唯一准则，因为往往目录的编制要考虑到实际图书的存放问题，因此图书的分类就要考虑到实际上各个部类之间的均衡，避免部类之间的不均带来图书储藏上的不便。如《隋书·经籍志》就言，隋炀帝秘阁之书，"于东都观文殿东西厢构屋以贮之，东屋藏甲乙，西屋藏丙丁"⑤。余嘉锡认为："若书则除目录之外，别有物在。其庋藏也，有阁有殿，有馆有库，分屋列架，故各类相较，不能过多，亦不能过少。……目录之兴，本以为甲乙计数，而'学术之宗，明道之要'，特因而寓之而已。……故类例虽必推本于学

---

① 郑樵：《通志》卷七十一《校雠略》第一，清文渊阁四库全书本。
② 郑樵：《通志》卷七十一《校雠略》第一，清文渊阁四库全书本。
③ 余嘉锡：《目录学发微》，《余嘉锡说文献学》，上海：上海古籍出版社，2001年，第14页。
④ 余嘉锡：《目录学发微》，《余嘉锡说文献学》，上海：上海古籍出版社，2001年，第15页。
⑤ 魏征、令狐德棻：《隋书》，北京：中华书局，1973年，第908页。

术之原，而于简篇卷帙之多寡，亦须顾及。"[1]对于图书的贮藏，是要考虑到馆阁的实际限制以及各类图书之间的均衡问题，这不能不影响到目录上的类例划分。

如以刘向、刘歆校书之分为六略为例，一则因为校书时之分职，二则因为要考虑到当时书籍篇卷多寡的实际情况。但郑樵在《通志·图谱略》对此持批评态度："《汉志》以《世本》《战国策》《秦大臣奏事》《汉著记》为《春秋》类，此何义也？"[2]郑樵批评《汉书·艺文志》不应该将《世本》《战国策》等史书隶于《春秋》类。对郑樵的看法，章学诚在《校雠通义》中作出了批评。《校雠通义·郑樵误校汉志篇》云："郑樵讥汉志以《世本》《战国策》《秦大臣奏事》《汉著记》为《春秋》类，是郑樵未尝知《春秋》之家学也。《汉志》不立史部，以史家之言皆得《春秋》之一体。书部无多，附著《春秋》，最为知所原本。又《国语》亦为国别之书，同隶《春秋》。樵未尝讥正《国语》，而但讥《国策》，则所谓知一十而不知二五者也。"[3]余嘉锡也说："所谓酌篇卷之多寡者，史出于《春秋》，后为史部；诗赋出于《三百篇》，后为集部，乃《七略》于史则附入《春秋》，而诗赋自为一略者。因史家之书，自《世本》至《汉大年纪》，仅有八家四百一十一篇，不能独为一略，只可附录。附之他略皆不可，故推其学之所自出，附之《春秋》。诗赋虽出自《三百篇》，然六艺诗仅六家四百一十六卷，而《诗赋略》乃有五种百六家千三百一十八篇，如援《春秋》之例附之于《诗》，则末大于本，不得不析出使之独立，刘勰所谓'六艺附庸，蔚成大国'也。"[4]"大抵《七略》《别录》，虽意在'辨章旧闻'，然于条别学术之中，亦兼顾

---

[1] 余嘉锡：《目录学发微》，《余嘉锡说文献学》，上海：上海古籍出版社，2001年，第126—127页。
[2] 郑樵：《通志》卷七十二《图谱略》第一，清文渊阁四库全书本。
[3] 章学诚：《校雠通义·郑樵误校汉志篇》，章学诚著，叶瑛校注：《文史通义校注》，北京：中华书局，1985年，第1004—1005页。
[4] 余嘉锡：《目录学发微》，《余嘉锡说文献学》，上海：上海古籍出版社，2001年，第130页。

事实。"①

2. 类例划分当随时代变化而变。

章学诚《校雠通义·宗刘篇》曰:"《七略》之流而为四部,如篆隶之流而为行楷,皆势之所不容已者也。史部日繁,不能悉隶以《春秋》家学,四部之不能返《七略》者一。名、墨诸家,后世不复有其支别,四部之不能返《七略》者二。文集炽盛,不能定百家九流之名目,四部之不能返《七略》者三。钞极之体,既非丛书,又非类书,四部之不能返《七略》者四。评点诗文,亦有似别集而实非别集似总集而又非总集者,四部之不能返《七略》者五。凡一切古无今有古有今无之书,其势判如霄壤。又安得执《七略》之成法以部次近日之文章乎?"②章学诚认为图书的分类应根据学术发展的变化而变化,《七略》的分类体系为后来的四分法所取代是合乎学术实际发展的情况的。"图书的种类,也就是图书的内容和编纂形式有了发展和变化,图书目录的分类体系和编制方法就必然也要作出相应的变化。"③这使得"四部之必不能返《七略》"。

余嘉锡便继承了章学诚这种目录类例当应时而变的观点,他说:"部类之分合,随宜而定。书之多寡及性质既变,则部类亦随之而变。七略之易为四部,亦势使然也。四部之法行之既久,人以为便。"④四部分类法始用于荀勖《晋中经新簿》,以甲乙丙丁为目。甲部即是《七略》《汉志》中的六艺,后世称之为经部;乙部则整合《汉书·艺文志》中的诸子、兵书与数术略,后世称之为子部;史书从"六艺略""春秋类"中析出独立,为丙部;诗赋自为丁部。这种从六分到四分的变化,是与当时的图书变化与学术发展趋势相符合的。如荀

---

① 余嘉锡:《目录学发微》,《余嘉锡说文献学》,上海:上海古籍出版社,2001年,第133页。
② 章学诚:《校雠通义·宗刘篇》,章学诚著,叶瑛校注:《文史通义校注》,北京:中华书局,1985年,第956页。
③ 王重民通解:《校雠通义通解》,上海:上海世纪出版集团,2009年,第6页。
④ 余嘉锡:《目录学发微》,《余嘉锡说文献学》,上海:上海古籍出版社,2001年,第142—143页。

勘合诸子、兵书、数术为乙部，余嘉锡对此分析说："考汉诸子十家，惟儒、道、阴阳三家有西汉末人之著作，余若纵横杂家，皆至武帝时止，农家至成帝时止，小说家至宣帝时止。而名、墨二家，则只有六国人书。可以见当前汉时诸子之学，已在若存若亡之间。由汉至晋，中更王莽董卓之乱，其存焉者盖寡矣。《中经》著录之古诸子凡若干家，今无可考。《七录》子兵录中阴阳部农部各止一种，墨部四种，纵横部二种而已。儒道杂三部最多，恐有大半是晋以后之新著。以此推之，晋时子部之书，当亦无几。此所以合《汉志》四略之书归于一部也。"①四部的整合与当时的学术发展情况相符，因此在中国古代的目录分类体系中长期占据着主导地位，即使偶出现其他的分类方法与之竞争，四部分类法的主流地位都没有变化。但四部分类的体系并非是不可改变的，如"唐宋以后，著述日繁。核其体例，多非古之四部所能包"②。至郑樵《通志略》而为十二分，孙星衍《祠堂书目》而为十分，"然可见经史子集，非一成不易之法矣"③。

同时，余嘉锡站在民国时期中西学术大接触的时代背景下，认识到当时的学术分科已经与中国传统有了天壤之别，因此在目录学的分类上，再依照中国传统的四部分类方法来划分学术，已然跟不上时代发展的趋势。因此，余嘉锡最后总结说："今之学术，日新月异而岁不同，决非昔之类例所能赅括。夫四部可变而为五（祖暅），为六（《隋志》），为七（阮孝绪、许善心、郑寅），为八（李淑），为九（王俭），为十（孙星衍），为十二（郑樵）。今何尝不可为数十，以至于百乎？必谓四部之法不可变，甚且欲返之于《七略》，无源而强祖之以为源，非流而强纳之以为流，甚非所以'辨章学术，考镜源流'也。"④余嘉锡认识到，在西方学术被大量引进中国的情况之下，

---

① 余嘉锡：《目录学发微》，《余嘉锡说文献学》，上海：上海古籍出版社，2001年，第137页。
② 余嘉锡：《目录学发微》，《余嘉锡说文献学》，上海：上海古籍出版社，2001年，第150页。
③ 余嘉锡：《目录学发微》，《余嘉锡说文献学》，上海：上海古籍出版社，2001年，第150页。
④ 余嘉锡：《目录学发微》，《余嘉锡说文献学》，上海：上海古籍出版社，2001年，第150—151页。

以四分甚至更古的六分来划分学术，无法反应新学术的发展。六分可以演变作四分，四分也可以被新的分类方法所取代，这都是时代发展的要求，不可以强为传统辩护。

三、余嘉锡目录学思想评价

对于余嘉锡的目录学思想，今日学者已经作了很多评价。如彭斐章认为："余嘉锡著《目录学发微》是其精华之所在。他从目录学的起源、目录学的意义、古典书目的功用、体例、类例沿革等方面予以总结。他认为我国古典目录学的根本思想是'辨章学术，考镜源流'。他认为：'从来目录学之意义'，'要以能叙学术源流为正宗'，得出了'目录学，学术之史'的结论。"[1]肖希明的评价则相对较为中肯，不仅肯定余嘉锡在目录学上的贡献，同时指出余嘉锡目录学理论上缺少独到的创造性见解。肖希明说："余嘉锡《目录学发微》的价值，就在于它比较完整和系统地总结了我国目录学先驱者的思想精华，阐发了我国古典目录学的优良传统，为后来的目录学研究工作提供了前提。余先生的这一贡献是应该充分肯定的。当然也应该指出，《发微》过多陷于史料的考证和罗列，而没有对我国目录学的发展提出更多创造性的见解，这不能不是它的一大不足。"[2]

余氏旧学功底深厚，其学术之渊源，得力于目录之学；终身所从事的学问，也是以目录学、文献学为主。在当时学术界，已是一致推崇他为"目录学的权威学者"，余嘉锡自己也对学生称，"我讲这科《目录学》……就是当代的任何国学大师也不敢批评我讲得不好"[3]。其言语颇为自负，也恰恰证明余嘉锡目录学研究水平之专精。对于当时已成书的姚名达的《中国目录学史》，余嘉锡则认为"姚某之书大抵

---

[1] 彭斐章，付先华：《20世纪中国目录学研究的回眸与思考》，《图书馆论坛》，2004年第24卷第6期，第5页。
[2] 肖希明：《论余嘉锡〈目录学发微〉》，《四川图书馆学报》，1998年第1期，第70页。
[3] 林辰：《忆恩师余嘉锡先生》，《私立辅仁大学》，台北：南京出版有限公司，1982年，第149页。

剽窃余之《目录学发微》，改头换面。余以其不足齿数，故未尝一言及之"①。

余嘉锡的目录学研究涉及中国目录学的意义、功用、源流、类例沿革等多个方面，对于余嘉锡的目录学贡献，试论如下：

第一，以目录书体制说论目录学。余嘉锡将传统目录书的体制，分为"篇目""叙录"和"小序"三种，并加之以"版本序跋"。余嘉锡以目录书之体制说，来详解目录学如何得以实现"辨章学术，考镜源流"，实为一有价值的创见。他将目录之书分作"部类之后有小序，书名之下有解题者""有小序而无解题者""小序解题并无，只著书名者"三种形式，被后来的一些目录学家所沿用，成为探讨目录书体制的一种重要说法。"如1931年出版的刘纪泽《目录学概论》，论体制、派别，就已一本其说；姚名达《目录学》'目录的派别'一节亦同其说，该书出版于1933年。不过，余嘉锡论述解题只在原原本本推寻叙录体例的本源，对其发展演衍出来的各种变例无一阐发，而这在《中国目录学史》里得到了很好的继续。"②

第二，对"辨章学术，考镜源流"的目录学传统的继承。余嘉锡《目录学发微》是西方目录学理论在中国逐渐产生影响力的情况下，对中国传统目录学的系统性、理论性的总结，借以维系中国目录学在近现代学术体系中的生命力和存在价值。余嘉锡对中国古代目录书体制各个部分的系统论述，完全的继承中国传统目录学"辨章学术，考镜源流"的传统，与以往学者更进步的是，余嘉锡尤其看重郑樵"类例既分，学术自明"分类观的现代价值。在此基础上，余嘉锡提出了"目录学学术之史"的结论，认为"凡目录之书，实兼学术之史，账簿式之书目，盖所不取也"③。

---

① 来新夏：《追忆"读已见书斋"主人——记余嘉锡老师》，《遽古师友》，上海：上海远东出版社，2007年，第10页。
② 严佐之：《〈中国目录学史〉导读》，第9页，见姚名达：《中国目录学史》，上海：上海古籍出版社，2002年。
③ 余嘉锡：《目录学发微》，《余嘉锡说文献学》，上海：上海古籍出版社，2001年，第7页。

但是，以解题与小序等进行"辨章学术，考镜源流"的方式，在图书较贫乏的古代可以行得通，但是在印刷技术发达、图书数量激增的今日，为每本书籍都做解题的目录形式注定难以实现。因此，在今日图书分类中，重视目录"类例"在图书分类中的作用，就更显得难能可贵，余嘉锡对郑樵"类例既分，学术自明"的推崇，在今天中国目录学的发展中，尤其是涉及中国传统学术的书籍在现代目录学分类中的位置这一角度而言，仍然具有实践上的意义。

第三，对中国目录学发展阶段的划分。余嘉锡系统考察了中国古代目录学的发展源流，特作"目录学源流考"，实则是一篇概述性质的"中国目录学史"。余嘉锡将中国目录学的发展划分为三个阶段。第一阶段为周至三国，此时期目录分类基本以六分法为主；第二阶段为晋至隋，目录分类从六分开始逐渐过渡到了四分；第三阶段为唐至清，四分法确立，官修图书目录不断涌现。余嘉锡以目录类例的变化趋势作为划分目录学发展的阶段，勾画出一部中国目录学发展的简史。

第四，以学科意识划分研究领域。余嘉锡将自己的研究限定在"史的目录学"范围之内，将传统目录的学术史功能与西方目录的检索功能相区分。民国时期，部分受西方目录学思想影响的学者激烈的反对传统的目录学，并严格区分图书馆学与传统的目录学。如杜定友就说："中国社会上的一般旧势力，真是可怕得很。在图书馆界中，是向来有所谓中国目录学。我们很承认，中国目录学是一种很专门尊严的学问。我们也绝对承认，中国目录学在学术上有重大的贡献。我们还要光大之，发挥之。不过以中国目录学，即作为图书馆学，以中国目录学的方法和手段，来办理现代的图书馆，这是我们绝对不能承认的。目录学本来是图书馆学的一部分，即使我们现在要尊崇中国的学术，把图书馆学与目录学并立起来，也未尝不可。不过以目录学来包括图书馆学，或二者混为一谈，那是绝对不可能的。"[①]

---

① 杜定友:《十年回忆录》,《中山大学图书馆周刊》,1928年第1卷第4期,第25页。

余嘉锡在研究中，并没有去和新派目录学家争执优劣高下，而是直接在著作中划定各自的研究畛域。他指出："吾国从来之目录学，其意义皆在'辨章学术，考镜源流'，所由与藏书之簿籍自名赏鉴、图书馆之编目仅便检索者异也。"①"甲乙之簿与学术之史，本难强合为一。"②又说："为书目者，既欲便检查，又欲究源流，于是左支右绌，顾此失彼，而郑樵、焦竑之徒得从而议其后，亦势之所必至也。至今而检查之目与学术门径之书愈难强合。"③还说："张之洞谓有藏书家之书目，有读书家之书目。余谓藏书家之书目，如今图书馆所用者，但以便检查为主，无论以笔画分，以学术分，或以书类人，或以人类书，皆可；兼而用之尤善。俟治图书馆学者讨论之。若读书家之书目，则当由专门家各治一部，兼著存、佚、阙、未见，合《别录》《艺文志》与《儒林》《文苑传》为一，曲尽其源流，以备学术之史。"④

在史志目录中，以"辨章学术"为最高宗旨，但其他如藏书目录学派、版本目录学派却不以此为宗，如中国古代之《群书备检》，余嘉锡评价此书："其体如今之索引。盖便于检查，亦目录中应有之义也。"⑤"既无叙录，又所辑皆常见之书，仅便检查，不足辨章学术。"⑥可见，余嘉锡仍以能辨章学术为目录学之最高追求，而轻视仅便检索的目录工具之书。但他以史志目录学的自我限定，与仅便检索的图书馆式目录工具相区分，划定自己的研究界限，具有明确而又清晰的学科意识，树立了中国传统目录学在现代学科体系中的位置。

---

① 余嘉锡：《目录学发微》，《余嘉锡说文献学》，上海：上海古籍出版社，2001年，第15—16页。
② 余嘉锡：《目录学发微》，《余嘉锡说文献学》，上海：上海古籍出版社，2001年，第151页。
③ 余嘉锡：《目录学发微》，《余嘉锡说文献学》，上海：上海古籍出版社，2001年，第151页。
④ 余嘉锡：《目录学发微》，《余嘉锡说文献学》，上海：上海古籍出版社，2001年，第151—152页。
⑤ 余嘉锡：《目录学发微》，《余嘉锡说文献学》，上海：上海古籍出版社，2001年，第37页。
⑥ 余嘉锡：《目录学发微》，《余嘉锡说文献学》，上海：上海古籍出版社，2001年，第36页。

四、如何认识"辨章学术，考镜源流"

中国古代的目录学"辨章学术，考镜源流"的传统，的确是促进了古代学术文化事业的发展。但受近代西方目录学重视检索与图书编目特点影响的学者，认为"辨章学术"应该属于中国学术史研究的范畴而不应该是目录学的任务，非难中国传统的目录学。甚至有人以中国传统的目录学为当下目录学发展的"红色包袱"，或者认为中国古代根本就没有目录学的存在。

如杜定友在《校雠新义》序中认为："我国学术，向病庞杂，目录之学，亦复患此。近来欧化东渐，图书之学成为专门。取其成法，融会而贯通之，亦我国言校雠者之责也。窃本夫子述而不作之旨，成《校雠新义》十卷。"①对于中国传统的目录学，杜定友认为："四部之法，经史子集，无一云通，缘于司校雠者均不明类例之学，分类之时，又无根本原则以为依据。数千年来，略有部次图书之门目，而无图书分类之表系，其不流于简陋错乱者未之有也。"②对目录与目录学的看法，则完全是以西方观念来看待，他说："目录，所及簿记图书而便检取也，此外无所用……欲求检用之便，则有图书编目之法，所谓目录学是也。"③

一种以蒋伯潜《校雠目录学纂要》为代表。《校雠目录学纂要》作于1941年，是蒋伯潜应朱自清邀请，拟赴西南联合大学任教写的讲义，后来因为交通阻塞问题，蒋未能赶赴昆明，该书稿遂于1944年由正中书局出版。蒋伯潜对《六艺略》小序批评道："《七略》《汉志》所叙诸经底源流未必确实；章学诚推崇过甚，未免阿其所好！"于《诸子略》小序，蒋伯潜批评道："如以此类为明学术源流，倒不如不明源流之为愈。"蒋伯潜认为"辨章学术，考镜源流"至多只能

---

① 杜定友:《校雠新义》，台北：台湾中华书局，1969年，自序。
② 杜定友:《校雠新义》，台北：台湾中华书局，1969年，第60页。
③ 杜定友:《校雠新义》，台北：台湾中华书局，1969年，第61—62页。

说是目录学的一种成绩或者效果,而不应该是目录学本身的工作。他说:"且严格言之,研究学术源流派别,是学术史底任务,不是校雠目录学底任务。分类编目者,固须对于学术史有深切的研究,洞悉历代学术源流,所分之类方能妥当。而且分类明确的目录,确是研究学术史绝好的史料。但不能把目录学和学术史混为一谈,把学术史底工作,全部强纳于校雠目录学底范围中。所以条别学术源流,至多只能说是分类编目底一种成绩或效果,不是校雠目录学底本身的工作。"[1]

当代学者王国强立足于西方的目录学理论,对中国传统的目录学批评尤甚。王国强在多篇文章中表达过这样的观点。如他评价继承中国传统目录学思想的学者:"作为文化上的保守主义,这一目录学流派在中国近代思想文化史上不仅渊源有自,而且薪火不绝。文化上的保守主义是有一定积极意义的,但是它显然也不易有新的创造。"[2]王国强并以现代目录学的功用价值否定中国传统目录学:"'辨章学术考镜源流'是传统中国目录学对于目录学的局部认知,是经验时代中国目录学有价值的总结,符合了传统中国文化的要求。然而,绝对化导致了它成为一种封闭的自我循环系统,它的内在局限是没有涵盖目录学的基本内容,没有解释目录学基本现象,含有否定目录学学科价值的危险。"[3]

但是,这些批评者基本都是站在近现代以来西方目录学学理的立场上,来看待中国传统目录学的,西方目录学重视目录的检索功能,"确立了以著者为标目的著录原则、规范化的著录格式和便于查检的编目要求,是一种技术中心论"[4]。而中国的目录学却与此不同,更强调群书之秩序,更有超越目录本身的人文价值。有如若以中国传统目录学之观念来看待西方目录学,认为其难以承担"辨章学术,考镜源

---

[1] 蒋伯潜:《校雠目录学纂要》,北京:北京大学出版社,1990年,第173—176页。
[2] 王国强:《20世纪30年代中国目录学的历史地位》,《图书与情报》2000年第1期,第9页。
[3] 王国强:《"辨章学术考镜源流"之再批判》,《图书与情报》1994年第1期,第28页。
[4] 付荣贤:《〈汉书·艺文志〉研究源流考》,合肥:黄山书社,2007年,第453页。

流"的文化功能，同样都是不合情理的。

经学在中国文化中居于正统之地位，其他诸部之书，都是经部之"流"，《汉志》所谓诸子出于王官之意正在于此。体现在目录学领域，则是经部为目录书之首，为学术文化之核心，处于一尊地位，因此，中国传统目录书的编制必须要体现出经的地位以及各部之间的等级秩序，这与中国传统文化的精神是相契合的。"辨章学术，考镜源流"的意义也在乎此，缺少了这样一种精神，很难想象中国古代会编制出更有价值的目录书。

如范凡所说："中国目录学原有的目的就包括'辨章学术，考镜源流''纲纪群籍，簿属甲乙'以及'读书治学门径'等各项内容，甚至'卫道'的作用，它可能是不方便检索的，但是它确实就是目录，就是目录学，这是谁也不能否认的。"[①] 接受西方目录学方法的目录学家将"簿属甲乙"之外的各种作用一概剥离，以西方观念衡量中国传统学问，这是接受传统文化熏染的学者所难以接受的。

第二节　从版本比较看余嘉锡目录学观念的微变

今日所见的《目录学发微》，是经过了余嘉锡晚年重新删改与整理的本子，与他在 20 世纪 30 年代在北京各大学授课时所用的讲义之间存在着一些文字上的不同。笔者得到余嘉锡 30 年代于北京大学授课所用讲义一册，为杜道生影印民国本。封面题"目录学发微""余嘉锡先生讲义""杜道生敬署"及有"杜道生印"字样的图章，封面所有字的笔迹相同，估计皆出自杜道生亲手题写，每页版心处皆有"北京大学出版组印"字样，刊印具体时间则不详。杜道生，四川人，

---

① 范凡:《民国时期图书馆学著作出版与学术传承》，北京：国家图书馆出版社，2011 年，第 214 页。

1935年至1937年先后就读于辅仁大学与北京大学,故该讲义原本当刊印于1937年以前,具体时间有待确定。

《目录学发微》的正式版本,则是1963年中华书局本。但由于当时该书只印刷了2700册,市场需求较大,数量有限,故流传不广,书籍难觅。为满足读者需求,巴蜀书社"更取作者手校批注本与1963年印本对勘,印本中有脱字处和注解不完备处都得据手校批注本加以刊正增补"[①],于1991年重新出版。上海古籍出版社2001年据巴蜀书社本,将该书与《古书通例》合刊,以《余嘉锡说文献学》作为书名,出版发行。此后各出版社印本众多,兹不一一。

将北京大学出版组印(以下简称北大印本)《目录学发微》与上海古籍出版社2001年版《余嘉锡说文献学》之《目录学发微》两本相校勘,发现存在大量文字上的不同。这种不同,单从文字增删的角度,可以分为以下三种情况:(一)北大印本原有的文字,上古籍本相应的行文有所修改。(二)北大印本有,而上古籍本无的文字。(三)上古籍本有,而北大印本无的文字。(两个本子之间不同之处,部分是由于排版原因所造成的错别字,不在本文讨论范围之内。从北大本到上古籍本,有些文字上的改动不影响文义,也不做整理,略去不谈。)通过对以上三种文字进行整理,并重新归类,我们将北大印本到上古籍本的变化,归纳为以下几种情况。

一、整齐篇章结构

(一)标题调整

通过比较,我们发现余嘉锡对书内各节的标题进行了统一修改。详见下表(表中每一行,北大印本的文字与上古籍本文字为原文位置一一对应关系,下同)。

[①] 周祖谟:《目录学发微·前言》,见余嘉锡:《余嘉锡说文献学》,上海:上海古籍出版社,2001年,第4页。

北京大学出版组印		上海古籍出版社 2001 年版	
页码	内容	页码	内容
叶 1A	开宗明义篇第一	第 5 页	目录学之意义及其功用
叶 10A	释名篇第二	第 19 页	目录释名
叶 17A	篇目篇第三	第 30 页	目录书体制一　篇目
叶 22A	叙录篇第四	第 37 页	目录书体制二　叙录
叶 35A	小序篇第五	第 57 页	目录书体制三　小序
叶 45A	板本序跋篇第六	第 71 页	目录书体制四　板本序跋
叶 50A	源流篇第七上　周至三国	第 79 页	目录学源流考上　周至三国
叶 57A	源流篇第七中　晋至隋	第 89 页	目录学源流考中　晋至隋
叶 69A	源流篇第七下　唐至清	第 107 页	目录学源流考下　唐至清
叶 79A	类例沿革篇第八　附表	第 125 页	目录类例之沿革

很明显，修改之后的标题分为"意义与功用""目录书体制""源流考"与"类例之沿革"几个大部分，更易于读者理解篇章结构，以及对整体内容的把握。

（二）由标题调整导致的语句调整

由以上的标题修改，导致在行文中涉及标题语句的部分，都作出了修改。如下表。

北京大学出版组印		上海古籍出版社 2001 年版	
页码	内容	页码	内容
叶 1B	详见篇目篇	第 6 页	详见后目录书之体制三
叶 4B	详见后板本序跋篇	第 12 页	详见后目录学之体制四
叶 9A	具载《叙录篇》中	第 18 页	具载后目录书之体制二
叶 13B	篇目之重要别具本篇	第 25 页	篇目之重要别具后目录书之体制一
叶 95B	此意已于叙录诸篇言之详矣	第 152 页	此意已于目录学之体制诸篇言之详矣。

（三）整齐文字表述规范

修改后的《目录学发微》，行文中涉及的书名在表述时更加完整，更符合规范。

北京大学出版组印		上海古籍出版社 2001 年版	
页码	内容	页码	内容
叶 3A	《四库全书总目》崇文总目提要，卷八十四目录类	第 8 页	《四库全书总目提要》卷八十四《崇文总目提要》
叶 5B	宋郑樵《校雠略》，《通志》卷七十一	第 13 页	郑樵《通志》卷七十一《校雠略》
叶 8B	然据《汉书》《韩易》十二篇	第 17 页	然据《汉书·艺文志》《韩易》有二篇
叶 14A	《晏子叙录》	第 25 页	《七略别录佚文·晏子叙录》
叶 14A	《孙卿》录云	第 26 页	《孙卿新书》录云
叶 18B	《战国策书录》	第 32 页	《七略别录佚文·战国策书录》
叶 23B	考之严可均所辑《全汉三国六朝文》	第 40 页	考之严可均所辑《全上古三代秦汉三国六朝文》
叶 27A	《邓析子录》	第 46 页	《七略别录佚文·邓析子书录》
叶 27B	《四库提要》卷三易类，《童溪易传》三十卷	第 46 页	《四库全书总目提要》卷三《童溪易传》提要
叶 29A	《汉书·艺文志》王史氏注引《别录》："六国时人也。"	第 48—49 页	《汉书·艺文志·六艺略》："王史氏二十一篇。"注引《别录》云："六国时人也。"
叶 29A	《战国策录》	第 49 页	《七略别录佚文·战国策书录》
叶 30A	《列子录》	第 50 页	《七略别录佚文·列子书录》

（四）北大印本以下三条皆在行文之后，但相应的上古籍本，此三处文字皆调整在行文之前，作为小标题而存在

北京大学出版组版有，而上古籍版无的文字	
叶 28A	"以上论考作者之行事"，上古籍版第 47 页无此语。
叶 31B	"以上论考作者之时代"，上古籍版第 52 页无此语。
叶 34B	"以上论考作者之学术"，上古籍版第 57 页无此语。

上海古籍出版社版（2001 年）有，而北大版无的文字	
第 41 页	小标题"论考作者之行事"，北大本叶 24B 无此语。
第 47 页	小标题"论考作者之时代"，北大本叶 28A 无此语。
第 52 页	小标题"论考作者之学术"，北大本叶 31B 无此语。

二、补充材料，充实文章中的论据

（一）补充引文

上海古籍出版社版有，而北大版无的文字	
第 25 页	引《汉书·艺文志》注：师古曰，删去浮冗，取其指要也。北大版叶 13A，无"师古曰"三字。
第 45 页	全祖望《鲒埼亭外集》卷四十二《移明史馆帖子》二：《新唐书·艺文志》于三唐图籍必略及其大意，而官书更备。……则遗文藉此不坠。斯岂仅书目而已者？ 北大本叶 27A 无此语。
第 57 页	《四库提要》凡例：刘向校理秘文，每书具奏；曾巩刊定官本，亦各制序文。然巩好借题抒议，往往冗长，而本书之始末源流转从疏略。 北大本叶 34B 无此语。
第 71 页	黄生《字诂》：《说文》："写，传置也。"《礼记》："器之溉者不写，其余皆写。"《注》谓传之器中是也。盖传此器之物置于他器谓之写，因借传此本书书于他本亦谓之写。古云"杀青缮写"，又云"一字三写，乌焉成马"，又云"在官写书，亦是罪过"，皆此义也。 左暄《三余偶笔》卷十二：《鲁语》闵马父曰：昔正考父校商之名颂十二篇于周太师，以《那》为首。其辑之乱曰"自古在昔，先民有作；缊恭朝夕，执事有恪。"后世编书者用"校"字"辑"字始此。 北大本叶 45A，无此语。

续表

	上海古籍出版社版有，而北大版无的文字
第77—78页	翁方纲《苏斋笔记》卷一：《经义考》于每书之序多删去其岁月，观者何自而考其师承之绪及其先后之迹乎？又所载每书考辩论说皆浑称为某人曰，不著其出于某书某注某集，则其言之指归无由见，而于学人参稽互证之处亦无所裨助，盖竹垞此书因昔人经籍存亡考而作，专留意于存佚，而未暇计及后人之详考也。 北大本叶49A 无此语。
第80页	俞樾《湖楼笔谈》卷一：礼云"记问之学不足以为人师"，然记问亦是一学。《周易》有《序卦》一篇，先儒以为无意义，疑非圣人作，其实即记问之学也。《周易》六十四卦次序颇不易记，故作此一篇以联缀之，使自《屯》《蒙》至《既济》《未济》皆有意义可寻，则满屋散钱贯穿成一线矣。《尚书》之序云：为某事作某篇不如《易》之贯穿成一。故扬子《法言·问神篇》曰"《易》损其一，虽蠢知阙焉。至《书》之不备过半矣，而习者不知。惜乎《书》序之不如《易》也。"夫《书》序万不能如《易》之序，然即扬子此言，可见作《序卦传》之意，亦可见《序卦传》之功。 北大本叶50B 无此语。
第108页	《唐六典》卷九：大唐平王世充，收其图籍，泝河西上，多有漂没，存者犹八万余卷。自是图籍在秘书。 北大本叶69A 无此语。
第111页	《元和姓纂》卷二：毋：毋丘氏，或为毋氏，开元右补阙毋煚洛阳人，一云吴人。 北大本叶71A 无此语。
第112—113页	《唐会要》卷三十五：天宝三载六月四库更造见在库书目，经库七千七百七十六卷，史库一万四千八百五十九卷，子库一万六千二百八十七卷，集库一万五千七百二十卷。从三载至十四载，库续写又一万六千八百四十三卷。 案《会要》卷六十四又叙此事，略同，惟卷数稍不合。 北大本叶72A 无此语。
第117页	《建炎以来朝野杂记》卷四：《中兴馆阁书目》者，孝宗淳熙中所修也。高宗始渡江，书籍散佚。……凡七十卷，秘书监陈骙领其事，五年六月上之。 北大本叶75A 无此语。

续表

	上海古籍出版社版有，而北大版无的文字
第 118 页	高似孙《纬略》卷七："中兴馆阁书殊为简略。余在馆时，日以校对，犹是郡国民间所上，本馆阁不曾再行缮书。又只有一本一篇，借去竟成失落，故阙书亦多。" 张淏《云谷杂记》卷二：淳熙中道山诸公作《馆阁书目》云："《广韵》五卷，不知作者。"《崇文总目》云："盖后人博采附见，故多丛冗。"夫《崇文目》云丛冗者，盖指《广唐韵》耳，当时既不知为陈彭年所定，且误认《广唐韵》为今之《广韵》，其疏甚矣。馆阁目大抵多舛妄，盖不特此也。 北大本叶 75A 无此语。
第 120—122 页	朱彝尊《经义考》卷二百九十四：古书著录未有不详其篇卷及撰人姓氏者，故其卷帙宁详无略。……迨明正统六年，少师杨士奇、学士马愉、侍讲曹鼐编定《文渊阁书目》，有册而无卷，兼多不著撰人姓氏，致览者茫然自失。其后藏书之家往往效之，虽以叶文庄之该洽，而《菉竹堂目》都不分卷，鄞县范氏《天一阁目》亦然。 《四库全书总目提要》卷四十五《文渊阁书目提要》：今以《永乐大典》对勘，其所收之书世无传本者往往见于此目，……今阅百载，已散失无余。 孙承泽《春明梦余录》卷十二：永乐辛丑命修撰陈循将南内文渊阁书各取一部至京，……又正德间，阁学士杨廷和请令中书胡熙、典籍刘伟与主事李继先查校书籍，由是盗出甚多。 王肯堂《笔麈》卷二：文渊阁藏书皆宋元秘阁所遗，虽不甚精，然无不宋版者。……今所存仅千万之一，然犹日销月耗，无一留心保护者，不过十年，必至无片纸只字乃已，甚可惜也！ 又《笔麈》卷四：我太祖克燕，首命大将军收秘书监图书典籍，……是时上渐废朝，而请不时召见文学之臣为忤旨，知并求遗书亦报罢。 北大本叶 76B 无此语。
第 135 页	《华阳国志》卷十下：李譔自五经四部百家诸子伎艺算计卜数医术弓弩机械之巧皆自思焉。 抱朴子《祛惑篇》：五经四部，并已陈之刍狗，既往之糟粕。 陶弘景《本草集注序录》：其五经四部军国礼服，若详用乖越者正于事迹非宜耳。 北大本叶 85B 无此语。

续表

	上海古籍出版社版有，而北大版无的文字
第 139 页	赵翼《陔余丛考》卷二十二：古书分类以四部分者，自晋荀勖始。其中编次，子先于史，汲书又杂诗赋内，位置俱未免失当。 北大本叶 87A 无此语。
第 141 页	赵翼《陔余丛考》卷二十二：古书分类，未有经史子集之名。汉刘歆著《七略》，宋王俭撰《七志》，梁阮孝绪撰《七录》，隋许善心撰《七林》，皆以七分部。其以四部分者，自晋荀勖始。宋谢灵运、殷淳、梁任昉、殷钧等因之，各造四部书目，皆以甲乙丙丁为部。隋炀帝于观文殿藏书，亦仍旧称。其名以经史子集者，则唐武德初魏郑公收东都图书，凡八万六千九百六十六卷，其后又因马怀素奏，乃令殷践猷等治经，韦述等治史，毋煚等治子，王湾等治集，（自注：见《马怀素传》。）自此经史子集之为四，一成不变矣。今《隋书·经籍志》已分经史子集者，《隋书》本唐人所修也。（自注：《宋史·谢泌传》云：唐景龙中分经史子集，命薛稷、沈佺期、武平一、马怀素分掌。） 案赵氏号称史学名家，而此节所叙四部源流，则殊多谬误。荀勖之后忘却李充，南朝四部书目，亦不止谢灵运等数人。至谓经史子集之名始于唐武德初，遍考诸书，并无明文，不知其何所本？赵氏作《廿二史劄记序》，自言以历代史书为日课，而于《颜之推传》熟视无睹，可见考证之难。 北大本叶 88B 无此语。

以上皆属在北大本基础上，余嘉锡又补充了材料，以充实论证。

（二）补充观点

	上海古籍出版社版有，而北大版无的文字
第9—10页	王先谦《郡斋读书志叙》（见王刻本卷首）：史志仅列诸目，不若簿录家阐明指要，并其人之姓字里居，生平事迹，展卷粲列，资学者博识尤多。自宋晁子止创为此学，（按此学之从来远矣，非晁氏所创。及就有宋一朝言之，亦先有董逌之《广川藏书志》，并不始于晁氏也。）陈氏振孙继之，并为后儒所宗仰，而晁氏尤冠绝。 以上所举诸说，其意大要有六：一、述作者之意，论其指归，辨其讹谬。（《隋志》）二、览录而知旨，观目而悉词。不见古人之面，而见古人之心。（毋煚）三、一书大义，为举其纲，书有亡失，览其目录，犹可想见本末。（朱彝尊）四、品题得失，藉以求古书之崖略。辨今书之真伪，并核其异同。（《提要》）五、择撑群艺，研核臧否，为校雠之总汇，考镜之渊椷。（孙诒让）六、阐明指要，资学者博识。（王先谦）凡此诸说，所以明目录学之功用详矣。然皆指有解题者言之也。 北大本叶3B，无此语。
第136页	案《史记·万石君传》云："长子建，次子甲，次子乙，次子庆。"俞樾《古书疑义举例》卷三引入"寓名例"，谓甲乙非名也，失其名而假以名之也。考《汉书·成帝纪》云："孝成皇帝，元帝太子也，母曰王皇后，元帝在太子官生甲观画堂。"师古曰："甲者，甲乙丙丁之次也。《元后传》言见于丙殿，此其例也。"周寿昌《汉书注校补》曰："汉制多以干支立名，如律令有甲令、乙令、丙令，计簿有甲帐、乙帐，漏刻称甲夜、乙夜，甲观可类推。《后汉书·清河王庆传》'以长别居丙舍'，《后汉书·百官志》有丙舍长一人，是又有甲舍、乙舍等名也。"余谓周氏之征引者详矣，但谓汉制名以干支立名，则非是。盖古人于凡事物之多而无定名与失其名者，则皆以甲乙丙丁代之，取其便于识别，犹之后世以天地玄黄编号耳。荀勖之四部正是此例。及南北朝与隋唐虽仍用甲乙丙丁之名，然其分部皆按书之性质，不似勖之以皇览簿与史部同部，汲冢书与诗赋同部，于是经史子集之名遂起而代之矣。 北大本叶85B无此语。

余嘉锡在北大本的基础上，补充论点的地方并不多见，仅此两处为明显，尤其以第一处所补充的论证目录学之功用六点，又由价值。

（三）补充语句

在北大本文字基础之上添加一些文字。举例如下表。

北京大学出版组印		上海古籍出版社 2001 年版	
页码	内容	页码	内容
叶 30A	《汉书·艺文志·诗赋略》：《杜参赋》	第 50 页	《汉书·艺文志·诗赋略》：《博士弟子》《杜参赋》二篇。
叶 75B	此书各家书目均只旧抄本，民国五年丙辰，始以活字印行。	第 119 页	此书各家书目均只有旧抄本，1916 年始有印本。王国维有序，载《观堂集林·别集·后编》中
叶 87A	王鸣盛以为不可解。余谓此无不可解也。	第 138 页	王鸣盛以为不可解，赵翼以为失当，余谓此无不可解亦无所谓失当也。
叶 71B	又案毋氏《古今书录》，《新唐志》《宋志》均著录。……疑《宋志》虚列其目，不去据也。	第 112 页	又案毋氏《古今书录》，《新唐志》《宋志》及《遂初堂书目》均著录。……疑《宋志》及尤氏虚列其目，不去据也。

上古籍版有，而北大版无的文字	
第 98 页	又案此书自《崇文总目》以下均不著录，宋人亦未见引用，而尤袤《遂初堂书目》乃独见之，不知可据否？ 北大本叶 62B 无此语。
第 120 页	明初灭元，收其图籍，皆宋、元刻本及钞本，盖合宋、金、元三朝所蓄而聚于一。 北大本叶 76A 无仿宋体部分。
第 120 页	自是以后，有司不复措意，阁中书籍为人所窃取，日就散佚，此亦古今书籍之大厄也。世宗嘉靖时，御史徐九皋请求遗书，事格不行。 北大本叶 76A 无此语。
第 130 页	杨宣与刘歆共校书在平帝时，（见《华阳国志》卷十）。 北大本叶 82A 无此语。

（四）增加一些解释性的补充

	上古籍版有，而北大版无的文字
第 5 页	"《通志·艺文略》目录一家已分四类"后有小字"总目、家藏总目、文章目、经史目四类"。北大版相关内容在叶 1A，无此语。
第 8 页	余嘉锡引朱彝尊《曝书亭全集·崇文总目跋》，加小字案语："案《经义考》卷二百九十四著录类朱氏案语于此略同。"北大版相关内容在叶 3A，无此语。
第 14 页	"郑樵著《通志》，既作《艺文略》，又自论其叙次之意，为《校雠略》一略以发明之。"后有小字"必知此，乃能读其《校雠略》"。北大版叶 6B，无此语。
第 25 页	引姚振宗《别录佚文》后，余嘉锡案语小字："姚氏所辑，在《师石山房丛书内》。"北大版叶 13A，无此语。
第 36 页	"《宋志》有《群书备检》，其书已亡"一句后，有"《文渊阁书目》卷十一有《群书备检》一部，三册，残阙。是此书在明初犹存残本。"北大本叶 20B，无此语。
第 41 页	"僧祐《出三藏记集》十五卷，现存佛藏"句后，有"其第六卷至第十二卷皆系诸经论原序，《经义考》之录序跋，其体例即出于此。"北大本叶 24A，无此语。

（五）补北大印本未完之部分

	上古籍版有，而北大版无的文字
第 154—156 页	有"古今书目分部异同表"及余嘉锡所作的表格，北大本叶 97 无此表。

上古籍本后面附有"古今书目分部异同表"，而北大印本无此表。至于是北大本当初就无此表，还是杜道生影印北大本时略去或者遗失此表，则不得而知。

三、文字删削，使表述更加严谨缜密

（一）语气更为谦逊

如以下条。上古籍本中，将"知此者鲜矣"改为"多未留意"，前语句未免过于尊崇前人，贬低后来学者。

北京大学出版组印		上海古籍出版社 2001 年版	
页码	内容	页码	内容
叶 29A	后之目录家知此者鲜矣	第 48 页	后之目录家多未留意

又如以下两条文字，在后来的版本中，都做了删除处理。

北大印本有，而上古籍本无的文字	
叶 78A	《玉海》引李淑《邯郸书目》序：儒籍肇刘略荀簿王志阮录，汔元毋遒备。藏家者唯吴斋著目。（吴氏《西斋书目》一卷，见《新唐志》《宋志》《郡斋读书志》。） 约而论之，历代之目录盛者，其学术亦盛。目录衰者，其学术亦衰。若其举世均不留意于此，则必适值其国不治。兹篇所叙，亦古今得失之林也。 上古籍版第 124 页无此语。
叶 34A	以此为目录，是以场屋帖括之文为史学也。一染此病，便无足观，所宜深戒。 上古籍版第 56 页无此语。

可见，余嘉锡早期不免过度推崇目录学之功用与价值，后来版本中，这种语气的文字则明显不见。

（二）调整之后用词更加符合论文规范

早期文本中存在着一些文学化与比喻性的语句，后来版本中对比多做了删除或者修改处理。如下表所列：

北京大学出版组印		上海古籍出版社 2001 年版	
页码	内容	页码	内容
叶 31A	而人生于世，不能不与时代相周旋	第 52 页	而人不能脱离时代
叶 38B	其谋篇行文，皆合律令	第 62 页	其谋篇行文，皆有法度
叶 71A	追雪遗恨	第 111 页	补其遗憾
叶 77A	则寿之梨枣	第 123 页	则刻板
叶 80A	譬之《易》本为卜筮，而以寓天人之理	第 127 页	譬之《易》本为卜筮，而以寓事物变易之理

又如：

	北京大学出版组版有，而上古籍版无的文字
叶38B	"今取汉、隋《志》之文，略著其概，以当举隅"后有"神而明之，存乎其人矣"。上古籍版第63页无此九字。
叶38B	"无取意气用事，极口诋諆，徒伤雅道也。"上古籍版第63页无"徒伤雅道也"五字。
叶38B	"观《汉志》之言深厚而雅，既不失学者之态度，又深得奏进之体。"上古籍版第63页无"既"及"又深得奏进之体"。
叶82B	"故推其学之所自出，附之《春秋》。以人事譬之，此如大夫之有余子，农夫之有余夫也。"上古籍版第130页无仿宋体之语。
叶82B	"刘勰所谓'六艺附庸，蔚成大国'，(《文心雕龙·诠赋篇》)此如'别子为祖，继别为宗'也。"上古籍版第130页无仿宋体之语。

可见，余嘉锡经过整理之后，删掉一些不必要的骈语，在表述上更加规范。

（三）经过修改之后，观点更加谨慎

	北大本有，而上古籍版无的文字
叶22B	"余因以疑《史通·正史篇》言'向歆相次，撰读（今案，当为"续"）史记'，即是指《七略》《别录》。因其体如列传，故为后人采入《续史记》之中，并非向歆实尝修史，其说甚繁，兹不备论。"上古籍版第38页无此语。
叶58A	"李充作《晋元帝书目》，但以甲乙丙丁四部为次，又将《中经新簿》之乙丙两部先后互换。由是史居子前，经史子集之次序，遂一定不可移易矣。"上古籍版第91页，无仿宋体之语。
叶72B	"五代丧乱相寻，世衰文弊。"上古籍版第113页，无"世衰文弊"之语。
叶78A	"然可见私家藏书之目，六朝已有之。宋李淑谓始于唐吴兢之《西斋书目》者非也。"上古籍版第124页无仿宋体之语。

（四）因书未完成而对语句所做的调整

北京大学出版组印		上海古籍出版社 2001 年版	
页码	内容	页码	内容
叶 96A—96B	故博考群书，制为二表，一曰分部异同表。二曰分类沿革表，而沿革表文太繁，又分为四部。大抵务穷其变，故凡因袭前人，无大异同者，不复胪列焉。闻近人多有作此者，余未能悉见，然用意虽同，体制征引，未必尽合，夫亦各行其是而已。（分类沿革表未成容俟续出。）	第 153 页	故博考群书，制为《分部异同表》。

由北大印本可知，余嘉锡本欲作两个表，即"古今书目分部异同表"以及"分类沿革表"。但此两表，在杜道生影印的民国北大印本《目录学发微》中，皆不存。今各出版社出版的《目录学发微》，也只是存"分部异同表"，则余氏"分类异同表"始终未成，故其在自己最终删改定本的《目录学发微》中，做了以上语句的调整。

四、少许观点略有变化

余嘉锡自从 20 世纪 30 年代在北京各高校讲授目录学课程，始作《目录学发微》，其后修改中，总体观点并没有什么改动。细微处有改变者，如下表所示：

北京大学出版组印		上海古籍出版社 2001 年版	
页码	内容	页码	内容
叶 85B	其曰甲乙丙丁，犹《汉志》之《六略》，后世之经史子集。其六艺小学等十四目，犹《汉志》之三十八种，《隋志》之五十五篇，即后世四部中之门类也。	第 136 页	其曰甲乙丙丁者，甲乙丙丁非名也，因其中所收之书为例不纯，无可指名，而姑以是名之也。

五、版本比较看余嘉锡目录学思想中的崇汉倾向

如从以下表比较来看：

北京大学出版组印		上海古籍出版社 2001 年版	
页码	内容	页码	内容
叶 43A	至于小序，则私家目录，殆难继轨也	第 70 页	至于小序，则私家目录未能具备
叶 32B	高才博学如刘向者，能有几人	第 52 页	刘向诚为博学
叶 38A	于以辨章学术，考镜源流，未有能办之者	第 62 页	于以辨章学术，考镜源流者，实不多见
叶 43B—44A	以上论篇目叙录小序之体制，多推本刘、班，实以唐以前目录书亡于宋初，此事遂成绝学。宋之晁陈，清之纪氏，各以己意编录论叙。按之刘略班志，有合有不合，非古今人材智必不相及也。盖学问之道，譬之传薪，端赖古今相续不绝，始能发挥光大。训诂考证，后之所以胜前者以此。独目录之学，古书既亡，近儒又鲜专家研究之者，（惟姚振宗专治此学著书甚精①），前无所承，后无所继，其不能追迹古人，亦其势然也。故篇目之例，至《七略》而绝，小序之例，作者亦只数家。虽欲不推本刘班，恶可得哉。	第 70 页	以上论篇目叙录小序之体制，多推本刘、班，实以唐以前目录书亡于宋初，宋之晁陈、清之纪氏，各以己意编录论叙，与刘略班志不尽相同，故不能不推寻本源，以明目录书之体要耳。
叶 45A	夫目录之学之衰也久矣，近代诸家，尚多不能逮晁陈，遑论向歆。虽然，自刻板既兴，书册之制度已变，著录之法，自不能不由简而趋于繁。故其体例之间，亦有后胜于前者二事，为著目录书所当采用者：一曰记板本，二曰录序跋。	第 71 页	然自宋代以后目录书中尚有记板本、录序跋者，用意甚善，为著目录书者所当采用。

---

① 注：原文双行小字，今加以括号。

续表

北京大学出版组印		上海古籍出版社 2001 年版	
页码	内容	页码	内容
叶 89A—89B	夫部类之分合，由于书之多寡。书之多寡，可以卜学之盛衰。四部之所以不能复返为七略者，因其学既衰，其书遂寡也。此其故章氏通义说之详矣。四部之法，行之既久，人情安于所习，皆以为便。	第142—143页	夫部类之分合，随宜而定。书之多寡及性质既变，则部类亦随之而变。七略之易为四部，亦势使然也。四部之法行之既久，人以为便。

	北大本有，而上古籍版无的文字
叶 20B	向歆之成法，儒者不知用，而方外用之，宁非耻耶？ 上古籍版第35页，无此语。
叶 24A	此不独为发思古之幽情，亦孟子所谓知人论世也。 上古籍版第41页为"此即孟子所谓知人论世也"。
叶 42A	后世人人习读，尚不能通其意。则知古人见闻较富，故能陈义高深。 上古籍版第68页无此语。
叶 49B	凡此四篇，征向歆之三体，取尤马之二例，尚论千古，不名一家。但读书既惭未博，立论亦复多疏。发凡起例，勉附于拥彗清尘，纠谬订讹，所望夫鸿才硕学云耳。 该言位于本篇最末，上古籍版第78页，篇末无此语。
叶 50B	"至于总校群书，勒成目录，论者皆谓始于向歆。考其义例，粲然大备，遂令千载而下，莫能继轨。夫莫为之前，虽美弗彰，向歆当筚路蓝缕之时，遽能完密如此。" 上古籍版第80页，无仿宋体之语。

由于刘向父子《别录》《七略》所取得的成就，以及《汉书·艺文志》对后世中国目录学的深刻影响，导致中国历史上的目录学家动辄"刘氏微旨""向歆术业"，甚至往往推崇过甚。余嘉锡《目录学发微》推崇刘向父子以及《汉书·艺文志》，其目录学思想多属于追本刘、班尤其是刘向父子而得来的。因此，在《目录学发微》中充斥着大量尊崇刘向、刘歆的表述，这从上古籍版《目录学发微》中即可以体现出来。但通过北大印本与上古籍本两相比照，我们发现，余嘉锡早期《目录学发微》中充斥着更多的对刘向父子的过分溢美之词，许

多表述在经过修改后的《目录学发微》中做了修改或者删除处理。余嘉锡认为后世的目录学不如刘氏父子，难以继轨刘、班，其早期观念中充满着一种明显的崇古（或者说崇汉，这种崇汉思想在目录学领域的体现就是宗刘）倾向，以及一种带有明显学术退化眼光的历史退化论观念。在后来经过修改的《目录学发微》中，虽然余嘉锡仍然表达了宗刘的目录学观念，但已经有所约束，早期文本中具有历史退化观念的文字都被做了删除处理，随之而取代的是一种具有历史变易的观念，这当是余嘉锡受了时代学术思想的不断影响而对自己的观念有所修正。

第三节　余嘉锡对章学诚目录学思想的批评

民国以来，梁启超、胡适等推崇章学诚的史学与目录学，受此影响，牟润孙曾向柯劭忞请教"讲史学，是不是应当以章实斋之说为准绳"。柯劭忞却不以为然，认为章学诚很多地方都讲错了。[①] 柯氏对章学诚的评价，尚属较为客气。更有学者对章学诚加以极为严厉乃至苛刻的批评，如牟润孙援引陈垣的说法，并论述道：

> 先师（陈垣）很少批评人，时常诵"不薄今人爱古人"这句诗。五四以后，梁任公、胡适都大捧章实斋，我曾问过先师"章实斋学问如何？"先生笑说"乡曲之士"！我当初不明白为什么说他是乡下人？后来看到章氏著《史籍考》，自称仿效朱彝尊著的《经义考》，却不知朱氏之书是仿自僧祐的《出三藏记集》。所见不广，岂不是乡下人？先师时常说，"读书少的人，好发议论"。我读了钱钟书的《谈艺录》，

[①] 牟润孙：《蓼园问学记》，《海遗丛稿》（二编），北京：中华书局，2009年，第70页。

才知道六经皆史之说除袁枚持论与章氏类似之外，认为经即是史的，早于章实斋者，有七人之多，在钱钟书所举之外，我更找到明人何良俊《四友斋丛说》，其中也有"史之与经，上古原无所分"的话。先师说读书少的人好发议论，其意或指章实斋。①

章太炎也批评章学诚道："凡说古艺文者，不观会通，不参始末，专以私意揣量，随情取舍，上者为章学诚，下者为姚际恒，疑误后生多矣。"②柴德赓论及章学诚的目录学思想也说："说《旧唐志》无李杜韩柳诸家集并不错，以为这不是原书遗漏，一定是志有残缺，这是凭主观想象的。《旧唐志》抄自毋煚《古今书录》，《古今书录》止于开元，自然不会有李杜韩柳集，志序中本来说明白的了，他自己不注意看。他说校雠家应为《旧唐志》补艺文，这话也怪，《新唐书艺文志》不正是补作了这件工作了吗？"③与以上学者类似，余嘉锡对章学诚的目录学思想也毫不客气的予以批评。

历来论者多认为余嘉锡继承并发展了章学诚的目录学思想，如黄震伟说："(《目录学发微》)发挥了章学诚的目录学思想，强调揭示学术源流为目录学的主要任务。书中各章节均按叙述要点分列数则，类旧时学术札记。每则先述己见，后举前贤论语加以佐证，史料丰富。"④廖璠《余嘉锡与章学诚目录学思想之比较研究》从六个方面着手，比较余嘉锡与章学诚目录学思想的一致和差异，认为"余嘉锡不仅批判性地继承和发展了章学诚的思想、观点，并创立了许多新的论点，丰富了章学诚的目录学思想"⑤。对章学诚的目录学思想，余嘉锡

---

① 牟润孙：《励耘书屋问学回忆》，陈志超编：《励耘书屋问学记》(增订本)，北京：生活·读书·新知三联书店，2006年，第76页。
② 章太炎：《国故论衡·原经》，北京：商务印书馆，2010年，第86—87页。
③ 柴德赓：《试论章学诚的学术思想》，吴泽主编：《中国史学史论集》(二)，上海：上海人民出版社，1980年，第548页。
④ 黄震伟：《目录学研究书录》，《黑龙江图书馆》，1989年第2期，第35页。
⑤ 廖璠：《余嘉锡与章学诚目录学思想之比较研究》，《山东图书馆学刊》，1989年第3期，第22页。

在某些方面确有所继承，如本章第一节中所提到的，两人皆主张类例划分当兼顾"部次甲乙"，又都主张目录类例的划分当随时代变化而变化。关于余嘉锡对章学诚目录学思想的继承，除此之外，再举两例加以说明：

1. 关于《汉书·艺文志》对《史记》的继承。

余嘉锡说："叙录之体，源于书叙，刘向所作书录，体制略如列传，与司马迁、扬雄自叙大抵相同。其先淮南王安作《离骚传叙》，已用此体矣。……吾人读书，未有不欲知其为何人所著，其平生之行事若何，所处之时代若何，所学之善否若何者。此即孟子所谓知人论世也。"① 这显然是继承了章学诚的看法，如章学诚在《校雠通义·汉志六艺篇》中说："读《六艺略》者，必参观于《儒林列传》，犹之读《诸子略》，必参观于《孟荀》《管晏》《申韩列传》也。……孟子曰：'诵其诗，读其书，不知其人可乎？'《艺文》虽始于班固，而司马迁之列传，实讨论之。观其叙述战国、秦、汉之间著述诸人之列传，未尝不于学术渊源，文词流别，反复而论次焉。刘向、刘歆盖知其意矣。故其校书诸叙论，既审定其篇次，又推论其生平，以书而言，谓之叙录可也。以人而言，谓之列传可也。史家存其部目于艺文，载其行事于列传，所以为详略互见之例也。"②

2. 关于刘向校书之分职的认识。

章学诚《校雠通义·校雠条理篇》说："《七略》以《兵书》《方技》《数术》为三部，列于《诸子》之外。至四部而皆列子部。然列其书于子部可也，校书之人则不可与诸子同业也。必取专门名家，亦如太史尹咸校《数术》，侍医李柱国校《方技》，步兵校尉任宏校《兵书》之例，乃可无弊。否则文学之士但求之于文字语言，而术业之误

---

① 余嘉锡：《目录学发微》，《余嘉锡说文献学》，上海：上海古籍出版社，2001 年，第 37—41 页。
② 章学诚：《校雠通义·汉志六艺篇》，章学诚著，叶瑛校注：《文史通义校注》，北京：中华书局，1985 年，第 1022—1023 页。

或有因而受其累者矣。"① 余嘉锡也认为："向、歆类例，分为六略，盖有二义：一则因校书之分职，一则酌篇卷之多寡也。所谓因校书之分职者，《七略》著录之书，虽只一万三千余卷，然一书有数本，则篇卷增多，如《荀子》仅三十二篇，而中书乃三百二十二篇，其多乃至十倍，则合各书复重之本，少亦当有四五万卷。一一为之删除定著，又须字字刊其讹谬，然后作为书录，自非一人之精力所能办，故向歆相继领校秘书，又谓之领主省。其下所置官署，谓之校秘书，又谓之校治。以后世之制明之，领校者，盖全书之总裁而兼总纂，而校治则分校官也。领校之下，又有任宏等三人分任一门，以为之辅，其职颇似后世之总校，皆各用其所长。任宏为步兵校尉，故校兵书；尹咸为太史令，故校数术；李柱国为侍医，故校方技。以向本儒者，此类或非其所长，而技术之书，非深通其学者不能校也。"②

但实际上，余嘉锡对章学诚的史学以及目录学，都极尽批评之能事。余嘉锡对章学诚讲史学颇不满，并"鄙薄郑樵、章学诚考证粗疏，甚轻易之"③。其《书章实斋遗书后》中说："章实斋《文史通义》深思卓识，固有过人之处，所惜读书未博，故立言不能无失。"④ 又说，"然性既健忘，又自视太高，除创通大义数十条外，他皆非所措意，征文考献，辄所谬误。《文史通义》内篇，是其平生精力所注，又每一篇成，辄就正通人，相与商榷改定，故引证尚无大失。然考核不免粗疏，持论时近偏僻。外篇及文集，气矜弥甚，其失弥多，持较内篇，抑又不逮。"⑤ 又，章学诚认为唐仲友与朱子不和，因此元人修

---

① 章学诚：《校雠通义·校雠条理篇》，章学诚著，叶瑛校注：《文史通义校注》，北京：中华书局，1985年，第985页。
② 余嘉锡：《目录学发微》，《余嘉锡说文献学》，上海：上海古籍出版社，2001年，第129—130页。
③ 张舜徽：《诚挚的仰慕，深切的怀念——纪念余嘉锡先生诞辰一百周年》，《张舜徽学术文化随笔》，北京：中国青年出版社，2001年，第375页。
④ 余嘉锡：《书章实斋遗书后》，《余嘉锡文史论集》，长沙：岳麓书社，1997年，第578页。
⑤ 余嘉锡：《书章实斋遗书后》，《余嘉锡文史论集》，长沙：岳麓书社，1997年，第579—580页。

《宋史》不为仲友立传，章氏进而批评宋濂修《元史》不为仲友做补传。余嘉锡认为，章学诚"为仲友于元史中补传，其说至不可通，与儿童之见无以异"[①]，进而认为"章氏所论史法，虽或乖僻不情，然尚言之成理，未有如此节荒谬之甚者！真苏东坡所谓'村学究饮白酒，吃瘴死牛肉，醉饱后所发也。'如此而讲史法，不如不讲之为愈矣"[②]。余嘉锡不仅对章学诚讲史学有所批评，对其考证更深为讥讽："实斋自命甚高，欲为方志开山之祖，史家不祧之宗，班、范而下，皆遭指摘，自谓'卑论仲任，俯视子玄。'而乃不知李延寿为何人之子，唐明宗为何朝之帝，以演义为三国志，以长编为宋末书，荒疏至此，殊非意料所及者矣。其他纰缪之处，尚不可胜数。然或事理必待考证而后明，典故必须检寻而后得者，既非实斋之所长，吾固不欲苛责之矣。"[③]

不仅仅是史学，通览《目录学发微》《四库提要辨证》及《书章实斋遗书后》等可以发现，余嘉锡对章学诚的目录学思想，虽多有继承，但实际上也是批评多于褒扬。今依余氏著作，参以章学诚之《校雠通义》，试比较章学诚、余嘉锡二者目录学思想之异如下。

一、关于辨章学术，考镜源流

余嘉锡一方面继承并欣赏章学诚所总结出的"辨章学术，考镜源流"，但在具体内涵上则与章学诚存在着一些区别。

1.《校雠通义》"虽号宗刘，其实只能论班"。

章学诚《校雠通义》序开宗明义言："校雠之义，盖自刘向父子部次条别，将以辨章学术，考镜源流，非深明于道术精微、群言得失

[①] 余嘉锡:《书章实斋遗书后》，《余嘉锡文史论集》，长沙：岳麓书社，1997年，第584页。
[②] 余嘉锡:《书章实斋遗书后》，《余嘉锡文史论集》，长沙：岳麓书社，1997年，第585页。
[③] 余嘉锡:《书章实斋遗书后》，《余嘉锡文史论集》，长沙：岳麓书社，1997年，第585—586页。

之故者，不足与此。"①章学诚《校雠通义》首篇便为《原道》，其中探寻图书著录之义例，认为三代以下，只有刘向、刘歆父子深得其义，因此他著《校雠通义》，本意是要申明刘向、刘歆父子校雠义例，以"宗刘"的方式来探讨目录学之"道"。但至章学诚的时代，《七略》与《别录》早已经亡佚，而身于章学诚之后的马国翰、洪颐煊、姚振宗等人的相关辑佚本尚未出现于世，尽管刘向校书之时的叙录（即《别录》），尚还有数篇存世，但章学诚不擅于考据，因此，他虽欲阐明刘氏父子校雠义例，但实际上却只能根据班固的《汉书·艺文志》来立论，如《校雠通义·互著篇》说："刘歆《七略》亡矣，其义例之可见者，班固《艺文志》注而已。"②又在《补校汉艺文志篇》中说："《汉志》最重学术源流，似有得于太史叙传，及庄周《天下篇》、荀卿《非十二子》之意。此叙述著录，所以有关于明道之要，而非后世仅计部目者之所及也。"③《校雠通义》共分三卷，除第一卷总论目录学理论与方法之外，第二、第三卷都是在讨论《汉书·艺文志》之得失。对于章学诚这种依据《汉书·艺文志》立论却声称"宗刘"的做法，余嘉锡批评道："章氏仅知其（刘向）校雠中秘，有所谓中书、外书、太常书、太史书、臣向书、臣某书，(《校雠条理篇》七之二）而于录（《别录》）中立言，所以论其指归辨其讹谬者，不置一言，故其书虽号宗刘（章氏书第二篇名《宗刘》），其实只能论班。"④

2. 章学诚"辨章学术，考镜源流"意不在解题之有无。

章学诚推重《汉书·艺文志》各部目之后条辨流别之语，并以此语来论刘氏父子，如他在《校雠通义·原道》篇便说："刘歆《七

---

① 章学诚：《校雠通义·序》，章学诚著，叶瑛校注：《文史通义校注》，北京：中华书局，1985年，第945页。
② 章学诚：《校雠通义·互著篇》，章学诚著，叶瑛校注：《文史通义校注》，北京：中华书局，1985年，第966页。
③ 章学诚：《校雠通义·补校汉艺文志篇》，章学诚著，叶瑛校注：《文史通义校注》，北京：中华书局，1985年，第994页。
④ 余嘉锡：《目录学发微》，《余嘉锡说文献学》，上海：上海古籍出版社，2001年，第12页。

略》，班固删其《辑略》而存其六。颜师古曰：'《辑略》谓诸书之总要.'盖刘氏讨论群书之旨也。此最为明道之要，惜乎其文不传。今可见者，唯总计部目之后，条辨流别数语耳。即此数语窥之，刘歆盖深明乎古人官师合一之道，而有以知乎私门初无著述之故也……由刘氏之旨以博求古今之载籍，则著录部次，辨章流别，将以折衷六艺，宣明大道，不徒为甲乙纪数之需，亦已明矣。"①由此可见，章学诚"辨章学术，考镜源流"思想所借以立论的，正是班固《汉书·艺文志》"部目之后，条辨流别数语"。如余嘉锡所说："（章学诚）所最推重者，《汉志》总计部目之后条辨流别之语也。其所谓辨章学术、考镜源流者，亦即指此类之序言之，其意初不在解题之有无。"②刘向卒后，刘歆在其父基础之上部次群书，指陈各家源流，"总为一篇，谓之《辑略》。以当发凡起例"③。班固修《艺文志》时，删除《七略》中原有的解题，只保留《辑略》中的论述，并将《辑略》各文分别载于六略各个部类之后，成为《汉书·艺文志》各略、类的大小序。余嘉锡认为，章学诚"辨章学术，考镜源流"的认识，主要来源于对班固《汉志》中小序的理解，章学诚依据"大小序"立论，而相对忽略了"篇目"与"叙录（解题）"的功用。

  相比于班固的《汉书·艺文志》，余嘉锡以刘向的《别录》，"于学术源流功用为更大也"④。刘向《别录》兼有篇目与叙录，余嘉锡认为"篇目""叙录"与"小序"，"三者亦相为出入，要之皆辨章学术也。三者不备，则其功用不全"⑤。因此，章学诚虽然也推崇《别录》《七略》，但实际上章学诚却依据只有大小序的《汉书·艺文志》来阐述"辨章学术，考镜源流"的思想，而余嘉锡则在《目录学发微》

---

① 章学诚：《校雠通义·原道篇》，章学诚著，叶瑛校注：《文史通义校注》，北京：中华书局，1985年，第952页。
② 余嘉锡：《目录学发微》，《余嘉锡说文献学》，上海：上海古籍出版社，2001年，第12页。
③ 余嘉锡：《目录学发微》，《余嘉锡说文献学》，上海：上海古籍出版社，2001年，第57页。
④ 余嘉锡：《目录学发微》，《余嘉锡说文献学》，上海：上海古籍出版社，2001年，第12页。
⑤ 余嘉锡：《目录学发微》，《余嘉锡说文献学》，上海：上海古籍出版社，2001年，第30页。

卷二"目录书体制"中，上溯刘氏父子之遗书，分别从"篇目""叙录""小序""版本序跋"四个方面来阐述"辨章学术"的内涵。

3. 余嘉锡："辨章学术，考镜源流"为"天下之公言"。

对于章学诚在目录学思想上的创见，余嘉锡也给予赞扬，称"其人好为深谌之思，往往发为创论，暗与古合"①。如章学诚所总结的"辨章学术，考镜源流"的目录学思想，余嘉锡认为"非好学深思心知其意者不能道"。但以《隋书·经籍志》以及毋煚《古今书录序》所言来看，则知"辨章学术，考镜源流"的论调实际上并非是章学诚的个人创见，而是中国传统目录学自刘向父子以来的传统，是"天下之公言"②。

综合以上，总结余嘉锡在此问题上与章学诚认识之不同，总结为以下三点：

第一，"辨章学术，考镜源流"是中国目录学的传统，并非章学诚个人创见。

第二，章学诚名为"宗刘"，其实只能"论班"。

第三，章氏"辨章学术，考镜源流"的思想主要依据"大小序"立论，而相对忽略了"篇目"与"叙录"。

二、关于"校雠"与"目录"之别

刘向《别录》解释"校雠"云："雠校，一人读书，校其上下，得谬误，为校；一人持本，一人读书，若怨家相对，故曰雠也。"③可见"校雠"的原意即指文字校勘。郑樵作《通志》时，有感于"学术之苟且，由源流之不分；书籍之散亡，由编次之无纪"④，便专设《校雠略》，致使"校雠"的含义与"校勘"产生了区别。章学诚《校雠

---

① 余嘉锡：《目录学发微》，《余嘉锡说文献学》，上海：上海古籍出版社，2001年，第12页。
② 余嘉锡：《目录学发微》，《余嘉锡说文献学》，上海：上海古籍出版社，2001年，第10—12页。
③ 洪颐煊：《经典集林》，《刘向别录》一卷，清问经堂丛书本。
④ 郑樵：《通志·总序》志三，北京：中华书局，1987年。

通义》认为:"校雠之义,盖自刘向父子部次条别,将以辨章学术,考镜源流,非深明于道术精微、群言得失之故者,不足与此。"①于《章氏遗书·信摭》中又说:"校雠之学,自刘氏父子渊源流别,最为推见古人大体;而校订字句,则其小焉者也。绝学不传,千载而后,郑樵始有窥见,特著校雠之略,而未尽其奥,人亦无由知之。世之论校雠者,惟争辩于行墨字句之间,不复知有渊源流别矣。"②至此,校雠学则有广义与狭义之分,狭义者专指校勘,广义者如郑、章所言。章学诚执广义的校雠观念,反对于校雠学之外,别有目录之学,认为目录工作是包含于校雠之内的,不承认目录学具有独立的学术地位,校雠之义便在于"辨章学术、考镜源流",并在《信摭》中鄙夷目录学为"贫儿卖弄家私,不值一笑"。从郑樵到章学诚,都是在一个广义的校雠学概念之内来讨论目录学的理论与方法,而将"徒为甲乙纪数之需"者视为不入流的"目录学"。郑樵、章学诚对校雠学的认识,诚如蒋伯潜所说:"郑章二氏所论者为广义的校雠学,不但当包括目录学,而且认为当侧重目录学。并否认校雠学之外别有目录学存在。"③朱一新继承了章学诚的这种看法,其《无邪堂答问》卷二言:"刘中垒父子成《七略》一书,为后世校雠之祖。班志掇其精要,以著于篇后。惟郑渔仲、章实斋能窥斯旨,商榷学术,洞彻源流,不惟九流诸子各有精义,即词赋方技亦复小道可观。目录校雠之学所以可贵,非专以审订文字异同为校雠也……世徒以审订文字为校雠,而校雠之途隘;以甲乙簿为目录,而目录之学转为无用。多识书名,辨别版本,一书估优为之,何待学者乎?"④

　　章学诚以校雠学涵括目录学,遭到了许多学者的批评。如王叔岷

---

① 章学诚:《校雠通义·序》,章学诚著,叶瑛校注:《文史通义校注》,北京:中华书局,1985年,第945页。
② 章学诚:《章学诚遗书·信摭》,北京:文物出版社,1985年,第367页。
③ 蒋伯潜:《校雠目录学纂要》,北京:北京大学出版社,1990年,第3页。
④ 朱一新著,吕鸿儒、张长法点校:《无邪堂答问》,北京:中华书局,2000年,第75—76页。

《校雠学》第一章《释名》说："是校（校雠）为一事，录（目录）为一事，章氏仅留意到刘向所谓录而忽略刘向所谓之校。校雠之学，有助于目录之学；'校订字句'，有助于讨论学术之'渊源流别'。舍校雠而言目录，其弊将流于华而不实。以校雠为目录，其失在疏于名义。"①余嘉锡引《风俗通》释校雠之义说："据《风俗通》引刘向《别录》，释校雠之义，言校其上下得谬误为校，则校雠正是审订文字，渔仲、实斋著书论目录之学，而目为校雠，命名已误，朱氏之说非也。特目录不专是校雠版本耳。"②余嘉锡又说："且校雠文字，辨别板本，虽为目录之所有事，今皆别自专门名家，欲治其学，当著专篇。"③余嘉锡批评以校雠包含目录的观点，认为章学诚混淆了校雠学与目录学的含义，校雠、版本与目录三者虽为一家之学，关系密不可分，但各有清晰的职责范畴，不能混淆，校雠的本义只是"校其上下得谬误为校，则校雠正是审订文字"④，章学诚以校雠之名涵盖目录之学，是不正确的。

三、关于"别裁"

别裁法是章学诚目录学理论的一个重要创获。何谓"别裁"，章学诚举例并总结道："《管子》道家之言也，刘歆裁其《弟子职》篇入小学；七十子所记百三十一篇，礼经所部也，刘歆裁其《三朝记》篇入论语。盖古人著书，有采取成说，袭用故事者，（如《弟子职》必非管子自撰，《月令》必非吕不韦自撰，皆所谓采取成说也。）其所采之书，别有本旨，或历时已久，不知所出；又或所著之篇，于全书之内自为一类者，并得裁其篇章，补苴部次，别出门类，以辨著述源流。至其全书，篇次具存，无所更易，隶于本类，亦自两不相妨。盖

---

① 王叔岷：《校雠学 校雠别录》，北京：中华书局，2007年，第3页。
② 余嘉锡：《目录学发微》，《余嘉锡说文献学》，上海：上海古籍出版社，2001年，第12页。
③ 余嘉锡：《目录学发微》，《余嘉锡说文献学》，上海：上海古籍出版社，2001年，第73页。
④ 余嘉锡：《目录学发微》，《余嘉锡说文献学》，上海：上海古籍出版社，2001年，第12页。

权于宾主轻重之间,知其无庸互见者,而始有裁篇别出之法耳。《夏小正》在《戴记》之先,而《大戴记》收之,则时令而入于礼矣;《小尔雅》在《孔丛子》之外,而《孔丛子》合之,则小学而入于子矣。然《隋书》未尝不别出《小尔雅》以附论语,《文献通考》未尝不别出《夏小正》以入时令,而《孔丛子》《大戴记》之书,又未尝不兼收而并录也。然此特后人之幸而偶中,或《尔雅》《小正》之篇有别出行世之本,故亦从而别载之尔,非真有见于学问流别而为之裁制也。不然,何以本篇之下不标子注,申明篇第之所自也哉!"[1]

　　章学诚于《焦竑误校汉志》篇中又说:"裁篇别出之法,《汉志》仅存见于此篇(《弟子职》)及《孔子三朝》篇之出《礼记》而已。"[2] 章学诚认为刘歆从《管子》中裁出《弟子职》,从《大戴礼》中裁出《三朝记》,章氏依照此两例而归纳出运用别裁法的两种情况,一种是"采取成说,袭用故事者",另一种是"所著之篇,于全书之内自为一类者"。同时,章学诚又说,虽然《夏小正》被收入《大戴记》,《小尔雅》被收入《孔丛子》,然而《隋书·经籍志》别出《小尔雅》以及《文献通考·经籍考》别出《夏小正》,却不能认为是使用了别裁法,这只是"后人之幸而偶中,或《尔雅》《小正》之篇有别出行世之本",不能称作别裁。章学诚以《夏小正》及《小尔雅》为《大戴记》和《孔丛子》的别出行世本,因此《隋书·经籍志》与《文献通考》的著录称不上别裁,这种认识是正确的。但与上文相较来看,章学诚却以《七略》中著录《弟子职》与《三朝记》为使用了别裁法。关键之处在于,章学诚以《三朝记》与《弟子职》是刘歆从《大戴礼》和《管子》中所裁出的,而以《夏小正》及《小尔雅》属于别出行世之本。但实际上,《三朝记》《弟子职》的性质与《夏小正》《小

---

[1] 章学诚:《校雠通义·别裁篇》,章学诚著,叶瑛校注:《文史通义校注》,北京:中华书局,1985年,第972页。
[2] 章学诚:《校雠通义·焦竑误校汉志篇》,章学诚著,叶瑛校注:《文史通义校注》,北京:中华书局,1985年,第1012页。

尔雅》一样，都是当时的单行之本，而并非如章学诚所言是刘歆有意的"裁篇"。如果章学诚以《隋书·经籍志》别《小尔雅》入论语、《文献通考·经籍考》别《夏小正》入时令为"幸而偶中"，则刘歆别《弟子职》入小学、别《三朝记》入论语又何尝不是"幸而偶中"呢？因此，章学诚举《弟子职》与《三朝记》为例论证刘歆著录之时已经使用了别裁法，是完全靠不住的。

对章学诚的说法，余嘉锡提出了自己的观点。余嘉锡说："古书数篇，本自单行，后人收入全书，而其单行之本，尚并存不废也。《汉志·论语》内有《孔子三朝》七篇，刘向《别录》曰：'孔子三见哀公，作《三朝》七篇，今在《大戴礼》。'言今在《大戴礼》者，明古本原自单行也。又《汉志·孝经》类有《弟子职》一篇，应劭曰：'管仲所作，在《管子书》。'……此如后世收藏家目录，既收丛书，又分著单行之本。事本寻常，无足深怪。特是刘向父子校书之时，原是合中外所藏诸篇，编为全书，其他数篇单行者，不别著于录；而此独不嫌重复者，以此数人，本在九流之内，自为一家之学，……章学诚不知此义，其《校雠通义》乃谓《弟子职》《三朝记》为刘歆裁篇别出，若先有《管子》《大戴礼》而后有《弟子职》《三朝记》者，不免颠倒事实矣。章氏能知《夏小正》在《戴记》之先，而不知《三朝记》亦在《戴记》之先，岂非不充其类也乎。"[1]在余嘉锡看来，这并非是什么别裁之法，而是古书在流传过程中的单篇别行之例。

四、"事""理"先后与目录体例

在理与事关系上，章学诚主张"以道为本，从艺为末，此始末之部秩也"[2]，并以此标准评价目录类例。如他说："古人著录，不徒为甲

---

[1] 余嘉锡：《古书通例》，《余嘉锡说文献学》，上海：上海古籍出版社，2001年，第240—241页。
[2] 章学诚：《校雠通义·汉志兵书篇》，章学诚著，叶瑛校注：《文史通义校注》，北京：中华书局，1985年，第1075页。

乙部次计。"① 又说："《艺文》一志，实为学术之宗，明道之要……而后人著录，乃用之为甲乙计数而已矣。"②《校雠通义·原道篇》又云："刘氏之旨，以博求古今之载籍，则著录部次，辨章流别，将以折中六艺，宣明大道，不徒为甲乙纪数之书，亦以明矣。"③章学诚认为目录学之初始，就有了明道的作用，不只是为了部次甲乙。余嘉锡与章学诚的认识有所出入，他说："甲乙丙丁者，其藏书之处所用之标题符号耳。即刘歆之六略，何独不然。"④并批评章学诚的说法"陈义甚高"。余嘉锡认为目录之兴起，"本以为甲乙计数，而'学术之宗，明道之要'，特因而寓之而已"⑤。例如《易》本为卜筮之书，而后来才寓以变易之理;《春秋》最初也只是记事之书，后世才将褒贬之义寄寓于其中。"古今学术，其初无不因事实之需要而为之法，以便人用，传之久，研之精，而后义理著焉。必欲以《易》为卦歌，《春秋》为朝报，固未可，而谓其始本不为此而作，则亦非也。夫言理者必寓于事，事理兼到而后可行。故类例虽必推本于学术之原，而于简篇卷帙之多寡，亦须顾及。"⑥余嘉锡即推本学术之源，也重视图书分类时书籍篇卷之多寡。因此，他认为"于刘、班之著录，求之过深，或责之过苛者，亦未达古人之意也"⑦。

余嘉锡说，书籍除了编制目录之外，还要考虑到实际储藏时的情况。"其庋藏也，有阁有殿，有馆有库，分屋列架，故各类相较，不能过多，亦不能过少……盖古之著目录者，皆在兰台、秘阁，职掌图

---

① 章学诚:《校雠通义·互著篇》，章学诚著，叶瑛校注:《文史通义校注》，北京:中华书局，1985年，第966页。
② 章学诚:《校雠通义·汉志六艺篇》，章学诚著，叶瑛校注:《文史通义校注》，北京:中华书局，1985年，第1024页。
③ 章学诚:《校雠通义·原道篇》，章学诚著，叶瑛校注:《文史通义校注》，北京:中华书局，1985年，第952页。
④ 余嘉锡:《目录学发微》，《余嘉锡说文献学》，上海:上海古籍出版社,2001年，第127页。
⑤ 余嘉锡:《目录学发微》，《余嘉锡说文献学》，上海:上海古籍出版社,2001年，第127页。
⑥ 余嘉锡:《目录学发微》，《余嘉锡说文献学》，上海:上海古籍出版社,2001年，第127页。
⑦ 余嘉锡:《目录学发微》，《余嘉锡说文献学》，上海:上海古籍出版社,2001年，第127页。

书，故必兼计储藏之法。"①这与郑樵、焦竑等学者那样，只管根据书目性质，依照学理按目分类就可以的情况是不同的。

五、关于郑樵删削《崇文总目》

郑樵在《通志·校雠略·泛释无义论》中，认为《崇文总目》"每书之下必著说"，其中有些"强为之说，使人意怠"②。今所流传的《崇文总目》被删去了原书中所有的叙释（叙指大小序，释指解题）。关于《崇文总目》为何删去叙释，后人说法不一，有学者认为是受到郑樵《泛释无义论》的影响而删掉了叙释，因此深讥郑樵。如朱彝尊《曝书亭全集·崇文总目跋》云（见卷四十四）："《崇文总目》当时撰定诸儒，皆有论说……乐平马氏《经籍考》，述郑渔仲之言以排叱诸儒，每书之下必出新意著说，嫌其文繁无用。然则是书因渔仲之言，绍兴中从而去其序释也。"③《四库全书总目》继承了朱彝尊的说法，卷八十五《崇文总目提要》云："原本于每条之下具有论说。逮南宋时，郑樵作《通志》，始谓其文繁无用，绍兴中遂从而去其序释。"④章学诚在《校雠通义·宗刘》则说："四部之中，附以辨章流别之义，以见文字之必有源委，亦治书之要法。而郑樵顾删去《崇文》叙录，乃使观者如阅甲乙簿注，而更不识其讨论流别之义焉，乌乎可哉！"⑤在此，章学诚认为，目录中的重要问题是如何体现出"辨章流别之义"，而"辨章流别"是必须依靠大小序才能得以实现的，因此，郑樵删去《崇文总目》的叙录，会造成读者无法理解"其讨论流别之义"，出现如阅甲乙簿注的局面。

显然，章学诚赞同目录学著作当有大小序并因此指责郑樵删去

---

① 余嘉锡：《目录学发微》，《余嘉锡说文献学》，上海：上海古籍出版社，2001年，第127页。
② 郑樵：《通志·校雠略·泛释无义伦》志八三四，北京：中华书局，1987年。
③ 朱彝尊：《曝书亭全集》册九卷四十四，上海：中华书局，1931年。
④ 永瑢等：《四库全书总目》，北京：中华书局，1965年，第728页。
⑤ 章学诚：《校雠通义·宗刘篇》，章学诚著，叶瑛校注：《文史通义校注》，北京：中华书局，1985年，第959页。

了《崇文总目》的叙录。但章学诚对郑樵的指责，实为朱彝尊所误导。余嘉锡与朱彝尊、章学诚等人的观点相反。余嘉锡认为并非郑樵删削了《崇文总目》，他说："宋王尧臣等作《崇文总目》，每类有序，每书有释，盖祖向、歆之成规。郑樵作《通志·校雠略》，乃极不满之，谓其文繁无用。清初朱彝尊得《总目》钞本于天一阁，已无序释，因为之跋，归狱于樵。修《四库全书》时，即用其本著录。《提要》信朱氏之说，所以罪樵者尤至。"① 余嘉锡引证杭世骏与钱大昕等学者的说法，认为："《崇文总目》之无序释，与郑樵初无关系。杭世骏《道古堂集》卷二十五已驳朱氏之说，钱大昕《养新录》卷十四考之尤详。"② 另外，郑樵讥讽《崇文总目》之序为泛释无义，主张"类例既分，学术自明"，强调类例的作用，但对于只记录书名，无大小序又无解题的目录学著作，早在郑樵之前，已为《隋志》所讥。余嘉锡对诸如《隋志》与章学诚等的说法又进行辩驳说："然苟出自通人之手，则其分门别类，秩然不紊，亦足考镜源流，示初学以读书之门径，郑樵所谓'类例既分，学术自明'，不可忽也。"③ "郑樵著《通志》，既作《艺文略》，又自论其叙次之意，为《校雠》一略以发明之。樵即主张编书必究本末，使上有源流，下有沿袭，以存专门之学；则刘向每校一书，必撰一录，足以考见学术之源流，实千古编目之良法。而樵独注意于类例，谓'类例自分，学术自明'，遂讥《崇文总目》之序说为泛释无义，宜为朱彝尊及《四库提要》之所讥。然考樵之《艺文略》，虽不免抵牾讹谬，而其每类之中，所分子目，剖析流别，至为纤悉，实秩然有条理。盖真能适用类例以存专门之学者也。……则其自谓'类例既分，学术自明'者，亦非过誉。"④

---

① 余嘉锡：《目录学发微》，《余嘉锡说文献学》，上海：上海古籍出版社，2001年，第8页。
② 余嘉锡：《目录学发微》，《余嘉锡说文献学》，上海：上海古籍出版社，2001年，第9页。
③ 余嘉锡：《目录学发微》，《余嘉锡说文献学》，上海：上海古籍出版社，2001年，第12—13页。
④ 余嘉锡：《目录学发微》，《余嘉锡说文献学》，上海：上海古籍出版社，2001年，第14页。

六、关于《辑略》存亡问题

《校雠通义·原道》说:"刘歆《七略》,班固删其《辑略》而存其六。颜师古曰:'《辑略》谓诸书之总要。'盖刘氏讨论群书之旨也。此最为明道之要,惜乎其文不传。今可见者,唯总计部目之后,条辨流别数语耳。"① 章学诚认为《辑略》为"讨论群书之旨","最为明道",可惜被班固修《汉书·艺文志》时删掉了,只是在"总计部目之后",还存有"条辨流别数语"。班固是否删除了刘歆的《辑略》,后来学者说法不一。章学诚所谓班固删除《辑略》的说法,遭到了一些学者的批评。如王菉在《校雠通义节驳》中便驳斥了章学诚,王菉说:"(班固言)今删其要,以备篇籍。即刘氏讨论群书之旨,小颜所谓诸书之总要者耳。盖《志》载各书篇数家数,皆删取六略之目;其每种之末,各言作述传授,源流始末,乃全取《辑略》之文,殆未有所刊削也。小颜作注之时,《七略》原书赫然具存,倘班固采掇,果有阙失,必为集注诸家所拾补,奚待章氏之哓哓哉!"② 余嘉锡也认为,《汉书·艺文志》本于刘歆之《七略》,班固删除《七略》中原有的解题,只保留《辑略》中的文字,将其散入六略各个部目之后,作为《汉书·艺文志》各略、类的大、小序。③ 余嘉锡认为"班固条辨流别数语,即是刘歆《七略》。章氏以为别有讨论群书之语,误甚"④。

以上通过余嘉锡与章学诚目录学思想的比较,我们发现余嘉锡一方面继承了章学诚所提出的"辨章学术,考镜源流"的观念,同时也

---

① 章学诚:《校雠通义·原道篇》,章学诚著,叶瑛校注:《文史通义校注》,北京:中华书局,1985年,第952页。
② 王菉:《校雠通义节驳》,转引自王重民通解:《校雠通义通解》,上海:上海世纪出版集团,2009年,第5页。
③ 余嘉锡:《目录学发微》,《余嘉锡说文献学》,上海:上海古籍出版社,2001年,第10页。
④ 余嘉锡:《目录学发微》,《余嘉锡说文献学》,上海:上海古籍出版社,2001年,第10—11页。

对章学诚的目录学思想进行了诸多的观点与史实上的批评。诚如余嘉锡在《书章实斋遗书后》所言：

> 实斋自言"幼而多病，资质椎鲁"（见文集七《与族孙与楠论学书》），"读书日不过三二百言，犹不能久识"（《文史通义》九家书六）。然性既健忘，又自视太高，除创通大义数十条外，他皆非所措意，征文考献，辄多谬误。《文史通义》内篇，是其平生精力所注，又每一篇成，辄就正通人（《通义》及文集内与人书可证），相与商榷改定（《文史通义》九《与胡雒君书》云："鄙人欲将平生撰著，师友所正定者，仍著正定之人，未及正定之原文，与所以正定之故于其下方"），故引证尚无大失。然考核不免粗疏，持论时近偏僻。《外篇》及文集，气矜弥甚，其失弥多，持较内篇，抑又不逮。《校雠通义》最有名，然所言得者二三而失者六七，并《七略》《别录》逸文，亦不肯一考，而侈口论刘、班义例，故多似是而非。①

余嘉锡对章学诚《校雠通义》"所言得者二三而失者六七"的评价，无论如何也不能妄断余嘉锡继承了章学诚的目录学思想。

第四节　宗刘：余嘉锡目录学思想探源

推崇刘向、刘歆父子的目录学思想是中国传统目录学中的一种整体性倾向，古来即以如此。如《隋书·经籍志》说："汉时刘向《别录》、刘歆《七略》，剖析条流，各有其部，推寻事迹，疑则古之制

---

① 余嘉锡：《书章实斋遗书后》，《余嘉锡文史论集》，长沙：岳麓书社，1997年，第579—580页。

也。自是之后，不能辨其流别，但记书名而已。"①余嘉锡对此评论道："观《隋志》之持论，掊击诸家，推尊向、歆，盖以向之《别录》，每书皆有叙录，歆之《七略》，群篇并举指要，于书之指归讹谬，皆有论辨，剖析条流，至为详尽，有益学术，故极推崇。"②

推崇刘向、刘歆的还有章学诚。但如前文所述，章学诚以《汉志》研究为基础来实现"宗刘"，这遭到了余嘉锡的批评，余嘉锡对章学诚"论班"而号称"宗刘"的做法略有不满。因此，余嘉锡在讨论目录学时，直追刘氏父子，尽量引用《七略》《别录》佚文，次以《汉书·艺文志》加以补充，再次之援引后来之目录书。余嘉锡珍藏的手抄本《小勤有堂杂钞》首篇即是抄录顾观光校集的《刘向别录》与《刘歆七略》，可见他对刘向父子佚文的重视。

学界以往过多地强调余嘉锡与章学诚之间的学术关联，却忽略了余嘉锡的目录学思想实际上是直接追本于刘向、刘歆父子的。除本章第二节中所论，通过文本的比较，可以发现在余嘉锡的《目录学发微》中存在着强烈的崇汉倾向，这种崇汉的中心就是"宗刘"。今再据《目录学发微》中，余嘉锡对《七略》《别录》佚文的引证情况，论述余嘉锡的"宗刘"思想如下。

一、关于"目录"释名

余嘉锡将"目录"一词的使用，追溯到刘向、刘歆父子校书之时。关于"目录"名称的起源，《四库全书总目》目录类小序云"郑玄有《三礼目录》，此名所昉也"③，认为"目录"之名起始于郑玄。余嘉锡驳斥了《总目》的说法，举《汉书·艺文志》中"刘向司籍，九流以别，爰著目录，略序洪烈"④一句以及《七略》中"尚书有青丝

---

① 魏征、令狐德棻：《隋书》，北京：中华书局，1973年，第992页。
② 余嘉锡：《目录学发微》，《余嘉锡说文献学》，上海：上海古籍出版社，2001年，第6页。
③ 永瑢等：《四库全书总目》，北京：中华书局，1965年，第728页。
④ 班固：《汉书》，北京：中华书局，1962年，第4244页。

编目录"一句（《文选》任彦昇《为范始兴求立太宰碑表》注引）为例，证明"目录"之名在刘向、刘歆父子校书之时已经开始使用。①

同时，在论证"目录"释名的举例上，余嘉锡完全是依照刘向立言。兹录余氏之文如下：

> 案向、歆奏上之叙，今散见各书者，或题目录，或题叙录，或不题名目，其例不一。然考《战国策》叙云"护左都水使者光禄大夫臣向言（举此一举明例，以后衔名均略去）所校中《战国策》书"，末云"臣向所校《战国策》书录"；《荀卿新书》叙云"所校雠中《孙卿》书"，末云"所校雠中《孙卿》书录"；《列子》叙云"所校中书《列子》五篇"，末云"臣向所校《列子》书录"。以前后文义推之，则所校某书录句，书字当属上读，犹言某书之录也。知向但自名为录，实兼包篇目指意二者言之。②

二、目录书体制的阐释皆首举刘氏

（一）"篇目"立论

《篇目》开篇即云："班固曰：'刘向司籍，辨章旧闻。'又曰：'爰著目录，略序洪烈。'后之论目录者大抵推本其意。"③

前文已言，刘向校书之时，广集众本，删除重复，整齐篇章，于每本书都要重新著录篇目，以防止图书的散失与错乱。余嘉锡再次引用刘向佚文对此加以说明。如引用《七略别录佚文·战国策书录》："所校中《战国策》书，中书余卷，错乱相糅莒。又有国别者八篇，少不足。臣向因国别者，略以时次之，分别不以序者，以相

---

① 余嘉锡：《目录学发微》，《余嘉锡说文献学》，上海：上海古籍出版社，2001年，第19页。
② 余嘉锡：《目录学发微》，《余嘉锡说文献学》，上海：上海古籍出版社，2001年，第20页。
③ 余嘉锡：《目录学发微》，《余嘉锡说文献学》，上海：上海古籍出版社，2001年，第30页。

补。除重复,得三十篇。"① 又引《管子书录》:"所校雠中《管子书》三百八十九篇,《大中大夫卜圭书》二十七篇,《臣富参书》四十一篇,《射声校尉立书》十一篇,《太史书》九十六篇,凡中外书五百六十四篇,以校除复重四百八十四篇,定著八十六篇。"②

(二)"叙录"立论

1. 叙录考作者之行事,分"附录""补传""辨误"三种情况,皆首举《别录》为例说明。

(1) 论"附录"云:"《别录》于史有列传事迹已详者,即剪裁原文入录,是曰附录。"③ 并举《管子书录》为例:

> 《管子书录》云:"管子者,颍上人也,名夷吾,号仲父。"其下即用《史记》原文,略有删节,只增入"管仲于周,不敢受上卿之命,以让高、国,是时诸侯归之,为管仲城谷以为乘邑,《春秋》书之,褒贤也",及"孔子曰,微管仲,吾其被发左衽矣"数语。后即引太史公论管子语,而终之曰:"《九府书》民间无有,《山高》一名《形势》。凡《管子》书,务富国安民,道越言要,可以晓合经义。"计此一篇,多出于本传,向所自为者无几。④

又以《韩非子书录》为例说:"《韩非子书录》,全用本传,无所增删,惟削去所录《说难》一篇耳。此即后人纂集或校刻古人书,附录本传及碑志之法也。"⑤

(2) 论"补传"云:"《别录》《七略》,于史有列传而事迹不详,或无传者,则旁采他书,或据所闻见以补之。《七志》《七录》亦多补

---

① 余嘉锡:《目录学发微》,《余嘉锡说文献学》,上海:上海古籍出版社,2001年,第32—33页。
② 余嘉锡:《目录学发微》,《余嘉锡说文献学》,上海:上海古籍出版社,2001年,第33页。
③ 余嘉锡:《目录学发微》,《余嘉锡说文献学》,上海:上海古籍出版社,2001年,第41页。
④ 余嘉锡:《目录学发微》,《余嘉锡说文献学》,上海:上海古籍出版社,2001年,第42页。
⑤ 余嘉锡:《目录学发微》,《余嘉锡说文献学》,上海:上海古籍出版社,2001年,第42页。

史所阙遗，是曰补传，其例二也。"①并举例云：

> 案《史记·晏子列传》，但叙赎越石父及荐御者二事，此史公自悲身世有感而发，非作传之正体。《晏子叙录》皆削之，别叙其行事甚备。《史记·荀卿传》，寥寥数语，且不载其名。《荀子书录》则云名况，且增益之至数倍。又如尸子，《史记》无传，《别录》则云："楚有尸子，疑谓其在蜀。今案《尸子书》，晋人也，名佼，秦相卫鞅客也。卫鞅商君……自为造此二十篇书，凡六万余言。卒，因葬蜀。"此皆旁采他书以补史传者也。赵定在太史公后，故《史记》无传。《别录》则云："赵氏者，渤海人赵定也。……定为人尚清净，少言语，善鼓琴，时闲燕为散操，多为之涕泣者。"……《七录》所叙谷梁俶、甘石、申公事，皆《史记》所不载，盖亦旁采他书。②

（3）论"辨误"云："《别录》于撰人事迹之传讹者，则考之他书以辩正之，如《邓析子书录》是，盖已开后来考据家之先声矣。是曰辨误。"③并举《邓析子书录》为例加以论述。"观《别录》《七略》之所记载，于作者之功业学术性情，并平生轶事，苟有可考，皆所不遗。使百世之下，读其书者想见其为人，高者可以闻风兴起，次亦神与古会。"④

2．论考作者之时代，亦有四种情况。

（1）"叙其仕履而时代自明"。首举刘向《别录》为例。"如《别录·管子录》叙其事齐桓公，《晏子录》叙其事齐灵公、庄公、景公，《孙卿录》叙其齐宣王、威王时始来游学，及春申君以为兰陵令，是也。《汉志》《新唐志》犹存此意，后来目录家亦或因叙仕履牵连及

---

① 余嘉锡：《目录学发微》，《余嘉锡说文献学》，上海：上海古籍出版社，2001年，第43页。
② 余嘉锡：《目录学发微》，《余嘉锡说文献学》，上海：上海古籍出版社，2001年，第43—44页。
③ 余嘉锡：《目录学发微》，《余嘉锡说文献学》，上海：上海古籍出版社，2001年，第46页。
④ 余嘉锡：《目录学发微》，《余嘉锡说文献学》，上海：上海古籍出版社，2001年，第47页。

之。然不著者居多。"①

（2）"作者之始末不详，或不知作者，亦考其著书之时代。《别录》《七略》及《汉志》所谓近世、六国时、武帝时之类皆是，后之目录家多未留意。"②

（3）"叙作者之生卒，并详其著书之年月。此仅见于《七略》之纪杨雄，后来绝无沿用之者。"③

（4）"不能得作者之时，则取其书中之所引用，后人之所称叙，以著其与某人同时，或先于某人，在某人后，以此参互推定之。其法亦创于刘向，《汉志》多用之。王俭及晁、陈书目亦颇有类此者，然不能多也。"④

3. 论考作者之学术。

叙录当考作者之学术，这比著书欲成一家之言的难度还大。"非博通古今，明于著作之体，好学深思、心知其意者不能办。"⑤即使是刘向这样博学之士，也不敢完全自任其职，必将兵书、数术、方技诸略属之专门名家。余嘉锡说："刘向诚为博学，然于成帝时奉诏校书，兵书则步兵校尉任宏，术数则太史令尹咸，方技则侍医李柱国，向所校者，经传诸子诗赋而已。盖向之学本于儒家，通经术，善属文，故独校此三略，其他则属之专门名家，成帝不以责向，向亦不敢自任也。"⑥又论班固对刘向的继承，说：《别录》于诸书皆考作者之行事，论书中之旨意，未尝以空言臧否人物，即其论贾谊、东方朔，亦皆就事实立言，故为班固所称引。"⑦

---

① 余嘉锡：《目录学发微》，《余嘉锡说文献学》，上海：上海古籍出版社，2001年，第47—48页。
② 余嘉锡：《目录学发微》，《余嘉锡说文献学》，上海：上海古籍出版社，2001年，第48页。
③ 余嘉锡：《目录学发微》，《余嘉锡说文献学》，上海：上海古籍出版社，2001年，第49页。
④ 余嘉锡：《目录学发微》，《余嘉锡说文献学》，上海：上海古籍出版社，2001年，第50页。
⑤ 余嘉锡：《目录学发微》，《余嘉锡说文献学》，上海：上海古籍出版社，2001年，第52页。
⑥ 余嘉锡：《目录学发微》，《余嘉锡说文献学》，上海：上海古籍出版社，2001年，第52页。
⑦ 余嘉锡：《目录学发微》，《余嘉锡说文献学》，上海：上海古籍出版社，2001年，第56页。

(三)"小序"立论

班固《艺文志》本刘歆之《七略》，将《辑略》中的文字分载于六略各部类之后，成为《汉书·艺文志》的大小序。余嘉锡认为班固之大小序是源自刘歆《辑略》的，"刘歆嗣父之业，部次群书，分为六略，又叙各家之源流利弊，总为一篇，谓之《辑略》，以当发凡起例。班固就《七略》删去其要以为《艺文志》，因散《辑略》之文，分载各类，以便观览。后之学者不知其然，以为《七略》之存其六，其实《辑略》之原文具在也"①。余嘉锡考察了历代目录书的小序并作了简要的评价，余嘉锡说："其后目录之书，多仿《辑略》之体，于每一部类，皆剖析条流，发明其旨。"②

最后，余嘉锡总结说："以上论篇目叙录小序之体制，多推本刘、班，实以唐以前目录书亡于宋初，宋之晁、陈，清之纪氏，各以己意编录论叙，与刘略班志不尽相同，故不能不推寻本源，以明目录书之体要耳。"③可见，目录书体制中的篇目、叙录和小序在刘歆之时都已经出现，余嘉锡在论证上也是首举《别录》《七略》来讨论的，而次及之《汉书·艺文志》，虽然余嘉锡本人也说自己是在"推本刘、班"，但显然"刘"比"班"在余嘉锡的观念中，具有更为重要的价值和意义。余嘉锡论目录学，主要是以刘向父子之《别录》《七略》作为标准，并以此来衡量后来目录学之优劣。

三、论"目录学源流"与"类例沿革"

卷三论述"目录学源流"时，余嘉锡与以往学者不同的是，认为校理群书并不始于刘向，而是源自汉高祖、汉武帝之时的校理兵书，但高祖、武帝时是否编制了目录，则不得而知。随后在"目录学源流

---

① 余嘉锡：《目录学发微》，《余嘉锡说文献学》，上海：上海古籍出版社，2001年，第57页。
② 余嘉锡：《目录学发微》，《余嘉锡说文献学》，上海：上海古籍出版社，2001年，第59页。
③ 余嘉锡：《目录学发微》，《余嘉锡说文献学》，上海：上海古籍出版社，2001年，第70页。

上"中，余嘉锡对刘向、刘歆父子校书的论述，占据了很大的篇幅。

卷四"目录类例之沿革"，余嘉锡分作"总论类例""七略""汉魏时之四部""荀勖四部""经史子集四部""王俭《七志》""阮孝绪《七录》""《隋志》四部""总论沿革""类例之商榷"几个部分来论述。论述类例沿革，余嘉锡并没有单论《汉书·艺文志》，而是以论七略来包含《汉书·艺文志》，明显体现出余嘉锡更加推崇刘氏父子的学术倾向。

可见，余嘉锡在论述目录书体制之时，都是首举《别录》《七略》之佚文或刘氏父子的阐述，而次及《汉志》等后来的目录书。在"目录学源流"与"目录类例之沿革"中，也是强调刘向、刘歆的奠基性作用，并强调后来众多书目都是"依刘向故事"而已。

第三章 余嘉锡的古书体例研究与古书辨伪

第一节 《古书通例》撰写的学术背景

一、疑古辨伪思潮的兴盛

从清末到民国，疑古成为近代学术发展中的一个重大思潮，今文学家的勇于疑经，进而怀疑依经传而塑造出来的古史，实为思想界之一大飓风。至 20 世纪 20 年代，经过新文化运动思想解放的洗礼之后，以胡适、钱玄同、顾颉刚为代表的古史辨派走向了学术舞台的中心。受疑古思潮的影响，上古时期的古史以及古书受到了普遍的怀疑，对古史与古书的辨伪，在当时的国内、国外学术界都产生了不小的震动。

梁启超关于文献辨伪方法有系统性的阐述，主要见于《中国历史研究法》和《古书真伪及其年代》两部书中。在《中国历史研究法》中，梁启超提出了辨别伪书的 12 条公例。胡适在《中国哲学史大纲》中，特别强调先秦文献辨伪在哲学史研究中的重要作用。在胡适、钱玄同等影响下，顾颉刚也标点了姚际恒《古今伪书考》及胡应麟《四部正讹》等书，并且刊印了《辨伪丛刊》。直至《古史辨》丛书的陆续出版，在学术界掀起巨波。参与古史、古书真伪论争的学者越来越多，讨论古书真伪的文章也层出不穷，成果铺天盖地。民国时期的疑古辨伪运动，对我国的古籍尤其是先秦时期的古书进行了大规模的审查，成就巨大。但不足之处在于疑古学者往往疑古过头，导致将一些并非伪造之书直接判定为古人有意作伪而成，至张心澂编撰《伪书通考》时，则几乎至于无书不伪的程度。

因此，疑古辨伪的思路和方法，在当时的学术界引起了争论，赞成者有之，反对者也不乏其人。如胡适与梁启超等学者的文献辨伪观点，便遭到一些学者的质疑。正是在疑古辨伪思潮的刺激之下，余嘉锡系统的对古籍辨伪的方法尤其是先秦古书辨伪活动进行了反思，提出了与疑古派学者有所不同的见解，创作了《古书通例》。

二、时人在古书体例方面的研究成果

在余嘉锡创作《古书通例》之前，已有不少学者对先秦古书的体例与流传情况做了研究，并从这个角度探讨先秦古籍的辨伪问题，如吕思勉、刘咸炘以及傅斯年等。他们的论述，提出了许多精当的观点。

吕思勉批评当时的学者不明古书体例，好以后世之见议论古书，造成对古书成书年代的误判。他说："近二十年来，所谓'疑古'之风大盛，学者每訾古书之不可信，其实古书自有其读法，今之疑古者，每援后世书籍之体例，訾议古书，适见其卤莽灭裂耳。"① 吕思勉对胡适与梁启超等学者的辨伪方法提出了批评，他提出了自己的看法："然近人辨诸子真伪之术，吾实有不甚敢信者。近人所持之术，大要有二：（一）据书中事实立论，事有非本人所能言者，即断为伪。如胡适之摘《管子·小称篇》记管仲之死，又言及毛嫱、西施；《立政篇》辟寝兵兼爱之言，为难墨家之论是也。（二）则就文字立论。如梁任公以《老子》中有偏将军上将军之名，谓为战国人语；又或以文字体制之古近，而辨其书之真伪是也。"② 对于胡适和梁启超等人的认识，吕思勉认为："先秦诸子，大抵不自著书。今其书之存者，大抵治其学者所为，而其纂辑，则更出于后之人。……然则某子之标题，本不过表明学派之词，不谓书即其人所著。与集部书之标题为某某集者，大不相同。"③ 吕思勉认为子部之书，大抵为一学派之作，不能简单根据书中所记之事以及文字体制来判断书之作者与真伪，对于古书作伪，吕思勉认为古人作伪只是特例，"至于动辄疑心古人作伪，更为无稽之谈。作伪乃特殊之事，非有特殊之原因莫肯为，岂有看作著

---

① 吕思勉：《先秦史》，上海：上海古籍出版社，2005 年，第 6 页。
② 吕思勉：《先秦学术概论》，长沙：岳麓书社，2010 年，第 18—19 页。
③ 吕思勉：《先秦学术概论》，长沙：岳麓书社，2010 年，第 19 页。

述界经常现象之理"①。既然古人非有意作伪,则对于古书中存在的讹误,吕思勉认为:"至于诸子书所记事实,多有讹误,此似诚有可疑。然古人学术,多由口耳相传,无有书籍,本易讹误;而其传之也,又重其义而轻其事。"②又说:"夫神农、黄帝、管仲,诚未必如托之者之言;然其为此曹所托,亦必自有其故;此亦考古者所宜究心矣。要之古书不可轻信,亦不可抹煞。"③吕思勉认为古书不宜轻疑,但同时也认为先秦诸子之书"亦不宜轻信"。他说,"世每震于先秦诸子之名而不敢议,而不知诸子书中,精绝处固多,肤浅者亦不少,此是时代为之,不宜菲薄古人,然亦不宜轻信也。"④

1930 年,傅斯年在《战国文籍中之篇式书体——一个短记》一文中,也认为古书之书体与现代书体有所不同,不可以后人的著作观念来讨论战国时期的文籍。傅斯年说:"譬如说,'《管子》书是假的',这句话和说'《管子》书是真的'同样的有毛病……既有一个梁任公先生,硬说管子那个人做了《管子》那些书,便应该有人回答他说,管子不曾做了这些篇的一个字。说到这样好到这样。若进一步去说,《管子》书是假的,则先须假定战国时人已有精严的著者观念,先须假定战国时这些篇出来的时候上边写着'齐桓公相管仲撰'。这样假定当然是不可以的……我们切不可以后来人著书之观念论战国文籍。"⑤傅斯年总结出了先秦时期古书的三条体例:"(1)战国时'著作者'之观念不明了。(2)战国时记言书多不是说者自写,所托只是有远有近有切有不相干罢了。(3)战国书除《吕览》外,都只是些篇,没有成部的书。战国书之成部,是汉朝人集合的。这层意思,我们反覆说来好像不厌其详者,实因为了解战国文籍之成书性,是分析战国

---

① 吕思勉:《吕思勉遗文集》,上海:华东师范大学出版社,1997 年,第 564 页。
② 吕思勉:《先秦学术概论》,长沙:岳麓书社,2010 年,第 19 页。
③ 吕思勉:《先秦学术概论》,长沙:岳麓书社,2010 年,第 223 页。
④ 吕思勉:《吕思勉读史札记》,上海:上海古籍出版社,2005 年,第 455 页。
⑤ 傅斯年:《战国文籍中之篇式书体——一个短记》,欧阳哲生主编:《傅斯年全集》三,长沙:湖南教育出版社,2003 年,第 17—18 页。

文籍的一个前提。"①最终，傅斯年认为战国至秦汉时期的书籍经过了"记言之书—成篇之书—系统之书"三个不同的发展阶段。②

三、余嘉锡对清代学术的继承

余嘉锡在《古书通例》绪论中说："其中成说，多出前修，并加援引，明非臆说。"清代学者对于古书体制已经有了许多研究，其中不乏精良的见解，这些见解零散分部在各学者的著作之中，余嘉锡对他们的观点加以比较与整合，合理的吸收在了《古书通例》中。

如余嘉锡论证"古书不题撰人"时，引用陈启源曰："盖古世质朴，人惟情动于中，始发为诗歌，以自明其意。非若后世能文之士，欲暴其才，有所作辄系以名氏也。及传播人口，采风者因而得之，但欲议作诗之意，不必问其何人作也。国史得诗，则述其意而为之序，固无由尽得作者之主名矣。师儒传授，相与讲明其意，或于序间有所附益；然不敢妄求人以实之。阙所不知，当如是耳。"③余嘉锡案："陈氏之言，可谓通达。不惟可以解诗，即凡古书之不题撰人者，皆可以其说推之，学者可恶事穿凿也。"④

余嘉锡论证"古书多造作故事"，引用朱一新《无邪堂答问》云："（子书）虚造故事，如巢、许洗耳挂瓢之类，乃借以讥战国攘夺之风，并非事实。故史公于许由事深致疑词，庄生所谓寓言十九也。"⑤

余嘉锡论证"古书不皆手著"时，引用孙星衍："古之爱士者，率有传书。由身没之后，宾客纪录遗事，报其知遇，如《管》《晏》

---

① 傅斯年：《战国文籍中之篇式书体——一个短记》，欧阳哲生主编：《傅斯年全集》三，长沙：湖南教育出版社，2003年，第18页。
② 傅斯年：《战国文籍中之篇式书体——一个短记》，欧阳哲生主编：《傅斯年全集》三，长沙：湖南教育出版社，2003年，第20页。
③ 陈启源：《毛诗稽古编》卷二五，清文渊阁四库全书本。
④ 余嘉锡：《古书通例》，《余嘉锡说文献学》，上海：上海古籍出版社，2001年，第180页。
⑤ 朱一新：《无邪堂答问》卷四，《朱一新全集》整理小组整理：《朱一新全集》（上），上海：上海人民出版社，2017年，第234页。

《吕氏春秋》，皆不必其人自著。"① 又云："《晏子》书成在战国之世，凡称子书，多非自著，无足怪者。"② 又引证严可均《鹖子序》云："古书不必手著，《鹖子》盖康王、昭王后周史臣所录，或鹖子子孙记述先世嘉言，为楚国之令典。"③ 又严氏《书管子后》云："近人编书目者谓此书多言管子后事，盖后人附益者多，余不谓然。先秦诸子，皆门弟子或宾客或子孙撰定，不必手著。"④

清代学者的学术遗产，对于余嘉锡的《古书通例》的创作，影响甚大。

第二节　余嘉锡对古书体例的总结

一、余嘉锡对古籍真伪考辨的重视

1937年，余嘉锡刊印史子两部八卷本《四库提要辨证》，《图书季刊》1939年新1第2期发表该书介绍，尤其注重《四库提要辨证》在古籍辨伪方面的成就，不嫌繁琐地罗列此书在古籍真伪考辨上的成绩。今亦不惮烦琐，引录如下，以示余嘉锡在《四库提要辨证》中对辨古籍真伪的重视。原文如下：

> 其（《四库提要辨证》）尤重要者则为重考定撰人各篇，如《靖康要录》《四库》原题不著撰人，今考定为宋汪藻撰；《东都事略》原题宋王偁撰，今考定当作王称；《孤臣泣血录》旧题宋丁特起撰而疑为伪托，今考定实特起撰；《北狩

---

① 孙星衍：《燕丹子序》，《燕丹子》，上海中华书局据平津馆本校刊。
② 孙星衍：《问字堂集》卷三，《晏子春秋序》，上海：商务印书馆，1937年，第76页。
③ 严可均：《铁桥漫稿》卷五，清道光十八年四录堂刻本。
④ 严可均：《铁桥漫稿》卷八，清道光十八年四录堂刻本。

行录》旧题宋蔡絛撰，今考定为宋王若冲撰；《保越录》旧不著撰人，今考定为元徐勉之撰；《孔氏实录》旧不著撰人，今考定为元徐泽之撰，《南方草木状》旧题晋嵇含撰，今考定非含所作，《都城纪胜》旧题宋耐得翁撰，今考定为宋赵某撰；《秦边纪略》旧不著撰人，今考定为清梁份撰；《明宫史》旧题明吕毖撰，今考定为明刘若愚撰；《忠经》旧题汉马融撰而疑其伪托，今考定为唐人撰；《蚕书》旧题宋秦湛撰今考定为宋秦观撰；《银海精微》旧题唐孙思邈撰，今考定为明失名人撰；《太医局程文》旧不著撰人，今考定为宋何大任撰；《疮疡经验全书》旧题宋窦汉卿撰，今考定为元窦默撰；《原本革象新书》旧不著撰人，今考定从《简明目》作赵友钦撰；《潜虚发微论》旧题宋张敦实撰，今考定为宋张汉所撰《辨虚》；《灵棋经》旧题汉东方朔撰，今考定为晋释法味撰；《易林》旧题汉焦延寿撰，今考定为汉崔篆撰；《李虚中命书》旧题周鬼谷子撰，唐李虚中注，今考定为虚中撰，宋失名人注；《续画品》旧题陈姚最撰，今考定最系隋人；《宣和博古图》旧题宋王黼撰，今考定为宋王楚撰；《兰易》旧题宋鹿亭翁撰,《兰易十二翼》,《兰史》旧题冯京撰，今考定皆明冯京第撰；《淮南子》旧题汉高诱注，今考定内有汉许慎注八篇；《资暇限》旧题唐李匡义撰；今考定当作李匡文；《兼明书》旧题五代邱光庭撰，今考定光庭系唐人；《爱日庐丛钞》旧不著撰人，今考定为宋叶实撰；《五总志》旧题宋吴炯撰，今考定当作吴垌；《蒙求》旧题晋李瀚撰，今考定为唐李翰撰；《翰苑新书》旧不著撰人，今考定为宋刘子实撰；《岁华纪丽》旧题唐韩鄂撰而疑其伪，今考定实鄂作；《西京杂记》旧题晋葛洪撰而疑其伪，今考定实洪作；《墨客挥犀》旧题宋彭乘撰，今考定为宋失名人撰；《南窗纪谈》旧不著撰人，今考定为宋徐度撰，且非原书；

《随隐漫录》旧题宋陈世崇撰，今考定当作陈随隐；《汉武帝内传》旧题汉班固撰，今考定为晋葛洪撰；《洞冥记》旧题汉郭宪撰，今考定为梁元帝撰；《博异记》旧题唐谷神子还古撰，今考定为唐郑还古撰；《唐阙史》旧题五代高彦休撰，今考定彦休为唐人；《清异录》旧题宋陶谷撰，今考定非谷所作；《神僧传》旧不著撰人，今考定为明成祖撰；《文子缵义》旧题宋杜道坚撰，今考定道坚为元人；《冥通记》旧题梁周子良撰，今考定为梁陶弘景撰；《至游子》旧不题撰人，今考定为宋曾慥撰。凡此所纠正，关系非细，足为纪氏诤臣矣。①

今所传本《四库提要辨证》中，考辨书籍作者及真伪者，远不限于此，但《四库提要辨证》以考据见长，不具备理论性质，余嘉锡关于古书辨伪的理论性著作，当属《古书通例》。有关《古书通例》创作的相关信息，余嘉锡致徐行可信件中谈到："弟近拟专考两汉人读书著书之事，如家法师法立学传授故训章句传注及诸子学之盛衰、古文书之发见、诗赋之流别等，拟定篇目，然后搜集材料，班范荀袁之外，博采群书，加以论断。因弟觉此等事，前人考证颇疏，遂致真相不明。如家法一事，清儒持之过严，不知凡别自为家者，皆左右采获，不纯守师说也。惟其事散见群书，钩稽不易。而迫于讲授，殊鲜暇晷。每日七时即起，盥漱点心后，八时半赴校，十一时许归家，则已午饭。饭毕，或假寐炊许时，始复读书，至七时晚饭后则精神疲倦，不复能用心矣。计一日之间，亲书者不过五六小时耳，而又有人事间之，诚恐白头可期，汗青无日。现拟自立课程，以只日整理四库提要辨证，以双日读两汉诸书，从事札记。"②据马志立考释，该信件作于1933年。此时期余嘉锡正任教于辅仁大学，《古书通例》为余嘉

---

① 《四库全书提要辨证史部四卷子部八卷》，《图书季刊》，1939年新第1卷第2期，第163—165页。
② 转引自马志立《余嘉锡致徐行可书信考释》，《图书情报论坛》，2010年第2期，第59页。

锡在北京各高校授课时所作的讲义，初名为《古籍校读法》，在致徐行可的信中所提及的欲考两汉人读书著书之事，当即是余嘉锡创作《古书通例》之开始。

二、《古书通例》的主体内容

《古书通例》书分四卷，旨在对汉魏以前的古书体例进行归纳与总结。余嘉锡所谓之"通例"，简而言之，即是在古书的"著录""体例""编次"与"附益"等方面的通则。该书是在地下文献没有大量出土之前，主要依据传世文献，对中国上古时期古书的形成与流传形式的一次系统总结。余嘉锡论及汉魏以前之古书真伪、古书命名、作者时代、篇目编次、卷帙分合存佚、内容增删附益等种种问题，认为古书之体例与魏晋以后的著述有所不同。该书卷一为"案著录"，分为"诸史经籍志皆有不著录之书""古书不题撰人""古书书名之研究""汉志著录之书名异同及别本单行"；卷二"明体例"，分"秦汉诸子即后世之文集""汉魏以后诸子""古书多造作故事"；卷三"论编次"，分"古书单篇别行之例""叙刘向之校雠编次""古书之分内外篇"；卷四"辨附益"，为"古书不皆手著"。

余嘉锡认为："研治中国古代学术当读古书，最难读者亦莫如古书，古书亦甚繁，读之者不可不知所别择。"[1]治中国学问，当多读古书，但古书之中，真伪相掺，欲读古书，当先辨伪。想要分辨古书真伪，余嘉锡认为，大要而言则有三法："一曰：考之史志及目录以定其著述之人，及其书曾否著录……二曰：考之本书以验其记载之合否……三曰：考之群书之所引用，以证今本是否原书。"[2]但根据史志目录是否有所著录来判定真伪，不可尽凭；根据本书记载判定真伪，容有未尽；遍考群书所引用以断古书之真伪，也不免有所阙佚。此三

---

[1] 余嘉锡:《古书通例》,《余嘉锡说文献学》,上海：上海古籍出版社，2001年，第164页。
[2] 余嘉锡:《古书通例》,《余嘉锡说文献学》,上海：上海古籍出版社，2001年，第164—165页。

种考辨古书之法，实则为三难。因有此三难，则容易产生四误，余嘉锡总结说："不知家法之口耳相传而概斥为依托，误一。不察传写之简篇讹脱而并疑为赝本，误二。不明古书之体例，而律以后人之科条，误三。不知学术之流派，而绳以老生之常谈，误四。"[1]正因读古书，容易产生四误，难辨古书真伪，因此余嘉锡做《古书通例》一书，条理汉魏以前尤其是先秦时期的古书之形成与流传情况。做到"以著作归先师，以附益还后学。传讹之本，必知其起因；伪造之书，必明其用意"[2]。

（一）案著录

1.诸史经籍志皆有不著录之书。

以前学者讨论古书真伪时，常以正史艺文志是否著录来判定书籍的真伪，如胡应麟已提出"核之群志以观其绪"，即通过核查历代史志目录是否著录，以确定书籍的流出情况与真伪。梁启超在辨别伪书十二公例中提出"其书前代从未著录，或决无人征引而忽然出现者，十有九皆伪"[3]；"其书虽前代有著录，然久经散逸，乃忽有一异本突出，篇数及内容与旧本完全不同者，十有九皆伪"[4]，也是通过以目录著录来判定古书之真伪。针对这种以目录著录之有无来判定古书真伪的方法，余嘉锡通过举例，证明《汉书·艺文志》《隋书·经籍志》《旧唐书·经籍志》《新唐书·艺文志》《宋史·艺文志》《明史·艺文志》等官修目录书籍皆有不著录之书。余嘉锡指出："故就史志以考古书之真伪完阙，虽为不易之法，然得之者固十之七八，失之者亦不免二三。若仅恃此法以衡量古今，是犹决狱者不能曲体物情，得法

---

[1] 余嘉锡：《古书通例》，《余嘉锡说文献学》，上海：上海古籍出版社，2001年，第165—166页。
[2] 余嘉锡：《古书通例》，《余嘉锡说文献学》，上海：上海古籍出版社，2001年，第166页。
[3] 梁启超：《中国历史研究法》，北京：中国人民大学出版社，2012年，第91页。
[4] 梁启超：《中国历史研究法》，北京：中国人民大学出版社，2012年，第91页。

外之意，而徒执尺一以定爱书；则考竟之时，必有衔冤者。"①

2. 古书不题撰人。

读古人之书，当考作者的姓名及其身世。读书当求知人论世，以窥作者著述之旨意。但汉魏以前尤其是先秦之书与后世之书在体制上有很多差别，以书籍的作者而言，先秦古书是不题撰人的。俗本中有题作者姓氏的，多属于后来人所妄增。余嘉锡说："盖古人著书，不自署姓名，惟师师相传，知其学出于某氏，遂书以题之，其或时代过久，或学未名家，则传者失其姓名矣。即其称为某氏者，或出自其人手著，或门弟子始著竹帛，或后师有所附益，但能不失家法，即为某氏之学。古人以学术为公，初非以此争名；故于撰著之人，不加别白也。"②余嘉锡的看法深得先秦古书的实际状况，古书既然不自署名，而后来学者以后世之书体书例来剖判先秦古书，必谓某书为某人所作，则往往会与实际情况相抵牾。余嘉锡进一步阐述道："约而言之，则周、秦人之书，若其中无书疏问答，自称某某，则几全书不见其名，或并姓氏亦不著。门弟子相与编录之，以授之后学，若今之用为讲章；又各以所见，有所增益，而学案、语录、笔记、传状、注释，以渐附入。其中数传以后，不辨其出何人手笔，则推本先师，转相传述曰：此某先生之书云耳。既欲明其学有师法，又因书每篇自为起讫，恐简策散乱，不可无大题以为识别，则于篇目之下题曰某子：而后人以为皆撰人姓名矣。"③正因为古书的形成与后世书存在着显著的不同，古书既然不自署作者，如果后来人根据后世之意见，谓某书必为某子所作，并依此来断定古书真伪，则往往与实际情况相抵牾。先秦诸子著述既然未自题姓名，则其书也不必是一定要出于自著。

3. 古书书名之研究。

余嘉锡认为，"古书之命名，多后人所追题，不皆出于作者之手，

---

① 余嘉锡：《古书通例》，《余嘉锡说文献学》，上海：上海古籍出版社，2001年，第168页。
② 余嘉锡：《古书通例》，《余嘉锡说文献学》，上海：上海古籍出版社，2001年，第182页。
③ 余嘉锡：《古书通例》，《余嘉锡说文献学》，上海：上海古籍出版社，2001年，第186页。

故惟官书及不知其学之所自出者,乃别为之名,其他多以人名书。"①并分五点讨论古书命名之法。

一曰:"官书命名之义例。"余嘉锡本章学诚"六经皆先王之政典"之说,又据《汉书·艺文志》"诸子出于王官"说,认为"春秋以前,并无私人著作,其传于后世者,皆当时之官书也。其书不作于一时,不成于一手,非一家一人所得而私,不可题之以姓氏,故举著书之意以为之名"。②

二曰:"古书多摘首句二字以题篇,书只一篇者,即以篇名为书名。"③

三曰:"古书多无大题,后世乃以人名其书。古人著书,多单篇别行;及其编次成书,类出于门弟子或后学之手,因推本其学之所自出,以人名其书。"④如《史记·韩非传》云:"作《孤愤》《五蠹》《内外储》《说林》《说难》,十余万言。"⑤《汉书·董仲舒传》云:"仲舒所著,皆明经术之意,及上疏条教凡百二十三篇,而说《春秋》事得失,《闻举》《玉杯》《蕃露》《清明》《竹林》之属,复数十篇十余万言。"⑥此所叙诸子所著之书,都是只有篇名而不著书名。余嘉锡认为:"盖由古人著书,其初仅有小题(谓篇名),并无大题(谓书名)。"⑦

四曰:"《汉志》于不知作者之书,乃别为之名。古之诸子,皆以人名书。然《汉志》中,亦有别题书名者,则大率不知谁何之书也。"⑧如《业内》注曰:"不知作书者。"⑨《谰言》《功议》《儒家言》《杂阴阳》《燕十事》《法家言》并注曰:"不知作者。"《道家言》《卫

---

① 余嘉锡:《古书通例》,《余嘉锡说文献学》,上海:上海古籍出版社,2001年,第187页。
② 余嘉锡:《古书通例》,《余嘉锡说文献学》,上海:上海古籍出版社,2001年,第187页。
③ 余嘉锡:《古书通例》,《余嘉锡说文献学》,上海:上海古籍出版社,2001年,第188页。
④ 余嘉锡:《古书通例》,《余嘉锡说文献学》,上海:上海古籍出版社,2001年,第190页。
⑤ 司马迁:《史记》,北京:中华书局,1959年,第2147页。
⑥ 班固:《汉书》,北京:中华书局,1962年,第2525—2526页。
⑦ 余嘉锡:《古书通例》,《余嘉锡说文献学》,上海:上海古籍出版社,2001年,第190页。
⑧ 余嘉锡:《古书通例》,《余嘉锡说文献学》,上海:上海古籍出版社,2001年,第192页。
⑨ 班固:《汉书》,北京:中华书局,1962年,第1725页。

候官》并注曰:"近世不知作者。"《杂家言》注曰:"王伯,不知作者。"①余嘉锡认为:"《内业》《谰言》之属盖皆后人之所题,或即用其首篇之名以名书。"②而《儒家言》《杂阴阳》《杂家言》《法家言》,"则刘向校雠之时,因其既无书名,姓氏又无可考,姑以其所学者题之耳,皆非其本名也"③。

五曰:"自撰书名之所自始。"④余嘉锡认为,"古书自六经官书外,书名之最早而可据者,莫如《论语》。"⑤又认为自撰书而又自题书名者,则始见于《吕氏春秋》,盛起于汉武帝之时,"盖自撰书名,萌芽于《吕氏春秋》,而成于武帝之世"⑥。

4. 汉志著录之书名异同及别本单行。

《汉书·艺文志》中所著录的书,有些书的书名不仅与今传世本不同,而且也与魏晋南北朝、隋唐时期人所见之本不同,甚至有与《七略》《别录》也不同者。余嘉锡条举其例有四:"一曰《七略》之书名,为班固所改题。"⑦"二曰《别录》书有数名者,《汉志》只著其一,如《淮南道训》。"⑧"三曰刘、班于一人所著,同为一家之学者,则为之定著同一之书名,如《淮南》内、外。"⑨"四曰今所传古书之名,有为汉以后人所改题,故与《汉志》参差不合,如老子《道德经》。"⑩正因为《汉志》著录之书名有与今传世之书名不同者,因此在考辨古书真伪之时,寻之《汉志》而无此书名,则关于书之真伪,议论纷纭。

---

① 班固:《汉书》,北京:中华书局,1962年,第1741页。
② 余嘉锡:《古书通例》,《余嘉锡说文献学》,上海:上海古籍出版社,2001年,第193页。
③ 余嘉锡:《古书通例》,《余嘉锡说文献学》,上海:上海古籍出版社,2001年,第193页。
④ 余嘉锡:《古书通例》,《余嘉锡说文献学》,上海:上海古籍出版社,2001年,第193页。
⑤ 余嘉锡:《古书通例》,《余嘉锡说文献学》,上海:上海古籍出版社,2001年,第193页。
⑥ 余嘉锡:《古书通例》,《余嘉锡说文献学》,上海:上海古籍出版社,2001年,第194页。
⑦ 余嘉锡:《古书通例》,《余嘉锡说文献学》,上海:上海古籍出版社,2001年,第195页。
⑧ 余嘉锡:《古书通例》,《余嘉锡说文献学》,上海:上海古籍出版社,2001年,第198页。
⑨ 余嘉锡:《古书通例》,《余嘉锡说文献学》,上海:上海古籍出版社,2001年,第199页。
⑩ 余嘉锡:《古书通例》,《余嘉锡说文献学》,上海:上海古籍出版社,2001年,第195—200页。

对于《汉书·艺文志》中著录的书有别本单行者，余嘉锡提出："古人著书，本无专集，往往随作数篇，即以行世。传其学者各以所得，为题书名。及刘向校定编入全书，题以其人之姓名，而其原书不复分著，后世所传，多是单行之本，其为自刘向校本内析出，抑或民间自有古本流行，不尽行用中秘定著之本，皆不可知。"①如《鬼谷子》之编入《苏子》，《新语》编入《陆贾书》，《六韬》编入《太公书》。

（二）明体例

1. 秦汉诸子即后世之文集。

余嘉锡说："周、秦、西汉之人，学问既由专门传受，故其生平各有主张，其发于言而见于文者，皆其道术之所寄……则虽其平日因人事之肆应，作为书疏论说，亦所以发明其学理，语百变而不离其宗，承其学者，聚而编之，又以其所见闻，及后师之所讲习，相与发明其义者，附入其中，以成一家之学。故西汉以前无文集，而诸子即其文集。非其文不美也，以其为微言大义之所托，言之有物，不徒藻绘其字句而已。"②

在此基础上，余嘉锡论述了周秦诸子之著书与汉代以后人著述之区别，认为汉以后之人，越想自成一家，其为文则越与词赋相近。余嘉锡说："周、秦诸子，以从游之众，传授之久，故其书往往出于后人追叙，而自作之文，乃不能甚多。汉初风气，尚未大变。至中叶以后，著作之文儒，弟子门徒，不见一人，凡所述作，无不躬著竹帛。如《东方朔书》之类，乃全与文集相等。篇目具在，可复案也。及扬雄之徒，发愤著书，乃欲于文章之外，别为诸子。子书之与文集，一分而不可复合。然愈欲自成一家，而其文乃愈与词赋相近。"③古代的

---

① 余嘉锡：《古书通例》，《余嘉锡说文献学》，上海：上海古籍出版社，2001年，第200页。
② 余嘉锡：《古书通例》，《余嘉锡说文献学》，上海：上海古籍出版社，2001年，第206—207页。
③ 余嘉锡：《古书通例》，《余嘉锡说文献学》，上海：上海古籍出版社，2001年，第219页。

诸子九流，在东汉以后，唯有儒家流传，其他诸家多难以继轨前人学说，而魏晋以后的儒家学者，其所作书，名为子书，实际上也是与词章无异，故章学诚对此有"伪体子书"之讥讽。①

2. 古书多造作故事。

诸子百家之书，以立意为主，志在阐发一家之言，故往往因文见意，设喻说理，托古言志，"譬如童子成谣，诗人咏物，兴之所至，称心而谈"②。余嘉锡认为，若一定以训诂考据的方法研究诸子之书，以历史家据事直书的原则，来考辨诸子之书所记之事是否真伪，"不惟事等刻舟，亦且味同嚼蜡矣。夫引古不必皆虚，而设喻自难尽实，彼原假此为波澜，何须加之以考据"③。余氏认为，诸子之书多造作故事，并列举七种情况："一曰：托之古人，以自尊其道也。……二曰：造为古事，以自饰其非也。……三曰：因愤世嫉俗，乃谬引古事以致其讥也。……四曰：心有爱憎，意有向背，则多溢美溢恶之言，叙事遂过其实也。……五曰：诸子著书，词人作赋，义有奥衍，辞有往复，则设为故事以证其义，假为问答以尽其辞，不必实有其人，亦不必真有此问也。……六曰：古人引书，唯于经史特为谨严，至于诸子用事，正如诗人运典，苟有助于文章，固不问其真伪也。……七曰：方士说鬼，文士好奇，无所用心，聊以快意，乃虚构异闻，造为小说也。"④

既然诸子之书多造作故事，那么，对于这些子书，是否还可以引用？余嘉锡认为："夫以庄周寓言，尚难尽弃，况诸子所记，多出古书，虽有托词，不尽伪作。……欲辨纪载之伪，当抉其疏漏之端，穷源竟委，扺隙蹈瑕，持兹实据，破彼虚言，必获真赃，乃能诘盗。若意虽以为未安，而事却不可尽考，则姑云未详，以待论定。"⑤

---

① 余嘉锡:《古书通例》,《余嘉锡说文献学》,上海：上海古籍出版社,2001年,第225页。
② 余嘉锡:《古书通例》,《余嘉锡说文献学》,上海：上海古籍出版社,2001年,第227页。
③ 余嘉锡:《古书通例》,《余嘉锡说文献学》,上海：上海古籍出版社,2001年,第227页。
④ 余嘉锡:《古书通例》,《余嘉锡说文献学》,上海：上海古籍出版社,2001年,第227—235页。
⑤ 余嘉锡:《古书通例》,《余嘉锡说文献学》,上海：上海古籍出版社,2001年,第237页。

（三）论编次

1. 古书单篇别行之例。

诸子著书，多是因事为文，"随时所作，即以行世"[①]。秦汉以前诸子，除了《吕氏春秋》与《淮南子》等为有系统的整理外，其他子书则多是"散篇杂著"，初无定本。余嘉锡提出："（古书）既本是单篇，故分合原无一定。"[②] 对于以一二篇单行者，提出三例："一为本是单篇，后人收入总集，其后又自总集内析出单行也。……二为古书数篇，本自单行，后人收入全书，而其单行之本，尚并存不废也。……三为本是全书，后人于其中抄出一部分，以便诵读也。"[③]

2. 叙刘向之校雠编次。

对于刘向、刘歆父子的校雠工作，余嘉锡持肯定态度："刘向所作书录，多言所校雠某书若干篇。"[④] 对于刘氏父子校书时所牵涉的今古文经学问题，余嘉锡更是采取坚信刘氏父子的态度，说："刘向、刘歆校今古文之异同，然今文别自名家，传习已久，向必不能以中古文校改，使之归于划一，盖惟各存其本文，而别著校勘之语。"[⑤]

刘向校书时编次之法，其别有二："一、凡经书皆以中古文校今文，其篇数多寡不同，则两本并存，不删除重复。凡经书篇数，各本不同，不以之互相校补，著为定本者，因中秘之所藏，与博士之所习，原非一本，势不能以一人之力变易之也。此与诸子之情事不同，故义例亦异，非为尊经之故也。……二、凡诸子传记，皆以各本相校，删除重复，著为定本。刘向未校书之前，除古文经之外，其余诸子传记，非残缺即重复。今日所传之本，大抵为刘向之所编次，使后人得

[①] 余嘉锡：《古书通例》，《余嘉锡说文献学》，上海：上海古籍出版社，2001年，第238页。
[②] 余嘉锡：《古书通例》，《余嘉锡说文献学》，上海：上海古籍出版社，2001年，第239页。
[③] 余嘉锡：《古书通例》，《余嘉锡说文献学》，上海：上海古籍出版社，2001年，第239—241页。
[④] 余嘉锡：《古书通例》，《余嘉锡说文献学》，上海：上海古籍出版社，2001年，第243页。
[⑤] 余嘉锡：《古书通例》，《余嘉锡说文献学》，上海：上海古籍出版社，2001年，第244页。

见周、秦诸子学说之全者，向之力也。"①

3. 古书之分内外篇。

书分内外篇是西汉以后渐渐形成的传统，战国以前之书则不分内外篇形式。先秦诸子著书，往往随作随传。除《吕氏春秋》等为一时集众之作外，其他子书最初多以单篇的形式流传于世，作者随写随传，最初没有一个统一的定本，更无专著可言。各篇在流传过程中，则由其弟子或后人收拾编定成书，因此篇与篇之间往往分合不定，更没有明确的内篇、外篇的分别。

秦时焚书坑儒，加之秦末天下大乱，书籍散乱，更是使书籍之分合混乱不一。"故有以数篇为一本者，有以数十篇为一本者，此有彼无，纷然不一。分之则残阙，合之则复重。"②到刘向、刘歆父子整理图书之时，"求遗书于天下。天下之书既集，向乃用各本雠对，互相除补，别为编次"③。刘向、刘歆父子对图书的整理，不仅仅是文字的校勘与订正，而且包含着大量图书汇编、排纂命名及其中各篇命名的工作，即利用已有资料，纂辑大量过去并不存在的书籍。今天所见的先秦古书分作内外篇，便大多出自刘向、刘歆父子之手整理编定。余嘉锡以《庄子》以及《晏子春秋》加以说明。

《史记·老子韩非列传》说庄子"著书十余万言，大抵率寓言也。作《渔父》《盗跖》《胠箧》，以诋訿孔子之徒，以明老子之术，畏累虚、亢桑子之属，皆空语无事实。"④可见司马迁只言庄子著书，却并没有言所著书为《庄子》。《汉书·艺文志》始见《庄子》记载，称道家有"《庄子》五十二篇"。唐代陆德明说："《汉书·艺文志》'《庄子》五十二篇'，即司马彪、孟氏所注是也。"五十二篇的

---

① 余嘉锡：《古书通例》，《余嘉锡说文献学》，上海：上海古籍出版社，2001 年，第 245—246 页。
② 余嘉锡：《古书通例》，《余嘉锡说文献学》，上海：上海古籍出版社，2001 年，第 246 页。
③ 余嘉锡：《古书通例》，《余嘉锡说文献学》，上海：上海古籍出版社，2001 年，第 246 页。
④ 司马迁：《史记》，北京：中华书局，1959 年，第 2143—2144 页。

篇目构成，则"内篇七，外篇二十八，杂篇十四，解说三"①，可见《汉书·艺文志》所著录《庄子》五十二篇已经有内外篇之别。今本《庄子》中《胠箧》在《外篇》，《渔父》《盗跖》等在《杂篇》，可能皆非庄子所自著，而司马迁于《史记》中却以为皆庄子所自作。余嘉锡认为，司马迁所见庄子之书，"必无内外杂篇之别可知也"②。而这种内外分别当始于刘向、刘歆父子的图书整理工作，《庄子》内、外篇之分便当是此时的产物。

《晏子春秋》之书名始见于《史记·管晏列传》，司马迁说："吾读管氏《牧民》《山高》《乘马》《轻重》《九府》及《晏子春秋》，详哉其言之也。既见其著书，欲观其行事，故次其传。至其书，世多有之，是以不论，论其轶事。"③司马迁只言见《晏子春秋》而并未详论其体例。《汉书·艺文志》著录《晏子》一书，无"春秋"二字，内、外篇共八卷，二百一十五章。《汉志》著录之《晏子》，当即为刘向所言之《晏子春秋》。在刘向整理编辑《晏子》之前，已经有多种版本的《晏子》流传。故刘向整齐各种版本《晏子》书，"凡中外书三十篇，为八百三十八章"，除其重复者二十二篇，六百三十八章。"定著八篇二百一十五章。"于此八篇之中，"其书六篇，皆忠谏其君，文章可观，义理可法，皆合六经之义"。这些篇章合儒家观念，被刘向编辑为内六篇。另外，"又有复重，文辞颇异，不敢遗失，复列以为一篇。又有颇不合经术，似非晏子言，疑后世辩士所为者，故亦不敢失，复以为一篇"④。与儒家思想有悖的两篇，不敢遗失，则被编辑为外二篇。显然《晏子春秋》这种内外篇的分法是始自于刘向整理图书的。

余嘉锡据此总结道："今按《汉志》所著录，有以内外分为二书

---

① 陆德明：《经典释文·序录》，北京：中华书局，1983年，第17页。
② 余嘉锡：《古书通例》，《余嘉锡说文献学》，上海：上海古籍出版社，2001年，第254页。
③ 司马迁：《史记》，北京：中华书局，1959年，第2136页。
④ 刘向：《上晏子叙录》，王云五主编，吴曾祺编《涵芬楼古今文钞简编》五，上海：商务印书馆，1933年，第34—35页。

者，有但总题为若干篇，而其书中自分内外者。……凡以内外分为二书者，必其同为一家之学，而体例不同者也。……凡一书之内，自分内外者，多出于刘向，其外篇大抵较为肤浅，或并疑为依托者也。"①

（四）辨附益

1. 古书不皆手著。

余嘉锡指出："后人习读汉以后书，又因《隋志》于古书皆题某人撰，妄求其人以实之，遂谓古人著书，亦如后世作文，必皆本人手著。于其中杂入后人之词者。辄指为伪作，而秦、汉以上无完书矣。不知古人著述之体，正不如是也。"②

古人之书，不必手著，后人往往辑其言行，推按其事，约有五端："一曰：编书之人记其平生行事附入本书，如后人文集附列传、行状、碑志之类也。二曰：古书既多后人所编定，故于其最有关系之议论，并载同时人之辩驳。三曰：古书中所载之文词对答，或由记者附著其始末，使读者知事之究竟。四曰：古书之中有记载古事、古言者，此或其人平日所诵说，弟子熟闻而笔记之，或是读书时之札记，后人录之以为书也。五曰：诸子之中，有门人附记之语，即后世之题跋也。"③

欲读古人之书，当先明古书之文体。俞樾曾说过："周、秦、两汉至于今远矣，执今人寻行数墨之文法，而以读周、秦、两汉之书，譬犹执山野之夫，而与言甘泉、建章之巨丽也。"④然俞樾对于古书的考辨，只是局限在文字句读之间。余嘉锡则认为当先明古人著述之体，然后才可以理解古人之著述。他在全书最后总结说："古人作文，

---

① 余嘉锡：《古书通例》，《余嘉锡说文献学》，上海：上海古籍出版社，2001年，第251—253页。
② 余嘉锡：《古书通例》，《余嘉锡说文献学》，上海：上海古籍出版社，2001年，第259页。
③ 余嘉锡：《古书通例》，《余嘉锡说文献学》，上海：上海古籍出版社，2001年，第260—266页。
④ 俞樾：《古书疑义举例序目》，第1页，《古书疑义举例》，上海：商务印书馆，1937年。

既不自署姓名，又不以后人之词杂入前人著述为嫌，故乍观之似无所分别。且其时文体不备，无所谓书序、题跋、行状、语录。复因竹简繁重，撰述不多，后师所作，即附先师以行，不似后世人人有集。故凡其生平公牍之文，弟子记录之稿，皆聚而编之。亦以其宗旨一贯、自成一家之学故也。夫古书之伪作者多矣，当别为专篇以明之。若因其非一人之笔，而遂指全书为伪作，则不知古人言公之旨。"①

在地下文献没有大量出土之前，余嘉锡主要依据传世传统文献，创作了《古书通例》。凭借自己对古籍的广博阅读以及对传统文献学的深刻理解，余嘉锡对中国上古时期的古书体例进行了一次系统的总结，特别是在先秦古籍辨伪领域，提出了许多独到的见解和方法。但由于该书最初只是以讲义的形式流传，故早期并没有产生太大的影响，随着近些年对先秦文献流传形式研究的深化以及出土文献的增多，该书的影响力逐渐扩大，已经成为诸多学者研究先秦古书体例以及进行先秦文献辨伪时所援引的依据，因此此书越来越为学界所重视。余嘉锡的古书体例研究，为文献辨伪学的发展提供了极具价值的理论。

三、《四库提要辨证》中对《古书通例》思想应用举例

《四库提要辨证》于史部、子部用功最勤，尤其是子部，占全书的篇幅最大，考辨最广。在此两部之中，关于秦汉以前古书的真伪考辨，余嘉锡多处运用了《古书通例》中的一些观念，这在一定程度上反映了《古书通例》是在余嘉锡撰写《四库提要辨证》的过程之中，逐渐形成的对古书的一些成熟看法的系统总结。今举《四库提要辨证》涉及古书辨伪，并能反映《古书通例》思想的内容，举例如下，以后章节中能涉及的《四库提要辨证》中的内容，暂不在此列举。

如论证贾谊《新书》云："凡此，皆不必贾子手著，诸子之例，

---

① 余嘉锡：《古书通例》，《余嘉锡说文献学》，上海：上海古籍出版社，2001 年，第 267 页。

固如此也。至于其间脱烂失次，盖所不免，要为古书所常有。陈振孙谓决非贾本书，固为无识，即《提要》调停之说，以为不全真亦不全伪者，亦尚考之未详也。"①论证《六韬》时云："特是《六韬·豹韬》之名，见于《庄子》《淮南》，则是战国秦汉之间本有其书，汉人仅有所附益，而非纯出于伪造。周秦诸子，类非一人之手笔，此乃古书之通例，又不独《六韬》为然……此书实是汉时旧本，非后世所能依讬，特惜其为后人妄有删削，遂致残缺不完耳。"②讨论《黄帝素问》真伪时云："安所得两汉以上之书而遍检之，而知其无《素问》之名乎？使《内经》本不名《素问》，而张机忽为之杜撰此名，汉人笃实之风，恐不如此。《提要》不过因《汉志》只有《内经》十八卷并不名《素问》，故谓其名当起于刘、班以后，不知向、歆校书，合中外之本以相辅，除重复定著为若干篇，著之《七略》《别录》，其篇卷之多寡，次序之先后，皆出重定，已与通行之本不同，故不可以原书之名名之……《内经》十八卷，其九卷名《素问》，其余九卷则本无书名，故张仲景、王叔和引后九卷之文无以名之，直名之曰《九卷》。然则《素问》之名，其必出于仲景之前亦名矣。刘向于《素问》之外，复得《黄帝医经》若干篇，于是别其纯驳，以其纯者合《素问》编之为《内经》十八卷，其余则为《外经》三十七卷，以存一家之言。"③讨论《难经》真伪时云："《汉书·艺文志》虽无《八十一难经》，而有《扁鹊内经》九卷，《外经》十二卷，今《黄帝素问》，即《汉志》《黄帝内经》十八卷中之九卷，安知《难经》非即《扁鹊内外经》中别本单行者乎？……是此书与《素问》《灵枢》同为张仲景撰《伤寒论》时所采用，其为医家古书，了无疑义，不始于吕广作注，更不始见于《隋志》也。"④

---

① 余嘉锡:《四库提要辨证》，北京：中华书局，2007年，第551页。
② 余嘉锡:《四库提要辨证》，北京：中华书局，2007年，第590页。
③ 余嘉锡:《四库提要辨证》，北京：中华书局，2007年，第632页。
④ 余嘉锡:《四库提要辨证》，北京：中华书局，2007年，第641页。

余嘉锡在《四库提要辨证》中对于先秦古籍真伪及其流传与作者等问题的考辨，在很大程度上是针对《四库全书总目》的认识而发，多纠《总目》辨伪之失。《四库提要辨证》中所体现出来的古书辨伪思想，则多与《古书通例》相互发明。

第三节 余嘉锡与疑古派学者古籍辨伪思想比较

民国时期疑古风气的形成，受多种因素的影响，如晚清今文经学派的疑古惑经、经学与子学之互动造成的学术思想解放、西方历史进化论对中国的影响、美国实用主义与西方实证主义史学在中国的传播等。多种因素的促动，终使疑古辨伪成为民国时期一股重大的学术思潮。本节试从历史进化论以及今文经学对学界的影响等方面，探讨梁启超、胡适与余嘉锡在疑古辨伪上产生分歧的思想根源，并论述他们在辨伪观念上的异同。

一、梁启超、胡适与余嘉锡辨伪观念上的差异比较

（一）进化论观念对梁、胡的影响

晚清以来，西方理论不断传入中国，逐渐更新了学者的思想观念。严复首次将西方的进化论学说介绍到了国内，他翻译的《天演论》在晚清时期的中国思想界产生了巨大影响。流亡日本之前，梁启超已经受到严复"物竞天择"思想的影响。亡命日本之后，梁启超开始通过日文接触西学经典，接受历史进化的观念，信奉社会达尔文主义，形成了线性历史观[①]。此时的梁启超坚信历史的进化是有规律可循

[①] 关于线性历史观在中国近代的形成、影响与作用，参王汎森《近代中国的线性历史观——以社会进化论为中心的讨论》，载《新史学》第19卷第2期（2008年6月），第1—46页。又见《近代中国的史家与史学》，上海：复旦大学出版社，2010年，第30—68页。

的，历史学应当指出人类的进化规律。如他在《新史学》中说："历史者，叙述进化之现象也……历史者叙述人群进化之现象而求得其公理公例者也。"①在进化论思想的支撑下，梁启超认为历史的发展必然是后胜于前。历史进化的必然逻辑是承认因果律，讲求因果关系。在梁启超的辨伪思想中，明显体现出了进化论和因果律的观念。如梁启超在《中国历史研究法》中就认为："伪书者，其书全部分或一部分纯属后人伪作，而以托诸古人也。例如现存之《本草》，号称神农作，《素问内经》号称黄帝作，《周礼》号称周公作，《六韬》《阴符》号称太公作，《管子》号称管仲作。……假使此诸书而悉真者，则吾国历史便成一怪物，盖社会进化说全不适用，而原因结果之理法亦将破坏。文字未兴时代之神农，已能作《本草》，是谓无因；《本草》出现后若干千年，而医学药学上更无他表见，是谓无果。无因无果，是无进化。如是，则吾侪治史学为徒劳。是故苟无鉴别伪书之识力，不惟不能忠实于史迹，必至令自己之思想涂径，大起混乱也。"②梁启超用进化论的观念来讨论中国古史进而讨论古书，以历史进化的观念来判别古书的真伪，故在古书辨伪中往往会将一些古书的时代向后拉。梁启超辨伪十二条公例最后一条即说："各时代之思想，其进化阶段，自有一定，若某书中所表现之思想与其时代不相衔接者，即可断为伪。"③并举今本《管子》之书有"寝兵之说胜则险阻不守，兼爱之说胜则士卒不战"等语，梁启超论道："此明是墨翟、宋钘以后之思想；当管仲时，并寝兵、兼爱等学说尚未有，何所用其批评反对者？《灵素》《素问》中言阴阳五行，明是邹衍以后之思想；黄帝时安得有此耶？"④

　　胡适也是信奉进化论的。1918年以后，胡适曾写有多篇文章介

---

① 梁启超：《新史学》，《新民丛报》，1902年第3号，第57—61页。
② 梁启超：《中国历史研究法》，北京：中国人民大学出版社，2012年，第89—90页。
③ 梁启超：《中国历史研究法》，北京：中国人民大学出版社，2012年，第93页。
④ 梁启超：《中国历史研究法》，北京：中国人民大学出版社，2012年，第93—94页。

绍进化论。如他说:"进化观念在哲学上应用的结果,便发生了一种'历史的态度'(The Genetic method)。怎么叫做'历史的态度'呢?这就是要研究事务如何发生,怎样来的,怎样变到现在的样子:这就是'历史的态度'。"① 受到胡适的影响,顾颉刚也在1919年1月17日的日记中说:"下午读胡适之先生之《周秦诸子进化论》,我佩服极了。我方知我近年来研究儒先言命的东西,就是中国的进化学说。"② 胡适以历史进化的眼光看待中国古史,在他关于诸子学的研究内容中,体现得非常明显。如对汉代以来流行的"诸子出于王官"之说,胡适提出批评,认为此"皆属汉儒附会揣测之辞,其言全无凭据,而后之学者乃奉为师法,以为九流果皆出于王官"③。并从四个方面论述此说之谬:

> 第一,刘歆以前之论周末诸子学派者,皆无此说也。
> 甲、《庄子·天下篇》,乙、《荀子·非十二子篇》,丙、司马谈《论六家要旨》,丁、《淮南子·要略》。古之论诸子学说者,莫备于此四书。而此四书皆无出于王官之说。……
> 第二,九流无出于王官之理也。……
> 第三,《艺文志》所分九流,乃汉儒陋说,未得诸家派别之实也。古无九流之目。《艺文志》强为之分别,其说多支离无据。……
> 第四,章太炎先生之说,亦不能成立。④

胡适说:"哲学家的时代,既不分明,如何能知道他们思想的传授沿革?最荒谬的是汉朝的刘歆、班固说诸子的学说都出于王官;又说'合其要归,亦六经之支与流裔'。诸子既都出于王官与六经,还

---

① 胡适:《实验主义》,欧阳哲生编:《胡适文集》二,北京:北京大学出版社,1998年,第212页。
② 顾颉刚:《顾颉刚日记》第一卷(1919年1月17日),台湾联经出版事业公司,2007年,第73页。
③ 胡适:《诸子不出于王官论》,第1—2页,载《太平洋》第1卷第7号,1917年。
④ 胡适:《诸子不出于王官论》,第2—4页,载《太平洋》第1卷第7号,1917年。

有什么别的渊源传授可说？"①

"诸子不出于王官论"之说由胡适倡导之后，在学术史上产生了重大影响。此说是针对班固《汉书·艺文志》之说而作，《汉志》云："儒家者流，盖出于司徒之官……道家者流，盖出于史官……阴阳家者流，盖出于羲和之官……法家者流，盖出于理官……名家者流，盖出于礼官……墨家者流，盖出于清庙之守……纵横家者流，盖出于行人之官……杂家者流，盖出于议官……农家者流，盖出于农稷之官……小说家者流，盖出于稗官……"，以上"诸子十家，其可观者九家而已"，"合其要归，亦《六经》之支与流裔"。②"九流出于王官"的说法将诸子学的源头皆归于周代的官守，表现出了尊"官学"、轻"私学"的文化价值取向以及对古代社会制度的理想化，诸子为六经之支与流裔的说法，体现的是一种强烈的尊经抑子的思想观念。③

而胡适对"九流出于王官说"的打破，则是一种经学、子学并驾甚至将诸子学地位凌驾于经学之上的观念，体现的是一种对"理想化古代"的否定的进化论观念。如刘巍认为，"胡适取尊经崇古、重官学轻私学的旧说而代之的，是一种根于'进化论'观念、以'历史的眼光'得来的全新的历史解释模式以及一种'疑古'的取向。"④胡适"诸子不出于王官"的学说，体现出了一种疑汉疑古的思想取向，并在一定程度上运用了进化论的眼光看待诸子之学的形成。在《中国哲学史大纲》中，胡适考诸子，强调并运用了一种"平等的眼光"与"系统的整理"的方法。对诸子之书，胡适也强调要运用"正确的手段，科学的方法，精密的心思，从所有的史料里面，求出各位哲学家的一生行事、思想渊源沿革和学说的真面目"⑤。胡适认为："我们生在今日，去古已远，岂可一味迷信古书，甘心受古代作伪之人的

---

① 胡适：《中国哲学史大纲·导言》，上海：上海古籍出版社，1997年，第8页。
② 班固：《汉书》，北京：中华书局，1962年，第1728—1746页。
③ 刘巍：《中国学术之近代命运》，北京：北京师范大学出版社，2013年，第162—164页。
④ 刘巍：《中国学术之近代命运》，北京：北京师范大学出版社，2013年，第155页。
⑤ 胡适：《中国哲学史大纲·导言》，上海：上海古籍出版社，1997年，第7页。

欺骗？哲学史最重学说的真相，先后的次序和沿革的线索。若把那些不可靠的材料信为真书，必致（一）失了各家学说的真相；（二）乱了学说先后的次序；（三）乱了学派相承的系统。"①胡适在《新思潮的意义》一文中强调："古代的学术思想向来没有条理，没有头绪，没有系统……因为前人研究古书，很少有历史进化的眼光的，故从来不讲究一种学术的渊源，一种思想的前因后果"②，并认为前人读古书，"除极少数学者以外，大都是以讹传讹的谬说……前人对于古代的学术思想，有种种武断的成见，有种种可笑的迷信"。因此，要对古代的学术思想，"各家都还他一个本来真面目，各家都还他一个真价值"③。

（二）梁、胡对汉代学术的怀疑

今文经学在西汉时期被立为官学，西汉末期，随着古文经学的崛起并逐渐占据优势地位后，今文经学则逐渐湮没无闻，不为人所重视。清代乾嘉时期，以宗古文经学为中心的考据学如日中天，推崇"实事求是"的治学精神，遍考儒学经典，旁及音韵、训诂、史地、典章、天文历算、金石、辑佚等诸多领域，取得巨大成就。但道咸以后，考据学本身弊端开始显现，信古、琐碎、拘于家法、不注重"义理"等弊端逐渐显现。当以古文经为中心的考据学陷入困境之时，今文经学成为学术发展中反思与调整的重要思想资源，在晚清时期的思想与学术舞台扮演了极其重要的角色。诚如梁启超所说："入清代则节节复古，顾炎武、惠士奇辈专提倡注疏学，则复于六朝、唐。自阎若璩攻伪《古文尚书》，后证明作伪者出王肃，学者乃重提南北朝郑、王公案，绌王伸郑，则复于东汉。乾嘉以来，家家许、郑，人人贾、马，东汉学灿然如日中天矣。悬崖转石，非达于地下止。则西汉今古

---

① 胡适：《中国哲学史大纲·导言》，上海：上海古籍出版社，1997年，第11页。
② 胡适：《新思潮的意义》，《胡适文存》一集，合肥：黄山书社，1996年，第532页。
③ 胡适：《新思潮的意义》，《胡适文存》一集，合肥：黄山书社，1996年，第533页。

文旧案，终必须翻腾一度，势则然矣。"①今文经学从常州庄存与、宋翔凤、刘逢禄到龚自珍、魏源的发扬，已经渐成气候。因为笃信今文经学，今文经学家因此遍疑古文经，并大肆宣扬刘歆伪造古文之说。梁启超在《清代学术概论》中总结道：

  道光末，魏源著《诗古微》，始大攻《毛传》及《大小序》，谓为晚出伪作。其言博辩，比之于阎氏之《书疏证》，且亦时有新理解。其论《诗》不为美刺而作……又论诗乐合一……皆能自创新见，使古书顿带活气。源又著《书古微》，谓不惟东晋晚出之《古文尚书》为伪也，东汉马、郑之古文说，亦非孔安国之旧。同时邵懿辰亦著《礼经通论》，谓《仪礼》十七篇为足本，所谓古文《逸礼》三十九篇者，出刘歆伪造。而刘逢禄故有《左氏春秋考证》，谓此书本名《左氏春秋》，不名《春秋左氏传》，与《晏子春秋》《吕氏春秋》同性质，乃记事之书，非解经之书；其解经者，皆刘歆所窜入，《左氏传》之名，亦刘歆所伪创。

  盖自刘书出而《左传》真伪成问题，自魏书出而《毛诗》真伪成问题，自邵书出而《逸礼》真伪成问题。若《周礼》真伪，则自宋以来成问题久矣。初时诸家不过各取一书为局部的研究而已，既而寻其系统，则此诸书者，同为西汉末出现，其传授端绪，具不可深考，同为刘歆所主持争立。质言之，则所谓古文诸经传者，皆有连带关系，真则俱真，伪则俱伪。于是将两汉今古文之全案，重提覆勘，则康有为其人也。②

康有为所著《新学伪经考》《孔子改制考》等书，对古文经学的全面质疑和否定，深刻影响了梁启超的学术观点。梁启超早年治学紧随康有为，协助康有为撰写《新学伪经考》，论学"有所受，无问

---

① 梁启超：《清代学术概论》，北京：中华书局，2010年，第111页。
② 梁启超：《清代学术概论》，北京：中华书局，2010年，第115—116页。

难",尚没有形成自己的学术思想体系。尽管后来梁启超已"不慊于其师之武断"①,但不可否认,梁启超的思想与学术留下了康有为今文经学的烙印。尤其是在古书辨伪方面,梁启超深受康有为今文经学思想的影响,相信刘歆窜伪古书,他说:"考汉代对于《左传》传习经过之事实,则不能无疑。盖西汉一代经师似未尝以此书为与《春秋》经有何等关系,起而张之者实自刘歆始。"②"凡今本《左传》释经之文,皆非原书所有,皆刘歆'引经释传'之结果,内中有'君子曰'云云者亦同。"③又说:"大抵战国秦汉之交有一大批伪书出现,《汉书·艺文志》所载三代以前书,伪者殆不少。新莽时复有一大批出现,如《周礼》及其他古文经皆是。晋时复有一大批出现,如晚出《古文尚书》《孔子家语》《孔丛子》等。其他各时代零碎伪品亦尚不少,且有伪中出伪者,如今本《鬼谷子》《鹖冠子》等。莽、晋两朝,刘歆、王肃作伪老手,其作伪之动机及所作伪品,前清学者多已言之,今不赘引。"④梁启超相信从战国至汉代一直存在着大规模的造伪运动,并解释此一时期产生大规模伪书的原因,他说:"战国秦汉间所以多伪书者:(1)因当时学者,本有好'托古'的风气;己所主张,恒引古人以自重。本非有意捏造一书,指为古人所作;而后人读之,则几与伪托无异。(2)因当时著述家,本未尝标立一定之书名;且亦少沕成定本。展转传钞,或合数种而漫题一名;或因书中多涉及某人,即指为某人所作。(3)因经秦焚以后,汉初朝野人士,皆汲汲以求遗书为务。献书者往往剿钞旧籍,托为古代某名人所作以售炫。前两项为战国末多伪书之原因,后一项为汉初多伪书之原因。"⑤在梁启超的观念中,存着一种"书愈古者,伪品愈多"的偏见。⑥

---

① 梁启超:《清代学术概论》,北京:中华书局,2010年,第126页。
② 梁启超:《要籍解题及其读法》,长沙:岳麓书社,2010年,第54页。
③ 梁启超:《要籍解题及其读法》,长沙:岳麓书社,2010年,第57页。
④ 梁启超:《中国历史研究法》,北京:中国人民大学出版社,2012年,第89—90页。
⑤ 梁启超:《中国历史研究法》,北京:中国人民大学出版社,2012年,第89—90页。
⑥ 梁启超:《中国历史研究法》,北京:中国人民大学出版社,2012年,第90页。

胡适提出的古书作伪的种种理由，皆涉及汉代学术，并进而怀疑汉代学者作伪的可能性。他说："读古书的人，须知古书有种种作伪的理由。第一，有一种人实有一种主张，却恐怕自己的人微言轻，不见信用，故往往借用古人的名字。《庄子》所说的'重言'即是这一种借重古人的主张。康有为称这一种为'托古改制'，极有道理。古人言必称尧舜，只因为尧舜年代久远，可以由我们任意把我们理想中的制度一概推到尧舜的时代。即如《黄帝内经》假托黄帝，《周髀算经》假托周公，都是这个道理。……正为古人死无对证，故人多可随意托古改制。这是作伪书的第一类。第二，有一种人为了钱财，有意伪作古书。试看汉代求遗书的令和诸王贵族求遗书的竞争心，便知作假书在当时定可发财。这一类造假书的，与造假古董的同一样心理。他们为的是钱，故东拉西扯，篇幅越多，越可多卖钱。故《管子》《晏子春秋》诸书，篇幅都极长。有时得了真本古书，因为篇幅太短，不能多得钱，故又东拉西扯，增多许多卷数，……这是第二类的伪书。大概这两类之中，第一类'托古改制'的书，往往有第一流的思想家在内，……如《周礼》一书，是一种托古改制的国家组织法。我们虽可断定他不是'周公致太平'之书，却不容易定他是什么时代的人假造的。至于《管子》一类的书，说了作者死后的许多史事，便容易断定了。"[1]胡适不盲目相信汉儒的说法，对汉代学者抱有一种怀疑的态度，如胡适在评价清代学者治学的局限时，很关键的一点即是清儒摆脱不了"迷信汉人"的局限。胡适说："他们（清儒）脱不了'儒书一尊'的成见，故用全力治经学，而只用余力去治他书。他们又脱不了'汉儒去古未远'的成见，故迷信汉人，而排除晚代的学者。他们不知道材料固是越古越可信，而见解则后人往往胜过前人；所以他们力排郑樵、朱熹而迷信毛公、郑玄。今文家稍稍能有独立的见解了；但他们打倒了东汉，只落得回到西汉的圈子里去。研究的范围的狭小是

---

[1] 胡适：《中国哲学史大纲·导言》，上海：上海古籍出版社，1997年，第13—14页。

清代学术所以不能大发展的一个绝大原因,……三百年的心思才力,始终不曾跳出这个狭小的圈子外去!"①深受胡适影响的顾颉刚也说:"现存的古书莫非汉人所编定,现存的古事莫不经汉人的排比,而汉代是一个'通经致用'的时代,为谋他们应用的方便,常常不惜牺牲古书古事来迁就他们自己,所以汉学是搅乱史迹的大本营。同时,汉代是迷信阴阳五行学说的时代,什么事都要受这学说的支配,所以不少的古代史迹已被迫领受了这个洗礼。其后隋代禁谶纬,宋代作新注,汉学早已销沉。不料清代学者信而好古,他们在'汉人近古,其说必有所据'的前提之下工作,于是汉学复兴而疑古之风为之减杀,宋人精神几于断绝。"②

(三)余嘉锡的学术思想倾向:信汉与崇古

如第二章中所言,余嘉锡的目录学思想中存在着强烈的"宗刘"的倾向,认为后世之目录学能继轨刘向父子以及班固者,鲜有人矣。在对古书体例的研究中,余嘉锡同样充斥着对汉代学术的认同,与梁启超、胡适、顾颉刚等学者普遍怀疑汉代学者作伪尤其是怀疑刘歆相反的是,余嘉锡则坚定地相信汉代学风朴实,不至于造伪,刘氏父子整理图书更是居功至伟。

对汉代学术的推崇,清儒最为典型。如钱大昕就说:"汉儒说经,遵守家法,训诂传笺,不失先民之旨。自晋代尚空虚,宋贤喜顿悟,笑问学为支离,弃注疏为糟粕,谈经之家,师心自用,乃以俚俗之言,诠说经典……古训之不讲,其贻害于圣经甚矣!"③信汉隐含着更深的意蕴则是信古,因此钱氏又曾说:"言有出于古人而未可信者,非古人之不足信也。古人之前尚有古人,前之古人无此言,而后之古

---

① 胡适:《国学季刊发刊宣言》,《胡适文存》2,北京:华文出版社,2013年,第5页。
② 顾颉刚:《古史辨》第四册序,北平:景山书社,1933年,第21页。
③ 钱大昕:《潜研堂集》文集卷二四,《经籍纂诂序》,清嘉庆十一年刻本。

人言之，我从其前者而已矣。"①清代学者信汉乃至"将'信古'上升为治学原则，认为越古越好，则是乾嘉考据学的一个弊端"②。余嘉锡治学方法继承乾嘉历史考据学，在这一点上，表现得尤为突出。

如对于刘向、刘歆父子的校雠工作，余嘉锡持肯定态度。余嘉锡更是坚信刘氏父子在整理图书之时是秉承了客观公正的原则，没有窜改古书，他说："刘向未校书之前，除古文经之外，其余诸子传记，非残缺即重复。今日所传之本，大抵为刘向之所编次，使后人得见周秦诸子学说之全者，向之力也。"③"故今人得见秦、汉古书者，刘向之功也。然犹有书名卷数与《汉志》不同，莫能知其真伪者（如《素问》《本草》《六韬》《鬼谷子》之类），书不传布之过也。"④并批评"学者之读古书……毋徒取其一字一言，执意必之见，过信过疑，则庶几可与稽古"⑤。余氏又说："刘向、刘歆校今古文之异同，然今文别自名家，传习已久，向必不能以中古文校改，使之归于划一，盖惟各存其本文，而别著校勘之语。"⑥余嘉锡认为今文经学别自名家，刘氏父子必不能以古文校改，明显是站在古文经学的立场肯定刘氏父子没有作伪，这与梁启超、胡适、顾颉刚等人的学术立场泾渭有别，一目了然。

对于疑古派学者普遍怀疑刘歆伪作古文经书，余嘉锡则提出反对意见，他说："《汉书·王莽传》载公孙禄言，国师公颠倒《五经》，后儒疑《周礼》者，因歆实始为《周礼》之学，且藉歆之力乃得立学官，遂援禄语为口实，以为歆所伪撰。甚至谓古文五经皆歆一手所成，则乾、嘉诸儒坚持门户之过也……余谓以《周礼》为歆所伪撰，此乃意必之辞，羌无故实。或者歆实说经时，不免傅会，强经就我，

---

① 钱大昕：《潜研堂集》文集卷十六，《秦四十郡辨》，清嘉庆十一年刻本。
② 乔治忠：《中国史学史》，北京：中国人民大学，2011年，第289页。
③ 余嘉锡：《古书通例》，《余嘉锡说文献学》，上海：上海古籍出版社，2001年，第247页。
④ 余嘉锡：《古书通例》，《余嘉锡说文献学》，上海：上海古籍出版社，2001年，第251页。
⑤ 余嘉锡：《古书通例》，《余嘉锡说文献学》，上海：上海古籍出版社，2001年，第251页。
⑥ 余嘉锡：《古书通例》，《余嘉锡说文献学》，上海：上海古籍出版社，2001年，第244页。

如其论小学，故意割截经文，断章取义，其斯之谓颠倒五经也乎！"①余嘉锡不仅仅限于推崇刘氏父子，更是相信汉代学者去上古未远，其言必有可据。《四库提要辨证》中这样的话语时常可见，如他说："惟汉人多见古书，知其授受源流，或能加以别白，犹不能必其无误。至于后世，去古已远，有必不可得而详者矣。"②又说："读先秦之书，但当问其是否依托，而不必问其为何人所著。然而依托与否，亦正难言。惟汉人多见古书，知其授受源流，或能加以别白，犹不能必其无误。至于后世，去古已远，有必不可得而详者矣。"③在论证《黄帝素问》时，说："使《内经》本不名《素问》，而张机忽为之杜撰此名，汉人笃实之风，恐不如此。"④又如在论述《灵枢经》真伪时，余嘉锡论道："夫皇甫谧以《针经》《素问》为《内经》，王冰以《素问》《灵枢》为《内经》，《针经》《灵枢》，卷数相合，盖一书而二名耳。谧去古未远，其言当有所受之。冰邃于医学，唐时《针经》具在，必不舍流传有绪之古书，而别指一书以当《内经》，断可识矣……考定古书真伪，要当视其书何若，旁征博引，以证明之，不当为此鲁莽灭裂之语，以厚诬古人也。"⑤

同时，余嘉锡的学术思想中还掺杂着一些历史退化的观念，认为后不胜前。对于尧舜传说以及三代盛世，余嘉锡抱有一种采信的态度，体现出了一定程度的信古倾向，如他说："尧、舜、禹之相传，汤之罪己，周之政事，而继之以子张问从政，孔子答以尊五美，屏四恶，所以明孔子之道，承二帝三王之后，使圣人得位，举而措之天下之民，虽复唐、虞三代之盛不难也。《中庸》所谓'仲尼祖述尧、舜，宪章文武'；《孟子》所谓'孔子闻而知之者'，其道端在乎此。《韩子》所谓'尧以是传之舜，舜以是传之禹，禹以是传之汤，汤以

---

① 余嘉锡：《四库提要辨证》，北京：中华书局，2007年，第85页。
② 余嘉锡：《四库提要辨证》，北京：中华书局，2007年，第609页。
③ 余嘉锡：《四库提要辨证》，北京：中华书局，2007年，第608—609页。
④ 余嘉锡：《四库提要辨证》，北京：中华书局，2007年，第632页。
⑤ 余嘉锡：《四库提要辨证》，北京：中华书局，2007年，第634—635页。

是传之文、武、周公，周公传之孔子'，谓传仁义之道也。治国平天下，仁义之大者也。"①余嘉锡以三代以上社会为一种仁义之道的理想社会，并认为复唐虞三代之事为不难也，这是一种明显的具有崇古倾向的历史退化观念，在学术史研究中，余嘉锡也体现了同样的态度。胡适相信"材料固是愈古愈可信，而见解则后人往往胜过前人"②。这种后胜过前的眼光，暗含的是一种历史进化论的观念。但余嘉锡则推崇汉代学术过甚，他将刘向之学抬高的极高的学术地位，并贬低后来学者的学品与人品。他说："盖学者之弊，患在不能平其心，故荀子于此三致意焉。刘向之学，粹然儒者，而于九流百家，皆指陈利弊，不没所长，于道法二家皆言其所以然，以为合于《六经》，可谓能平其心者矣。后之君子，微论才与学不足办此，才高而学博矣，而或不胜其门户之见，畛域之私，则高下在心，爱憎任意，举之欲使上天，按之欲使入地，是丹非素，出主入奴，黑白可以变色，而东西可以易位。"③这实际是一种后世不如前人的观念，暗含着一种崇古与历史退化的思想。另外，在20世纪30年代北京大学出版组印本《目录学发微》中，余嘉锡说过这样的话："后世人人习读，尚不能通其意。则知古人见闻较富，故能陈义高深。"④"高才博学如刘向者，能有几人。"⑤但这些语句在后来所整理的正式版本中都被做了删掉处理，可见在20世纪30年代余嘉锡写作《古书通例》之时，《目录学发微》也刚刚成书不过几年，两书所表现出来的崇尚汉人学术的观念，是相通的，而这种对汉代学术的推崇中，又隐藏着一种后不如前的历史退化论的观念，这导致余嘉锡在评判古书之时，习惯于将古书的年代向前时代拉。

---

① 余嘉锡:《读已见书斋随笔（续）》,《余嘉锡文史论集》,长沙：岳麓书社,1997年,第640页。
② 胡适:《国学季刊发刊宣言》,《胡适文存》2,北京：华文出版社,2013年,第5页。
③ 余嘉锡:《目录学发微》,《余嘉锡说文献学》,上海：上海古籍出版社,2001年,第53页。
④ 余嘉锡:《目录学发微》,北京大学出版组印。
⑤ 余嘉锡:《目录学发微》,北京大学出版组印。

正是疑古派学者多主张以进化的观念来看待历史发展，同时受今文经学的影响，怀疑战国至汉代存在着普遍造伪的活动，因此，在判定古书时代以及真伪时，此类学者则不免习惯性地将古书的成书年代向后拉。而余嘉锡在崇汉乃至崇古的心态之下，与疑古派学者适成相反，将疑古派学者判定为汉代以后的伪造之书，断为战国之时的非成于一时一人之手的学派著作。疑古派学者立足于疑汉，而余嘉锡则立足于信汉。

二、两派辨伪分歧举例

余嘉锡以先秦子部之书多是一个学派的著作，并非由一人完成于一时，即使在书中出现题名作者后世的文字，并不能依此就判定书为伪书。况且先秦诸子著书，往往随作随行，不书篇名，甚至也不题作者，至后世才由门人弟子编定成书。诸子之书并非出自诸子手订，因此杂入后学的言论甚至有所增删与附益，也是在所难免，但这与作伪并不能等量齐观，完全是两回事。在《四库提要辨证》之《管子》辨证中，余嘉锡的说法非常明确："所谓家者，不必是一人之著述也。父传之子，师传之弟，则谓之家法。六艺诸子皆同，故学有家法，称述师说者，即附之一家之中，……其学虽出于前人，而更张义例别有发明者，则自名为一家之学，……其间有成家者，有不能成家者。学不足以名家，则言必称师，述而不作。虽笔之于书，仍为先师之说，而已原不必于一家之中分别其孰为手撰，孰为记述也。况周、秦、西汉之书，其先多口耳相传，至后世始著竹帛……故有名为某家之学，而其书并非某人自著者。惟其授受不明，学无家法，而妄相附会，称述古人，则谓之依托。"[①]

与余嘉锡此种观念相反者如胡适。在《中国哲学史大纲》中，胡适则大量怀疑先秦时期的古书，认为真者不过十之一二。他说："到

---

① 余嘉锡：《四库提要辨证》，北京：中华书局，2007年，第608—609页。

了古代哲学史,这个史料问题更困难了。表面上看来,古代哲学史的重要材料,如孔、老、墨、庄、孟、荀、韩非的书,都还存在。仔细研究起来,这些书差不多没有一部是完全可靠的。大概《老子》里假的最少。《孟子》或是全真,或是全假(宋人疑《孟子》者甚多)。依我看来,大约是真的。称'子曰'或'孔子曰'的书极多,但是真可靠的实在不多。《墨子》《荀子》两部书里,很多后人杂凑伪造的文字。《庄子》一书,大概十分之八九是假造的。《韩非子》也只有十分之一二可靠。此外如《管子》《列子》《晏子春秋》诸书,是后人杂凑成的。《关尹子》《鹖冠子》《商君书》,是后人伪造的。《邓析子》也是假书。《尹文子》似乎是真书,但不无后人加入的材料。《公孙龙子》有真有假,又多错误。这是我们所有的原料。……更想到孔门一脉的儒家,所著书籍,何止大小戴《礼记》里所采的几篇?如此一想,可知中国古代哲学的史料于今所存不过十分之一二。"[1]

余嘉锡则对梁启超、胡适等人的辨伪方法和思想提出了异议,对以这样观念考辨古书的学者加以批评,他说:"自汉武以后,九流之学,多失其传。文士著书,强名诸子,既无门徒讲授,故其书皆手自削草,躬加撰集,盖自是而著述始专……后人习读汉以后书,又因《隋志》于古书皆题某人撰,妄求其人以实之,遂谓古人著书,亦如后世作文,必皆本人手著。于其中杂入后人之词者,辄指为伪作,而秦、汉以上无完书矣。不知古人著述之体,正不如是也。"[2]

同时,余嘉锡也对《四库全书总目》作者不能通知古今著述之体例,以后世之见议论古人的做法提出批评,他说:"余(余嘉锡)谓《提要》之言,苦心分别,未为大失。惜乎其于古书之体,未达一间耳。若夫严氏之论《鬻子》,孙星衍之论《晏子》《燕丹子》,孙诒让之论《墨子》,皆谓古书不必自著,是皆好学深思,通知古今著作体例者,其言可以互考也。《提要》之于周秦诸子,往往好以后世之见

---

[1] 胡适:《中国哲学史大纲·导言》,上海:上海古籍出版社,1997年,第9页。
[2] 余嘉锡:《古书通例》,《余嘉锡说文献学》,上海:上海古籍出版社,2001年,第259页。

议论古人，其言似是而实非，今亦不欲以空言多所争辩，故发其凡于此。"①余嘉锡此言虽针对《四库全书总目》，又何尝不是针对当时疑古辨伪的学者而发。

（一）关于古书真伪争论举例

1. 关于《管子》。

对《管子》作者以及成书年代的怀疑，古已有之。举几例如下。

叶适根据《管子》书中出现管仲以后的人与事，从而推断该书绝不是管仲的作品，也非一人一时之作。叶适指出："《管子》非一人之笔，亦非一时之书，莫知谁所为，以其言毛嫱、西施、吴王好剑，推之当是春秋末年，又持满定倾、不为人客等语，亦种、蠡所遵用也。"认为该书"当是春秋末年，山林处士妄意窥测，借以自名，而后世信之，为申、韩之先驱"②。宋濂辨《管子》，认为"是书非仲自著也。其中有绝似《曲礼》者，有近似《老》《庄》者，有论伯术而极精微者，或小智自私而其言至卑污者，疑战国时人采掇仲之言行，附以他书成之"③。章学诚《文史通义·诗教上》云："春秋之时，管子尝有书矣，然载一时之典章政教，则犹周公之有官礼也。记管子之言行，则习管氏法者所缀辑，而非管仲所著述也。或谓管仲之书不当称桓公之谥，阎氏若璩又谓后人所加，非《管子》之本文，皆不知古人并无私自著书之事，皆是后人缀辑。"④严可均《铁桥漫稿》卷八《书管子后》云："近人编书目者，谓此书多言管子后事，盖后人附益者多。余不谓然，先秦诸子，皆门弟子或宾客或子孙撰定，不必手著。"⑤《四库全书总目》云："今考其文，大抵后人附会，多于仲之本书，……意其中孰

---

① 余嘉锡：《四库提要辨证》，北京：中华书局，2007年，第609—610页。
② 叶适：《习学记言》卷四五，清文渊阁四库全书本。
③ 宋濂：《诸子辨》，《古籍考辨丛刊》第一集，北京：社会科学文献出版社，2010年，第623页。
④ 章学诚著，叶瑛校注：《文史通义·诗教上》，北京：中华书局，1985年，第62—63页。
⑤ 严可均：《铁桥漫稿·书〈管子〉后》卷八文类六，清道光十八年四录堂刻本。

为手撰，孰为记其绪言如语录之类，孰为述其逸事如家传之类，孰为推其义旨如笺疏之类，当时必有分别。观其五篇明题《管子解》者，可以类推，必由后人混而一之，致滋疑窦耳。"①

进入民国，在疑古辨伪思潮的影响之下，学者们对《管子》的讨论更加热烈，且立场分明，争执不下。

关于《管子》一书的成书年代，梁启超在《管子传》中继承了前代学者的看法。他说："管子者，中国之最大政治家，而亦学术思想界一巨子也。……《管子》书中有记管子卒后事者，且有《管子解》若干篇，其非尽出管子手撰无可疑者。度其中十之六七为原文，十之三四为后人增益。……且即非自作，而自彼卒后，齐国遵其政者数百年，然则虽当时稷下先生所讨论所记载，其亦必衍管子绪论已耳。"②而在1922年的《先秦政治思想史》中梁启超则认为《管子》书"以思想系统论，其大部分必为战国末叶作品无疑"③。在《汉书艺文志诸子略考释》中则认为"其中一小部分当为春秋末年传说，其大部分则战国至汉初递为增益，一种无系统之类书而已"④。到写作《古书真伪及其年代》时，梁启超则直斥《管子》"为无名氏的从钞"，"为战国末年著作"。⑤其观点与《管子传》中相比较，前后发生了根本性的变化。对于梁启超《管子》辨伪研究中的这种转变，张固也认为，梁启超"显然是接受了胡适先生的主张"⑥。

胡适考辨《管子》，与传统学者的观点有所区别，采用一种历史进化的观念。如胡适论："《管子》一书既不是真书，若用作管仲时代的哲学史料，便生出上文所说的三弊：（一）管仲本无这些学说，今说

---

① 永瑢等：《四库全书总目》，北京：中华书局，1965年，第847页。
② 梁启超：《管子传》，上海：中华书局，1943年，第1—3页。
③ 梁启超：《先秦政治思想史》，北京：中国人民大学出版社，2012年，第22页。
④ 梁启超：《〈汉书艺文志诸子略〉考释》，见王承略、刘心明主编《二十五史艺文经籍志考补萃编》第五卷，北京：清华大学出版社，2012年，第287页。
⑤ 梁启超：《国学要籍研读法四种》，南昌：江西教育出版社，2018年，第16页，第26页。
⑥ 张固也：《管子研究》，济南：齐鲁书社，2006年，第9页。

他有，便是张冠李戴，便是无中生有。（二）老子之前，忽然有《心术》《白心》诸篇那样详细的道家学说；孟子、荀子之前数百年，忽然有《内业》那样深密的儒家心理学；法家之前数百年，忽然有《法法》《明法》《禁藏》诸篇那样发达的法治主义。若果然如此，哲学史便无学说先后演进的次序，竟变成了灵异记、神秘记了！（三）管仲生当老子、孔子之前一百多年，已有那样规模广大的哲学，这与老子以后一步一步、循序渐进的思想发达史，完全不合。故认《管子》为真书，便把诸子学直接间接的渊源系统一齐推翻。"①

与梁启超、胡适成相反，余嘉锡论《管子》则说：

向歆班固条别诸子，分为九流十家。而其间一人之书，又自为一家。合若干家之书，而为某家者流，明乎其所谓家者，不必是一人之著述也。父传之子，师传之弟，则谓之家法。六艺诸子皆同，故学有家法，称述师说者，即附之一家之中。如《公》《谷》传中，有后师之说是也。其学虽出于前人，而更张义例别有发明者，则自名为一家之学。如《儒林传》中某以某经授某，某又授某，繇是有某某之学是也。其间有成家者，有不能成家者。学不足以名家，则言必称师，述而不作。虽笔之于书，仍为先师之说，而已原不必于一家之中分别其孰为手撰，孰为记述也。况周、秦、西汉之书，其先多口耳相传，至后世始著竹帛，如公羊谷梁之《春秋传》、伏生之《尚书大传》。故有名为某家之学，而其书并非某人自著者。惟其授受不明，学无家法，而妄相附会，称述古人，则谓之依托。如《艺文志》《文子》九篇，注为依托，以其与孔子并时，而称周平王问，时代不合，必不出于文子也。《杂黄帝》五十八篇，明知为六国时贤者所作，而不注为依托，以后人可以称述前人之说也。使《管子》而

① 胡适：《中国哲学史大纲·导言》，上海：上海古籍出版社，1997年，第12—13页。

称齐太公问，疑之可也。《管子》而称毛嫱、西施、吴王、齐桓公，此明是为管氏学者之言，何足疑乎？若谓《管子》不当记仲之死，则《论语》不当记曾子之死乎？故读先秦之书，但当问其是否依托，而不必问其为何人所著。然而依托与否，亦正难言。惟汉人多见古书，知其授受源流，或能加以别白，犹不能必其无误。至于后世，去古已远，有必不可得而详者矣。自汉武帝罢黜百家，而诸子之学浸失其传，学者自以其意著书，无所授受。于是书必出于手著，而无追纪竹帛之事……然谓手撰、记述，当时必有分别，后人混而一之，不知古人本不甚分别也。①

余嘉锡认为考辨《管子》书是否管仲自撰乃"辨乎其所不必辨者"②。

依我们今日的观点来看，虽然疑古派学者往往犯了将题名作者认定为书籍作者的误区，未能通知先秦古书流传情况，乃至好以后世之见评论古人与古书。但是，如余嘉锡所认为的先秦子书皆是一家之言的说法也未必尽合情理。如《管子》一书，内夹杂着儒家、道家、法家、阴阳家、墨家等诸家学说，强认为是管子学派一家之言，也实为牵强。另外，余嘉锡所谓"但当问其是否依托，而不必问其为何人所著"的说法，也是值得商榷的，不弄清胡适所指出的问题，连篇章的具体成文年代都无法准确确定，思想史研究与学术史研究该如何着手呢？

在这个问题上，个人认为，顾颉刚的说法更具备一定的合理性。顾颉刚说：

在先秦诸子中，《管子》是一部极庞杂难读的书。内《法法》《明法》《禁藏》这几篇有极明确的法治观念。《心术》《白心》诸篇是很细密的道家学说，《内业篇》分析心理，是

---

① 余嘉锡:《四库提要辨证》，北京：中华书局，2007 年，第 608—609 页。
② 余嘉锡:《四库提要辨证》，北京：中华书局，2007 年，第 609 页。

儒家的思想。《封禅篇》又是邹衍一派的阴阳家的颟意。至于《小称篇》叙事及桓公死后，《立政篇》提到后起的"兼爱""非攻"学说，都是此书成于战国以后的铁证。朱熹说它"只是战国人收拾仲当时行事言语之类著之，并附以他书"，这是一个极中肯的推断。虽然此书原来并没有标明管仲自著，"齐相管夷吾撰"这一题识是后人所加（刘向《别录》只说管子，颍上人，名夷吾，号仲父。题"齐相管夷吾撰"者，始于《隋书·经籍志》），虽然先秦诸子书皆其门弟子或宾客子孙所撰定，不必手著（严可均《铁桥漫稿》卷八《管子跋》），可是《管子》书中的学说思想非春秋时代所应有，和管子没有什么关系。与其说是"为管子之学者为之"，毋宁说是战国时代法、儒、道、阴阳诸家学说的混血儿，来的妥当。

如果我们认清了这一分野，再拿史料的眼光去审定它，那末，这部书却有相当的价值。第一，战国诸子的学说流传到现在的并不多，《管子》书中容纳的各家学说可以与现在诸子相发明，在哲学史上说，是可贵的环宝。第二，此书虽然是后人杂凑成功的，可是书中所叙的事实并不是全无所本。如《小匡篇》叙事即和《齐语》相同，可以推知其他各篇也许各有它的渊源，不尽出于凭空杜撰。我们不能因为书出依托，便一笔抹杀了。①

2. 关于《神农本草经》。

余嘉锡论《神农本草经》真伪，"《本草经》亦不类周以前文字。……《本草》之题神农耳，不足信也。……余敢据此以断《神农本草经》为周末时子仪所作，……要是秦汉以前有此相传之说，医术之兴，固当远在邃古之时，至春秋时，和缓之流已著名于世。药性所

---

① 顾颉刚:《管子集注序》,《图书馆学季刊》，第五卷第三、第四合期，1932年12月。

主，识识相因，传之既久，自必有人著之竹帛。桐君、雷公之说既不足信，则其书必出于周末，凡《汉志》著录三代以前之书，多六国时人所作，班固自注，言之甚明……《本草》《汉志》既不著录，而《中经簿》有《子义本草经》，足证为子仪所作。贾公彦谓《中经簿》并不说神农，可见《神农本草》之名，乃后人所题。盖推其学之所自出以题其书，久之，遂不知为子义所作矣。……或曰《本草》既周末人所著，则刘歆、李柱国皆当见之，何为不著于《汉书·艺文志》乎？应之曰古书有单篇别行之例，如《夏小正》《弟子职》之类是也。有自一书之内析出数篇别行之例，如《太公》书之外有《六韬》，《陆贾》书之外有《新语》之类是也。凡书真出于周秦人之手，而不见于《汉志》者，当以此求之。"①

梁启超论《神农本草》则云："其书流传之绪，从他方面可以考见，而因以证明今本题某人旧撰为不确者。例如今所称《神农本草》，《汉书·艺文志》无其目，知刘向时决未有此书。再检《隋书·经籍志》以后诸书目，及其他史传，则知此书殆与蔡邕、吴普、陶弘景诸人有甚深之关系，直至宋代然后规模大具。质言之，则此书殆经千年间许多人心力所集成；但其书不惟非出神农，即西汉以前人，参预者尚极少，殆可断言也。"②

余嘉锡以《神农本草》为周朝末年子仪所作，而梁启超则以《神农本草》殆经千年间多人心力所集成。

（二）诸子之书是否是有意造伪

余嘉锡认为诸子百家之书，以立意为主，志在阐发一家之言，故往往因文见意，设喻说理，托古言志，"譬如童子成谣，诗人咏物，兴之所至，称心而谈"③。若一定为诸子之书进行训诂考据，以历史家

---

① 余嘉锡：《四库提要辨证》，北京：中华书局，2007年，第683—687页。
② 梁启超：《中国历史研究法》，北京：中国人民大学出版社，2012年，第91—94页。
③ 余嘉锡：《古书通例》，《余嘉锡说文献学》，上海：上海古籍出版社，2001年，第227页。

据事直书的原则,来考辨诸子之书所记之事是否真伪,"不惟事等刻舟,亦且味同嚼蜡矣。夫引古不必皆虚,而设喻自难尽实,彼原假此为波澜,何须加之以考据"①。诸子之书多造作故事,余嘉锡总结道:"夫以庄周寓言,尚难尽弃,况诸子所记,多出古书,虽有托词,不尽伪作。"②余嘉锡认为诸子之书以立意为主,志在阐明一家之学,故往往造作古事,但诸子之书本身却不能以伪书来看待。

与此对应的可以看顾颉刚的说法,在《战国秦汉间人的造伪与辨伪》文中,顾颉刚指出,战国秦汉之间,"只凭了个人的脑子去想,而且用了貌似古人的文体写出,拿来欺骗后人……他们既已为了没有历史观念,失去许多好史料,又为了没有历史观念,喜欢用古文字来作文,引出许多伪书。在这双重的捣乱之下,弄得中国的古书和古史处处成了问题"③。顾颉刚进而又以诸子之学说为例分析伪史造成的原因,他说:"当时人最没有时代的自觉,他们不肯说'现在的社会这样,所以我们要这样';只肯说'古时的社会本来是这样的,所以我们要恢复古代的原样'。然而,战国的时势是从古未有的创局,如何在古代找出相同的事例来呢?这在我们研究历史的人看来,是绝对没有办法的事。但他们有小说家创作的手腕,有外交家说谎的天才,所以容易得很。"④最后,顾颉刚得出结论,"战国大都是有意的作伪,而汉代则多半是无意的成伪。"⑤顾颉刚的说法很值得重视,战国时期诸子说古史,都是为自己的政治主张服务,往往造作古史也是故意而为。

从古史研究的角度来看,古书中有可疑者即可以举出,既然诸子

---

① 余嘉锡:《古书通例》,《余嘉锡说文献学》,上海:上海古籍出版社,2001年,第227页。
② 余嘉锡:《古书通例》,《余嘉锡说文献学》,上海:上海古籍出版社,2001年,第237页。
③ 顾颉刚:《战国秦汉间人的造伪与辨伪》,《古史辨自序》上册,北京:商务印书馆,2011年,第119页。
④ 顾颉刚:《战国秦汉间人的造伪与辨伪》,《古史辨自序》上册,北京:商务印书馆,2011年,第124页。
⑤ 顾颉刚:《战国秦汉间人的造伪与辨伪》,《古史辨自序》上册,北京:商务印书馆,2011年,第177页。

说起古史往往"托词"、往往是"寓言",则没有确证者都不能相信,都有可以怀疑的必要。

(三) 对姚际恒评价上的严重分歧

姚际恒(1647—1715),字立方,一字善夫,号首源,安徽休宁人,清代经学家。所著《古今伪书考》是一部考辨经、史、子群书的著作。姚氏的著述,在乾嘉时期并不为时人所关注。民国时期,姚际恒的著述受到了梁启超、胡适、钱玄同、顾颉刚等人的推重。如梁启超认为:"同时有姚际恒者,其怀疑精神极炽烈,疑《古文尚书》,疑《周礼》,疑《诗序》,乃至疑《孝经》,疑《易传》十翼。其所著'诸经通论'未之见,但其《古今伪书考》,列举经史子部疑伪之书共数十种,中固多精凿之论也。"[①]胡适大胆表彰姚际恒,认为"姚氏疑古最勇,他的《九经通论》现已不传,只有《诗经通论》还在人间,此外只有《礼记通论》被杭氏(杭世骏)抄在《续集说》里,《续集说》之可贵在此。姚氏对于《大学》《中庸》《礼运》诸篇,排斥最力。我想叫人把姚氏的话逐条辑出来,作为一种《〈礼记通论〉钩沉》"[②]。并曾说:"姚立方的遗著的发现,是近代学术思想史上的一件重要事,不单是因为姚氏的主张有自身的价值,并且这事可以表示近年中国学术界的一个明显的倾向。这倾向是'正统'的崩坏,'异军'的复活。"[③]胡适、梁启超等对姚际恒推崇备至,而余嘉锡却对姚际恒的辨伪成绩评价并不高。如《四库提要辨证》曾云:"姚际恒作《古今伪书考》引《余论》(黄伯思《东观余论》)之说……断章取义……殆几于不通文义……际恒《伪书考》负盛名,而其学实浅陋,大抵如此。"[④]余嘉锡认为孙星衍、严可均诸人能多读古书,深明著作体例,

---

① 梁启超:《清代学术概论》,北京:中华书局,2010年,第23页。
② 胡适著,曹伯言整理:《胡适日记全编》3,合肥:安徽教育出版社,2001年,第262页。
③ 胡适:《胡适全集》第24卷,合肥:安徽教育出版社,2003年,第130页。
④ 余嘉锡:《四库提要辨证》,北京:中华书局,2007年,第1009页。

皆为通儒，他们对于古书体例的认识，"胜于姚际恒辈远矣"①。余嘉锡在致胡适的信中批评姚际恒之《古今伪书考》"为其聚敛无数之空言，毫无实据也"。在此，可以看出胡适与余嘉锡在姚际恒评价上的分歧，胡适重视姚际恒学说在思想上的冲击，对姚际恒加以肯定；余嘉锡则是摘出姚际恒考辨中的具体疏误而对姚际恒加以否定，甚至认为姚氏"聚敛无数之空言"，由此可见余嘉锡确存在着一定的保守倾向。

同时，余嘉锡也批评为姚际恒《古今伪书考》作补证的黄云眉之《〈伪书考〉补证》。余嘉锡致胡适信中云：

> 《〈伪书考〉补证》亦阅之终卷，驳杂之处、穿凿之说所不能免，而其大弊在不通考证之方法。夫姚氏书之不满人意者，为其聚敛无数之空言，毫无实据也。今为之作补证，又引钱谦益、方苞、姚鼐、汪绂、王昶、杨椿、吴敏树、吴汝纶之说，以附益之。此辈原不懂考证，充其技亦只能使之乎者也位置妥帖耳。其是非亦何足深论，而以取充篇幅乎！又好取古书相比较，摘其某字某句见于某书，即为剽窃之证，不知其据何科条，有何限断？此盖近人流行之通病，日昨尊论已畅言之矣。以此观之，黄氏之书虽考索甚勤，要不过三四等文字耳。②

黄云眉（1898—1977），浙江余姚人。1929年任职于金陵大学文化研究所，中华人民共和国成立后为山东大学历史系教授。1932年出版《〈古今伪书考〉补正》一书，对姚际恒《古今伪书考》作辨伪、考订和补正工作。黄云眉在《〈古今伪书考〉补正》"刘子新论"条下，对余嘉锡曾有所批评，黄氏原文如下："又有谓'六朝时以有韵为文，无韵为笔，本传谓昼不学属文，盖指词赋而言，然不善属文者，未必不长于笔'（见《图书馆学季刊》二卷四期余嘉锡《四库提要辨证》），

---

① 余嘉锡：《古书通例》，《余嘉锡说文献学》，上海：上海古籍出版社，2001年，第260页。
② 耿云志主编：《胡适遗稿及秘藏书信》（第29册），合肥：黄山书社，1994年，第190—191页。

此亦穿凿,六朝固有文笔之分,要亦施于评文对举之时,史家叙事,奚必舍通名而强分朱碧,转滋淆惑耶!"①对于黄云眉的指责,余嘉锡则于此信中质之于胡适,认为:"其'刘子新论'条下,于鄢说不引其前后考证,而独断章取义,摘出数语以驳之,究之同属空言。鄢说未必非,黄说亦未必是也。"而对于黄云眉所作的《〈古今伪书考〉补正》,余嘉锡更是毫不客气地予以批评。批评黄氏之书"驳杂之处、穿凿之说所不能免,而其大弊在不通考证之方法","虽考索甚勤,要不过三四等文字耳。"

三、与古史辨伪学者的相同之处

有学者指出,对于古书体例的总结,"暗示了古史辨派的诸多辨伪其实均非古书之伪,而只是现代人不懂得古代的书体。换言之,当我们面对古书而发生疑问时,不是应当由我们来确定古书的真伪,而是应当让古书改变我们的观念。既然传统辨伪学所据以判别'真''伪'的标准多不能成立,那么就从方法上否定了古史辨派的疑古工作;既然古书难以用'真''伪'作出判断,那么也就在整体上否定了疑古派的学术方向"②。但这样的一种说法,实际存在着较大的可以商榷的空间。下面分如下几点试加以论述。

(一)余嘉锡的前提也是怀疑古书之伪,疑古为近代以来的整体大思潮

余嘉锡《古书通例》虽然对古书多有回护,但也承认大量伪书的存在。如《古书通例》最后云:"夫古书之伪作者多矣,当别为专篇以明之。"③余嘉锡不仅怀疑史、子诸部之书,对待经部也采取一种有所疑的态度,这是他比清代的学者更前进的一个方面。

---

① 黄云眉:《〈古今伪书考〉补正》,金陵大学中国文化研究所,1932年,第319—320页。
② 张京华:《一些足以破解疑古思想的论述》,《湘南学院学报》,2006年第6期,第34页。
③ 余嘉锡:《古书通例》,《余嘉锡说文献学》,上海:上海古籍出版社,2001年,第267页。

清代学者治学虽然也怀疑古书之伪，但对儒家经典仍采取一种相对取信的态度。如钱大昕论《尔雅》时说："《尔雅》周公作，而有张仲孝友之语；《史记》司马迁作，而有扬雄之语也。"①对于周公作《尔雅》的说法，余嘉锡并不予以采信，他在《四库提要辨证》中说："钱氏所引《尔雅》周公作，而有张仲孝友之语者，本之《颜氏家训书证篇》，论《山海经》云尔也。但《尔雅》是否为周公所作，昔贤颇有异论，自当存疑，不似《史记》司马迁作，而有扬雄之语，明出后人附益改窜，毫无可疑也。"②

另外，余嘉锡虽然崇尚汉儒师说，但也承认汉代学者有不免臆度之时，认为学者当"好古敏求"，信其可信，疑其可疑。他说："《周礼》《仪礼》，相传皆周公之书；而周礼则自汉儒已有异论。《汉志》但以《礼记》为七十子后学者所记。郑玄目录，始间考得其作者。然诸儒之说，往往不同。计《六经》之中，惟孔子作《春秋》，独有明文可考，后无异议耳。《史记》言'曾参作《孝经》'而郑玄以为孔子作。刘向班固以《论语》为孔子弟子所记，而郑玄指为仲弓、子夏、子游等所撰定。盖汉儒之说，虽多有所受之，而亦不免于意度。善读书者，亦惟慎思明辨，好古敏求，信其所可信，疑其所可疑耳。"③

《四库提要辨证》之中，余嘉锡对四部之书，尤其是史、子两部的作品，辨伪者尤多。而对于其中托名先秦乃至更早的伪书，也给予揭露批评。如张澍认为："晋张华以《司马法》为周公作，当得其实。"④余嘉锡则反驳道："张华之说，盖亦想当然耳。……盖《司马法》为古者军礼之一，不始于齐威王之大夫，并不始于穰苴。穰苴之兵法，盖特就《司马法》而申明之，而非其所创作，其后因附入《司马

---

① 钱大昕：《廿二史考异》（附《三史拾遗》《诸史拾遗》），上海：上海古籍出版社，2014年，第1422页。
② 余嘉锡：《四库提要辨证》，北京：中华书局，2007年，第427页。
③ 余嘉锡：《古书通例》，《余嘉锡说文献学》，上海：上海古籍出版社，2001年，第180页。
④ 张澍：《养素堂文集》卷三《司马法序》，清道光刻本。

法》之中。古书随时增益，不出于一人之手，类皆如此。"①可以看出，余嘉锡承认《司马法》为战国以前之古书，非成于一手。但与张澍的说法相比较，余嘉锡并不相信《司马法》为周公所做，实际上余嘉锡首先是在疑古的立场上怀疑周公不能做《司马法》，其次才是在信的立场上认定此书为战国以前之书。

另外，辨《黄石公三略》为伪书，余嘉锡云："此其出于伪作，可据《史记》一言而决，何必更较量其文义耶？"②辨《孙子算经》，余嘉锡云："朱彝尊以孙子为即作兵法之孙武，其说本无所据。阮氏因此附之周末，吴氏以为先秦旧书，愚未敢深信。要之，其为六朝以前人著作，固无可疑，至其中不免为后人所窜改附益，则古书类然，无足深讶也。"③辨《葬经》，余嘉锡云："盖古之《青乌子相墓书》已亡，是书乃唐以后人所伪作，而托之青乌子耳。至其注题大金丞相兀钦仄，考之《金史》，并无此丞相，殆又后来术士所依托，《提要》必以为经与注如出一手，亦未见其然也。"④又如辨《李虚中命书》实为托名于鬼谷子，此书实际就是李虚中所作。又如辨《星经》，钱大昕《十驾斋养新录》卷十四证世传《甘石星经》为伪书，余嘉锡引之以补《提要》所未及。

尽管余嘉锡承认先秦古书多非成于一人之手，随时增益，但他也承认古书之中是存在着大量伪书的，他所反对的并不是辨伪古书，反对的是辨伪方法的不周，从这个角度看，余嘉锡的根本出发点与古史辨派的动机并不矛盾。

---

① 余嘉锡：《四库提要辨证》，北京：中华书局，2007年，第597页。
② 余嘉锡：《四库提要辨证》，北京：中华书局，2007年，第600页。
③ 余嘉锡：《四库提要辨证》，北京：中华书局，2007年，第699页。
④ 余嘉锡：《四库提要辨证》，北京：中华书局，2007年，第773—774页。

（二）余嘉锡强调古书非成于一时一人之手，而是一家一派之言，则对于古书的研究，关键在于找出各篇章的时代先后顺序，以周还周，以汉还汉，这与顾颉刚所主张的观点存在着共通之处

先秦时期学者著书并没有后世的著作权的观念。余嘉锡说："古人著书，本无专集，往往随作数篇，即以行世。"①"迨及暮年或其身后，乃聚而编次之。其编次也，或出于手定，或出于门弟子及其子孙，甚或迟至数十百年，乃由后人收拾丛残为之定著。"②因此，余嘉锡强调："以著作还先师，以附益还后学。传讹之本，必知其起因；伪造之书，必明其用意。"③依余嘉锡的说法，在对史料进行考订的基础上，做到"以著作还先师，以附益还后学"，要进一步去研究附益的年代。对于传讹与伪造之本，也要明了其起因与用意。其重点偏重于对古书各篇章的成书年代与成因等进行分别研究。先秦时期书籍非一人一时之作，其形成是一个动态的过程，在传播的过程中，附益与增改是与之相伴随的。

正因为古籍在流传的过程中，有后学的附益，有传讹与伪造之本，致使古书在传播的过程中形态极为复杂，至刘向父子整理图书时，方整理成定本，流播于后世。可以说，先秦古书从最初的单篇别行，到最后的整理成书，其中经过了不断的修改、删削、附益、传讹与伪托的过程，古书在流传的过程中存在着一个不断地"层累"的过程，即"古书的层累化"，因此，余嘉锡在对先秦的古书体例进行系统的阐述之后，才提出了"以著作还先师，以附益还后学"的说法。这种观念被今日的一些学者所继承，如郑良树就说："正惟古籍都有漫长的流传过程，正惟古籍都是有生命的机体，所以，我们就个别篇章的作成及流传时代及传播情况加以考订研究，才能将古籍的真情实

---

① 余嘉锡：《古书通例》，《余嘉锡说文献学》，上海：上海古籍出版社，2001年，第200页。
② 余嘉锡：《古书通例》，《余嘉锡说文献学》，上海：上海古籍出版社，2001年，第238页。
③ 余嘉锡：《古书通例》，《余嘉锡说文献学》，上海：上海古籍出版社，2001年，第166页。

况说得准确。因此，笔者认为这门学问应当正名为'古籍时代学'，从事古籍这方面的研究则称作'古籍时代考'。"①其实，这样的一种观念与顾颉刚在考辨古史时所提出"古史的层累化"，并在古史的研究中强调"以汉还汉，以周还周"的精神，是存在着可以沟通之处的。

胡适在倡导整理国故时期，便强调要扩充国学研究的领域，打破一切的门户之见，注意系统的整理，以"历史的眼光来整理一切"，"把一切狭陋的门户之见都扫空"。胡适在《〈国学季刊〉发刊宣言》中说："整理国故，必须以汉还汉，以魏晋还魏晋，以唐还唐，以宋还宋，以明还明，以清还清；以古文还古文家，以今文还今文家；以程朱还程朱，以陆王还陆王；……各还他一个本来面目，然后评判各代各家各人的义理的是非。"②

在古史辨运动中，罗根泽也屡屡提及"考年代与辨真伪不同：辨真伪，追求伪迹，摈斥不使厕于学术界，义主破坏；考年代，稽考作书时期，以还学术史上之时代价值，义主建设"③（《古史辨》第4册616页）。顾颉刚与罗根泽的看法有所不同。在顾颉刚看来，考年代与辨真伪并没有明显的区别界限，顾颉刚说："所谓考年代，也就是辨去其伪托之时代而置之于其真时代中。考年代是目的，辨真伪是手段。"④梁启超在《古书真伪及其年代》中说："总之，中国古籍，许多全是假的，有些一部分假，一部分真，有些年代弄错。研究中国学问，尤其是研究历史，先要考订资料，后再辨别时代，有了标准，功夫才不枉用，我所以把古书真伪及其年代作为一门功课讲，其用意在此。"⑤顾颉刚与梁启超的观点有一定相似性，梁启超强调先考辨史料的真伪，再辨别史料的年代，顾颉刚则强调"辨真伪是手段，考年代是目的"。对确定为伪的书籍，要考察书籍的作成年代问题，不应该

---

① 郑良树：《诸子著作年代考》，北京：北京图书馆出版社，2001年，第8页。
② 胡适：《〈国学季刊〉发刊宣言》，《胡适文存》2，北京：华文出版社，2013年，第8页。
③ 顾颉刚：《顾颉刚集》，北京：中国社会科学出版社，2001年，第124页。
④ 顾颉刚：《顾颉刚集》，北京：中国社会科学出版社，2001年，第124页。
⑤ 梁启超：《国学要籍研读法四种》，南昌：江西教育出版社，2018年，第14页。

只是停留在考辨古籍真伪的阶段。对于当时常有人所说的"顾颉刚们说这部书伪,那部书伪;照这说法,不知再有什么书可读"①的说法,顾颉刚辩护强调,古籍辨伪,绝不是等同于秦始皇的焚书,"这真是太不了解我们的旨趣,不得不辨一下"②。顾颉刚说,即使是伪书,但"至于这部书的价值,我们终究承认的。要是战国时人作的,它是战国政治思想史的材料。若是西汉时人作的,它便是西汉政治思想史的材料"③。顾颉刚举《周官》与《左传》辨伪为例,说道:"我们辟《周官》伪,只是辟去《周官》与《周公》的关系,要使后人不再沿传统之说而云周公作《周官》。……又如我们辟《左传》伪,也只要辟去《左传》与孔子的关系,要后人不再说'左丘明与孔子俱乘传如周,观百二十国宝书',以及'孔子作《春秋》,丘明为之《传》'等话。至于他的历史价值,文学价值,我们何尝不承认。堪笑一般人以为我们用了刘逢禄、康有为的话而辨《左传》,就称我们为今文学家。不知我们对于春秋时的历史,信《左传》的程度乃远过于信《公羊传》。我们所摒弃的,不过'君子曰'及许多勉强涂附上去的释经之语,媚刘氏之语,证《世经》之语而已。而且所谓摈斥云者,只摈斥之于原本的《左传》(《国语》),并不摈斥之于改本的《左传》(西汉末以来的流传本)。"④

对于自己的这种方法,顾颉刚强调:"这原是以汉还汉,以周还周的办法,有何不可。我们所以有破坏,正因求建设。破坏与建设,只是一事的两面,不是根本的歧异。"⑤

余嘉锡强调先秦古书多非成于一人之手,书可以认为不是伪书。但由于书籍在流传的过程中,随时存在着后人的增删、附益等,实际是存在着一个"层累化"的过程的。因此,即是余嘉锡也承认,从古

---

① 顾颉刚:《顾颉刚集》,北京:中国社会科学出版社,2001年,第124页。
② 顾颉刚:《顾颉刚集》,北京:中国社会科学出版社,2001年,第124页。
③ 顾颉刚:《顾颉刚集》,北京:中国社会科学出版社,2001年,第124页。
④ 顾颉刚:《顾颉刚集》,北京:中国社会科学出版社,2001年,第124—125页。
⑤ 顾颉刚:《顾颉刚集》,北京:中国社会科学出版社,2001年,第125页。

书流传的角度判定古书为真,非伪书,但不能等同于其所记载之事为真史事。在古书辨伪中,顾颉刚等疑古派学者有时存在将古书的成书年代拉后的问题,在这点上遭到了余嘉锡的批评,但顾颉刚从史学家的眼光,从史实的角度强调书中史事记载之不真实,强调古史的层累,在这一点上,与余嘉锡其实并不存在绝然冲突。疑古学派认为伪的文献,余嘉锡认为不能称之为伪,只是造作古事,只是后人附益或者依托。但从历史史事研究的角度来看,古书伪不伪或者是否依托并不是问题的关键,关键是古书中所记载的史事是否真实可靠。从这个角度来看,余嘉锡与疑古学派之间则没有了分歧,二者的观点是统一的。即使不以"真""伪"来判定古书文本本身,但古书中所记载的事实不能轻易信为真,却是不可争议的事实。本节开篇所引张京华之文说:"既然传统辨伪学所据以判别'真''伪'的标准多不能成立,那么就从方法上否定了古史辨派的疑古工作;既然古书难以用'真''伪'作出判断,那么也就在整体上否定了疑古派的学术方向。"[1]从笔者论证的角度来看,张京华的这种观点,是根本不能成立的,余嘉锡的论断并不能否定疑古派的学术方向。

第四节 余嘉锡古书体例研究的不足

余嘉锡对古书的研究,也存在一些失误之处,试论如下。

一、余嘉锡对于古书体例有过于泛用之嫌,或将不是"非一时一人"之书,而判为"非一时一人"之书

如《越绝书》的成书年代与作者问题就长期存在争议,莫衷一

---

[1] 张京华:《一些足以破解疑古思想的论述》,《湘南学院学报》,2006年第6期,第34页。

是。《越绝书》是记载我国早期吴越历史的一部重要典籍,该书主要记载了春秋以至战国时期吴越争霸的历史过程,并记载了一些说客与君主所论有关富国强兵的策略。但自唐以来的千余年,有关《越绝书》的作者、成书时代以及经传内外篇的认识等问题,历代学者一直众说纷纭,争论不休,至今依然存在多种不同的看法。关于《越绝书》的作者,今择几种重要的观点条列如下:

1. 子贡或者伍子胥所作。"子贡作"或者"子胥作"的说法,当源自《越绝书·外传本事》所言"或以为子贡所作"及"一说盖是子胥所作"。①目前所知各种书录中,最早著录《越绝书》的是南朝梁阮孝绪的《七录》,可惜其书已亡,《史记·孙子吴起列传》张守节《正义》说:"《七录》云《越绝》十六卷,或云伍子胥撰。"②

2. 袁康、吴平所作。明代杨慎首倡此论,他通过对篇末《越绝篇叙外传记第十九》中的一段隐语进行研究,断定《越绝书》的作者为东汉时期的会稽人袁康、吴平。杨慎在《升庵集》卷十《跋越绝》中通过对这段隐语加以分析,得出了袁康、吴平作《越绝书》的结论。③杨慎的说法提出以后,产生了很大的影响。《四库全书总目》继承了杨慎的说法,肯定《越绝书》的作者为袁康、吴平。

3. 认定吴君高即为吴平。清代卢文弨倡导此说,认为王充《论衡》中吴君高即为吴平,《越纽录》即是《越绝书》。

4. 战国时人所作而汉人附益。宋代陈振孙在《直斋书录解题》中,对子贡作《越绝书》的说法提出了质疑,并对《越绝书》的成书年代及作者表达了自己的看法,提出了"汉人附益说"。陈振孙说:"《越绝书》十六卷,无撰人名氏,相传以为子贡者,非也。其书杂记吴越事,下及秦汉,直至建武二十八年,盖战国后人所为,而汉人又

---

① 袁康、吴平辑录,乐祖谋点校:《越绝书》,上海:上海古籍出版社,1985年,第2—3页。
② 司马迁:《史记》,北京:中华书局,1959年,第2162页。
③ 杨慎:《跋越绝》,《升菴集》卷十,清文渊阁《四库全书》本。

附益之耳。"①余嘉锡赞同陈振孙的说法，在《四库提要辨证》中提到："自来以《越绝》为子贡或子胥作者，固非其实，而如《提要》及徐氏（徐时栋）说，以为纯出于袁康、吴平之手者，亦非也。余以为战国时人所作之《越绝》，原系兵家之书，特其姓名不可考，于《汉志》不知属何家耳。要之，此书非一时一人所作。《书录解题》卷五云：'《越绝书》十六卷，无撰人名氏，相传以为子贡者，非也。盖战国后人所为，而汉人又附益之耳。'斯言得之矣。"②

对于《越绝书》的成书年代，可以从以下几个方面着眼考虑：

第一，《汉书·艺文志》没有《越绝书》的著录。

《汉书·艺文志》是我国第一部史志目录，也是现存最早的一部文献目录，是今人研究先秦秦汉学术史的重要参考。西汉成帝河平三年（前26年），在刘向主持下校订宫廷内藏书，每一书已，刘向辄条其篇目，撮其指意，录而奏之，即对每一书皆撰写说明该书篇目、内容、源流以及整理经过的书录上奏朝廷。刘向卒后，其子刘歆奉旨接续工作，刘歆在其父基础之上，完成图书分类性的解题目录学著作《七略》。班固《汉书·艺文志》则是直接继承了刘向、刘歆父子整理图书的成果，"取其要，以备篇籍"，对《七略》进行删繁取要，著录了先秦、西汉时期所知的典籍。无论是《越绝书》，还是所谓《越绝》，《汉书·艺文志》都没有著录，若《越绝》或《越绝书》成书于战国或西汉时期，为何东汉以前的任何古籍均未有所记载？即使其他史籍不作记载，《汉书·艺文志》为何也不作著录？

第二，书分内外篇是西汉以后形成的传统。

《越绝书》在著述体例上分内外篇，这种内外篇的分法显示了这部书明显的时代特征，书分内外篇是西汉以后渐渐形成的传统，战国以前之书则不分内外篇形式。试举例论述。

先秦诸子著书，往往随作随传。除《吕氏春秋》等为一时集众之

---

① 陈振孙：《直斋书录解题》，上海：上海古籍出版社，1987年，第142页。
② 余嘉锡：《四库提要辨证》，北京：中华书局，2007年，第382—383页。

作外，其他子书最初多以单篇的形式流传于世，作者随写随传，最初没有一个统一的定本，更无专著可言。各篇在流传过程中，则由其弟子或后人收拾编定成书，因此篇与篇之间往往分合不定，更没有明确的内篇、外篇的分别。

《吴越春秋》这种内外篇名的分法，出于战国之后，为汉代以后人所为。这种内外篇的编纂形式显现了《越绝书》的时代特征。

第三，《越绝书》当后于《吴越春秋》。

研究《越绝书》，当提及《吴越春秋》。《吴越春秋》作者为汉明帝至汉章帝时的会稽山阴人赵晔，赵晔曾做过县吏，但以身任差役为耻，弃职而逃，求学于《诗》学家杜抚，"究竟其术，积二十年，绝问不还"①。杜抚死后，赵晔才还乡居住。《吴越春秋》记述春秋时吴、越史事，原书十二卷，隋以后亡佚二卷，《宋史·艺文志》著录为十卷。该书久已残缺，难窥全豹，从现存内容和历代评介来看，是一部颇具史料价值的史籍，所载战国时期吴、越史事，多有详于《史记》之处，且文笔生动，但记述也存在错误和失实的内容。

对于《越绝书》与《吴越春秋》之间的关系，历来存在两种对立的不同意见。如宋代黄震认为《越绝书》"大抵祖袭《吴越春秋》"②；与黄震的认识相反，明代陈垲在翻刻《越绝书》所附跋文中则认为："赵晔《吴越春秋》，又因是书（《越绝书》）而为之。黄东发《日抄》以为《越绝》之出于《春秋》也，殆不然矣。"③钱培名也认为"赵晔《吴越春秋》之文，往往依傍《越绝》，可以互证"④。

而对于两书内容的优劣高下，古代学者也加以评判，一般都认为《吴越春秋》水准不及《越绝书》。如万历《绍兴府志·序志》认为，

---

① 范晔撰：《后汉书》，北京：中华书局，1965年，第2575页。
② 黄震：《黄氏日抄》卷五十二《读杂史》，元后至元刻本。
③ 陈垲：《〈越绝书〉跋》，（东汉）袁康，吴平辑录，乐祖谋点校：《越绝书》，上海：上海古籍出版社，1985年，第116页。
④ 钱培名：《越绝书题识》，（东汉）袁康，吴平辑录，乐祖谋点校：《越绝书》，上海：上海古籍出版社，1985年，第120—121页。

《吴越春秋》"文气卑弱,语多俳,又杂以谶纬怪诞之说,不及《越绝》远甚"。周中孚也认为《越绝书》"其文纵横曼衍,颇类《吴越春秋》,而博奥伟丽,赵长君所弗及也"①。

可以看出在两书的比较中,古代许多学者不仅倾向认为《吴越春秋》在文字与内容方面不及《越绝书》,甚至认为《吴越春秋》为依傍《越绝书》而作,但两书关系的实际情况,似乎并不如此。

对于两书体例的高下,似不妨作一简单比较。《吴越春秋》体例统一,结构谨严,其编纂方式以及作者的立场、思想,早被历代学者注意,即"内吴外越"②。现存十卷中,卷一至卷五为记载吴国之篇,用"内传"为题,卷六至卷十记述越国史事,则使用"外传"为题,如《勾践阴谋外传》,题目即含贬斥。记述越王勾践,行文中颇有揭露和讥刺,尊重吴国、贬抑越国的思想十分显然,这是本书作者个人的历史独见。

而《越绝书》内外经传的体例标准问题,则相对复杂得多。《越绝书·外传本事》云:"问曰:或经或传,或内或外,何谓?曰,经者论其事,传者道其意。外者非一人所作,颇相覆载,或非其事,引类以讬意。说之者见夫子删《诗》《书》,就经《易》亦知小艺之复重;又各辩士所述,不可断绝,小道不通,偏有所期,明说着不专,故删定复重,以为中外篇。"③对于《越绝书》"经""传"及"内""外"之分别,据张宗祥考证:"以《吴越春秋》例之,阖闾、夫差并称《内传》,无余、勾践皆称《外传》,是内吴外越。以国分内外,义至明白。今此书如内越外诸国,则《荆平王内传》《吴内传》《内传陈成恒》不应有此称谓,如以为外传非一人所作,证以《外传记吴地传》《外传记地传》二篇,此例甚明。然其他《记范伯》《记吴王占梦》《记宝剑》等篇,即以为出一人之手,亦无不可。故此书'经传内外'之

---

① 周中孚:《郑堂读书记》,北京:商务印书馆,1959年,第522页。
② 晁公武撰,孙猛校证:《郡斋读书志校证》,上海:上海古籍出版社,2011年,第240页。
③ 袁康、吴平辑录,乐祖谋点校:《越绝书》,上海:上海古籍出版社,1985年,第3页。

称，实非确定之辞。"①恰如张宗祥所言，《越绝书》的内外经传并没有一定的标准，内容比较芜杂，编纂混乱，既袭用"内传"与"外传"的名目，却不解其意，吴、越两国都分别有内外，实属拙劣。

《吴越春秋》的作者是站在吴国立场上将书分内外篇，吴国为内，越国为外。《越绝书》则贬吴扬越，明显站在越国立场上，两书作者对吴越的感情倾向显然不同，《越绝书》的作者当是不满意于《吴越春秋》站在吴国的立场贬低越国，故作《越绝书》。《越绝书》的成书，当略晚于《吴越春秋》，作者必因不满于赵晔以越地之人而偏袒吴国，故撰写"欲以贬大吴，显弱越之功"②的《越绝书》。而该书内外混乱，给各篇胡乱加名目，显然不是出于后来的有计划有水准的整编，该书当是越地乡间文化层次较低的人所编纂，不能与赵晔的学识相比拟。

在《越绝书》成书问题上，当属乔治忠先生的论述最为有力，乔先生通过对《篇叙外传记》隐语的解读，断定该书作者是袁康、吴平相继牵头的一个群体。乔先生说："确切解读《越绝书·篇叙外传记》的隐语和文义，可辨明作者是袁康、吴平相继牵头的一个群体，成员为会稽当地怀有乡土情结的人士。吴平'年加申酉，怀道而终'，透露出他乃卧病、逝世于汉安帝庚申、辛酉两年，此间编纂工作大体完成。其弟子继而于一二年间，撰成《篇叙外传记》，全书告竣。至此相关疑问皆可化解，其他不同说法不能成立。"③

因此，余嘉锡关于《越绝书》为战国时人所作，而汉人有所附益的说法是不能成立的。

---

① 张宗祥：《越绝书校注·目录》，北京：商务印书馆，1956年。
② 袁康、吴平辑录，乐祖谋点校：《越绝书》，上海：上海古籍出版社，1985年，第2页。
③ 乔治忠：《〈越绝书〉成书年代与作者问题的重新考辨》，《学术月刊》，2013年第11期，第140页。

二、余嘉锡考辨古书的理论与实际论证存在相互矛盾之处

1. 关于《孙子》作者与时代。

关于《孙子兵法》成书问题，长期以来一直众说纷纭，莫衷一是。如叶适怀疑孙武其人其书："详味《孙子》与《管子》《六韬》《越语》相出入，春秋末、战国初山林处士所为，其言得用于吴者，其徒夸大之说也……故凡谓穰苴、孙武者，皆辩士妄相标指，非事实。"① 宋濂则在《诸子辨》中提出与叶适相反的意见，否定《孙子兵法》为春秋战国之际山林处士之所为，承认孙武及其书的存在。姚际恒在前人的考辨论述的基础上，提出了两点疑问："一则名之不见《左传》也，……一则篇数之不侔也。"② 章学诚《校雠通义》卷三云："《孙子兵法》八十二篇，注图九卷，此兵书权谋之首条也。按《孙武传》阖闾谓孙武曰：子之十三篇吾尽观之矣。阮孝绪《七录》《孙子兵法》三卷十三篇为上卷，又有中下二卷，……盖十三篇为经语，故进之于阖闾，其余当是法度名数，有如形势、阴阳、技巧之类，不尽通于议论之辞，故编次于中下，而为后世亡逸者也。十三篇之自为一书，在阖闾时已然，而《汉志》仅记八十二篇之总数，此所以益滋后人之惑矣。"③

关于《孙子》，余嘉锡赞同毕以珣的说法。《史记·孙武传》曰："（孙武）以兵法见于吴王阖闾，阖闾曰子之十三篇，吾尽观之矣。"④ 毕以珣对此加按语云："《史记》惟言以兵法见阖闾，不言十三篇作于何时。考魏武序云为吴王阖闾作兵法十三篇，试以妇人，卒以为将，则是十三篇特作之以干阖闾者也。"⑤ 余嘉锡认为毕以珣的说法比章学

---

① 叶适：《习学记言》卷四十六《孙子》，清文渊阁四库全书本。
② 姚际恒：《古今伪书考·孙子》，清知不足斋丛书本。
③ 章学诚：《校雠通义·汉志兵书篇》，章学诚著，叶瑛校注：《文史通义校注》，北京：中华书局，1985年，第1073页。
④ 司马迁：《史记》，北京：中华书局，1959年，第2161页。
⑤ 毕以珣：《孙子叙录》，孙星衍：《岱南阁丛书》本《孙子十家会注》末附。

诚的更为详确,并在《四库提要辨证》中引毕氏此说作为《孙子》之定论。又《吴越春秋》曰:"吴王召孙子问以兵法,每陈一篇,王不知口之称善。"毕以珣对此加按语云:"十三篇之外,又有问答之辞,见于诸书征引者,盖武未见阖闾,作十三篇以干之。既见阖闾,相与问答。武又定著为若干篇,皆在《汉志》八十二篇之内。"①对毕以珣的这种说法,余嘉锡说:"嘉锡以为吴王与孙武问答,未必武所自记。古人之学,大抵口耳相传,至后世乃著竹帛,此盖战国时人所追叙耳,至其后乃合而编之,或即刘向校书时所定著,未可知也。"②可以看出,余嘉锡在此与毕以珣的看法有所出入,余嘉锡以十三篇之外的问答之语为"未必武所自记",可能是至后世才著于竹帛。但余嘉锡还是相信十三篇是孙武所作并献给阖闾的。但孙武以一人一时而成《孙子》十三篇,这与余嘉锡对先秦古书的论述似乎也有所矛盾,如在《古书通例》中,余嘉锡说:"秦汉诸子,惟《吕氏春秋》《淮南子》之类为有统系条理,乃一时所成,且并自定篇目,其他则多是散篇杂著,其初原无一定之本也。"③既然在秦汉之际也只有《吕氏春秋》与《淮南子》为有统系的著作,何以在春秋时期的孙武便可以一时一人而速成十三篇?另外,余嘉锡还说:"古书多无大题,后世乃以人名其书。古人著书,多单篇别行;及其编次成书,类出于门弟子或后学之手,因推本其学之所自出,以人名其书。"④因此,《孙子》何以却与此不同,余嘉锡并没有对此作出过于合理的解释。

个人认为,余嘉锡关于《孙子》的判断,也未免有信古的取向,这与他在《古书通例》中对古书流传的认识,有一定的矛盾。关于《孙子》十三篇的具体成书年代,笔者还是赞成李零先生的一些看法。

李零列举了五大证据,批驳了孙武其人撰著《孙子兵法》之说,

---

① 毕以珣:《孙子叙录》,孙星衍:《岱南阁丛书》本《孙子十家会注》末附。
② 余嘉锡:《四库提要辨证》,北京:中华书局,2007年,第594页。
③ 余嘉锡:《古书通例》,《余嘉锡说文献学》,上海:上海古籍出版社,2001年,第239页。
④ 余嘉锡:《古书通例》,《余嘉锡说文献学》,上海:上海古籍出版社,2001年,第190页。

指出《孙子兵法》(包括银雀山出土版本)在战争规模的描述、在其文字和整体内容上都显示为战国时期的特征,不可能是春秋时的作品;其军事思想,也属战国时期水平;全书分篇立题、组成体系这种著述方式,体现的是战国中期之后的文化状况。因此,"有理由否定《孙子》是由春秋末孙武亲著的说法。它的成书时间很可能是在战国中期"①。但即使战国时期,也未必有单独流行的"吴孙子兵法",在战国时期流行的诸多兵法文篇,应当是到西汉恢复先秦文化遗产时期,才逐步被划分为不同作者名下。到汉成帝时刘向、任宏等人整理国家图书,排纂定名,遂成为后来《汉书·艺文志》著录的根据。而在汉初,正如李零先生所说:"我们怀疑,《吴孙子》十三篇、《吴孙子》杂篇、《齐孙子》最初很可能是以笼统的'孙子'之名一齐流传。"②

2. "诸史经籍志皆有不著录之书"的运用失当。

在《古书通例》中,余嘉锡专设"诸史经籍志皆有不著录之书"一节,云:"就史志以考古书之真伪完阙,虽为不易之法,然得之者固十之七八,失之者亦不免二三。"③在讨论《新唐书·艺文志》时又说:"然则考古书者,第见史志不著录,便谓当时已佚,岂通论哉?"④但在《四库提要辨证》中,余嘉锡的论断未免与上所言矛盾。如《四库全书总目》之《葬书》提要云:"旧本题晋郭璞撰,……惟《宋志》载有璞《葬书》一卷,是其书自宋始出。……书中词意简质,犹术士通文义者所作。必以为出自璞手,则无可征信。"⑤余嘉锡则云:"(《晋书》郭璞本传)载璞之著述,可谓详矣,独不言有此书。隋唐志又不著于录,其非璞所作,固不待言。"⑥既然余嘉锡认为"诸史经籍志皆

---

① 李零:《孙子十三篇的综合研究》第四部分,《关于银雀山简本〈孙子〉研究的商榷》,北京:中华书局,2006年,第355页。
② 李零:《孙子十三篇的综合研究》第四部分,《关于〈孙子兵法〉研究整理的新认识》,北京:中华书局,2006年,第404页。
③ 余嘉锡:《古书通例》,《余嘉锡说文献学》,上海:上海古籍出版社,2001年,第168页。
④ 余嘉锡:《古书通例》,《余嘉锡说文献学》,上海:上海古籍出版社,2001年,第175页。
⑤ 永瑢等:《四库全书总目》,北京:中华书局,1965年,第921页。
⑥ 余嘉锡:《四库提要辨证》,北京:中华书局,2007年,第729页。

有不著录之书",并认为以此断定古书之真伪失之者不免二三,因此他根据隋志、两唐志皆不著录而断定书非郭璞所作,无论结果正确与否,其所用之方法都存在可以商榷之处。

三、余嘉锡过于崇汉的学术倾向造成的不良影响

余嘉锡虽然也反对一味地好古,如其批评孙星衍"失之好古过笃"①,但总体看来,余氏本人确有很强的好古尤其是崇汉的倾向,而这种倾向带来了学术研究上的不良影响。举例如下。

东汉高诱为《吕氏春秋》作注,《四库全书总目》认为高诱作注时有些说法不著出处,没有明显的史实来源,并不可靠。如《总目》说:"其(高诱)谓梅伯说鬼侯之女好,妲己以为不好,因而见醢……并不著所出,亦不知其何所据。"②今将《吕氏春秋》相关原文与高诱注作一对比。

《吕氏春秋·行论篇》云:"昔者,纣为无道,杀梅伯而醢之,杀鬼侯而脯之,以礼诸侯于朝。"③高诱注云:"梅伯、鬼侯皆纣之诸侯也。梅伯说鬼侯之女美,令纣取之,纣听妲己之谮,曰以为不好,故醢梅伯,脯鬼侯,以其脯燕诸侯于庙中。"④

《吕氏春秋·过理篇》云:"刑鬼侯之女而取其环。"高诱注云:"听妲己之谮,杀鬼侯之女以为脯,而取其所服之环也。"⑤

又《过理篇》云:"杀梅伯而遗文王其醢,不适也。"高诱注云:"梅伯,纣之诸侯也,说鬼侯之女美好。纣受妲己之谮,以为不好,故杀梅伯以为醢。"⑥

《吕氏春秋》只言纣杀梅伯、鬼侯之事,并没有涉及妲己之谮。

---

① 余嘉锡:《四库提要辨证》,北京:中华书局,2007年,第1165—1166页。
② 永瑢等:《四库全书总目》,北京:中华书局,1965年,第1009页。
③ 许维遹:《吕氏春秋集释》,北京:中华书局,2009年,第569页。
④ 许维遹:《吕氏春秋集释》,北京:中华书局,2009年,第569页。
⑤ 许维遹:《吕氏春秋集释》,北京:中华书局,2009年,第631页。
⑥ 许维遹:《吕氏春秋集释》,北京:中华书局,2009年,第631页。

再看《史记·殷本纪》的相关记载:"爱妲己,妲己之言是从……九侯有好女,入之纣。九侯女不喜淫,纣怒,杀之,而醢九侯。"①又《史记·鲁仲达传》云:"九侯有子而好,献之于纣,纣以为恶,醢九侯。"②

可见,《吕氏春秋》只提及纣杀梅伯与鬼侯及其女,但并没有涉及妲己。《史记》只言纣"爱妲己,妲己之言是从",也没有在鬼侯、梅伯事情上提及妲己之谮的字句。

提及妲己之谮的是高诱的《吕氏春秋》注。继高诱之后,王符在《潜夫论》中则有比高诱注更加详细的论述。王符在《潜夫论·潜叹篇》中说:"昔纣好色,九侯闻之,乃献厥女,纣则大喜,以为天下之丽,莫若此也。以问妲己,妲己惧进御而夺己爱也,乃伪俯而泣曰:'君王年既耆耶,明既衰耶,何貌恶之若此,而覆谓之好也。'纣于是渝而以为恶。妲己恐天下之愈进美女者,因白九侯之不道也,乃欲以此惑君王也,王而弗诛,何以革后。纣则大怒,遂脯厥女而烹九侯。"③比照高诱、王符对于这件事情的记载,余嘉锡认为王符的说法"与高注合而加详,知必出于周、秦古书矣"。

但出于周、秦古书的《吕氏春秋》并没有类似高诱、王符的说法,成于汉初的《史记》也并不见载。目前关于此种说法的最早出处便是东汉高诱的《吕氏春秋注》,及更后的王符《潜夫论》。余嘉锡认为妲己之谮的说法必出于周秦古书,实际并没有足够的依据,只是一种出于经验的猜测。这与余嘉锡"汉人去古未远,其言必有所据"的观念同出,是余嘉锡过于崇汉的一种负面效果。实际上,从《吕氏春秋》到《史记》,再到高诱注与王符的《潜夫论》,此故事越来越丰满,情节更加详细,带有一种明显的后人不断增添故事情节的可能,更符合顾颉刚所提出的"层累的古史"的观念,而不是余嘉锡所

---

① 司马迁:《史记》,北京:中华书局,1959 年,第 105—106 页。
② 司马迁:《史记》,北京:中华书局,1959 年,第 2463 页。
③ 王符:《潜夫论·潜叹》,四部丛刊景述古堂景宋抄本。

言的"必出于周、秦古书"。①

四、反对使用默证

"若因某书或今存某时代之书无某史事之称述,遂断定某时代无此观念,此种方法谓之'默证'。"②默证说长期以来受到学界的否定,余嘉锡虽没能在理论上系统论述反对使用默证,但在《四库提要辨证》的行文中,可以看出余嘉锡反对使用默证的方法。

如《四库全书总目》之《黄帝素问》提要云:"《汉书·艺文志》载《黄帝内经》十八篇,无《素问》之名,后汉张机《伤寒论》引之,始称《素问》。晋皇甫谧《甲乙经序》称《针经》九卷,《素问》九卷,皆为《内经》,与《汉志》十八篇之数合,则《素问》之名起于汉、晋间矣,故《隋志·经籍志》始著录也。"③余嘉锡则云:"愚谓秦、汉古书,亡者多矣,仅存于今者,不过千百种之十一,而又书缺简脱,鲜有完篇,凡今人所言某事始见某书者,特就今日仅存之书言之耳,安知不早见于亡书之中乎?以此论古,最不可据。即以医书言之,《汉志·方技略》医经七家二百一十六卷,经方十一家二百七十四卷,今其存者,《黄帝内经》十八卷而已。此外《隋志》著录古医书可见者,亦仅《本草经》三卷,《黄帝八十一难》二卷耳,安所得两汉以上之书而遍检之,而知其无《素问》之名乎?"④在此,可以看出余嘉锡有着较为强烈的反对使用默证的倾向,认为"今人所言某事始见某书者,特就今日仅存之书言之",用这样的方法论古,是最不可靠的。并认为即使某事不见载于存世之书,"安知不早见于亡书之中乎?"但实际上,由于材料支撑不足,余嘉锡并不能够证明在两汉以上存在《素问》之名,却又指责认为《素问》之名起于汉晋

---

① 余嘉锡:《四库提要辨证》,北京:中华书局,2007年,第824页。
② 张荫麟:《评近人对于中国古史之讨论》,载《古史辨》第二册下编,第272页,上海:上海古籍出版社,1982年。
③ 永瑢等:《四库全书总目》,北京:中华书局,1965年,第856页。
④ 余嘉锡:《四库提要辨证》,北京:中华书局,2007年,第631—632页。

之间者只是特就今日仅存之书言之,其间隐含的是一种对"默证"方法的否定以及强烈的信古观念。

对于"默证"问题的观点论战,以往学者多以批判的态度看待默证法,乔治忠先生则在《张荫麟诘难顾颉刚"默证"问题之研判》一文中,对此提出不同的态度。并认为"于今的上古史研究,亟须发扬默证方法整体考察问题的辩证逻辑,清理上古史重建事业的学术基础"[1]。余嘉锡对默证方法的批评,本质上仍是走进了过于崇信古人的误区。

---

[1] 乔治忠:《张荫麟诘难顾颉刚"默证"问题之研判》,《史学月刊》,2013年第8期,第26页。

第四章 余嘉锡《四库提要辨证》研究

《四库全书总目》是《四库全书》的解题目录。它称得上是清中期以前中国传统学术遗产的总结性著作,该书以其自身极高的学术价值,受到后来学者的肯定。但由于杂成众手、编纂时间仓促等多方面原因,致使《四库全书总目》中的内容出现了诸多讹误。因此之故,《总目》问世 200 多年来,一代代学者对其进行了大量的补订、续编、辨证以及研究,至今已经硕果累累,并形成了专门之学问。

余嘉锡《四库提要辨证》是民国时期辨证《四库全书总目》的杰出著作,考证极为精审。《四库提要辨证》对 490 种四库书的作者、书籍源流、版本真伪、内容是非等作了考辨,范围跨越经、史、子、集各部,不仅论述了四库已收之书,也评价了《总目》中的存目之书。余氏"每读一书,未尝不小心以玩其辞意,平情以察其是非"[①]。该书是民国时期《总目》研究史中影响最大、成就最高的作品,其辨证研究方法也被当今学者称为"余嘉锡模式"[②]。我们不仅可从《四库提要辨证》中归纳出《总目》之失,更能发现该书中蕴含着精深的考据学方法和史学理论价值。对《四库提要辨证》进行研究,可以丰富四库学、文献学、学术史的内容。

第一节 《四库提要辨证》创作的学术背景

一、留守北京

任教辅仁大学为余嘉锡在北平学界立足打下了基础。北平各大学图书馆、故宫博物院图书馆以及北平图书馆,藏书巨丰,且有许多内府秘籍,这为余嘉锡的研究提供了大量的资料。如考辨《四库全书

---

① 余嘉锡:《四库提要辨证·序录》,北京:中华书局,2007 年,第 52 页。
② 司马朝军:《〈四库全书总目〉研究》,北京,社会科学文献出版社,2004 年,第 453 页。

总目》之《元和姓纂》条时，余嘉锡曾借阅北京大学所藏旧抄本《古今姓氏遥华韵》①。在考辨其他条目时，又曾借阅北京大学所藏《天鉴录》②，借阅燕京大学所藏宋刻明印本《诸臣奏议》③等。

正是在北京的机会，使余嘉锡能够接触文津阁本《四库全书》，并以之作为考证依据。从《四库提要辨证》中可见，余嘉锡为了考辨《四库全书总目》，多次借阅文津阁本《四库全书》。如考证《荆楚岁时记》时，余嘉锡尝借文津阁本《四库全书》。④ 又《云溪友议》辨证云："及文津阁《四库》本《高常侍集》。"⑤ 又《曹子建集》辨证云："余尝假文津阁库本与之对校，首末全同，实即一本。"⑥《朝野佥载》辨证云："惟陈继儒刻入《普秘笈》者作六卷。余尝取文津阁《四库全书》本与之逐条校对，始末全同。乃至《四库》即据《秘笈》本缮写著录。"⑦

在北京能够参与一些学术活动，也有助于余嘉锡搜集所需要的资料。如《四库提要辨证》多次征引《宋会要辑稿》。余嘉锡能够大量使用《宋会要》，当与他曾经参与《宋会要》的整理工作有关。1933年1月，北平图书馆委员会延请傅增湘、陈垣等主持《宋会要》的影印工作。"民国二十二年一月，本馆委员会以编印《宋会要》，事关流通故籍，因延请傅沅叔、陈援庵、章式之、余季豫、徐森玉、赵斐云、叶左文诸先生，为编印委员，专司其事，并推定陈援庵先生为委员长。"⑧ 余嘉锡也参与了《宋会要辑稿》的筹备编印工作。1933年6月已经南下返湘的余嘉锡曾在信中询问陈垣《宋会要》是否能够付

---

① 余嘉锡：《四库提要辨证》，北京：中华书局，2007年，第958页。
② 余嘉锡：《四库提要辨证》，北京：中华书局，2007年，第367页。
③ 余嘉锡：《四库提要辨证》，北京：中华书局，2007年，第1563页。
④ 余嘉锡：《四库提要辨证》，北京：中华书局，2007年，第442页。
⑤ 余嘉锡：《四库提要辨证》，北京：中华书局，2007年，第1032页。
⑥ 余嘉锡：《四库提要辨证》，北京：中华书局，2007年，第1241页。
⑦ 余嘉锡：《四库提要辨证》，北京：中华书局，2007年，第1020页。
⑧ 北平图书馆：《影印宋会要辑稿缘起》，朱一玄、陈桂生、李士金编著：《文史工具书手册》，沈阳：辽宁教育出版社，1989年，第1000页。

印,直至1936年的10月份,《宋会要辑稿》的影印工作才得以完毕。

另外,与当时学者的广泛接触也扩大了余嘉锡的学术视野,这些都为余嘉锡从事《四库全书总目》辨证工作提供了得天独厚的条件。柯劭忞、陈垣、杨树达、于省吾等学者,对余嘉锡从事《总目》辨证工作,都有直接帮助。

从《四库提要辨证》行文中,也可以看出当时学者对余嘉锡的影响。如《总目》认为《东都事略》作者为王偁,字季平,陈垣则告之余嘉锡"王季平之名当为王稱"而非王偁[1]。四库馆臣改《中兴小曆》为《中兴小纪》,此为馆臣避清高宗名而改"曆"为"纪",但《总目》所载其他典籍皆讳"曆"为"歷",此处何以独讳"曆"为"纪"?余嘉锡尝举以告张尔田,张尔田云:"想是因御名之上加一'小'字,嫌于不敬也。"[2] 又余嘉锡考辨《契丹国志》作者叶隆礼时,曾向于省吾借所藏旧抄善本宋《中兴馆阁录》,以断定叶隆礼生平。[3] 莫伯骥《五十万卷楼群书跋文》记载桐城姚柬之曾得一北宋刊本《东观汉记》,但莫氏却没有交代此说的具体出处,余嘉锡偶举以问邓之诚,邓之诚认为"此出近人刘声木撰《苌楚斋随笔》,然恐不足信"[4]。余嘉锡考辨《四库全书总目》《南齐书》条时,曾向傅增湘借校《南齐书》宋蜀大字本。[5] 在四库总目辨误上,余嘉锡与陈垣的交流最为密切,《陈垣来往书信集》中便保留了多封二人之间的书信交流。如,余嘉锡曾向陈垣询问周亮工著述被撤出四库的原因,陈垣复函余嘉锡,据乾隆朝档案详细论述了周亮工《读画录》、吴其贞《书画记》、李清《诸史同异录》等书撤出《四库全书》的原因和经过。[6] 又陈垣

---

[1] 余嘉锡:《四库提要辨证》,北京:中华书局,2007年,第269—270页。
[2] 余嘉锡:《四库提要辨证》,北京:中华书局,2007年,第225页。
[3] 余嘉锡:《四库提要辨证》,北京:中华书局,2007年,第272—273页。
[4] 余嘉锡:《四库提要辨证》,北京:中华书局,2007年,第257页。
[5] 余嘉锡:《四库提要辨证》,北京:中华书局,2007年,第152页。
[6] 陈智超编注:《陈垣来往书信集》(增订本),北京:三联书店,2010年,第368页。

曾两致函余嘉锡讨论《四库全书总目》中《大唐西域记》提要之误。[1]余嘉锡则在《四库提要辨证》中直接援引陈垣的信函以资考证。[2]

二、晚清以来学者对《四库全书总目》的研究

(一) 不敢驳《四库全书总目》之说法

对于《四库全书总目》中的谬误和失当,清代学者已经有所认识,但因为这是皇朝钦定之书,无人敢公开提出异议。"乾、嘉诸儒于《四库总目》不敢置一词,间有不满,微文讥刺而已。"[3]"一二通儒心知其谬,而未肯尽言,世人莫能深考,论学著书,无不引以为据,《提要》所是者是之,非者非之,并为一谈,牢不可破,鲜有能自出意见者。"[4]甚至有学者对《总目》的失误曲为之辩解。如李慈铭便在《言行录》版本问题上为《总目》的说法辩解,余嘉锡说:"李慈铭《荀学斋日记》又故作翻案,曲为纪氏解免,谓《言行录》传刻者多,众本杂出,《四库》所收,或非足本。今既知阁本之与刻本无大异同,不知李氏而在,当复何说之辞?"[5]

即使有匡谬者,也是隐于背后,"或写在藏书志里,或写在读书记里,也有写在笔记、日记、文集里面"。这些论述"对具体的问题提出正面的意见,虽不标明与《四库提要》较量短长,事实上是对《提要》做了不少匡谬、补缺的工作⋯⋯可惜这些资料分散在群书中,一一检读,固然非常费力;若要临时查核《提要》中某一书的论述是否正确,或有无不同的说法,那就更为困难了"。[6]

如《总目》认为晋代的郭琦为"始终亮节之士",故批评《晋书》

---

[1] 陈智超编注:《陈垣来往书信集》(增订本),北京:三联书店,2010年,第371—372页。
[2] 余嘉锡:《四库提要辨证》,北京:中华书局,2007年,第458页。
[3] 余嘉锡:《四库提要辨证·序录》,北京:中华书局,2007年,第48页。
[4] 余嘉锡:《四库提要辨证·序录》,北京:中华书局,2007年,第51页。
[5] 余嘉锡:《四库提要辨证》,北京:中华书局,2007年,第333页。
[6] 胡玉缙撰,王欣夫辑:《四库全书总目提要补正·出版说明》,上海:上海书店出版社,1998年,第1—2页。

没有为郭琦立传。《总目》之说法当是沿用了邵晋涵《晋书提要》稿。但实际上,《晋书》卷九十四《隐逸传》之第九即为郭琦。邵晋涵失之不考,《总目》也承邵晋涵之失误。叶廷琯在《吹纲录》卷一中敢于指正邵晋涵的错误,却不敢提及官修《四库全书总目》之失。①

如《四库全书总目》言《异域录》作者图里琛仕履时,认为图里琛"官至兵部职方司郎中"。何秋涛在《朔方备乘》卷四十三《考订异域录叙》中言图里琛之仕履,引用了《四库全书总目》,但何秋涛明知《四库全书总目》中对图里琛的仕履记载有所失误,却不敢明言指出,故何秋涛言:"图理琛事迹世罕知者,或以为官止郎中,或以为官至尚书,皆非也。"②兵部职方司郎中是图里琛呈上《异域录》时的职官,而并非图里琛的最终职官。何秋涛知《总目》考证不详,却因《总目》的官书性质而不敢直言其失误。"盖《朔方备乘》乃经进之书,故其措词不敢迳驳官书也。"③

《河岳英灵集》提要云:"是集……姓名之下,各著品题,仿钟嵘《诗品》之体,虽不显分次第,然篇数无多而厘为上中下卷,其人又不甚叙时代,毋亦隐寓钟嵘三品之意乎?"④黄丕烈在《荛圃藏书题识》卷十云:"《河岳英灵集》二卷……近人撰集书目,仅据俗本分卷之三,而为之说曰,推测其意,似以三卷分上中下三品,奚啻痴人说梦。"⑤黄丕烈所批评者即是《总目》,但也不敢直言其非。

(二) 众学者对《总目》的考辨

晚清以来,许多学者开始在文章中直接指出《总目》之失,并没有因为《总目》为官撰之书,而有所隐晦。如徐时栋在《烟屿楼读书志》卷十六中即云:"大抵官书至于巨帙,必多谬误,况官书出自众

---

① 余嘉锡:《四库提要辨证》,北京:中华书局,2007年,第136页。
② 何秋涛:《朔方备乘》,卷四十记二,清光绪刻本。
③ 余嘉锡:《四库提要辨证》,北京:中华书局,2007年,第465页。
④ 永瑢等:《四库全书总目》,北京:中华书局,1965年,第1688页。
⑤ 转引自余嘉锡:《四库提要辨证》,北京:中华书局,2007年,第1554页。

手，尤不能无所抵牾。故《四库总目》附存目二百卷，精博者固不胜计，舛错者亦时有之。"① 许瀚、徐时栋、王荣商、王国维、李慈铭、文廷式、张文虎、劳格、杨守敬、沈濂、黄廷鉴、陈铭珪、钱仪吉、陆心源、莫友芝、黄遵宪、俞正燮、成蓉镜等学者，都对《总目》的谬误有所纠正。这些人的考辨，对余嘉锡的《四库提要辨证》的创作，做了极好的铺垫。

如晁公武在《郡斋读书志》中以《宣和博古图》为王楚所撰，《四库全书总目》依钱曾之说立言，云："则是书实王黼撰，'楚'字为传写之讹矣。"②《总目》的说法遭到了许瀚的驳斥，许瀚《攀古小庐杂著》卷三专立《读四库全书提要志疑》，驳斥《总目》之失，针对《总目》此条失误，许瀚批评道："《博古图》提要云，是书实王黼撰，楚字为传写之讹。瀚谨案，此盖黼字讹，非楚字讹也……晁公武《读书志》成于绍兴二十二年，上距大观、政和才四十余年，其于本书既题王楚集，又于薛尚功《钟鼎篆韵》云政和中王楚所集亦不过数千字，岂书出于黼而公武不知，顾一再称楚不已耶？"③

《鼠璞》提要云："宋戴埴撰。埴字仲培，桃源人。仕履无考。"④《总目》作者以戴埴为桃源县人，并认为其仕履无法详细考证。这种说法被王荣商所驳斥。在《容膝轩文稿》卷四《书鼠璞后》中，王荣商认为："是书（《鼠璞》）刻左圭《百川学海》中，题曰桃源戴埴仲培父。《四库提要》以桃源为县名，故不详其仕履……乃知桃源为鄞之乡名，非县名也。"⑤

《诚斋挥麈录》提要云："旧本题宋杨万里撰，左圭收入《百川学海》中。今检其文，实从王明清《挥麈录话》内摘出数十条，别题此

---

① 余嘉锡：《四库提要辨证》，北京：中华书局，2007年，第1599页。
② 永瑢等：《四库全书总目》，北京：中华书局，1965年，第983页。
③ 许瀚：《攀古小庐杂著》卷三《读四库全书提要志疑》，清刻本。
④ 永瑢等：《四库全书总目》，北京：中华书局，1965年，第1024页。
⑤ 转引自余嘉锡：《四库提要辨证》，北京：中华书局，2007年，第887页。

名。凡明清自称其名者，俱改作万里字，盖坊刻赝本，自宋已然。"①王国维《观堂外集·庚辛之间读书记》云："《挥麈录》二卷，刊于左圭《百川学海》第二集，题杨万里撰。《四库全书提要》谓其文全从王明清《挥麈录话》内摘出数十条，别题此名。……余谓此书似即《挥麈前录》之初稿，其题诚斋撰固误，然谓摘钞为之，则不尽然……则此书殆明清初稿，而误题诚斋之名，非从《挥麈前录》四卷中摘出为之者。"②

《总目》认为《神僧传》书成于元仁宗以后。李慈铭《荀学斋日记》壬集下云："明椠《神僧传》首有序一叶，前题《御制神僧传序》，末题永乐十五年正月初六日。《四库提要》未见此序，以其第九卷终于元帝师瞻巴，故疑元仁宗时人所为也。"③

三、新出文献的利用

晚清民国以来，甲骨、敦煌文书、清内阁档案等新史料的发现，不仅为新的学术领域的产生与发展提供了可能，也为传统的学术研究提供了新的材料。余嘉锡虽然主张多"读已见书"，并对当时一些专以寻找新材料为治学方法的学者不以为然，认为专以读奇书相夸耀，而对普通常见书却不读不知，是"舍本逐末，无根之学"④。但余嘉锡在熟读常见书的基础上，也广泛吸收新材料。如新发现的金石器物、敦煌文书、清内阁档案等材料，在余嘉锡考辨《四库全书总目》时，都曾有所运用。如在考辨《总目》之《编珠》条时，余嘉锡曾使用《内阁大库书档旧目》，并自注云："此目凡二十种，皆清代内阁典籍厅收掌之档案，近始自内阁大库检得之，由中央研究院历史语言研究所编次印行。"⑤如考辨《刘子》条时，曾引用罗振玉《敦煌石室碎金》

---

① 永瑢等：《四库全书总目》，北京：中华书局，1965 年，第 1093 页。
② 王国维：《静庵文集》，沈阳：辽宁教育出版社，1997 年，第 5—6 页。
③ 转引自余嘉锡：《四库提要辨证》，北京：中华书局，2007 年，第 1176 页。
④ 陈垣：《余嘉锡文史论集·序》，第 2 页，《余嘉锡文史论集》，长沙：岳麓书社，1997 年。
⑤ 余嘉锡：《四库提要辨证》，北京：中华书局，2007 年，第 952 页。

断定《刘子》版本年代。余嘉锡云:"上虞罗氏校录之《敦煌石室碎金》中有《刘子》残卷,起《去情》第三怒向之评者,讫《思顺》第九水必归海,中间世字或避或不避,当亦唐人写本。"[1]考证《太公家教》书真伪时,又引用罗振玉《鸣沙石室古佚书》等[2]。考证崔豹生平时,则引用出土不久的洛阳晋辟雍行礼碑[3]。

四、域外汉籍的发现及与其相关的学术成果

余嘉锡在考辨《总目》的时候也时常借用域外汉籍文献资料。中国古籍不仅在本土流传,很多书籍还以各种方式传播到了日本、朝鲜、越南等东亚国家,流传到海外的书籍,有些在中国国内已经亡佚,却在其他国家得以保存。这些书籍随着晚清时期东亚交流的频繁,逐渐又回流到国内,成为国内学术研究的重要新发现。其中以黎庶昌、杨守敬刊刻的《古逸丛书》最有代表。

1881年,黎庶昌以道员身份出任驻日大臣。在任期间,他与杨守敬搜访了大量见存于日本国而在中国国内却已经亡佚的善本古书。1882年将所得善本书合刻,告成于1884年,"以其多古本逸编,命之曰《古逸丛书》"[4]。《古逸丛书》共收书26种,计200卷,多为唐、宋、元、明时期的善本古籍,除此之外,还收入日本人藤原佐世《日本国见在书目》。《古逸丛书》传入国内之后,备受学界推崇,朝中显要、学界名流,皆为之惊叹。余嘉锡在考辨《四库全书总目》之时,时常对该丛书加以征引。如《古逸丛书》中有影宋本《太平寰宇记》补缺五卷半,陈运溶诋为伪作,叶德辉从而附和之。余嘉锡则认为:"不知宋刻原本,今尚存日本图书寮中,吾国人游彼都者,皆尝见之,

---

[1] 余嘉锡:《四库提要辨证》,北京:中华书局,2007年,第848页。
[2] 余嘉锡:《四库提要辨证》,北京:中华书局,2007年,第853页。
[3] 余嘉锡:《四库提要辨证》,北京:中华书局,2007年,第867页。
[4] 黎庶昌:《拙尊园丛稿》卷六《余编之外·刻古逸丛书序》,清光绪二十一年金陵状元阁刻本。

非杨氏（杨守敬）所能杜撰，亦非彼国人所能伪作也。"①

《古逸丛书》中所收录《日本国见在书目》，为藤原佐世于宽平年间（889—897年）奉敕编纂而成，该书反映了唐代时期，日本所藏中国典籍的情况。该书随着《古逸丛书》的刊刻而流入中国。余嘉锡在考辨时尝引用该书，如关于《山海经》以及《汉武帝内传》等条目。在考辨《汉武帝内传》条时，余嘉锡云："日本人藤原佐世《见在书目》杂传内，有《汉武内传》二卷，注云'葛洪撰'。佐世书著于中国唐昭宗时，是必唐以前目录书有题葛洪撰者，乃得据以著录。"②在《山海经》辨证条下，余嘉锡引《日本国见在书目》，以考辨《山海经》的版本情况。③

中国学者在日本的访书目录，也为余嘉锡的研究提供了极大的资料上的便利，最具代表性的著作莫如杨守敬的《日本访书志》。《日本访书志》是杨守敬在日本搜访善本古籍时所作的提要目录。《日本访书志》对所记录之书，能做到详述版本并评判其优劣，在此基础上，订正前人的讹误并能指出以往目录版本之书在著录上的失误。如杨守敬在该书中，多次指出《四库全书总目》的缺失以及谬误。举例以说明：

《四库全书总目》之《证类本草提要》云：

> 今行于世者，亦有两本。一为明万历丁丑翻刻元大德壬寅宗文书院本。前有大观二年仁和县尉艾晟序，称其书三十一卷，目录一卷。集贤孙公得其本而善之，命官校正镂板以广其传。……一为明成化戊子翻刻金泰和甲子晦明轩本。前有宋政和六年提举医学曹孝忠序，称钦奉玉音使臣杨戬总工刊写，继又命孝忠校正润色之，其改称《政和本草》，盖由于此，实一书也。……大德中所刻大观本，作三十一卷，

---

① 余嘉锡：《四库提要辨证》，北京：中华书局，2007年，第400页。
② 余嘉锡：《四库提要辨证》，北京：中华书局，2007年，第1132页。
③ 余嘉锡：《四库提要辨证》，北京：中华书局，2007年，第1118页。

与艾晟所言合。泰和中所刻政和本，则以第三十一卷移于三十卷之前，合为一卷，已非大观之旧。又有大定己酉麻草序及刘祈跋，并称平阳张存惠增入寇宗奭《本草衍义》，则益非慎微之旧。然考大德所刻大观本，亦增入宗奭《衍义》，与泰和本同。盖元代重刻，又从金本录入也。①

杨守敬《日本访书志》卷九云：

《经史证类大观本草》三十一卷，元大德壬寅刻本，不附寇宗奭《本草衍义》，避孝宗嫌名，盖原于宋刻，为慎微原书。按此书有两本，一名《大观本草》三十一卷，艾晟所序，刻于大观二年者，即此本也。一名《政和本草》三十卷，政和六年曹孝忠奉敕校刊者。二本皆不附入寇氏《衍义》。至元初，平阳张存惠重刻政和本，始增入《衍义》及药有异名者，著于目录之下。至明万历丁丑，宣城王大献始以成化重刻政和之本，依其家所藏宗文书院大观本之篇题，合二本为一书。卷末有王大献后序，自记甚明，并去政和本诸序跋，独留大观艾晟序及宗文书院本记。按其名则大观，考其书则政和，无知妄作，莫此为甚。《提要》所称大德本，及钱竹汀所录，皆是此种。《提要》见此本亦增《衍义》，遂谓元代重刻，又从金本录入，而不知大德原本并无《衍义》也。大观政和两本，糅杂不清，前人未见古本，多不能分别，故为之详疏如此。②

又如杨守敬跋旧抄本《补注蒙求》一篇，专驳《四库全书总目》之《蒙求集注》提要之误。③不一一列举于此。

余嘉锡一方面引用杨守敬驳斥《总目》的文字，一方面则引用杨守敬的访书记载来考辨《总目》。如《韵府群玉》条、《演繁露》条、

---

① 永瑢等：《四库全书总目》，北京：中华书局，1965年，第863—864页。
② 杨守敬：《日本访书志》卷九，清光绪刻本。
③ 余嘉锡：《四库提要辨证》，北京：中华书局，2007年，第972页。

《酉阳杂俎》条辨证等皆引杨守敬《日本访书志》来加强论证。①

此外，其他学者如罗振玉、董康等人的海外访书活动，都对余嘉锡有所影响。如其在考辨《博异记》时，便引证董康《书舶庸谈》，余嘉锡云："顷见近人董康《书舶庸谈》卷八下，载其在日本所得明刻本《剪灯丛话》之目录。"②

域外学者的汉籍研究成果，也为余嘉锡考辨《四库全书总目》时所吸收，如《经籍访古志》。《经籍访古志》是日本江户时期，由森立之等人撰写的一部汉籍文献目录学著作，晚清时期在杨守敬等中国学者的协助下刻版并传入中国，在晚清中国学界产生了一定的影响。余嘉锡对此书也多曾引用。如《蒙求集注》条辨证、《临川集》条辨证皆援引森立之《经籍访古志》。

以《蒙求集注》条辨证为例，余嘉锡云："日本元化中天瀑山人林述斋（述斋名衡，官大教头，见彼国人内藤虎次郎所撰《宋椠单本尚书正义解题》）所刊《佚存丛书》第四帙，有古本《蒙求》三卷，首有天宝五年饶州刺史李良荐《蒙求表》，赵郡李华《蒙求序》，题唐安平李瀚撰注。又森立之等《经籍访古志》卷五、杨守敬《日本访书志》卷十一各著录旧钞书刻本《蒙求》数种……自《佚存丛书》传入中国，而后得见李翰原注，然其所刻亦删改本也。至光绪初，杨守敬至日本，始得古钞本《蒙求》一卷，为李翰原注本。"③余嘉锡不仅参考了《经籍访古志》，更有林述斋刊刻的《佚存丛书》以及杨守敬的《日本访书志》等，对域外发现的材料与相关研究成果综合使用。

除日本外，余嘉锡也重视对朝鲜人著作的参考。如《唐阙史》辨证，余嘉锡便引用新罗人崔致远的《桂苑笔耕集》。"《桂苑笔耕集》

---

① 余嘉锡:《四库提要辨证》，北京：中华书局，2007年，第990页。
② 余嘉锡:《四库提要辨证》，北京：中华书局，2007年，第1149页。
③ 余嘉锡:《四库提要辨证》，北京：中华书局，2007年，第960—970页。

中土久佚，道光时始由朝鲜流入中国，修《四库》书时所未见也。"①

余嘉锡更重视晚清民国时期海外学者的汉籍研究成果，如余嘉锡《小勤有堂杂钞》中便抄录有法国学者沙畹的《纸未发明前之中国书》以及日本学者井村瓒次郎的《历代典籍存亡聚散考》，这些成果都被余嘉锡所充分吸收和借鉴。

《四库全书总目》成书之后，也流传至日本，日本学者对《总目》之失误也有所驳斥，成为余嘉锡可以借鉴的成果。余嘉锡在《四库提要辨证》中多次征引日人岛田翰的著作。如《四库全书总目》之《淮南子》提要云："高诱序言此书大较归之于道，号曰《鸿烈》，故《旧唐志》有何诱《淮南鸿烈音》一卷。"②《总目》关于《旧唐书》有何诱《鸿烈音》二卷的说法，遭到了岛田翰的驳斥，岛田翰在《古文旧书考》卷四中云："《四库提要》及庄逵吉并云《旧唐志》(《旧唐书·经籍志》)有何诱《鸿烈音》，庄氏则云刘昫云何诱，不得改称高诱，欧阳不精考古，以名字相涉而乱之。今案《旧唐书》之存于今者，惟明嘉靖闻人诠本最古，今检其书，正作高诱，不作何诱。且欧公在宋，当时其书犹存，尚当逮见之，而曰高诱，则作高诱者是也。《提要》、庄氏皆见万历粗刻本，误高作何，附会之耳，不得执此以议欧公矣。"③这些都为余嘉锡所征引。

第二节　《四库提要辨证》的成书过程

余嘉锡自幼受家学熏陶，诵读《五经》《四史》《楚辞》《文选》等书籍，14岁时作《孔子弟子年表》，16岁时注《吴越春秋》，作有

---

① 余嘉锡：《四库提要辨证》，北京：中华书局，2007年，第1151页。
② 永瑢等：《四库全书总目》，北京：中华书局，1965年，第1009页。
③ 转引自余嘉锡：《四库提要辨证》，北京：中华书局，2007年，第825—826页。

《吴越春秋辨证》，但自称"于学问之事，实未有所解"[①]，"旋悔其少作，弃置不道"[②]。后读到张之洞《书目答问》，惊叹张氏学问之浩博，忙乎失据，不知治学该从何入手。又读到《輶轩语》所言"将《四库全书提要》读一过，即略知学问门径矣"后，方悟治学当从阅读《四库全书总目》开始。余嘉锡17岁（1900年）时，始读《四库全书总目》，穷日夜读之而不厌[③]，遇到有疑难之处，则钩沉索隐，有所发见则写于书端。到光绪二十七年（1901年），余嘉锡将所考证的内容，重新誊录整理为一册，这可看作是余嘉锡从事《四库提要辨证》的开始。[④]"而后读书续有所得，复应时修改，密行细字，册之上下四周皆满，朱墨淋漓，不可辨识，则别易一稿。如此三十余年，积稿至二十余册。"[⑤]余嘉锡自称"余治此有年，每读一书，未尝不小心以玩其辞意，平情以察其是非，至于搜集证据……必权衡审慎，而后笔之于书，一得之愚，或有足为纪氏诤友者……逮至用力之久，遂掎摭利病而为书"[⑥]。

至1928年，余嘉锡所撰之《四库提要辨证》已经成十一编，但系随得随录，并无严格的次序与分类。如余嘉锡在致陈垣的书信中提及："所撰《四库提要辨证》，罅漏滋多，抵牾不保，居尝以此自憾，惧见笑于大方家。故虽前后再三易稿，卒不敢视为定本，未及杀青缮写，盖将以有待也。……厚稿已成者十一编，系随得随录，都无次序。所以分为若干编者，系于总目下注明编数，庶将来缮稿时便于检查，未尝有义例也。经部一门，已按《提要》目次别缮为二册，故与各编相重复，然其后又改正更易，终非定稿。其五、六两编系用散纸片撰著，随后钉成，多已磨损散乱，欲缮录之而未暇。此二册不便呈上。

[①] 余嘉锡：《四库提要辨证·序》，北京：中华书局，2007年，第46页。
[②] 余嘉锡：《四库提要辨证·序》，北京：中华书局，2007年，第39页。
[③] 余嘉锡：《四库提要辨证·序》，北京：中华书局，2007年，第46页。
[④] 余嘉锡：《四库提要辨证·序》，北京：中华书局，2007年，第46页。
[⑤] 余嘉锡：《四库提要辨证·序》，北京：中华书局，2007年，第46页。
[⑥] 余嘉锡：《四库提要辨证·序》，北京：中华书局，2007年，第52页。

今所呈者计经部二册,初、续、三、四、七、八、九、十、十一、补凡八编七册,都共为书九册。"①

至1931年余嘉锡铨次先后,"删除重复,编为目录,合经史子集四部,凡得七百余篇。其间尚多少作,见闻不广,读之令人惭。遂以暇时,稍加改治,手自缮录。然迫于讲课,扰于人事,或十许日不能终一篇,辄复投笔叹息。……惟史子两部宋以前书未见者少,元明以后,亦颇涉猎,因先就此两部芟定之。旧稿以外,复有增益"②。

1937年卢沟桥事变后,北平沦陷,国难当头,余嘉锡倍感困顿忧苦,岌岌不可终日,在写给友人的信中自署"钟仪",以春秋时楚囚身比。"自念平生精力尽于此书,世变日亟,马齿加长,惧亡佚之不时,杀青之无日"③,在此背景下,余嘉锡"乃取史、子两部写定之稿二百二十余篇排印数百册,以当录副"④。这便是《四库提要辨证》1937年的史、子两部刻本。

余嘉锡所刻史子两部本,在当时的学术界也产生了影响。多个学术刊物刊发了该书的书评以及广告。如以下所示:

《四库提要辨证》余嘉锡著,民国二十六年七月印行铅字本六厚册,定价八元,代售处北平琉璃厂来薰阁隆福寺街修绠堂。

簿录之学,肇自中垒,随其规者,代不乏人;然皆各照隅隙,每下愈况;而能别九流,叙鸿烈者,未之见也。清世《四库全书提要》之作,实足踵武《别录》,惟其书出诸官修,成于众手,继复定于一人,疏漏纰缪,施所难免,拾遗补艺,有待后来者矣。

余先生研治《提要》三十余年,故能正其失,补其阙,

---

① 陈志超编注:《陈垣来往书信集》(增订本),北京:三联书店,2010年,第365—366页。
② 余嘉锡:《四库提要辨证·序》,北京:中华书局,2007年,第46—47页。
③ 余嘉锡:《四库提要辨证·序》,北京:中华书局,2007年,第47页。
④ 余嘉锡:《四库提要辨证·序》,北京:中华书局,2007年,第47页。

略者详之，虚者实之，使瑕瑜不掩，淄渑以分；盖真积力久，有宜焉尔者。先生前后所刊《辨证》单篇（多载《北平图书馆馆刊》），虽已国门可悬，都人争写；今兹类聚成册，嘉惠士林，定非浅鲜。①

又如：

《四库全书提要辨证》史部四卷子部八卷

余嘉锡撰二十六年七月撰者自印本铅印线状六册价八元

目录之书，向歆以后代有撰述。《四库全书》为卷数十万，《总目》二百卷，《提要》之作，成于众手，迫于期限，其所援据，经部多取朱彝尊《经义考》，史子集多取马端临《文献通考经籍考》，故其疏漏，自不可免。然承诏撰述诸臣，别白剖析，博引旁征，于撰人爵里，典籍源流，考证钩玄，动至千言，已属难能。及奉旨编刻刊行，乃由纪昀一手修改，考据益详，文体更畅。惟纪氏恃其博洽，奋笔直书，谬误遂多。又以右汉抵宋，立论时复偏颇。其书虽有疵病，百余年来，论学著书者无不引以为据。逮至近世，纵有毁之者，徒托空言，未有以析作者之心。余氏嘉锡少治《提要》，每读一书，辄玩其辞意，审其是非，搜集证据，推勘事实，权衡审慎，而后笔之于书，时复订正。阅三十余年，积二十余册，乃诠次先后，删芟重复，编为目录，最经史子集四部，得七百余篇。又自念经学不深，集部书多而可传者少，未易论定，因仅取子史二部稿二百余篇，刊印问世。自序称此犹非定稿也。

是书编次悉依《提要》及《存目提要》原序，各篇首录《提要》或《存目提要》原文，次另行低格，录《辨证》

---

① 载《燕京学报》，1938年第23期，第320—321页。

之语，逐条论驳。于《提要》原文所本，亦为指出。《辨证》所及，凡史部正史类八部，编年二部，别史四部，杂史十部，传记四部，载记三部，地理十六部，政书二部，目录三部，史评三部；子部儒家十部，兵家七部，法家六部，农家三部，医家十六部，天文算法五部，术数八部，艺术十六部，谱录七部，杂家三十八部，类书十四部，小说家三十三部，释家一部，道家十三部。共二百三十二部。（衣）①

1937年付梓史、子两部之本以后，余嘉锡又先后写定经部稿60余篇，集部稿百余篇，史、子两部稿百余篇②。汇合1937年以前已成稿件，重加删定编次，共得稿490篇，约计80万字。按《四库全书总目》目录加以编排顺序，汇成一书。他说："自顾平生无用世材，惟以著书为事，此稿既为一生精力所萃，于他人或不无裨益，未可任其废置，因重加编定，取其成稿四百九十篇，依《四库提要》原书目次排列，汇为一书，以就正于当世。"③

1949年11月，中国科学院成立。余嘉锡被聘为中国科学院语言研究所专门委员。1952年秋，在撰著《元和姓纂提要辨证》后，不慎摔伤右股，以致瘫痪，卧床不起，生活也需要他人照顾，从此再不能提笔著述。但余嘉锡仍关心自己著作的出版情况，如1954年6月11日，邓之诚探望余嘉锡之后，于日记中写道："因科学院以其所编书为文言，无标点，且行草难识，又不与印行之说，彼闻之着急，病遂加重。其书仍可付印，今已瘥可多矣。"④

1954年10月，余嘉锡最后作了《四库提要辨证序》。

《四库提要辨证》一书，最终修订全稿成二十四卷，1958年10月由科学出版社出版。《四库提要辨证》的创作，历经50余年。该书

---

① 《四库全书提要辨证史部四卷子部八卷》，《图书季刊》，1939年新第1卷第2期，第163—165页。
② 余嘉锡：《四库提要辨证·序》，北京：中华书局，2007年，第47页。
③ 余嘉锡：《四库提要辨证·序》，北京：中华书局，2007年，第47页。
④ 邓之诚：《邓之诚文史札记》，南京：凤凰出版社，2012年，第808页。

《出版说明》写道:"此书系中国科学院语言研究所已故专门委员余嘉锡先生的遗稿。其著述旨趣,均详见本书著者叙录。我们不再阐述。余氏的遗著是较为全面系统地考辨《四库全书总目提要》乖错违失的一家言。我们将它整理付印,以备深入研究《提要》者参考。"[1]并言:"著者曾于一九三七年七月排印了《辨证》的史部和子部未完稿十二卷。现在刊行的二十四卷是著者在解放后,最后修订的全稿。在篇幅上增纂了经部和集部辨证外,又续补了史部和子部辨证,对于刊十二卷已收诸篇,在考证上亦往往多所补订。十二卷本付印时,正值七七抗日战争开始,仓卒出书,校勘上还存在一些舛误,著者未及校正。二十四卷全稿之缮成,复际著者晚年病中,精力有所不逮,征引浩繁,不免间有脱误,编辑者曾于辑校中尽可能检核群书,并和北京大学余逊教授(著者之子)商榷,作了必要的整订。"[2]

《四库提要辨证》凝聚了余嘉锡毕生的心血,前后花费了半个多世纪的时间,方成此书,该书是余嘉锡用心最勤、着力最深的一部作品。《四库提要辨证》一书,在目录学、考据学、校勘学、版本学以及古书辨伪、学术史等多个领域,都具有重要的学术价值。

《四库提要辨证》一书的版本,有1937年7月印行史部和子部未完稿十二卷,1958年科学出版社二十四卷本,1980年中华书局据科学出版社版标点重排本等。

---

[1] 余嘉锡:《四库提要辨证》出版说明,第1页,北京:中华书局,2007年。
[2] 余嘉锡:《四库提要辨证》出版说明,第1页,北京:中华书局,2007年。

第三节 从《四库提要辨证》观《总目》之失

一、《总目》之失,贻误后学

《四库全书总目》于乾隆六十年(1795)由武英殿刊出后,分发南北七阁收贮使用,并在社会上广泛传播。作为18世纪以前中国古代学术文化的大型总结性著作,《四库全书总目》成为指引后来学者治学的重要门径。"汉、唐目录书尽亡,《提要》之作,前所未有,足为读书之门径,学者舍此,莫由问津。"[1]"嘉、道以后,通儒辈出,莫不资其津逮,奉作指南,功既巨矣,用亦弘矣。"[2] 张之洞也曾言:"今为诸生指一良师,将《四库全书总目提要》读一过,即略知学问门径矣。"余嘉锡也是自少年时就熟读《四库全书总目》等目录学书籍,为治学打下了坚实的基础。

由于《总目》拥有巨大学术价值和影响力,以致"近人为目录书者,惟《提要》之是从"[3]。但《总目》中也存在诸多谬误和缺陷,对后来学者治学产生了误导。在此依《四库提要辨证》,仅举两例说明。

例一:《韩诗外传》提要云:"李善注《文选》,引其孔子升泰山,观易姓而王者七十余家事,及汉皋二女事,今本皆无之,疑并有脱简。至《艺文类聚》引雪花六出之类,多涉训诂,则疑为《内传》之文,传写偶误。董斯张尽以为《外传》所佚,又似不然矣。"[4] 余嘉锡案:

> 宋陈元靓《岁时广记》卷四引《韩诗外传》云:"凡草木花多五出,雪花独六出,雪花曰霙,雪云曰同云,同谓云

---

[1] 余嘉锡:《四库提要辨证·序》,北京:中华书局,2007年,第51页。
[2] 余嘉锡:《四库提要辨证·序》,北京:中华书局,2007年,第49页。
[3] 余嘉锡:《四库提要辨证》,北京:中华书局,2007年,第640页。
[4] 永瑢等:《四库全书总目》,北京:中华书局,1965年,第136页。

阴与天同为一色也。故《诗》云'上天同云，雨雪雰雰'。"较《艺文类聚》所引多数句。观其篇末引《诗》，仍是《外传》之体，知其实《外传》佚文，非《内传》也。马国翰辑《御览》所引雪花六出之说于《内传》，入之"先集惟霰"句下，凿空无稽，不顾其安，盖为《提要》之说所误也。①

例二：《吕氏春秋》提要云："其十二纪即《礼记》之《月令》，顾以十二月割为十二篇，每篇之后，各间他文四篇。惟夏令多言乐，秋令多言兵，似乎有义，其余则绝不可晓，先儒无说，莫之详矣。"②余嘉锡案：

> 夫维上法大圜，下法大矩，上揆之天，下验之地，中审之人，故十二月纪以第一篇言天地之道，而以四篇言人事，以春为喜气而言生，夏为乐气而言养，秋为怒气而言杀，冬为哀气而言死，所谓春生夏长秋收冬藏也。……自《提要》谓其绝不可晓，于是近人叶德辉《郋园读书志》遂为之说曰："古书以帛为卷，分十二纪，纪有余幅，故以他文匀钞于后，实绝无深义。"不读其书而妄为之说，可谓随声附和者矣。③

对于《四库全书总目》中的谬误和失当，清代学者已经有所认识，但因为这是皇朝钦定之书，无人敢于公开提出异议。"乾、嘉诸儒于《四库总目》不敢置一词，间有不满，微文讥刺而已。"④"一二通儒心知其谬，而未肯尽言，世人莫能深考，论学著书，无不引以为据，《提要》所是者是之，非者非之，并为一谈，牢不可破，鲜有能自出意见者。"⑤即使有匡谬者，也是隐于背后，"或写在藏书志里，或写在读书记里，也有写在笔记、日记、文集里面"。这些论述"对具

---

① 余嘉锡：《四库提要辨证》，北京：中华书局，2007年，第40—41页。
② 永瑢等：《四库全书总目》，北京：中华书局，1965年，第1008页。
③ 余嘉锡：《四库提要辨证》，北京：中华书局，2007年，第818—822页。
④ 余嘉锡：《四库提要辨证·序》，北京：中华书局，2007年，第48页。
⑤ 余嘉锡：《四库提要辨证·序》，北京：中华书局，2007年，第51页。

体的问题提出正面的意见，虽不标明与《四库提要》较量短长，事实上是对《提要》做了不少匡谬、补缺的工作。……可惜这些资料分散在群书中，一一检读，固然非常费力；若要临时查核《提要》中某一书的论述是否正确，或有无不同的说法，那就更为困难了"。① 民国以后，方在《四库全书总目》纠谬方面出现了两部重要著作，一部是胡玉缙《四库全书总目提要补正》，另一部就是余嘉锡《四库提要辨证》。

二、从《四库提要辨证》观《总目》之失

《四库提要辨证》作为民国时期为《四库全书总目》纠谬的影响最大、成就最高的代表作②，通过该书来看《总目》之谬误与缺失，尤为必要。今据《四库提要辨证》，总结《总目》之失如下。

（一）未尝卒读，粗率立论

《总目》"长于辨博，短于精审，往往一书读未终卷，便尔操觚"③。"纂修诸公，绌于时日，往往读未终篇，拈得一义，便率尔操觚，因以立论，岂惟未尝穿穴全书，亦或不顾上下文理，纰缪之处，难可胜言。"④

如《南齐书》提要谓，"自李延寿之史盛行，此书诵习者尠，日就讹脱。《州郡志》及《桂阳王传》中均有阙文，无从补正。"⑤ 余嘉锡引钱大昕《廿二史考异》证《南齐书》阙文者除此二处外，更有《高十二王传》、《徐孝嗣传》、《高丽传》、卷五十九史臣论等，《总目》

---

① 胡玉缙撰，王欣夫辑：《四库全书总目提要补正·出版说明》，第1—2页，上海：上海书店出版社，1998年。
② 司马朝军：《〈四库全书总目〉研究·引言》，第3页，北京：社会科学文献出版社，2004年。
③ 余嘉锡：《目录学发微》，《余嘉锡说文献学》，上海：上海古籍出版社，2001年，第54页。
④ 余嘉锡：《四库提要辨证·序》，北京：中华书局，2007年，第49—50页。
⑤ 永瑢等：《四库全书总目》，北京：中华书局，1965年，第406页。

"是仅粗检其前数册，而未尝统核全书也"①。又《魏书》提要云，"今所行本为宋刘恕、范祖禹等所校定……然其（刘恕等）据何书以补阙（补《魏书》亡佚不完者），则恕等未言。"②余嘉锡云："《提要》谓其据何书以补阙，则恕等未言，不知各篇之末所附校语，言之甚明，第未详著于《序录》中尔。"③又四库馆臣将《新定续志》改名为《景定严州续志》，《总目》谓："标题惟曰《新定续志》，不著地名，盖刊附绍兴旧志之后，而旧志今佚也。"④余嘉锡考《唐书·地理志》《宋史·地理志》及《新定续志》卷二、卷四证明"新定者，严州旧郡名也。……是则严州之名新定郡，州志之名《新定志》，不必博考他书，止取本书，略一检阅，即可得之。而《提要》但知严州之在宋为遂安军建德府，因误认新定之名为附于旧志而名之，犹之新修新撰云耳，遂奋笔改其书名为《严州续志》，是仅阅其卷一节镇一条（小字注：此条内不言旧名新定郡，因旧志历代沿革条叙之已详故也），而于全书未尝入目也"⑤。又《总目》云《名臣言行录》载奸诈如吕惠卿者与韩（琦）、范（仲淹）诸人并列，莫详其旨。实则该书并未录吕惠卿言行，"此必纪晓岚重修《提要》时……殆因王安石卷中屡见吕惠卿姓名，遂误以为朱子有取于惠卿。盖原撰《提要》者尚知略观本书，纪氏则仅稍一涉猎，即捉笔疾书，以快其议论，而前后皆未寓目也，是亦难免果哉之消矣"⑥。

（二）人云亦云，以讹传讹

《总目》"观其援据纷纶，似极赅博，及按其出处，则经部多取之《经义考》，史、子、集三部多取之《通考·经籍考》，即晁、陈书

---

① 余嘉锡：《四库提要辨证》，北京：中华书局，2007年，第152页。
② 永瑢等：《四库全书总目》，北京：中华书局，1965年，第407页。
③ 余嘉锡：《四库提要辨证》，北京：中华书局，2007年，第158—159页。
④ 永瑢等：《四库全书总目》，北京：中华书局，1965年，第600页。
⑤ 余嘉锡：《四库提要辨证》，北京：中华书局，2007年，第422—423页。
⑥ 余嘉锡：《四库提要辨证》，北京：中华书局，2007年，第327—330页。

目，亦未尝复检原书，无论其他也"①。前人有所误之处，《总目》若承其说，则人云亦云，以讹传讹。

如《东观汉记》提要引《史通》有"大军营司马崔寔"语，但大军营司马官名，殊不经见。余嘉锡考《后汉书·崔寔传》后作如下判断："召拜议郎，迁大将军冀司马，与边韶延笃著作东观。"盖《史通》传刻，脱一"将"字，浅人因不知冀为大将军之名，遂妄改为"营"，《提要》但知循文照录，而不之觉也。②又如《方舆胜览》提要云："宋祝穆撰。穆字和甫，建阳人。《建宁府志》载穆父康国从朱子居崇安，穆少名丙，与弟癸同受业于朱子，宰执程元凤蔡抗录所著书以进，除迪功郎，为兴化军涵江书院山长。"③余氏考证后指出："是宰执进书除迪功郎为山长者，皆穆子洙之事，而非穆也，《建宁府志》误以其子之仕履，加之于穆，《提要》亦未能纠正。"④

又《肘后备急方》提要云："案《隋书·经籍志》葛洪《肘后方》六卷，梁二卷。陶宏景《补缺肘后百一方》九卷，亡。《宋史·艺文志》止有葛书而无陶书，是陶书在隋已亡，不应元时复出。"⑤《总目》引《隋书·经籍志》证明陶弘景之书在隋代已亡，但《旧唐书·经籍志》《新唐书·艺文志》皆将葛洪、陶弘景之书并列，且《隋书·经籍志》"第就武德中所得东都图书目录之见存者，编为《经籍志》，并非有隋一代藏书之总目"。是陶书在隋未尝亡也。《总目》据《隋书·经籍志》认为陶弘景之书在隋时已亡，唐时必无，则因误传误。《提要》又据《宋史·艺文志》只有葛洪之书而无陶弘景之书，故谓陶书不应在元时复出，则又是因《宋史·艺文志》之误而传误。据陈振孙《直斋书录解题》，知葛书与陶书在南宋时俱存，"《提要》何以不据《书录解题》而独据《宋志》《宋史·艺文志》乎？"且《宋

---

① 余嘉锡：《四库提要辨证·序》，北京：中华书局，2007年，第49页。
② 余嘉锡：《四库提要辨证》，北京：中华书局，2007年，第243—244页。
③ 永瑢等：《四库全书总目》，北京：中华书局，1965年，第596页。
④ 余嘉锡：《四库提要辨证》，北京：中华书局，2007年，第400—401页。
⑤ 永瑢等：《四库全书总目》，北京：中华书局，1965年，第858页。

史·艺文志》云:"葛洪《肘后备急百一方》三卷。"余嘉锡认为,"夫《肘后救卒方》者,葛洪之书也,《肘后百一方》或《肘后救卒备急方》者,陶弘景之书也。今《宋志》《宋史·艺文志》题为《肘后备急百一方》,是其书已经弘景增补矣。《宋志》《宋史·艺文志》荒陋,误去弘景之名耳,安得据为陶书已亡之证乎?"①

(三) 门户偏见,贬宋尊汉

余嘉锡治学,考据义理并重,对纪昀等四库馆臣诋毁宋儒多有批评。"(纪氏)自名汉学,深恶性理,遂峻词丑诋,攻击宋儒,而不肯细读其书。"②"其提要修饰润色,出于纪氏一人之手。纪氏不喜宋儒,动辄微文讥刺,曲肆诋諆。"③

如《绍兴十八年同年小录》为宋王佐榜进士题名录。《总目》认为,讲学家因朱熹在该榜五甲第九十,便自相传录,使该榜得以保存。明弘治中,会稽王鉴之重刻该榜于紫阳书院,并改名为《朱子同年录》。《总目》云:"夫进士题名,统以状头。曰某人榜进士,国制也。标以年号,曰某年登科小录,亦国制也。故以朱子传是书可也,以朱子冠是书,而黜特选之大魁,进缀名之末甲,则不可。以朱子重是书可也,以朱子名是书,而削帝王之年号,题儒者之尊称,则尤不可。鉴之所称,盖徒知标榜门户,而未思其有害于名教。今仍以原名著录,存其真焉。"④余嘉锡认为,此《录》最初之保存,实因此榜第四甲第一百五江宾王,江宾王以己为新进士,兼充执事官,故而取本榜藏之,以志平生之鸿爪。"其子孙亦自因为其祖之遗迹,从而珍惜之,以存先人之手泽,初不因第五甲之有朱子,始引以为重也。"⑤《总目》以该榜有朱子而得以保存,余氏认为"此盖纪晓岚之徒,深

---
① 余嘉锡:《四库提要辨证》,北京:中华书局,2007年,第650—652页。
② 余嘉锡:《四库提要辨证·序》,北京:中华书局,2007年,第51页。
③ 余嘉锡:《目录学发微》,《余嘉锡说文献学》,上海:上海古籍出版社,2001年,第54页。
④ 永瑢等:《四库全书总目》,北京:中华书局,1965年,第519页。
⑤ 余嘉锡:《四库提要辨证》,北京:中华书局,2007年,第325—326页。

忌宋儒，故无端致其讥笑"①。

又朱熹《名臣言行录》提要云："然刘安世气节凛然，争光日月，《尽言集》《元城语录》今日尚传，当日不容不见，乃不登一字，则终非后人所能喻。"②《总目》卷五十五诏令奏议类《尽言集》提要云："朱子作《名臣言行录》，于王安石吕惠卿皆有所采录，独以安世尝劾程子之故，遂不载其一字，则似乎有意抑之矣。"③《总目》卷一百二十一杂家类五《元成语录》条下提要云："朱子作《名臣言行录》，于王安石吕惠卿皆有所节取，乃独不录安世。"④《总目》认为朱子《名臣言行录》中没有记载刘安世，并将不载刘安世的原因归结为安世曾经弹劾过程子。但实际上朱子此书阁本后集刘安世在卷十二，凡二十二条，宋本则多至三十七条，未尝不登一字。《总目》此言，乃是纪昀"欲以集矢于朱子也"⑤。余嘉锡认为："朱子尝受业于刘勉之，而勉之问学于安世，渊源有自，故于安世景慕慨叹，低徊往复如此。于其通方外之学，亦不以为非也。彼方恨不能尽记刘公之言行，怅然于其声容之不相接，而谓其作《名臣言行录》有意抑之，欲以人力磨灭其精神，不亦诬乎？"⑥

又朱熹《诗集传》初稿全宗《小序》，后乃改从郑樵之说，是为今本。《总目》引杨慎《丹铅录》谓朱熹因为吕祖谦尊《小序》，于是尽变其说，废《序》从郑。事实上，吕祖谦与朱熹论《诗》，其不合是"因废《序》而有异同，非因有所不合而乃废《序》也"。余嘉锡认为："是朱子所以废《诗序》之故，《提要》非不知也，知之而仍信《丹铅录》之臆说者，因纪文达诸人不喜宋儒，读杨慎之书，见其与己之意见相合，深喜其道之不孤，故遂助之张目，而不暇平情以核其

---

① 余嘉锡：《四库提要辨证》，北京：中华书局，2007年，第325—326页。
② 永瑢等：《四库全书总目》，北京：中华书局，1965年，第519页。
③ 永瑢等：《四库全书总目》，北京：中华书局，1965年，第496页。
④ 永瑢等：《四库全书总目》，北京：中华书局，1965年，第1040页。
⑤ 余嘉锡：《四库提要辨证》，北京：中华书局，2007年，第330页。
⑥ 余嘉锡：《四库提要辨证》，北京：中华书局，2007年，第333页。

是非也。"①

(四) 忽略版刻, 未择善本

"《总目》之例, 仅记某书由某官采进, 而不著明板刻, 馆臣随取一本以为即是此书, 而不知文有异同, 篇有完缺, 以致《提要》所言, 与著录之本不相应。"②如《荆楚岁时记》,《总目》所据为《汉魏丛书》本, 而《四库》所收, 则为《宝颜堂秘笈》本。另外, 馆臣在为书籍作提要时, 所引用其他书籍, 亦忽略版刻优劣, 以致问题频出。

如《毛诗草木鸟兽虫鱼疏》作者,《总目》作陆玑。《总目》言《隋书·经籍志》《经典释文序录》《资暇集》皆作陆玑, 明北监本《诗正义》引作陆机为误。钱大昕认为, "考古书'机'与'玑'通, 马、郑《尚书》'璇玑'字皆作'机'。"③"《提要》信《资暇集》之说, 定元恪名作'玑', 且引《隋志》及《释文》为证, 不知其所据, 皆误本耳。明南监本《隋志》'陆机'字, 实从'木'不从'玉'也。"④又《总目》所用之范家相《三家诗拾遗》, 篇首为古文考异, 次为古逸诗, 次以三百篇为纲并存三家佚说。《总目》认为该书以《三家诗拾遗》为名, 而将古文考异及古逸诗冠于篇端, 开卷便名实相乖, 尤非体例。余嘉锡引李慈铭《荀学斋日记》云: "《提要》以古逸诗与三家无涉, 讥其开卷名实相乖。然蘅洲《自序》明言以此二卷附后, 其凡例亦先言鲁、齐、韩三家之次第得失, 而后言文字异同及古逸之诗, 则四库所收本及家刻本, 皆钞胥之误。"⑤又如《直斋书录解题》提要引周密《癸辛杂识》, 言陈振孙始仕州郡, 终官侍郎, 不止浙西提举。但是毛氏汲古阁所刊《癸辛杂识》, 却无《提要》所引之语。实则《总目》所引, 盖《稗海》刻《癸辛杂识》, 误以《齐东野语》为《杂

---

① 余嘉锡:《四库提要辨证》, 北京: 中华书局, 2007 年, 第 36—37 页。
② 余嘉锡:《四库提要辨证·序》, 北京: 中华书局, 2007 年, 第 50 页。
③ 钱大昕:《潜研堂集》文集卷二十七, 清嘉庆十一年刻本。
④ 余嘉锡:《四库提要辨证》, 北京: 中华书局, 2007 年, 第 33—34 页。
⑤ 余嘉锡:《四库提要辨证》, 北京: 中华书局, 2007 年, 第 39—40 页。

识》正集之前半，《总目》因而误引。① 又如《外台秘要》提要云："《玉台新咏》有《姬人怨服散》诗。"② 但《姬人怨服散》诗是陈朝江总所作，而《玉台新咏》是梁简文帝为太子时令徐陵所撰集，《玉台新咏》如何能预录江总之诗？当是《总目》所用《玉台新咏》本为明刻，非善本，妄有增益。"《总目》卷一百八十六《玉台新咏》下《提要》考之甚详，乃于此篇仍据俗本引用，斯亦前后矛盾之一端也。"③

（五）断章取义，曲解原文

《总目》引用材料，只取一句或数句而不顾及全文之意，或对原文之意未能理解，便妄下论断，以致"曲解文义，郢书燕说"④。

如《洛阳伽蓝记》提要云："惟以高阳王雍之楼为即古诗所谓'西北有高楼，上与浮云齐'者，则未免固于说诗，为是书之瑕颣耳。"⑤ 此处，《总目》不仅误将清河王怿写作高阳王雍，更机械地认为清河王怿之楼即为古诗中所记之楼，实则"此不过因其楼在西北，忆及此诗，遂取其'上与浮云齐'之句，以明其高，斯亦赋诗断章之义也，何尝谓诗人所咏，即是此楼乎？《提要》以文害词，遽加诋毁，谓为全书之颣，……以此论古，窃恐未然"⑥。

又如《千金要方》提要云："晁陈诸家著录，载《千金方》《千金翼方》各三十卷，钱曾《读书敏求记》所载，卷数亦同。又谓宋仁宗命高保衡林亿等校正刊行，后列《禁经》二卷。合二书计之，止六十二卷。"⑦ 余嘉锡认为："自宋以来，其《禁经》二卷即在《翼方》之中，即钱曾虽云'后列《禁经》二卷'，而其所著录者，仍是三十

---

① 余嘉锡：《四库提要辨证》，北京：中华书局，2007 年，第 490 页。
② 永瑢等：《四库全书总目》，北京：中华书局，1965 年，第 860 页。
③ 余嘉锡：《四库提要辨证》，北京：中华书局，2007 年，第 670—671 页。
④ 余嘉锡：《四库提要辨证·序》，北京：中华书局，2007 年，第 50 页。
⑤ 永瑢等：《四库全书总目》，北京：中华书局，1965 年，第 619 页。
⑥ 余嘉锡：《四库提要辨证》，北京：中华书局，2007 年，第 433—434 页。
⑦ 永瑢等：《四库全书总目》，北京：中华书局，1965 年，第 859 页。

卷之本，未尝别此二卷于《翼方》之外也。《提要》乃合计《千金方》《翼方》及《禁经》为六十二卷，亦误矣。"①

又如《颅囟经》提要云："今检此书，前有序文一篇，称'王母金文，黄帝得之升天，秘藏金匮，名曰《内经》，百姓莫可见之。后穆王贤士师巫于崆峒山得而释之'云云，其所谓师巫，与《宋志》相合，当即此本。疑为唐末宋初人所为，……遂托名师巫，以自神其说耳。"②余嘉锡细检该书原序之后云："详审文义，则所谓黄帝秘藏金匮，师巫得而释之者，指黄帝《内经》言之也。其后言师巫所释《内经》虽能叙阴阳化生之妙，而自非贤智莫达其理，故使世之庸医于婴儿之疾乱施攻疗，致多枉死，用为叹息，遂究古人之言，察致疾之端由，叙成《颅囟经》云云，乃自叙其著书之意。然则作者固未尝自神其说，以此书为黄帝之所藏，师巫之所得也。《宋志》著录之本，署名师巫，殆庸医不识文义者之所为，《提要》又从而断章取义，未免厚诬古人矣。"③

（六）弃前用后，失检佳证

同样的论题，可以有不同的材料证据支撑，《总目》往往于佳证失检或弃而不用。如弃前人之言不用而引后人之稿，弃通行之书不用而引后来方志。余嘉锡云："及其自行考索，征引群籍，又往往失之眉睫之前。《隋》《唐》两志，常忽不加察。《通志》《玉海》，仅偶一引用。至《宋》《明》志，及《千顷堂书目》，已惮于检阅矣。"④

如《总目》引宋刻本《隋书》之天圣中校正旧跋，知修《隋书》者有许敬宗、敬播。但《旧唐书·魏征传》已载许敬宗撰《隋史》，《李延寿传》亦载敬播同修《五代史志》，"是敬宗之修纪、传，播之

---

① 余嘉锡：《四库提要辨证》，北京：中华书局，2007年，第664—665页。
② 永瑢等：《四库全书总目》，北京：中华书局，1965年，第860页。
③ 余嘉锡：《四库提要辨证》，北京：中华书局，2007年，第671—672页。
④ 余嘉锡：《四库提要辨证·序》，北京：中华书局，2007年，第49页。

修志,《旧史》俱有明文,何必取证于宋人之跋乎?"①又《总目》引陆友仁《砚北杂志》言《营造法式》作者李诫尚有其他著作,实则"诫所著书已见墓志铭,《提要》不知诫有墓志在《北山小集》中,故仅以《砚北杂志》为据"②。又《总目》引《资州志》证《方舟易说》作者李石生平。然李心传《建炎以来朝野杂记》载李石甚详。《提要》不引李心传而用《资州志》,"然方志出于后人之手,多不可信,当先引宋人书,舍《朝野杂记》而引《资州志》,非也"③。

(七)基本史实舛误

官书杂成众手,迫以期限,不免因陋就简,仓促成篇。往往"人名之误,移甲就乙;时代之误,将后作前"④。撰者不知,校雠者亦疏忽失检。

如《总目》云,《隋志》载有顾野王《陈书》三卷、傅绰《陈书》三卷、陆琼《陈书》四十二卷。实际《隋志》只有陆琼《陈书》四十二卷,两《唐志》始有顾、傅二人之《陈书》。"《提要》并引为《隋志》,疏舛甚矣。"⑤又《南方草木状》提要引《隋志》,称广州太守嵇含。《隋书·经籍志》原文:"梁有广州刺史《嵇含集》一卷。""《提要》乃讹为广州太守,广州是州非郡,安得有太守乎?"⑥又《总目》言其所用本《隶释》为万历戊子王鹭所刻。"王鹭",当作"王云鹭","《提要》作王鹭者误也"⑦。又《音韵源流》提要云:"其叙述古韵源流,如魏李登《声类》、周颙《四声》,《隋志》仅列其名,《唐志》已不著录,而咸(潘咸)云独得见之。盖乡曲之士,不知古书之

---

① 余嘉锡:《四库提要辨证》,北京:中华书局,2007年,第197页。
② 余嘉锡:《四库提要辨证》,北京:中华书局,2007年,第485页。
③ 余嘉锡:《四库提要辨证》,北京:中华书局,2007年,第22—23页。
④ 余嘉锡:《四库提要辨证·序》,北京:中华书局,2007年,第50页。
⑤ 余嘉锡:《四库提要辨证》,北京:中华书局,2007年,第155页。
⑥ 余嘉锡:《四库提要辨证》,北京:中华书局,2007年,第437页。
⑦ 余嘉锡:《四库提要辨证》,北京:中华书局,2007年,第500页。

存亡，以意说之而已。"①余嘉锡案："新旧唐志（《旧唐书·经籍志》《新唐书·艺文志》）小学类，皆有李登《声类》十卷，安得云《唐志》已不著录？《南史》卷三十四《周颙传》云：'始撰《四声切韵》，行于时。'《南齐书》卷四十一颙本传则并无此语，亦不见于《隋志》。盖行世未久，旋即亡佚耳，安得云《隋志》仅列其名？"②又《齐民要术》提要云贾思勰曾官"高平太守"，但"宋刻残本及明清各本《齐民要术》，均题后魏高阳太守贾思勰撰。《提要》作高平者，误也"。③

（八）疏忽大意，屡现笔误

如《隋书》提要云："《五行志》体例与《律历》《天文》三志颇殊。"④余嘉锡案："《律历》《天文志》才两篇耳，而《提要》谓之'三志'，所未解也。"⑤又《总目》引《书录解题》云《钦宗实录》为乾道元年修撰洪迈等进。实则《书录解题》卷四《钦宗实录》条作"乾道四年，修撰洪迈等进"《总目》作元年，笔误⑥。又洪适自跋《隶续》云，《隶释》有续，凡汉隶碑碣二百五十八。"二百五十八"，《总目》误为"二百八十五"。又洪适《盘洲集》卷六十三《淳熙隶释跋》云凡碑版二百八十五。"二百八十五"，《总目》误为"二百五十八"。《总目》前后所引数目互误。⑦

（九）所引资料，出处失实

《总目》言某某出于某书，然翻检未见。

如《总目》云《东观汉记》北宋时尚有残本四十三卷，依据是

---

① 永瑢等：《四库全书总目》，北京：中华书局，1965年，第394页。
② 余嘉锡：《四库提要辨证》，北京：中华书局，2007年，第123页。
③ 余嘉锡：《四库提要辨证》，北京：中华书局，2007年，第621页。
④ 永瑢等：《四库全书总目》，北京：中华书局，1965年，第409页。
⑤ 余嘉锡：《四库提要辨证》，北京：中华书局，2007年，第202页。
⑥ 余嘉锡：《四库提要辨证》，北京：中华书局，2007年，第227页。
⑦ 余嘉锡：《四库提要辨证》，北京：中华书局，2007年，第498—499页。

赵希弁《读书附志》与邵博《闻见后录》。实则《闻见后录》与《读书附志》中载《东观汉记》并不言卷数。言四十三卷者乃是《通考·经籍考》。① 又《总目》云《宋史·艺文志》以《北狩行录》为蔡儵撰。余嘉锡将《宋史·艺文志》遍检数过，未见此书，"不知《提要》何以云然？"②

（十）考证不详，妄下论断

余嘉锡曾批评《总目》道："《四库提要》于撰人必著名字爵里，是矣。然多止就常见之书，及本书所有者载之，不能旁搜博考，故多云始末未详，仕履无考。"③ "四库提要体裁稍备，然亦只及名字爵里而已，而又多曰'里贯未详''仕履未详''始末未详'；实则其所谓未详者，非竟无可考，散见群书不暇翻检耳。"④

如《总目》云《东观奏记》作者裴庭裕"事迹则无可考焉"，实则"其平生仕履，尚历历可见，《提要》考之未详"⑤。又《总目》言《周易集解》作者李鼎祚"《唐书》无传，始末未详"。但刘毓崧《通义堂集》考李鼎祚仕履至为详悉。余嘉锡云："《提要》以为始末未详者，固由未见《舆地纪胜》，然于《元和郡县志》等书，亦未引证，则未免太疏略矣。"⑥ 又《总目》考《汉书·地理志》益州郡有云南县、《后汉书·郡国志》永昌郡有云南县、《唐书·地理志》有姚州云南郡，遂断定云南于唐初始升为大郡。《总目》依此断定陆机《毛诗草木鸟兽虫鱼疏》中"云南牂牁人绩以为布"之句乃"有所窜乱，非尽原文"。余嘉锡详考《蜀志·后主传》、《华阳国志》、《晋书·地理志》、《宋书·州郡志》、晋《太康地志》、《初学记》、《通典》等

---

① 余嘉锡：《四库提要辨证》，北京：中华书局，2007年，第253—254页。
② 余嘉锡：《四库提要辨证》，北京：中华书局，2007年，第293—294页。
③ 余嘉锡：《目录学发微》，《余嘉锡说文献学》，上海：上海古籍出版社，2001年，第44页。
④ 余嘉锡：《书仪顾堂题跋后》，《余嘉锡文史论集》，长沙：岳麓书社，1997年，第588页。
⑤ 余嘉锡：《四库提要辨证》，北京：中华书局，2007年，第282—283页。
⑥ 余嘉锡：《四库提要辨证》，北京：中华书局，2007年，第16—17页。

书证明，云南在三国时期已升为大郡。陆机以云南与牂牁并称，曾何足怪？"《提要》不肯详考，仅据《唐志》之言，遽谓三国时无此郡县，遂疑此书为后人所窜乱，可谓勇于疑古矣。"①又《总目》云《洗冤录》作者宋慈"始末未详"。实则凌迪知《万姓统谱》、劳格《读书杂识》、陆心源《宋史翼》卷二十二《循吏传》皆载宋慈事迹，"是慈之始末，非无可考也"②。又《巢氏诸病源候论》提要云："第六卷《解散病诸候》，为服寒食散者而作，惟六朝人有此证。第二十六卷《猫鬼病候》见于《北史》及《太平广记》者，亦惟周齐时有之，皆非唐以后语。"③但唐代孙思邈《千金方》及王焘《外台秘要》皆载有寒食散，"是唐之中叶，寒食散仍复盛行，不惟六朝人有此证矣"④。又孙思邈《千金方》及《唐律疏议》卷十八《贼盗律》皆记有蓄养猫鬼之俗，"故治之以医方，惩之以法律，不可谓唐以后无此病也"⑤。《提要》未能博考，故有此之误。

（十一）《总目》自身前后失检，自相抵牾

《总目》书成众手，前后失检，自相抵牾，在所难免。

如《四库全书总目》卷一百四十六《道家类道藏目录》，《提要》历举其所收诸书多非道家言，而议其一概收载为牵强，首举刘牧《易数钩隐图》，谓旧入《易》类，无从以为道家者。但《易数钩隐图》提要云："此本为通志堂所刊，何焯以为自《道藏》录出。今考《道藏目录》，实在《洞真部灵图类云字号》中，是即图书之学，出于道家之一证。"⑥余嘉锡云："是《提要》于彼，则讥其收入此书为非；于此，又以曾经收入，为此书出于道家之证；前后互异，未免近于矛

---

① 余嘉锡：《四库提要辨证》，北京：中华书局，2007年，第34—35页。
② 余嘉锡：《四库提要辨证》，北京：中华书局，2007年，第620—621页。
③ 永瑢等：《四库全书总目》，北京：中华书局，1965年，第859页。
④ 余嘉锡：《四库提要辨证》，北京：中华书局，2007年，第660—661页。
⑤ 余嘉锡：《四库提要辨证》，北京：中华书局，2007年，第660—661页。
⑥ 永瑢等：《四库全书总目》，北京：中华书局，1965年，第5页。

盾。"①又《总目》改熊克《中兴小曆》为《中兴小纪》。余嘉锡疑《提要》此条是馆臣避讳清高宗乾隆御名而改"曆"为"纪"。但历代因避讳而改书名者，大抵以义近之字为代，未有随意取一字以为代者，讳"曆"字当以"歷"字代。"即以《总目》本卷言之，其《系年要录》《编年备要》《靖康要录》条下，《提要》皆有'日歷'字，未尝改为'日纪'。再以天文算法类言之，其著录之书有《圣寿万年歷》《律歷融通》《古今律歷考》《歷体略》《歷象考成》《歷算全书》《大统歷志》《勿菴歷算书记》等，皆只用代字，未尝改其书名。乃独于此书，忽别创一例，改'曆'为'纪'，按之功令既不合，推之全书复不通，可谓进退失据，自相抵牾者矣。"②

又《明宫史》提要云作者吕毖"始末未详"，但《总目》卷一百二十六杂家类存目三《事物初略》提要云："明吕毖撰。毖字贞九，吴县人。"③两书之作者"姓名时代并合，知同出一手，《提要》未及互考，故不悟其为一人，而以为始末未详，亦已疏矣"④。又《隋书》提要："惟《经籍志》编次无法，述经学源流每多舛误。"⑤但《总目》卷二十一《夏小正》条下，谓"《隋志》根据《七录》，最为精核"，对同一书的评价自相矛相。⑥又《正字通》提要云作者张自烈为南昌人，但四书类存目中《四书大全辨》提要则云张自烈为宜春人。两书作者为同一人，"而一作宜春人，一作南昌人，二县同隶江西，未详孰是，《提要》亦置之不言"⑦。又《外台秘要》提要云："每条下必详注原书在某卷，世传引书注卷第，有李涪《刊误》及程大昌《演繁露》，而不知例创于焘，可以见其详确。"⑧但《总目》卷一百十八《演繁露》提

---

① 余嘉锡:《四库提要辨证》，北京:中华书局，2007年，第18页。
② 余嘉锡:《四库提要辨证》，北京:中华书局，2007年，第224—225页。
③ 永瑢等:《四库全书总目》，北京:中华书局，1965年，第1090页。
④ 余嘉锡:《四库提要辨证》，北京:中华书局，2007年，第480页。
⑤ 永瑢等:《四库全书总目》，北京:中华书局，1965年，第408页。
⑥ 余嘉锡:《目录学发微》，《余嘉锡说文献学》，上海:上海古籍出版社，2001年，第68页。
⑦ 余嘉锡:《四库提要辨证》，北京:中华书局，2007年，第122页。
⑧ 永瑢等:《四库全书总目》，北京:中华书局，1965年，第860页。

要曰："所引诸书，用李匡义《资暇集》引《通典》例，多注出某书某卷。倘有讹舛，易于寻检，亦可为援据之法"①，是以为引书注卷第之例创始于李匡义。而"此条则以为例创于燾，前后自相矛盾，是亦官书杂成众手之通弊也"②。

（十二）无所凭据，轻率臆断

《总目》考辨，往往不凭实据，以己意推之。

如《总目》言《明宫史》作者吕毖始末未详，"盖明季宦官也"。余嘉锡云："《提要》谓毖为明季宦官，不过以书中叙事多作内臣口吻断定之，其实别无证据，不知此书本非毖所自作，乃就刘若愚《酌中志》中掇取数篇，改署此名。若愚实明季宦官，而毖之为宦官与否，未可知也。"③《总目》乃主观臆断。又《周易象旨决录》提要认为"决录"之名始于赵岐《三辅决录》，"决录"之义，"古无传说，以意推之，盖定本之谓也"④。余嘉锡云："是则《决录》之决，犹决嫌疑之决，谓决断其贤愚善否而录之，使有定论耳，非谓定本也。《提要》不知赵岐《自序》尚存，乃谓决录命名之义古无传说，以意解为定本，可谓不考之甚也。"⑤又《周易正义》提要以顾悦之与顾夷为一人。依姚振宗《隋书经籍志考证》所考，顾夷与顾悦之里贯不同，出处亦异，其为二人明显。"《提要》不知顾夷为何人，偶检《经义考》卷十，见其引《册府元龟》顾悦之事，亦不知其本出何书，第见其人皆姓顾，又同著书难王弼，以为必是一人，遂毅然奋笔，以悦之为顾夷之字，而不知其大谬不然。"⑥又《周官义疏》提要云："考《汉志》载《周官经》六篇，传四篇，故杜子春、郑兴、郑众、贾逵、卫宏、

---

① 永瑢等：《四库全书总目》，北京：中华书局，1965年，第1020页。
② 余嘉锡：《四库提要辨证》，北京：中华书局，2007年，第669页。
③ 余嘉锡：《四库提要辨证》，北京：中华书局，2007年，第480—481页。
④ 永瑢等：《四库全书总目》，北京：中华书局，1965年，第29页。
⑤ 余嘉锡：《四库提要辨证》，北京：中华书局，2007年，第21页。
⑥ 余嘉锡：《四库提要辨证》，北京：中华书局，2007年，第1—2页。

张衡所注,皆称《周官》,马融、郑元所注,犹称《周官礼》。迨唐贾公彦作疏,始沿用省文,称为《周礼》,实非本名,今仍题曰《周官》,从其朔也。"① 余嘉锡云:"至谓贾公彦始省称《周礼》,则尤不知其何所本。推《提要》之意,盖谓前此虽有《周礼》之称,特文字中相沿之省文,至公彦始用以名书。不知《周礼》之名,实起于前汉之末,此后《周礼》《周官》,二名互用,今谓始于公彦,盖率尔言之,而未尝加以考证也。"②

(十三)未检原书,转引致误

《总目》转引资料,未检原书而致误。

如《荆楚岁时记》提要引《书录解题》所载宗懔自序,但《书录解题》并无《总目》所引之语,"此乃《读书志》之文,见衢本卷十二及袁本后志卷二,《提要》盖自《通考》转引,而误记晁氏为陈氏也"③。又《新语》提要云:"《汉书·司马迁传》称迁取《战国策》、《楚汉春秋》、陆贾《新语》作《史记》。"④但《汉书·司马迁传》终篇未尝言及陆贾《新语》,唯高似孙《子略》卷三云:"班固称太史公取《战国策》、《楚汉春秋》、陆贾《新语》作《史记》。"⑤高似孙误记,而《提要》误信高似孙,"未及覆考之《汉书》本传也"⑥。又《总目》引扬雄《方言》认为《尔雅注疏》"为孔子门徒解释六艺"之书,但扬雄《方言》并无孔子门徒解释六艺之文,此说实出自葛洪《西京杂记》。《总目》所引扬雄《方言》,实转引自朱彝尊《经义考》,"《经义考》于《尔雅》目下但题'扬雄曰'云云,不注出处,殊与著述之体例不合。而修《提要》诸公,莫究所以,遂随手署题,不加考案,

---

① 永瑢等:《四库全书总目》,北京:中华书局,1965年,第155页。
② 余嘉锡:《四库提要辨证》,北京:中华书局,2007年,第47—48页。
③ 余嘉锡:《四库提要辨证》,北京:中华书局,2007年,第441—442页。
④ 永瑢等:《四库全书总目》,北京:中华书局,1965年,第771页。
⑤ 高似孙:《子略》卷三《战国策》条,明刻百川学海本。
⑥ 余嘉锡:《四库提要辨证》,北京:中华书局,2007年,第524—525页。

纰缪百出，固其宜也"①。又《折狱龟鉴》提要云："晁公武《读书志》、陈振孙《书录解题》，俱题作《决狱龟鉴》。"②实则《书录解题》卷七著录此书，作《折狱龟鉴》，而不是《决狱龟鉴》。《提要》之失，乃是"自《通考》转引，未检原书而误"③。

（十四）引用资料，窜改原文

《总目》赞成引书当据实直录，但其引用材料，却也随意删改，有违考据规范。

如《靖康要录》提要云："陈振孙《书录解题》曰'《靖康要录》五卷，不知作者。记钦宗在储时及靖康一年之事，案日编次。凡政事制度及诏诰之类，皆详载焉。其与金国和战诸事，编载尤详'云云。"④余嘉锡检《书录解题》原文："《靖康要录》五卷，不著撰人名氏。自钦庙潜邸迄靖康元年十二月事。"并无"案日编次"以下云云。《书录解题》也是由四库馆自《永乐大典》辑出，"不知《提要》此条所引何以多出数十字，此不可解也"⑤。又《提要》引《魏书》刘恕等《序录》云："魏史惟以魏收书为主，校其亡逸不完者二十九篇，各疏于逐篇之末。"⑥然《序录》原文云："数百年间，其书亡逸不完者无虑三十卷，今各疏于逐篇之末。"《序录》未尝实指为二十九篇，言二十九篇者乃是《直斋书录解题》。"《提要》盖据此（《直斋书录解题》）以改《序录》。然引古人书，可奋笔点窜耶？"⑦

---

① 余嘉锡：《四库提要辨证》，北京：中华书局，2007年，第92页。
② 永瑢等：《四库全书总目》，北京：中华书局，1965年，第849页。
③ 余嘉锡：《四库提要辨证》，北京：中华书局，2007年，第618—619页。
④ 永瑢等：《四库全书总目》，北京：中华书局，1965年，第427页。
⑤ 余嘉锡：《四库提要辨证》，北京：中华书局，2007年，第226—227页。
⑥ 永瑢等：《四库全书总目》，北京：中华书局，1965年，第407页。
⑦ 余嘉锡：《四库提要辨证》，北京：中华书局，2007年，第158页。

（十五）以不误为误

如《总目》认为《隶辨》于每字下所引碑语，多舛误。《总目》云："即以原碑尚存者而论，如《韩勑造孔庙礼器碑》，并碑阴两侧，字数较多，文义尚大概可考。碑云……'仁闻君风耀，敬咏其德'。而闻字下引之，误以'闻君风耀'为句。其君字下所引亦然。……碑云，'于是四方士'，而方字下引之，误连下文仁字为句。"① 桂馥《札朴》卷八有《韩勑碑》一条："碑云，四方土仁，闻君风耀，敬咏其德。案土仁即士人，隶书及古文土士无别，《论语》其为仁之本与，《后汉书·延笃传》作人；又观过斯知仁矣，《吴祐传》作人。"② 阮元《经籍籑诂》卷十一仁字注："《礼记·礼运注》，何以守位，曰仁。《释文》，仁本作人。《韩勑碑》四方士仁，人通作仁。"③ 据此，余嘉锡认为，"《提要》读于是四方士为句，仁闻君风耀为句，文义殆不可通，若读作士人，则文从字顺矣。然则顾氏尚能识古字通假之义，故其句读不误。而《提要》之说，转不免以不狂者为狂也。"④

（十六）以后世之见议论古人

《总目》亦云："是亦古今异宜，未可执后来以追忆前人也。"⑤ 但《总目》却时常以己之见议论古人。

如《法书要录》提要称张彦远博学有文辞，"乾符中至大理寺卿"。余嘉锡云："按唐、宋之制，凡卿寺官署衔均不带寺字，故《新唐书·张嘉贞传》及《艺文志》小学类叙彦远官，均只称大理卿，《提要》引作大理寺卿，是以明、清人之官职加之唐人也。"⑥ 又《总

---

① 永瑢等：《四库全书总目》，北京：中华书局，1965年，第357页。
② 桂馥：《札朴》卷八《金石文字》，清嘉庆十八年李宏信小李山房刻本。
③ 阮元：《经籍籑诂》，卷十一。
④ 余嘉锡：《四库提要辨证》，北京：中华书局，2007年，第117页。
⑤ 余嘉锡：《四库提要辨证》，北京：中华书局，2007年，第808页。
⑥ 余嘉锡：《四库提要辨证》，北京：中华书局，2007年，第782页。

目》认为:"(姚)察陈亡入隋,为秘书丞、北绛郡开国公,与同时江总、袁宪诸人并稽首新朝,历践华秩,而仍列传于《陈书》,揆以史例,失限断矣。"①余嘉锡认为南北八代惟魏与宋、梁享国稍久,其他皆国祚短促,为人臣者莫不身仕数朝。按《总目》之言,则"欲考胜国之兴亡,须检新朝之纪载"。《总目》之说,不免以后世之见轻议古人矣。②又对于先秦书籍之真伪,"《提要》……往往好以后世之见议论古人,其言似是而实非"③。

(十七)《总目》为文,自乱体例

《总目》为文,自有一定撰述体例,先叙作者之生平、著作,再及书籍源流、内容等。

如《总目》考作者生平行事,其例深得余嘉锡赞誉,"《四库提要》于撰人之名氏爵里外,凡诸史有本传或附见他传者,必为著明,真能得班固之意者也"④。但《总目》时常自违体例。如《总目》述《论衡》作者王充生平,只凭借其《自纪》,而不及《后汉书·王充传》。余嘉锡云:"《提要》之例,凡撰书之人,史有列传者,皆只叙其名字爵里,而括之曰,事迹具某史本传而已。今此条独据《自纪》,详叙其出处,究之,不过历任州郡,无大关系,何其不惮烦也。岂不知《后汉书》有传耶?"⑤

又如《总目》于《释名》作者刘熙仕履始末失考,余嘉锡云:"《提要》于刘熙仕履始末,不置一词,与他条体例特异。"⑥又《总目》不载《折狱龟鉴》作者郑克生平始末,"与全书体例不类"⑦。

---

① 永瑢等:《四库全书总目》,北京:中华书局,1965年,第406页。
② 余嘉锡:《四库提要辨证》,北京:中华书局,2007年,第156—157页。
③ 余嘉锡:《四库提要辨证》,北京:中华书局,2007年,第609—610页。
④ 余嘉锡:《目录学发微》,《余嘉锡说文献学》,上海:上海古籍出版社,2001年,第42页。
⑤ 余嘉锡:《四库提要辨证》,北京:中华书局,2007年,第901页。
⑥ 余嘉锡:《四库提要辨证》,北京:中华书局,2007年,第96页。
⑦ 余嘉锡:《四库提要辨证》,北京:中华书局,2007年,第618页。

第四节　论余嘉锡的历史编纂学思想
——以《四库提要辨证》史部为例

《四库提要辨证》侧重于考证，如作者所言："夫考证之学贵在征实，议论之言易于蹈空。征实则虽或谬误，而有书可质，不难加以纠正。蹈空则虚骄恃气，惟逞词锋。"①虽然如此，但该书也存在着诸多议论之词。本文依据《四库提要辨证》对《四库全书总目》史部的批评，来探讨余嘉锡的历史编纂学思想。

一、论史书体例

刘知几《史通·序例》篇指出："夫史之有例，犹国之有法。国无法，则上下靡定；史无例，则是非莫准。"②对于史例的研究和探讨，是中国历史编纂学传统中的重要内容。围绕史书的体例问题，余嘉锡于史部诸多条辨证中，表达了自己看法。

（一）主张史体变通

余嘉锡强调不同性质史书，可采用不同史体。《平寇志》为彭孙贻所著，叙述明末清初镇压农民起义的经过。作者于崇祯驾崩之下，附载自己所作大行挽词八首。总目认为《平寇志》"体例未免芜杂，叙事亦不无重复参错。……又于帝崩之下，附所作大行挽词八首，殊非史例"③。对此，余嘉锡提出了自己的看法："提要所指此书误处，大抵皆是也。惟谓其于帝崩之下附所作大行挽词为非史例，则尚有可商者。……夫此私史非国史，且杂史非正史也，固与新朝之臣奉命修史

---

① 余嘉锡：《目录学发微》，《余嘉锡说文献学》，上海：上海古籍出版社，2001年，第55页。
② [唐]刘知几撰，[清]浦起龙释：《史通通释》，上海：上海古籍出版社，1978年，第88页。
③ 永瑢等：《四库全书总目》，北京：中华书局，1965年，第490页。

者不同。苟非节外生枝，无故阑入其所作，以露才扬己，则借韵语以代论赞，有何不可，恶得尽以史例绳之乎？"①《总目》论史主张体例纯正，反对为例不纯，对于别史、杂史中与正常体例相乖迕的现象加以抨击。②余嘉锡与《总目》的认识恰好相反，余氏认为私史非国史，杂史非正史，与新朝奉命修史不同，借韵语代论赞，有何不可？恶得尽以史例绳之乎？文章之体，与时俱变，安有一成不易之例也？

即使是正史著述，余嘉锡也强调不能以同一体例标准来评判高下。李延寿《南史》《北史》为世家大族作家世类传，而不以朝代为限断，《总目》批评李延寿《北史》说："凡以勒一朝始末，限断分明，乃独于一二高门，自乱其例，深所未安。……观延寿《叙例》，凡累代相承者，皆谓之家传，岂知家传之体，不当施于国史哉。"③对于《北史》这种编纂特点，余嘉锡承认有其不足："开卷方睹晋年，终幅忽逢隋代。苟不悉其世家，无由得其篇第。故论其检阅之不便，《提要》之说，吾无间然。"但从史法角度来看，余嘉锡则不同意《总目》的看法。刘知几论史，以李延寿《南史》《北史》归属于《史记》家。《史记》家以上下通达为体，则同在一书之中，自可随意分合，本无限断可言。余嘉锡也论道："《史记》以开国承家世代相续者为'世家'。……六朝之俗，以阀阅相高，一门之中，往往人人有传。国有废兴，而家无衰替，九世之卿族，何异嗣封之公侯。……（延寿）为一二高门作家传，使读之者于当时国家之兴亡，谱牒之世系，与夫文章、学术之渊源，士大夫、寒门之争竞，开卷可睹，一览无遗。拟之史迁，可谓貌异心同。夫法有因创，例有正变，王、谢、崔、卢既与南北朝相终始，则因事起例，以家传入国史，奚为而不可哉。"④对《南史》《北史》体例的评价，可谓议论纷纭。李延寿于高门大族采取了

---

① 余嘉锡：《四库提要辨证》，北京：中华书局，2007 年，第 315—317 页。
② 周少川：《〈四库全书总目提要〉论史书编纂》，《史学史研究》，1985 年 01 期，第 48 页。
③ 永瑢等：《四库全书总目》，北京：中华书局，1965 年，第 409 页。
④ 余嘉锡：《四库提要辨证》，北京：中华书局，2007 年，第 205—207 页。

家族连续纪事的家传体例，后世史家多以《汉书》断代为史作典范，批评李延寿书失于限断，不合史例。不仅《总目》批评李延寿"乃独于一二高门，自乱其例……岂知家传之体，不当施于国史"，王鸣盛也诋毁《南史》《北史》"不以各代为限断，而以各家为限断"，无异家乘①。赵翼《廿二史札记》也称："南北史（《南史》《北史》）子孙附传之例，传一人而其子孙皆附传内，此《史记》世家例也。至列传则各因其人可传而传之，自不必及其后裔。……《南北史》则并其子孙之仕于列朝者，俱附此一人之后。遂使一传之中，南朝则有仕于宋者，又有仕于齐、梁及陈者；北朝则有仕于魏者，又有仕于齐、周、隋者。"②与此相反，钱大昕则赞扬李延寿书列传按家世类叙，不以朝代为限断，"甚得《史记》合传之意，未可轻议其失"③。孙志祖也言："史家列传之体与谱牒不同，其子孙功名不甚显著者，本可不载。或入仕异代，尤不当附传，致乖限断之例。惟李延寿南北史（《南史》《北史》）本合数代为一史，故可牵连附传，使读者便于寻检，此又史例之变也。"④余嘉锡承刘知几、钱大昕、孙志祖等人之说，抓住南北朝时期政权更迭频仍，世家大族繁盛的历史时代特点，将《南史》《北史》归之于《史记》家，以上下通达为体，摆脱史例断限的制约，赞扬李延寿为高门作家传，与司马迁可谓貌异心同。

（二）主张体例得当、完备

虽然余嘉锡强调不同性质史书，可采用不同史体，讲求史体变通，但不等于说任何内容都可以写进史书之中，余嘉锡讲求史体变通的同时，也要追求史例的得当。《总目》极力赞扬明代康海的《武功县志》："王士禛谓其文简事核，训词尔雅；石邦教称其义昭劝鉴，尤

---

① 王鸣盛：《十七史商榷》卷五十九《以家为限断不以代为限断》，北京：中国书店，1987年。
② 赵翼：《廿二史札记》卷十《南北史子孙附传之例》，清嘉庆五年湛贻堂刻本。
③ 钱大昕：《潜研堂集》卷十二《答问九》，清嘉庆十一年刻本。
④ 孙志祖：《读书脞录》续编卷三《南北史列传附载子孙》，清嘉庆刻本。

严而公，乡国之史，莫良于此；非溢美也。"①余嘉锡却引赵怀玉《亦有生斋集》证康海书体例之谬："试思善骂无威仪，有何关系，而屑屑垂之书策，又不过寥寥数语耶。典史官卑，非大善恶，本不必载……叙事既类小说，且亦太欠明净……大抵明人多不知而作，有意新奇，破坏古法。"②余嘉锡主张体例得当，史书叙事当有所取舍，叙事既类小说，不当载之于史，不能"有意新奇，破坏古法"。

体例得当的另一层含义是体例须完备。对于一人同载《南史》《北史》者，《总目》谓李延寿"殆专意《北史》，无暇追删《南史》，以致有此误乎？"③余嘉锡论道："《史记》于子贡，既列传于《仲尼弟子》中，又列其目于《货殖传》。《汉书》既有《夏侯胜传》，又列其目于《儒林传》。如仅据目录言之，是亦一人两传矣。若用《提要》之说，删并为一，使子贡不见于《仲尼弟子传》，夏侯胜不见于《儒林传》，可乎？延寿于刘昶等，既列传于《北史》，又附见于《南史》中，亦犹是《史》《汉》之旧法耳。读书当明体例，不可执一而论也。"④余嘉锡举《史记》子贡、《汉书》夏侯胜例，证刘昶、萧宝寅等当分立《南史》《北史》的合理性。《提要》谓当删并《南史》《北史》为一，则不知将于《南史》诸帝子传中没其姓名，抑并载其在北朝之事迹于《南史》之传中？按照《总目》的意见，若将一人同载《南史》《北史》者删并入《北史》，则《北史》记了不该记之事，是为体例失当；《南史》则该记之事没有记，是为体例不完备。

追求体例的完备，还要追求史书内部合理的组织结构，结构内部的各部分应各有所职，内容亦应该完整，不能有所缺略。《总目》评《新唐书》不载诏令云："宋敏求所辑《唐大诏令》多至一百三十卷，使尽登本纪，天下有是史体乎？"⑤余嘉锡反驳道："本纪不载诏令，则

---

① 永瑢等：《四库全书总目》，北京：中华书局，1965年，第602页。
② 余嘉锡：《四库提要辨证》，北京：中华书局，2007年，第425—426页。
③ 永瑢等：《四库全书总目》，北京：中华书局，1965年，第410页。
④ 余嘉锡：《四库提要辨证》，北京：中华书局，2007年，第209—210页。
⑤ 永瑢等：《四库全书总目》，北京：中华书局，1965年，第410页。

爰自《史》《汉》以迄八书，从无此体。……礼乐征伐，赏罚号令，皆国之大事，必宣之以诏令，书之于简策。……《提要》谓宋敏求所辑《唐大诏令》至一百三十卷，以太多不能尽登，故不如一例刊除，此又不明体例之言也。"①《总目》言《唐大诏令》多至一百三十卷，无法尽登本纪，余嘉锡则认为自《史记》《汉书》以来，从无本纪不载诏令之体，因此余嘉锡认为《新唐书》"本纪疏漏率略，斯为最下"，批评《总目》不明体例。如果史家修史不讲究史法，体例不完备，必影响到史书的内容和质量。

（三）体例当寓褒贬劝诫

对于姚思廉《陈书》载有姚察之传，《总目》认为："察（姚察）陈亡入隋，为秘书丞、北绛郡开国公，与同时江总、袁宪诸人并稽首新朝，历践华秩，而仍列传于《陈书》，揆以史例，失限断矣。"②余嘉锡认为南北八代唯魏与宋、梁享国稍久，其他皆国祚短促，为人臣者莫不身仕数朝。按当时习俗，"惟以其在某朝位望稍高、事功较著者，举以称其人。……唐修五史，限断之间，亦同斯意。诚以君若弈棋，人无定主，若必身卒某朝，方入某史，是必乘时佐命，功类萧、曹，变节求荣，迹符歆、朗，编诸列传，乃得其宜。……姓名虽编于新史，事迹并涉乎前朝。……而其当代之人物，又必依例以下移，将见《关东风俗》尽入《周书》，江左衣冠半归《隋史》，劝惩胥缺，文献无征。欲考胜国之兴亡，须检新朝之纪载。"③余嘉锡讥议《总目》之说不免以后世之见轻议古人。史学当具劝惩功能，而劝惩功能的有效实现，则须恰当的体例相配合。体例失当，则无法表达史学的劝诫功能。余嘉锡主张人臣在某朝位望稍高、事功较著，当入某朝之史，如若身卒某朝，方入某史，则是必将变节求荣之徒编诸新史列传。"劝

---

① 余嘉锡:《四库提要辨证》，北京：中华书局，2007年，第221页。
② 永瑢等:《四库全书总目》，北京：中华书局，1965年，第406页。
③ 余嘉锡:《四库提要辨证》，北京：中华书局，2007年，第156—157页。

惩胥缺，文献无征。欲考胜国之兴亡，须检新朝之纪载。"在余嘉锡看来，史例失当则劝惩无征，良好的史例不仅是历史编纂学要求，更是要通过适当的史例来实现史学的褒贬劝诫功能，以资后来借鉴。史书体例不仅仅是史书编纂的形式问题，也反映出史学家对历史的理解和史书撰述目的。

（四）不同性质史书当内容互补

余嘉锡将史书流别大致分为三种，即国史、地方史、家史。"纪传编年，国史也。耆旧先贤传记，《隋志》所谓郡国书者，地方史也。家传世谱，家史也。"对于国史、地方史、家史的衍变，余嘉锡提出了自己的看法。东汉自明帝以后，官方组织本朝纪传体国史的纂修，章帝之后，著作之事则归于东观。官方所修正史，多着重于有关一朝兴衰治乱之大者，"其余非所急也，故官高者必见录，名微者不得书"。而郡国之书专述地方，恰恰可以补正史所不及，南北朝时期以门户用人，故而家传又盛行。隋唐之后世族陵替，家传亦衰，于是诸郡皆修图经，"合地理与郡国书而一之，所以上辅国史，下包家传者也"①。在此，余嘉锡分别阐述了国史、地方史与家史三类史书的不同功用，并强调不同性质史书之间的互补功用，以使历史记载更加完备。

二、论历史文学

史学史研究中提到的历史文学，是指"真实历史的文字表述"②，从史书编纂的角度看，历史文学也属于历史编纂学的一部分。中国史学向来具有重视文字表述的传统，史学批评家也将史家的文字表述能力作为评价史书的重要标准之一。刘知几就曾云："夫史之称美者，

---

① 余嘉锡：《四库提要辨证》，北京：中华书局，2007年，第395—398页。
② 白寿彝：《中国通史》第一卷，上海：上海人民出版社，1989年，第329页。

以叙事为先","夫国史之美者，以叙事为工"①。叙事为工的主要体现就是史家的文字表述能力。《四库提要辨证》中虽然论历史文学之处不多，但从中仍可以发现余嘉锡追求笃实、实录的史笔标准。

(一) 追求实录，反对浮华

史书也追求文字表述之美，但与文学作品不同，史书文字之美的首要标准是要真实地陈述事实，追求实录。余嘉锡追求史书要存实录的精神，在《四库提要辨证》中有所体现。如《新唐书》辨证云："《(唐)六典》成于开元之末，书虽进奏，迄未行用，本非经常之典，证以前后史实，有合有不合。若诸志悉据以纪事，岂得谓之实录。"②又《魏书》辨证，余嘉锡云："《孝静纪》末总叙帝之生平，于高澄之跋扈，高洋之篡弑，奋笔直书，无愧南、董……校其字句，全同《北史》，惟易高澄为文襄耳。魏收秽史，岂能实录。"③余嘉锡讥魏收《魏书》书法不实，不存实录，号为秽史。而《魏书·孝静帝纪》已亡佚，今所存者为后人补以《北史》及《高氏小史》等，余嘉锡则称赞其能"奋笔直书，无愧南董"。

《总目》批评《晋书》不求笃实，文章浮华，并将责任归咎于唐太宗。《总目》云："考书中惟陆机、王羲之两传，其论皆称'制曰'，盖出于太宗之御撰。夫典午一朝，政事之得失，人材之良楛，不知凡几，而九重揿藻，宣王言以彰特笔者，仅一工文之士衡，一善书之逸少，则全书宗旨，大概可知。其所褒贬，略实行而奖浮华；其所采择，忽正典而取小说。波靡不返，有自来矣。"④余嘉锡针对《总目》之言，引《大唐新语·著述篇》唐太宗谓房玄龄之语："比见前后汉史(《汉书》《后汉书》)载扬雄《甘泉》《羽猎》，司马相如《子虚》

---

① 刘知几：《史通》卷六《叙事第二十二》，四部丛刊景明万历刊本。
② 余嘉锡：《四库提要辨证》，北京：中华书局，2007年，第218页。
③ 余嘉锡：《四库提要辨证》，北京：中华书局，2007年，第167页。
④ 永瑢等：《四库全书总目》，北京：中华书局，1965年，第405页。

《上林》，班固《两都赋》。此既文体浮华，无益劝诫，何暇书之史策。"余嘉锡因此论道："然则太宗固深明史法，痛恶浮华。文如扬、马，犹将屏弃，何有于二陆、三张。《晋书》之不求笃实，自是史官之不才，安得归咎于太宗乎！"①《总目》将《晋书》文体浮华归咎于唐太宗，余嘉锡则归咎于撰写《晋书》之史官缺乏史才，但余嘉锡与《总目》都反对史书撰述中的文体浮华现象，在这一点上二者的追求是一致的。余嘉锡对《晋书》文笔浮华的批评，与《史通》及《旧唐书·房玄龄传》大体一致。《史通》云："大唐修《晋书》，作者皆当代词人，远弃史、班，近宗徐、庾。夫以饰彼轻薄之句，而编为史籍之文，无异加粉黛于壮夫，服绮纨于高士者矣。"②《旧唐书》也言："（修《晋书》）史官多是文咏之士，好采诡谬碎事以广异闻。又所评论，竞为绮艳，不求笃实，由是颇为学者所讥。"余氏论史以考据为主，同时也求经世致用，而文体浮华，无益劝诫，书之史策，犹将屏弃。

反对文体浮华，追求文字真实，余嘉锡也赞扬在史书表述中要存口语，从实录，这与刘知几的认识一脉相承。《史通》评《周书》曰："今俗所行周史，是令狐德棻等所撰。其书文而不实，雅而无检，真迹甚寡，客气尤烦。……遂使周氏一代之史，多非实录。"③刘知几论史，谓史臣叙事、纪言，当具载俚词，存其口语，务从实录，不失本真，其评论《周书》，尤再三致意于此。《总目》则反驳刘知几曰："文质因时，纪载从实，周代既文章尔雅，仿古制言，载笔者势不能易彼妍辞，改从俚语。"④余嘉锡则批评《总目》："夫既曰'文质因时'，则宇文言类互乡，辞多丑恶，质既如此，文之奚为？既曰'纪载从实'，则《周书》博采古文，劢遵经典，所载若斯，实于何有？……若谓牛弘之书，访古制言，德棻以弘书为本，不能擅自改易，则知几固尝言

---

① 余嘉锡：《四库提要辨证》，北京：中华书局，2007年，第133—135页。
② 刘知几：《史通》卷四《论赞第九》，四部丛刊景明万历刊本。
③ 刘知几：《史通》卷十七《杂说中第八》，四部丛刊景明万历刊本。
④ 永瑢等：《四库全书总目》，北京：中华书局，1965年，第408页。

之矣。……然则德棻苟志存实录，非无所取材，而乃唯凭本书，重加润色，疏略之讥，知难幸免已。"①《总目》赞扬《周书》"文质因时，纪载从实"，周代尚文，史书语言当受影响。而余嘉锡则反驳《总目》之说，既然文质因时，则宇文言类互乡，辞多丑恶，质既如此，文之奚为？《周书》虽志存实录，却唯凭牛弘之书重加润色，而牛弘书尚文雅，仿古制言，令狐德棻又不能擅自改易，故为刘知几、余嘉锡讥议。

（二）琐碎与繁赘，皆不合史法

余嘉锡论史，反对文字简略琐碎。《总目》谓曾巩《隆平集》"是书纪太祖至英宗五朝之事，凡分目二十有六，体似会要。又立传二百八十四，各以其官为类。前有绍兴十二年赵伯卫序，其记载简略琐碎，颇不合史法"②。余嘉锡也认为，《隆平集》卷一至卷三凡分二十六门，每门分若干条，不具首尾，颇似随笔札记之体，殊不合史裁。疑是曾巩取当时官撰各书，择要录出，以备修五朝纪志之用，而未及编纂成书，"简略琐碎，诚所不免"③。在此，余嘉锡赞成《总目》之说，认为记载简略琐碎之书，不合史法。

余嘉锡虽反对史书简略，却主张史书记事简洁。简略与简洁有所区别：简略意为文字简单，重要内容有所遗失，简洁则意为简明扼要，没有多余的累赘。余嘉锡云："凡采录前人之文，有可删者，有不可删者。繁辞赘语，譬拇骈枝，去之而文省词洁，此可删者也。"④余嘉锡主张史笔简洁，反对烦冗叙事。但余嘉锡对史笔简洁的追求是有所限度的，反对为单纯追求简洁而损害对历史事实的叙述。余嘉锡云："其词与事虽无甚关系，而去之则事迹遂无首尾，文义不相联属，

---

① 余嘉锡：《四库提要辨证》，北京：中华书局，2007年，第190—195页。
② 永瑢等：《四库全书总目》，北京：中华书局，1965年，第447页。
③ 余嘉锡：《四库提要辨证》，北京：中华书局，2007年，第258—259页。
④ 余嘉锡：《四库提要辨证》，北京：中华书局，2007年，第335—336页。

譬之鹤颈虽长，断之则悲，此不可删者也。"①可见，余嘉锡反对历史叙述中的琐碎与繁赘，强调史笔的简洁，但史笔是否该简洁，简洁至何种程度，要服从于历史叙事是否能够被完整地表现。

三、论史料

《总目》也强调史料在史书撰述上的重要作用，如"史部"总序说："苟无事迹，虽圣人不能作《春秋》。"②在《四库提要辨证》史部中，余嘉锡也对史书的取材和史料的应用提出了自己的一些看法。

(一) 主张博采

刘知几于《史通·采撰》中便提出了撰史当博采史料的重要性。他说："盖珍裘以众腋成温，广厦以众材合构。自古探穴藏山之士，怀铅握椠之客，何尝不征求异说，采摭群言，然后能成一家，传诸不朽。"③余嘉锡承刘知几之说，也强调在史料的采撰上要广博取材，对不能博采的史书提出了批评。

唐初官修《晋书》，唯以臧荣绪《晋书》为重要底本，并取琐言(如《世说新语》)、杂记(如《搜神记》《幽明录》)等所载隽语异事散入其中。臧荣绪书所不收者，史官则杂采郡国之书、释老之传，以附益之。而像曹嘉之《晋纪》、干宝《晋纪》、孙盛《晋阳秋》、檀道鸾《续晋阳秋》诸书，都没有采用，故于史事遗略甚多。对于官修《晋书》这种多采短部小书省功易阅者的情况，余嘉锡提出了批评，"至于十七家晋史，理须参考，舍短取长，反多弃而不用。其有与王隐、何法盛诸家相合者，恐只从臧书转录，未必取之于本史也"④。余嘉锡对《晋书》不能广泛参考十七家晋史提出了批评，也间接地表达

---

① 余嘉锡:《四库提要辨证》，北京：中华书局，2007年，第335—336页。
② 永瑢等:《四库全书总目》，北京：中华书局，1965年，第397页。
③ 刘知几:《史通》卷五《采撰第十五》，四部丛刊景明万历刊本。
④ 余嘉锡:《四库提要辨证》，北京：中华书局，2007年，第138页。

了他主张博采群书的史料采撰原则。又如令狐德棻《周书》以牛弘之周史作为底本，而不能别求他述，在当时已遭刘知几诟病。余嘉锡也评价《周书》："德棻苟志存实录，非无所取材，而乃唯凭本书（牛弘书），重加润色，疏略之讥，知难幸免已。"[①] 批评《周书》没有做到博采史料。

（二）强调善择

余嘉锡也主张要善择史料，反对取材不精，任意删削。如果史书无法做到在史料上的博采，便难以做到在此基础上的善择。唐初官修《晋书》唯以臧荣绪一家为主，而于十七家晋史反多弃而不用。"其有与王隐、何法盛诸家相合者，恐只从臧书转录，未必取之于本史也。且即臧荣绪书中有传，其人煞有关系者，亦多随意删削，莫知其何所取义。"[②] 余嘉锡批评《晋书》删削随意，去取无法，又具体举《晋书》不为许询立传之例道："（许询）文采风流，宜与唐史臣有针芥之契，且又许敬宗之祖"，今本《晋书》屡见许询姓名，却无其传，"笔削之际，其义何居？"[③]《晋书》在史事删削上"高下在心，去取任意"，没有做到善择史料，以致"举之则使升天，按之则使入地"。

反对取材不精，主张善择史料，余嘉锡提出良史当具笔削之才，鉴裁之识。"孔子定六经之旨，曰删正，曰笔削，皆变繁杂为简明之意也"[④]，"笔削不过是材料的取舍"[⑤]，这里所言的笔削，主要指史家对文献驾驭的能力。《总目》评《新唐书》不载诏令曰："宋敏求所辑《唐大诏令》多至一百三十卷，使尽登本纪，天下有是史体乎？"余嘉锡批评《总目》云："《提要》谓宋敏求所辑《唐大诏令》至一百三十卷，以太多不能尽登，故不如一例刊除，此又不明体例之言也。所贵

---

① 余嘉锡：《四库提要辨证》，北京：中华书局，2007年，第190—195页。
② 余嘉锡：《四库提要辨证》，北京：中华书局，2007年，第138页。
③ 余嘉锡：《四库提要辨证》，北京：中华书局，2007年，第141页。
④ 皮锡瑞：《经学通论》三礼，北京：中华书局，1954年，第87页。
⑤ 沈玉成，刘宁：《春秋左传学史稿》，南京：江苏古籍出版社，1992年，第263页。

乎良史者，为其有笔削之才、鉴裁之识也。"[1]余嘉锡针对《总目》所言的《唐大诏令》多至一百三十卷，无法尽登本纪之说，提出良史当具笔削之才。对于连篇累牍的史料，优秀的史家当"笔则笔、削则削"，"笔"体现史家的文字表述能力，"削"考验史家的鉴裁之识，良史具笔削之才，不仅要有组织史料的文字之功，也要有史料的鉴裁之识。

四、结语

《四库提要辨证》中的历史编纂学思想散见于史部提要的各条辨证之中，系统梳理后不难看出，余嘉锡既讲究史书要体例得当，也讲究史书体例应当有一定的灵活性，注重体例变通，要因时因事而变。《总目》重视体例，不仅对正史体例乖迕提出批评，即使是杂史也大加抨击，反对为例不纯。余嘉锡的体例变通思想，不是要让历史的内容来适应固定的体例，而是要让体例更好地表达历史的内容。余嘉锡论历史文学则不尚浮华，追求文字真实与简洁，认为琐碎与繁赘的文字表述，皆不合史法。余嘉锡论史料采撰则强调要博采善择，强调史家的笔削鉴裁能力。

余嘉锡的历史编纂学思想也存在诸多相互矛盾之处，如余嘉锡引赵怀玉《亦有生斋集》认为"典史官卑，非大善恶，本不必载"[2]，又认为"郡国之书不纪先贤，则一乡一邑之善士，姓名不登简牍，其嘉言懿行，流风余韵，遂至湮没而不彰，岂不重可惜哉"[3]。其中相互的矛盾之处，在史书实际编纂之中该如何处理，余氏并未道及。又余嘉锡主张人臣在某朝位望稍高、事功较著则当入某朝之史，又主张一人同事南北朝者，当具载《南史》《北史》，其中存在的矛盾之处，亦没有做具体阐述。当然，《四库提要辨证》本不是论历史编纂的专门

---

[1] 余嘉锡:《四库提要辨证》，北京：中华书局，2007年，第219—221页。
[2] 余嘉锡:《四库提要辨证》，北京：中华书局，2007年，第425—426页。
[3] 余嘉锡:《四库提要辨证》，北京：中华书局，2007年，第397页。

之书，余氏也没有对自己的历史编纂学思想做过系统总结，其观点多是随文而发，其中存在一些矛盾之处，在所难免。但从总体而言，余嘉锡的历史编纂学思想是继承传统学术而来，又形成了自己独到的见解，是对中国历史编纂学思想的丰富与发展，值得进行详细的阐发。

《四库提要辨证》对《总目》所述作者、典籍内容、卷数、版本、学术源流以及相关历史知识进行了详细考辨，成为今人治《总目》研究或运用《总目》时所不可少的著作。余嘉锡于《四库提要辨证》一书，用功深，取材博，见识卓越。通过《四库提要辨证》来梳理《总目》之谬误，可以令今人对《总目》之失有更清晰的认识。

《四库提要辨证》不仅在四库总目学史中有重要价值，同时该书中也蕴含着丰富的史学史、文献学等领域的学术信息，值得深入挖掘。《四库提要辨证》中的历史编纂学思想都散见于史部提要的各条辨证之中。系统梳理后不难看出，余嘉锡既讲究史书要体例得当，也讲究史书体例应当有一定的灵活性，注重体例变通，要因时因事而变。《总目》重视体例，不仅对正史体例乖迕提出批评，即使是杂史也大加抨击，反对为例不纯。余嘉锡的体例变通思想，不是要让历史的内容来适应固定的体例，而是要让体例更好来表达历史的内容。余嘉锡论史笔则不尚浮华，追求文字真实与简洁，强调史家的笔削鉴裁能力。总之，余嘉锡的历史编纂学思想是继承传统学术而来，又形成了自己独到的见解。

《四库提要辨证》作为民国时期为《四库全书总目》纠缪的影响最大、成就最高的代表作，其辨证研究方法也被当今学者称为"余嘉锡模式"。《四库提要辨证》一书考据方法博大精深，从中可以得见余氏治学的科学态度和科学方法。余嘉锡的考据即继承了传统的目录、版本、校勘、辨伪等文献学方法，也运用了推理、归纳演绎等逻辑思维方法，其考证淹贯群籍，高论频出，诸多结论已经成为今日学界共识。因此，对《四库提要辨证》书中所体现出的考据征信准则与所运用的考据学方法进行研究和梳理，对后来人治学，都有重要的启示意义。

当然，《四库提要辨证》中也存在着一些缺陷。如司马朝军即认为该书有三点不足：将《总目》归于纪昀一人之作；余氏所据本子属浙本系统，犯了"不必辨而辨"的考据大忌；《总目》重汉轻宋，排击朱子，余氏重朱子，呵斥《总目》。[1] 陈晓华也对《辨证》中的有些提法和结论提出了商榷，并指出余氏的考辨囿于时代、资料和空间的限制。[2] 李裕民则以辨证之方式，纠正余嘉锡《四库提要辨证》之疏误者十余处。[3]

尽管如以上学者所言，《四库提要辨证》中存在着一些不足，但无可否认的是，《四库提要辨证》推动了20世纪前半期《四库全书总目》研究的发展，为历史文献学留下了一笔丰富的财富。[4] 深入探讨《四库提要辨证》中的学术思想，对于今人治学，仍有重要帮助。

---

[1] 司马朝军：《〈四库全书总目〉研究》引言，第3页，北京：社会科学文献出版社，2004年。
[2] 陈晓华：《"四库总目学"史研究》，北京：商务印书馆，2008年，第320—322页。
[3] 李裕民：《四库提要订误》前言，第5页，北京：书目文献出版社，1990年。
[4] 陈晓华：《"四库总目学"史研究》，北京：商务印书馆，2008年，第320页。

第五章 历史时代与余嘉锡的学术思想

第一节 余嘉锡立足于考据学的学术特征

清初学者一反明代学术轻率粗糙的空疏学风，呈现出实学与考据学发展的局面。顾炎武等学者对治学风气的转变起到了榜样作用。乾嘉时期，考据学之盛如日中天，在经史考据领域涌现诸多大家。嘉、道之后，虽然主流学风嬗变转移，以讲微言大义为主的今文经学兴起，但以崇尚古文经学为根基的考据学，仍然是一股强大的学术力量，直至晚清时期，经史考据领域依旧是名家辈出。进入民国以后，随着西方史学理论与方法的不断输入，使中国学者的研究观念、方法与领域等方面都有所拓展。尤其是胡适、傅斯年等新学者的推动，以及考古学方法的传入，增加了历史考据的证据手段。另外，近代以来随着甲骨文、青铜器铭文、敦煌文书、汉晋简牍、清内阁档案以及民间俗文学史料等新史料的大发现，为考据学的发展提供了巨大的新资料与新领域。在西方观念的影响之下，对中国周边的四裔历史、中外交通、社会生活、经济与文化史等中国传统史学鲜为涉及的领域的关注，都为历史考据学的发展，提供了广阔的运用空间。近代历史考据学领域涌现大批名家，如王国维、陈垣、胡适、傅斯年、陈寅恪、顾颉刚、杨树达、郑天挺等，这其中也包括余嘉锡。

一、余嘉锡以考据学名家

余嘉锡继承清代以来的考据学风气，认为考据贵在征实，"考证之学，贵在实事求是"[①]。"必其证据确凿，不可移易，然后从而断定之，乃能服古人之心，而为学者之法。"[②]如果以揣测之词，想当然立说，则必流于穿凿附会，其结论会与事实相去甚远。余嘉锡反对空发议论，"夫考证之学贵在征实，议论之言易于蹈空。征实则虽或谬误，

[①] 余嘉锡:《四库提要辨证》，北京：中华书局，2007年，第47页。
[②] 余嘉锡:《四库提要辨证》，北京：中华书局，2007年，第556—557页。

而有书可质，不难加以纠正。蹈空则虚骄恃气，惟逞词锋。"①故其言考证之学主张"于事实疑误者，博引群书，详加订正。至于书中要旨，则提要钩玄，引而不发，以待读者之自得之"②。又言："余谓古人著书，因传闻之误，往往失实，甚至有意造谤，污蔑正人者，亦复有之。后人读书稽古，考论是非，固当为之辨正。然辨正之道，须钩稽史乘，确有实据，将其抵牾刺谬之处，一一指出，如老吏之断狱，方足以成信谳。即或书阙有间，证据不足，则考其人之道德功业，即事以论其心，断其必不至此，如孟子之论百里奚，亦足以决嫌疑而明是非。若皆不然，而徒以空言辩论，非所谓实事求是也。"③余嘉锡学术研究中所体现出来的考据方法，应该说具有强烈的清学正统的遗风。

二、清儒考据之不足

如前文所言，余嘉锡的《四库提要辨证》《目录学发微》与《古书通例》，都大量吸收了清代学者的成果，体现了明显的立足考据的学术特色。余嘉锡曾说："清儒之学，不独陵轹元明，抑且方驾唐、宋。欲读古书，非观清儒及近人之笺注序跋不可，否则不独事倍功半，或且直无下手之处。"④但余嘉锡在继承清代学者考据成果的同时，也能认识到清代考据学中存在的明显局限，并对清儒治学的不足给予了批评，余嘉锡在《四库提要辨证》中对《四库全书总目》的驳正，一定程度上已经反映了清代考据学中存在的局限。今再从余嘉锡论述中择取其要，总结清儒考证方法之不足如下。

（一）好窜乱古书

清儒治学虽好讲实事求是，但往往也喜欢依据己意删改古书，造

---

① 余嘉锡：《目录学发微》，《余嘉锡说文献学》，上海：上海古籍出版社，2001年，第55页。
② 余嘉锡：《目录学发微》，《余嘉锡说文献学》，上海：上海古籍出版社，2001年，第55页。
③ 余嘉锡：《四库提要辨证》，北京：中华书局，2007年，第706—707页。
④ 余嘉锡：《古书通例》，《余嘉锡说文献学》，上海：上海古籍出版社，2001年，第163—164页。

成谬误,《四库全书总目》此种现象便较为严重,兹不列举。仅举赵翼、浦起龙各一例如下。

赵翼《廿二史札记》卷一曰:"《汉书·司马迁传》,谓《史记》内十篇有录无书。颜师古注引张晏曰:'迁没后亡十篇,元成间褚少孙补之。'是少孙所补只此十篇。然细按之,十篇之外尚有少孙增入者。"[1]余嘉锡案:"以十篇皆褚所补为张晏语者,梁玉绳之谬说也。然梁氏所引,尚仍张晏本文,赵氏乃直改窜其词,其亦邻于妄诞矣。"[2]

《史通·杂说》中篇云:"皇家修五代史,馆中坠稿仍存,皆因彼旧事,定为新史。观其朱墨所围,铅黄所拂,犹有可识者。或以实为虚,以非为是。其北齐国史,皆称诸帝庙号。及李氏撰《齐书》,其庙号有犯时讳者(自注云:谓有'世'字,犯太宗文皇帝讳也),即称谥焉。至如变世祖为文襄(按文襄庙号世宗,非世祖),改世宗为武成(按武成庙号世祖,非世宗),苟除兹'世'字,而不悟襄、成有别。诸如此谬,不可胜纪。"[3]浦起龙在给《史通》做通释时,对《史通》此处文字加以修改,经过浦起龙修改过之后的文字为:"至如变世宗(浦起龙案:误作'祖')为文襄,改世祖(浦起龙案:误作'宗')为武成,苟除兹'世'字,而不悟襄、成有别。(浦起龙案:句意未足,恐有脱字)"[4]余嘉锡对浦起龙的改字加以批评,余嘉锡云:"盖谓百药但见'世'字即便涂改,而仓猝之间,失不详审,至误改世祖为文襄,世宗为武成,不悟文襄武成既非一人,随意乱改,则时代全非,致成巨谬也。浦起龙作《通释》,乃妄改世祖为世宗,世宗为世祖,又谓'襄、成有别'句意未足,恐有脱字。不知百药若果变世宗为文襄,改世祖为武成,则不过易庙号而称谥法,事实并无谬误,知已何须饶舌也。不通文义而窜乱古书,深为可恶。"[5]

[1] 赵翼:《廿二史札记》卷一《褚少孙补史记不止十篇》,清嘉庆五年湛贻堂刻本。
[2] 余嘉锡:《太史公书亡篇考》,《余嘉锡文史论集》,长沙:岳麓书社,1997年,第12页。
[3] 刘知几:《史通》卷十七《杂说中第八》,四部丛刊景明万历刊本。
[4] 刘知几撰,浦起龙释:《史通通释》卷十七《杂说中》,清文渊阁四库全书本。
[5] 余嘉锡:《四库提要辨证》,北京:中华书局,2007年,第186页。

（二）尊经与好古

对于清儒尊经的态度，胡适在《国学季刊发刊宣言》中便阐明了对清儒尊经观念的不满，胡适说："他们脱不了'儒书一尊'的成见，故用全力治经学，而只用余力去治他书，……三百年的心思才力，始终不曾跳出这个狭小的圈子外去！"[①] 又说："他们排斥异端；他们得着一部《一切经音义》，只认得他有保存古韵书古词典的用处；他们拿着一部子书，也只认得他有旁证经文古义的功用。他们只向那几部儒书里兜圈子；兜来兜去，始终脱不了一个'陋'字！"[②] 童书业论及民国时期"新汉学"与传统"旧汉学"的区别时也说："本来五四运动的考证学成为'新汉学'，其异与旧汉学之点，一般人所知道的是：旧汉学不能打破传统的观念，脱不了'经学'的色彩。"[③] 生于晚清民国之际，余嘉锡也是以史学家的治史态度来看待经学，故其持论也能较清儒更为客观，并认识到清儒尊经带来的失误。如关于《尔雅》作者一例：

关于《尔雅》作者，清儒承张揖及陆德明的说法者甚多。张揖《上广雅表》引《春秋元命包》，证周公著《尔雅》一篇。张揖《上广雅表》云："《礼·三朝记》哀公曰：'寡人欲学小辩，以观于政，其可乎？'孔子曰：'尔雅以观于古，足以辩言矣。'《春秋元命包》言子夏问夫子作《春秋》不以初哉首基为始何，是以知周公所造也。率斯以降，超绝六国，越逾秦楚，爰暨帝刘，鲁人叔孙通撰《置礼记》，文不违古。今俗所传三篇《尔雅》，或言仲尼所增，或言子夏所益，或言叔孙通所补，或言沛郡梁文所考，皆解说家所说。先师口传，既无证验，圣人所言，是故疑不能明也。"[④] 自张揖有此说之后，世多宗

---

① 胡适：《〈国学季刊〉发刊宣言》，《胡适文存》2，北京：华文出版社，2013年，第5页。
② 胡适：《〈国学季刊〉发刊宣言》，《胡适文存》2，北京：华文出版社，2013年，第7页。
③ 童书业：《新汉学与新宋学》，吴锐编《古史考》第五卷《古典学批判》，海口：海南出版社，2003年，第582—583页。
④ 转引自余嘉锡：《四库提要辨证》，北京：中华书局，2007年，第87页。

之。陆德明《经典释文叙录》亦云："《释诂》一篇盖周公所作，《释言》以下，或言仲尼所增，子夏所足，叔孙通所益，梁文所补，张揖论之详矣。"① 邵晋涵《尔雅正义》承张揖之说："《尔雅》，《汉书·艺文志》作三卷二十篇，张揖谓周公著《尔雅》一篇，今所传三篇，为后人增补。"②《四库全书总目》虽然也主张臆断之说与伪书不足取信，但《总目》之《尔雅注疏》提要引魏张揖《上广雅表》证《尔雅》的作者为周公。但余嘉锡认为张揖及陆德明之说流于臆断，以谶纬之书为引证之据，实不足取。余嘉锡说："今《提要》援引稚让、元朗之说，均不辨其是否，诚无以祛惑解疑，故特表而出之。若夫乾嘉以降，诸儒论《尔雅》之作，犹墨守稚让之成说，其失亦可藉此以明焉。……至于《春秋元命包》者，本为谶纬之书，后汉张衡，已称其为成、哀之世虚伪之徒所作，以要世取资者，则其所记圣门弟子之言，又未必尽实也。稚让即据此以证《尔雅》原在孔子之前而为周公之书，亦不经之甚矣。及乎陆元朗，不考其实，附会其说，称周公所著者即《释诂》一篇，则尤为谬失。"③

由于尊经，对古代经典的崇尚，其后果必会带有一定的崇古倾向，这在清儒的研究中也不能免俗。今举一例以说明之。如关于《燕丹子》一书，孙星衍曾加以校订，刻入《平津馆丛书》，并作序一篇。孙星衍根据《史记集解》《史记索隐》所引的《别录》之文，认为《七略》中已经载入了《燕丹子》，并认为《战国策》和《史记》等参考了此书，此书成书当在司马迁和刘向等之前。对于孙星衍的说法，余嘉锡进行了辨证，云："然《集解》《索隐》所引《别录》，未著其为《燕丹子》，叙则亦未为确证。《汉书·艺文志》既不著录，仍当阙疑。孙氏之言，似失之好古过笃。"④ 认为孙星衍失之好古过笃。

---

① 陆德明：《经典释文》卷一，清报经堂丛书本。
② 邵晋涵：《尔雅正义》卷一，清乾隆刻本。
③ 余嘉锡：《四库提要辨证》，北京：中华书局，2007年，第87—89页。
④ 余嘉锡：《四库提要辨证》，北京：中华书局，2007年，第1165—1166页。

（三）难免于意气之争

清儒虽好称实事求是，然不免有意气之争，负气争辩，往往不能持公正之心。如郝懿行与汪喜孙关于杨倞之身世的争辩。《荀子注》作者杨倞之身世，《四库全书总目》云："《唐书》艺文志以倞为杨汝士子，而《宰相世系表》则载杨汝士三子一名知温，一名知远，一名知至，无名倞者。《表》《志》同出欧阳修手，不知何以互异？意者，倞或改名如温庭筠之一名岐歆？"[1] 郝懿行在《荀子补注》中亦论及杨倞身世，首叙李璋煜之说，与《总目》此说相同。至于为何《志》《表》互异以及《唐书》不为杨倞立传，郝懿行释云："余谓《志》《表》互异，当由史氏未详，故阙然弗备。又按《唐书》倞不立传，当由仕宦未达，无事实可详。"[2] 因此，郝懿行断定为《荀子》作注的杨倞为唐宪宗元和年间人。汪中据《古刻丛钞》载唐故蔚州刺史马纾墓志铭，作文者为杨倞，题云朝散大夫使持节汾州诸军事守汾州刺史杨倞撰，汪中断定杨倞为武宗时人。汪中的说法遭到了郝懿行的否定，郝懿行认为，"然则此恐别一杨倞，若《艺文志》注《荀子》之人止题大理评事，而无朝散大夫以下衔者，盖非一人可知矣。"[3] 郝氏以撰马纾墓志铭者为别一杨倞，驳斥了汪中的说法。而郝氏又遭到了汪中之子汪喜孙的非难，汪喜孙认为《艺文志》只言杨倞为杨汝士之子，安知不会有两个杨汝士呢？汪喜孙因郝懿行驳斥其父汪中之说而心不能平，因此造两杨汝士之说法以反诘。对于郝氏、汪氏之说，余嘉锡认为"皆意气之争，而未尝考之于事实者"[4]。通过对文献资料的系统梳理，余嘉锡结论道："然则注《荀子》与撰马纾墓志者，不害其为一人。汪容甫之言，原无谬误。郝氏及孟慈（汪喜孙）两相争论，持矛

---

[1] 永瑢等：《四库全书总目》，北京：中华书局，1965年，第770页。
[2] 郝懿行：《荀子补注》卷下，清嘉庆光绪间刻郝氏遗书本。
[3] 郝懿行：《荀子补注》卷下，清嘉庆光绪间刻郝氏遗书本。
[4] 余嘉锡：《四库提要辨证》，北京：中华书局，2007年，第523页。

刺盾，徒自堕荆棘丛中耳。"①

（四）门户之见

清代考据学家往往有很深的门户之见，乾嘉以来的汉学与宋学的门户之争，自是其中的代表。高扬考据学旗帜的汉学家对宋学的攻击，自不待言。即是汉学内部又分今古文经学，而古文经学家对今文经学也绝少称述，弃之不治。如余嘉锡所云："汉儒诸经师说，虽多亡佚，然其遗文散见诸书者，多可裒集。惟《谷梁春秋》以后人治之者鲜，汉儒之说几希殆绝，贾书幸而仅存其说，犹在申公、瑕邱江公之前，去著竹帛时未远，微言大义，皆有所受，治经者宜若何宝重之乎？有清一代，经学极盛，而于贾之《谷梁》义鲜称述之者，岂非为《提要》不根之说所惑耶？"②

（五）武断穿凿

清儒考据武断穿凿之处，没有确证而妄下论断，也是比较常见的现象。

如关于《史记》所亡缺的十篇，张晏《汉书注》认为司马迁去世之后亡失，元成之间，褚少孙补作其中四篇。张晏曰："迁没以后，亡景纪、武纪、礼书、乐书、兵书、汉兴以来将相年表、日者列传、三王世家、龟策列传、傅靳蒯列传。元成之间，褚先生补缺，作武帝纪、三王世家、龟策日者列传。言辞鄙陋，非迁本意也。"③臣瓒、蔡谟、裴骃、颜师古、李贤等人并没有对此说法提出异议。而后刘知几首先发难，认为《史记》所缺十篇并非亡失而是司马迁未成之作，张守节则认为十篇都是褚少孙所补作。到吕祖谦时，则认为《史记》所亡者实际只是武纪一篇而已。至此则张晏的说法成了一桩学术疑案，

---

① 余嘉锡：《四库提要辨证》，北京：中华书局，2007年，第523—524页。
② 余嘉锡：《四库提要辨证》，北京：中华书局，2007年，第531页。
③ 王先谦：《汉书补注》司马迁传第三十二，清光绪刻本。

众说纷纭,到了清代考据盛行,清儒多不信张晏的说法,群起考辨,莫衷一是。但清儒的考辨遭到了余嘉锡的批评,认为"清儒多不信之,纷纷自为之说,其实毫无佐证,殊无以见其必然也"①。

又如王鸣盛《十七史商榷》卷一云:"《汉书》所谓十篇有录无书者,今惟武纪灼然全亡,三王世家、日者、龟策传为未成之笔,但可云阙不可云亡。其余皆不见所亡何文。"②对于王鸣盛的说法,余嘉锡辨道:"王氏此条,考十篇有录无书,凡七百八十余字。除引张晏注及《索隐》外,其自为说大抵与汉志考证所引东莱吕氏语同,而竟一字不及吕氏,是不可解也。且吕氏虽言十篇非皆无书,然谓为班固之后复出于民间,故尚能言之成理。王氏除疑龟策元文出于褚先生之后外,其余皆曰不知张晏何以云亡,或曰不可云亡。然则不惟张晏为妄语,即刘歆《七略》,班固《汉志》,所谓有录无书者,亦未可据矣。为说如此,则凡古书之不如吾意者,皆不足信,直举而拉杂摧烧之可也,奚以考证为哉。"③

又如批评梁玉绳之《史记志疑》。梁玉绳《史记志疑》卷七,引《汉书·艺文志》《汉书·司马迁传》《后汉书·班彪传》《史记索隐》《史记正义》《汉旧仪注》《西京杂记》《魏志·王肃传》等书,对诸书之说皆有论辩,最后,梁玉绳认为:"盖《史记》凡阙七篇,十篇乃七篇之讹。故两《汉书》谓十篇无书者固非,而谓九篇具存者尤非也。七篇者,今上本纪一、礼书二、乐书三、历书四、三王世家五、日者传六、龟策传七。或问以十篇为七篇之讹,何据?曰:史汉中七十两字互舛甚多,而其所以误者,篆隶字形相似,隶释孔和碑三月廿十日是已。"④对于梁玉绳的结论,余嘉锡给予严厉呵斥。余嘉锡

---

① 余嘉锡:《太史公书亡篇考》,《余嘉锡文史论集》,长沙:岳麓书社,1997年,第4页。
② 王鸣盛:《十七史商榷》卷一《史记一·十篇有录无书》,清乾隆五十二年洞泾草堂刻本。
③ 余嘉锡:《太史公书亡篇考》,《余嘉锡文史论集》,长沙:岳麓书社,1997年,第9页。
④ 梁玉绳:《史记志疑》卷七《今上本纪第十二》,清广雅书局丛书本。

说:"梁氏所著《史记志疑》,颇多武断,然未有如此篇之甚者。权而论之,其谬有七。"①指出梁玉绳的谬误七点。

三、余嘉锡历史考据的取信准则

(一)同时代人之著述,相对可信

如《东林点将录》作者为王绍徽,但有人云为阮大铖所作。余嘉锡见该书四种版本,皆明末人所传抄。"假使是录果出大铖之手,岂肯听其张冠李戴,不为揭发之理。"又通过大量引证证明该书为王绍徽所作,余氏云:"至于作者,凡有数说,而要以谓为王绍徽撰者为最多,大抵出自明末启祯间人之口,深可保信。"②又"桓谭、王充均谓向(刘向)好《左氏》,至妇女皆读诵呻吟之。桓谭既与向为同时人,记其所亲见,王充亦去向时代未远,其说皆最可据依"③。

(二)时代相近,去古未远,相对可信

如对于先秦书籍之真伪,余嘉锡认为:"惟汉人多见古书,知其授受源流,或能加以别白,犹不能必其无误。至于后世,去古已远,有必不可得而详者矣。"④又《灵枢经》提要,引李濂《医史》所载吕复《群经古方论》曰:"或谓王冰以《九灵》更名为《灵枢》,又谓《九灵》尤详于针,故皇甫谧名之为《针经》。苟一经而二名,不应《唐志》别出《针经》十二卷。"余嘉锡认为:"夫皇甫谧以《针经》《素问》为《内经》,王冰以《素问》《灵枢》为《内经》,《针经》《灵枢》,卷数相合,盖一书而二名耳。谧去古未远,其言当有所受之。"⑤又《刘子》一书,陈振孙《书录解题》、晁公武《读书志》俱作北齐刘昼撰,

---

① 余嘉锡:《太史公书亡篇考》,《余嘉锡文史论集》,长沙:岳麓书社,1997年,第11页。
② 余嘉锡:《四库提要辨证》,北京:中华书局,2007年,第361—363页。
③ 余嘉锡:《四库提要辨证》,北京:中华书局,2007年,第557页。
④ 余嘉锡:《四库提要辨证》,北京:中华书局,2007年,第609页。
⑤ 余嘉锡:《四库提要辨证》,北京:中华书局,2007年,第634页。

《宋史·艺文志》亦作刘昼,而《总目》则认为该书应是贞观以后人所作。唐张鹭《朝野佥载》云:"《刘子》书咸以为刘勰所撰,乃渤海刘昼所制。昼无位,博学有才,窃取其名,人莫知也。"余嘉锡认为:"《朝野佥载》为唐张鹭所著,鹭高宗调露时进士,博学有才,且去北齐未远,其言必有所本,自足取信。"①

(三)后出者相对不可信

如刘知几《史通》批评官修《晋书》不为刘遗民立传。余嘉锡征引《隋书·经籍志》《经典释文》《高僧传》《广弘明集》诸书证刘遗民之生平始末,尚可考见。余氏以上所引,皆唐代以前之书,"知其人名遗民,字遗民,别无其他名字"。但宋代陈舜俞《庐山记》卷三有《十八贤传》,其《刘遗民传》乃云:"刘程之字仲思,彭城聚里人。义熙间公卿复辟之,皆不应。后易名遗民。"又有《莲社高贤传》,乃宋沙门怀悟就陈舜俞本所重修,其《刘程之传》云:"刘裕以其不屈,乃旌其号曰遗民。"但陈舜俞的说法却不著所出。余嘉锡认为:"使遗民果本名程之,不容檀道鸾、释慧皎,以至陆德明、释道宜皆不之知,直待北宋之人始知之。明为后来僧徒所傅会,绝不可信。"②

(四)不得据后人之本轻议前人之说

后出者相对不可信,断不可据后人之本轻议前人之说。

如《旧唐书》《新唐书》皆言唐高宗年间始避唐太宗李世民名讳,钱大昕承此说,认为李百药于贞观初修《北齐书》之时,"世"字并不回避,同样《梁》《陈》《周书》皆不回避"世祖""世宗"字。然余嘉锡引刘知几《史通》云:"北齐国史,皆称诸帝庙号。及李氏撰《齐书》,其庙号有犯时讳者(自注云:谓有'世'字,犯太宗文皇帝

---

① 余嘉锡:《四库提要辨证》,北京:中华书局,2007年,第835—837页。
② 余嘉锡:《四库提要辨证》,北京:中华书局,2007年,第136—137页。

讳也。），即称谥焉。"又引阎若璩《潜邱札记》云："吾邑晋祠有唐太宗贞观二十年御制碑，碑阴载当日从行诸臣姓名，已去却'世'字，单称勣。是唐太宗在日已如此，不待永徽初也。"依照刘知几《史通》及阎若璩所引之贞观御制碑，贞观年间已避讳"世"字，故新旧《唐书》未可全据，钱大昕之言亦非。"即如百药原书十八篇，仍称世宗、世祖，不作文襄、成武，与《史通》之言不合，此明是后来所改，不得据今日传刻之本以疑知几所见之原稿也。"[1] 又关于姚思廉《陈书》的成书，《史通》谓"贞观初，思廉奉诏，撰成二史。弥历九载，方始毕功"。曾巩则认为"武德五年，思廉受诏为《陈书》。贞观三年，论撰于秘书内省。十年正月壬子，始上之"。《总目》则据曾巩之言，认为姚思廉编辑之功固不止九载。余嘉锡对《总目》这种据曾巩之说驳刘知几的做法提出批评，余氏认为："巩序既不注出典，《提要》又不引《唐会要》，则据宋人之言，恶可以驳《史通》哉。"[2] 又《帝王经世图谱》提要云唐仲友守台州时，与朱熹相忤，为朱熹所论罢。《总目》引周密《齐东野语》所载《唐朱交奏始末》一条，极力为唐仲友平反，谓朱熹之劾仲友，乃为陈亮所诬构也。然宋吴子良《林下偶谈》关于此事之记载，所记与周密颇不同。余嘉锡认为："子良所记，既与周密传闻异辞，密后于子良数十年，《提要》果何所据而信其所言皆实录乎？"《总目》亦引朱右《白云稿》有题宋濂所作仲友补传，证唐仲友立身自有本末，其与朱子相轧，盖以陈亮之诬构。余嘉锡引朱熹《晦菴文集》卷十八十九按唐仲友六状之第一、第四状，又引陆九渊《象山文集》卷七《与陈倅书》，证唐仲友同时为朱、陆所痛恶。陆九渊虽与朱熹讲学不协，而其论朱、唐之事，则是出于人心是非之公。"《提要》乃据朱右一人之单词，称其立身自有本末，夫朱、陆两大儒之不信，而信朱右乎？同时之人之不信，而信数百年以后之人

---

[1] 余嘉锡：《四库提要辨证》，北京：中华书局，2007年，第185—187页。
[2] 余嘉锡：《四库提要辨证》，北京：中华书局，2007年，第153—154页。

乎？"①

（五）传闻之言，未可轻信

刘知几曾言："故作者恶道听途说之违理，街谈巷议之损实。……异辞疑事，学者宜善思之。"②对于传闻之言，不能轻易信之，否则会"毁誉所加，远诬千载"。姚士粦《见只编》曰："王沂阳先生家多藏书，所萃《丘陵学山》中，有子贡《诗传》《申培诗说》，云皆出其手也。"余嘉锡认为："'云'之为言，谓得之传闻云耳，未可便信为事实。"③又《礼书》提要考作者陈祥道之事迹，引李廌《师友谈记》。然《续资治通鉴长编》所载陈祥道仕履与李廌所叙颇多不合。余嘉锡认为，"祥道之仕履，《长编》载之颇详，李廌著书，得自传闻，年月事迹，无不舛误，《提要》亦未能博考也。"④

（六）臆断之言，不可深信

"以意推之，无确证也。"⑤与《总目》观点相同，余嘉锡也认为臆断之说不可用于考据。章学诚《校雠通义》云《孙子兵法》八十二篇，其中十三篇为经，其余当是法度名数，不尽通于议论文辞，故编次于中下，而后世亡逸。余嘉锡批评章学诚："谓中下二卷为法度名数，不尽通于议论，则仍失之臆断而未详考也。……盖臆断之说，其实不然。"⑥

虽然《总目》也批评臆造之说与臆断之词，但馆臣在论证中也常常流于臆断。如《总目》认为郑樵作《通志》时谓《崇文总目》文繁无用，遂于绍兴中从而去《崇文总目》之序释。《总目》此说，本自

---

① 余嘉锡：北京：中华书局，2007 年，《四库提要辨证》，第 982—988 页。
② 刘知几撰，浦起龙释：《史通通释》，上海：上海古籍出版社，1978 年，第 118 页。
③ 余嘉锡：北京：中华书局，2007 年，《四库提要辨证》，第 45 页。
④ 余嘉锡：北京：中华书局，2007 年，《四库提要辨证》，第 55—57 页。
⑤ 永瑢等：《四库全书总目》，北京：中华书局，1965 年，第 1823 页。
⑥ 余嘉锡：北京：中华书局，2007 年，《四库提要辨证》，第 592—594 页。

朱彝尊《曝书亭集》卷四十四《崇文总目跋》。"然此特朱氏意度之词，《提要》纵信其不谬，亦当引朱氏之文，以明其说之所由来，乃遽矜为创获，言之凿凿，竟归其狱于郑樵，而不知其说之未可遽信也。"①

（七）诬造之词，不足征信

梁启超云："其普通公认之史料又或误或伪，非经别裁审定，不堪引用。"②诬造之词，不可以作为考据的取证，实无异议。如《传灯录》载杨衒之与达摩语，自称弟子，归心三宝有年，智慧昏蒙，尚迷真理云云。对于《传灯录》的记载，余嘉锡认为"此盖僧徒造作诬词，以复其非毁佛法之雠，犹之谓韩文公屡参大颠耳，不足信也。"③

（八）存疑之说，不可据以立论

在考据学家看来，遇到没有证据材料加以证明的问题时，当以"存疑"的方式处理，如果以存疑之说作为立论的基础，则得出的结论"未必然也"。《总目》据宋代范处义、王应麟等之说谓刘向"本学《鲁诗》"，余嘉锡云："然范、王两氏均谓向说盖本《鲁诗》。盖者，疑之之词，未可便据为定论，故先儒从之者固多，疑之者亦不乏。"又云："乃欲于数千载之后举史传所不载、昔人所未言，用揣测之词，想当然之说，谓其祖学《鲁诗》，其后世子孙亦必学《鲁诗》，恐非所谓实事求是者也。故曰谓向为学《鲁诗》者，未必然也。"④

（九）伪作之书不足据

在传统考据学讲究征实的学术规范下，伪作之书不可引以为据。如《邓析子》提要引《列子·力命篇》之说，余嘉锡认为，"《列子》

---

① 余嘉锡：北京：中华书局，2007年，《四库提要辨证》，第486—487页。
② 梁启超：《中国历史研究法》，上海：上海古籍出版社，2006年，第40页。
③ 余嘉锡：《四库提要辨证》，北京：中华书局，2007年，第432—433页。
④ 余嘉锡：《四库提要辨证》，北京：中华书局，2007年，第556—558页。

乃晋人伪作，非古书，其说恐不足据也。"①又张揖《上广雅表》引《春秋元命包》之说，证周公著《尔雅》一篇。余嘉锡言："至于《春秋元命包》者，本为谶纬之书，后汉张衡，已称其为成、哀之世虚伪之徒所作，以要世取资者，则其所记圣门弟子之言，又未必尽实也。稚让即据此以证《尔雅》远在孔子之前而为周公之书，亦不经之甚矣。及乎陆元朗，不考其实，附会其说，称周公所著者即《释诂》一篇，则尤为谬失。……今《提要》援引稚让、元朗之说，均不辨其是否，诚无以祛惑解疑，故特表而出之。"②

（十）孤证不立

孤证不立是考据学最基本的原理，也是乾嘉学派共同遵守的学术规范，《总目》作者在考辨群书时，也谨慎恪守此一原则。③近人对此也多有论述，如梁启超云："孤证不足以成说，非荟萃而比观不可。"④傅斯年也曾说："史学家应该最忌孤证，因为某个孤证若是来源有问题，岂不是全套议论都入了东洋大海了吗？"⑤余嘉锡在考辨《四库群书总目》时，也秉承此论证规范。

关于《释名》作者东汉刘熙生平仕履，洪亮吉以为其曾任安南太守。洪亮吉《晓读书斋杂录》卷一云："《释名》旧本题安南太守刘熙撰，考据家并云汉无安南郡。余考《晋书·循吏传》，鲁芝当魏时，行安南太守，又《吴志·薛综传》，避地交州，从刘熙学。安南郡正属交州，则《正义》所言不误。"余嘉锡认为："洪氏之说，似为有据，然徧考诸书，如《续汉书·郡国志》《晋书·地理志》《宋书·州郡志》《元和郡县志》《太平寰宇记》，以及唐、宋类书之叙地

---

① 余嘉锡：《四库提要辨证》，北京：中华书局，2007年，第612页。
② 余嘉锡：《四库提要辨证》，北京：中华书局，2007年，第87—89页。
③ 司马朝军：《〈四库全书总目〉研究》，北京：社会科学文献出版社，2004年，第403—405页。
④ 梁启超：《中国历史研究法》，上海：上海古籍出版社，2006年，第40页。
⑤ 傅斯年：《史学方法导论》，北京：中国人民大学出版社，2004年，第39页。

理者，均不云后汉有安南郡。《晋书·循吏传》虽有鲁芝行安南太守之语，单文孤证，难可依据。"①又如，唐代段成式《酉阳杂俎·语资篇》载庾信作诗用《西京杂记》事，曰此为吴均语，宋代晁公武据段成式所载庾信事，亦言《西京杂记》为吴均依托。《总目》认为："庾信指为吴均，别无他证。段成式所叙信语，亦未见于他书。流传既久，未可遽更。"余嘉锡引南朝梁殷芸《小说》，其中有引《西京杂记》者四条，而殷芸与吴均二人仕同朝，不应不相识。如果《西京杂记》果出于吴均之手，殷芸岂有不知之理？"何至遽信为古书，从而采入其著作中乎？是则段成式所叙庾信之语，固已不攻自破。"况且《酉阳杂俎·广动植篇》采《西京杂记》一条，仍称为葛稚川，是庾信之说，段成式已自不信，"奈何后人遽执此单文孤证，信以为实哉"②。

（十一）家人之言，不可尽信

刘知几云："谱牒之书……夸其氏族。读之者安可不练其得失，明其真伪者乎？"③明代王世贞认为："家史人谀而善溢真，其赞宗阀、表官绩，不可废也。"④《总目》则认为子孙之词，未可据为征信。⑤梁启超也说："私家之行状、家传、墓文等类，旧史家认为极重要之史料，吾侪亦未尝不识之。虽然，其价值不宜夸张太过。"⑥

对于家人之言或家人之史，余嘉锡认为不可深信。如考证《中说》作者王通生平，余嘉锡引王通之弟王绩《东皋子集》，言王通弟子相趋成市，门人常以百数，号称王孔子。余氏将王绩之言与其他书记载相互发明，认为"王绩之言亦属夸诞，未可深信；而王通之实有

---

① 余嘉锡：《四库提要辨证》，北京：中华书局，2007年，第98—99页。
② 余嘉锡：《四库提要辨证》，北京：中华书局，2007年，第1007—1014页。
③ 刘知几撰，浦起龙释：《史通通释》，上海：上海古籍出版社，1978年，第117页。
④ 王世贞：《弇山堂别集》卷二十《史乘考误一》，北京：中华书局，1985年，第361页。
⑤ 司马朝军：《〈四库全书总目〉研究》，北京：社会科学文献出版社，2004年，第419页。
⑥ 梁启超：《中国历史研究法》，上海：上海古籍出版社，2006年，第50页。

其人，则固可确然无疑也"①。

家史虽然往往流于自夸，但对于家史中的记载，如果能够确证其可靠性，则也完全可以作为引证的凭据。如余嘉锡考证《随隐漫录》作者陈世崇之生平，引用妻家《临川陈氏族谱》谱前元至大二年旴江周端礼所撰《故宫讲陈公随隐先生行状》，并将《行状》所叙陈世崇之事迹，与《随隐漫录》及《四库提要》所考相对照，知该《行状》确出于元人之笔，"非其子孙所附会"。②因此该《行状》可以作为考证陈世崇事迹的可靠证据。

尽管家史容易流于"溢真"，但与后世之议论相较，余嘉锡仍认为当时人之言相对更有可信度。"夫人自言其家庭之事，已非外人所能置喙，况生千余年后，据其所知，以疑所未知，而以彼所自言者为不足信，不亦大可笑乎！"③

（十二）亲近人所言，不可尽信

与"家人之言，不可尽信"同样，亲近人所言，往往虚美隐恶。如封演《魏州开元寺新建三门楼碑》云："河朔之州魏为大，魏之招提开元为大。宝应初岁，王师北伐，寺门夷荡，鞠为灰烬。洎相国田公之在魏也，勤四封之人而抚之，阅三军之实而补之。谂于僧曰，彼道场胜地，而缔构不备，岂吾心哉。"以年月官职考之，知封演此碑为田承嗣作也。余嘉锡云："承嗣之为人，乱臣贼子也，而碑称其惠诚智慈，四者咸备，贡谀惟恐不至，盖演此时，已入承嗣幕府矣。"④田承嗣为人狡黠无常，割据魏博，深为余嘉锡所鄙，但此碑盛赞其"惠诚智慈"，实则封演此时已入田承嗣幕府，阿谀奉承之言，岂可相信。

---

① 余嘉锡：《四库提要辨证》，北京：中华书局，2007年，第571—573页。
② 余嘉锡：《四库提要辨证》，北京：中华书局，2007年，第1110—1111页。
③ 余嘉锡：《四库提要辨证》，北京：中华书局，2007年，第918页。
④ 余嘉锡：《四库提要辨证》，北京：中华书局，2007年，第906页。

（十三）标榜品题之言，不可尽据为事实

文人标榜，名士品题，不可尽据以考证。如余嘉锡批评《总目》引刘勰《文心雕龙》以资考证。《扬子云集》提要考据扬雄所撰诸箴云："考《汉书·胡广传》，称雄作《十二州箴》《二十五官箴》，其九箴亡，则汉世止二十八篇[①]；刘勰《文心雕龙》称卿尹州牧二十五篇，则又亡其三，不应其后复出。"《总目》引刘勰之文，认为梁代时扬雄之箴又亡其三，余嘉锡认为刘勰之说不可据信。"刘勰著书，意在评文，不甚留心考证，观其命笔遣辞，平铺直叙，意谓扬雄所作只《二十五官箴》，而忘其尚有《十二州箴》，非亡佚之余仅存此数也。此盖行文时惟凭记忆，未暇检书，失之不详审耳。文士之文，岂可尽据以考古。"[②]

又魏收《魏书》将崔绰立传首，卢斐则投诉认为崔绰位止功曹，本无事迹，是收外亲，乃为传首云云。魏收则云崔绰虽无位，但道义可嘉，高允曾为其作赞，称有道德。《总目》承魏收之说，"绰以卑秩，见重于高允，称其道德，固当为传独行者所不遗"。余嘉锡则认为："高允所赞者凡三十四人，固未尝人人有专传也。文人标榜，名士品题，虽为一时之美谈，岂便千秋之信史。……夫赋诗断章，引以为重，犹且不可，况仅据赞词，便立专传乎？"[③]

三、余嘉锡的考据学方法

史料比勘法是余嘉锡在考辨之时，深刻认识到清儒考据中存在的弱点。因此，余嘉锡一方面对诸如钱大昕、赵翼、王鸣盛、戴震、孙星衍等考据名家的错误加以批评，同时，在自己的考据研究中，尽量避免了清儒治学中的不足，在方法上较清儒具有更多的严谨性与科学

[①] 此处《总目》言"汉世止二十八篇"亦误，余嘉锡有考证。
[②] 余嘉锡：《四库提要辨证》，北京：中华书局，2007年，第1231—1234页。
[③] 余嘉锡：《四库提要辨证》，北京：中华书局，2007年，第171—175页。

性。今以《四库提要辨证》为中心,总结余嘉锡的考据学方法如下。

(一)史料比勘法

史料比勘法是对同一问题的不同史料记载直接比勘,比较分析其异同后作论断。如《总目》云《北史》自宋以后,仅《麦铁杖传》有阙文,《荀济传》脱去数行,其余皆卷帙整齐。余嘉锡取元大德本、殿本、南监本等《北史》与《隋书》《通志》互校,云:"元大德本《北史·麦铁杖传》于'惜其勇捷,诫而释之'之下,'陈亡后,徙居清流县'之上有空格五,故殿本《北史》乃于'诫而释之'下注云'阙五字'。考南监本并无空格,亦无此注,《隋书》及《通志》卷一百六十四《麦铁杖传》亦皆不空阙。则《北史》此传是否果有阙文,抑刻本之误,莫能明也。"①又《总目》认为《拾遗录》作者为明代胡爟,并认为"是书杂考训诂,分为六类,援引采辑,颇有根据"②。余嘉锡通过将该书与王应麟《困学纪闻》细相比勘,断其为剿袭之书,言该书"实即取《困学纪闻》卷七之下半卷,及卷八卷十九之文,重录一过,惟将评文改为俪考耳。无所考证,亦无所增补。……全书中其所自著之笔墨如是而已,其他偶有一二字不同,或删落一二句,均无关宏旨。间于年号人名上加一宋字,别号上冠以姓氏,欲以掩其剽窃之迹,然未及增加者尚十之七八"③。

(二)广征博引,史料钩沉法

考据贵博览群书,将历代各种典籍中的有关材料梳理排列,论证方可有根有据,使人信服。对《总目》考据不完备之处,余嘉锡提出批评。如《东观汉记》提要,余嘉锡云:"《提要》此篇所举《汉记》撰人姓名,仅以《史通·正史篇》为主,并《后汉书》及《史通》

---

① 余嘉锡:《四库提要辨证》,北京:中华书局,2007年,第210—211页。
② 永瑢等:《四库全书总目》,北京:中华书局,1965年,第1028页。
③ 余嘉锡:《四库提要辨证》,北京:中华书局,2007年,第895—898页。

他篇亦检阅未周，故不能完备。"①

《洛阳伽蓝记》提要考杨衒之生平不详。余嘉锡于《广弘明集》《续高僧传》《法苑珠林》《景德传灯录》诸书，广泛征引，考杨衒之生平甚详。②又比如《论衡》提要依据王充之《自纪》，认为"原书实百余篇，此本目录八十五篇，已非其旧矣"③。余嘉锡引《艺文类聚》卷五十八、《后汉书》王充本传，皆言《论衡》八十五篇，又考《抱朴子·喻蔽篇》亦言《论衡》八十余篇。又今本《论衡》三十卷，《两唐志》亦皆作三十卷，"是其完书具存，今本篇数与本传合，卷数与《唐志》合，固当是相传旧本"。而《总目》所据之王充《自纪》，实则"乃统叙平生之著述，不独为《论衡》而作"④。

（三）寻史源作论断

所谓史源学，"就是一门寻考史料来源的学问"。依史源学断考据，"通过考寻前人著述所依据的史料来源出处，来考察其根据是否正确，引证是否充分，叙述有无错误，判断是否正确，从而对这部著作的史料价值和使用价值作出正确的评价"⑤。对史料文献追根溯源，可以使考据更具有说服力。余嘉锡在《四库提要辨证》中，也运用了寻史源进行考据的方法。

如《契丹国志》提要云叶隆礼为"淳祐七年进士"，又云该书为"奉宋孝宗敕所撰"。余嘉锡遍检群籍，知"淳祐七年进士"之说源自厉鹗《宋诗纪事》卷六十六转引的《至元嘉禾志》中叶隆礼《烟雨楼诗》小传。"奉宋孝宗敕所撰"之语则出自《契丹国志》叶隆礼进书表，末题淳熙七年三月日。但淳祐为理宗年号，淳熙为孝宗年号，"由淳祐七年上数至淳熙七年，凡六十八年。使此书果为淳祐进

---

① 余嘉锡：《四库提要辨证》，北京：中华书局，2007年，第241—242页。
② 余嘉锡：《四库提要辨证》，北京：中华书局，2007年，第431—432页。
③ 永瑢等：《四库全书总目》，北京：中华书局，1965年，第1032页。
④ 余嘉锡：《四库提要辨证》，北京：中华书局，2007年，第901—902页。
⑤ 杨燕起，高国抗：《中国历史文献学》，北京：北京图书馆出版社，2003年，第359页。

士叶隆礼者所撰，安有释褐登朝，回翔馆阁，又历六十余载，年将大耋，方登进士第之理乎？"①余嘉锡通过追寻史源，断《提要》所用材料自相矛盾。《名臣言行录》提要云不当列王安石于名臣。余嘉锡考《总目》观点之源，实是"阴用杨慎之说"，而杨慎之说早已"为胡应麟之所驳也"②。又如，王安石《虔州学记》有"虔州江南，地最旷，大山长谷，荒翳险阻"③之语，《明一统志》引作"地最旷大，山长谷荒"，句读不通，顾炎武于《日知录》中讥讽《明一统志》"真可为千载笑端矣"。④余嘉锡遍考群籍，知王象之《舆地纪胜》卷三十二《赣州风俗形胜》条下引王安石《虔州学记》作"虔于江南，地最旷大，山长谷荒，交广闽越，道所出入"⑤，又祝穆《方舆胜览》卷二十《赣州风俗》条下亦摘"山长谷荒"四字为标题。余氏云："则句读之误，始于王象之，而祝穆因之，《明一统志》又因之，惟失在不覆检原书耳。"余嘉锡通过追寻《明一统志》材料出处之源，知句读不通实源自王象之，《明一统志》只是因循之误。⑥又如，《总目》言《法帖释文》作者刘次庄"字中叟，长沙人，崇宁中，尝官御史"⑦。余嘉锡考《书史会要》卷六有："刘次庄字中叟，崇宁中为御史。"⑧余嘉锡云："《提要》之说，盖出于此，然其说实不可据。今《长编》自元符三年二月以后虽已散佚不传，然李埴《十朝纲要》卷十五载徽宗朝御史一百五十六人姓名，并无刘次庄，可为明证，《提要》误矣。"⑨

---

① 余嘉锡：《四库提要辨证》，北京：中华书局，2007年，第270—271页。
② 余嘉锡：《四库提要辨证》，北京：中华书局，2007年，第327—329页。
③ 王安石：《临川集·临川先生文集》卷八十二，四部丛刊景明嘉靖本。
④ 顾炎武：《日知录》卷三十一《大明一统志》条，清乾隆刻本。
⑤ 王象之：《舆地纪胜》卷三十二《风俗形胜》，清影宋钞本。
⑥ 余嘉锡：《四库提要辨证》，北京：中华书局，2007年，第407页。
⑦ 永瑢等：《四库全书总目》，北京：中华书局，1965年，第734页。
⑧ 陶宗仪：《书史会要》卷六，清文渊阁四库全书本。
⑨ 余嘉锡：《四库提要辨证》，北京：中华书局，2007年，第495—496页。

（四）据称谓进行考订

许多用语和称谓都具有强烈的时间性或特殊性，这些材料，都可以用作历史考证。如宋人言《北齐书·文襄纪》为取《北史》及《后魏书》《梁书》杂集成篇，非李百药本书。余嘉锡认为"此篇自首至'可复前大将军，余如故'，皆与《北史》一字不异。自此以下，则实李百药原文，盖录自《高氏小史》也"①。断定其录自《高氏小史》的证据便是书中对于高澄的称谓。余嘉锡云："凡后人采南北史（《南史》《北史》）及《高氏小史》以补南北七史者，往往各录原文，不能一律修改。故一卷之中，称谓互异。《北史》于高澄例称文襄，《魏书》则称齐文襄王，《梁书》或称谥，或称名。今此纪后半，凡叙事处皆称之为'王'，明是录自《高氏小史》也。"②

但余嘉锡也认识到以称谓断考据有严重局限，若史料文献来源问题不清楚，断不可轻易以称谓断考据。如《东南纪闻》不著撰人姓名，该书中"于宋之诸帝称陵名，称庙号，往往多内词，"《总目》因此断定此书"殆江左遗民所追记欤"③，《总目》根据称谓断考据，认为此书是宋遗民入元后的作品。但傅以礼在《华延年室题跋》中，对《东南纪闻》的史料寻求史源，发现其八十四则记事中，"袭写他书旧文者，至一十六条之多，则已所撰述者更寥寥无几"④。余嘉锡在傅以礼的基础上，进一步对《东南纪闻》搜求史源，"覆检原书而得之，合之傅氏所举，已得三十六条。将及全书之半。其余目所习见，而忘其出处者，尚颇有之。然则此书，恐是纯由各家说部内缀缉而成，殆无一条为其所自撰"⑤。对于书中对宋朝诸帝称庙号，"不过沿袭旧文，

---

① 余嘉锡：《四库提要辨证》，北京：中华书局，2007年，第179页。
② 余嘉锡：《四库提要辨证》，北京：中华书局，2007年，第179—181页。
③ 永瑢等：《四库全书总目》，北京：中华书局，1965年，第1202页。
④ 转引自余嘉锡：《四库提要辨证》，北京：中华书局，2007年，第1113页。
⑤ 余嘉锡：《四库提要辨证》，北京：中华书局，2007年，第1112—1114页。

未必是编者不忘本朝,故作内词也"①。

(五)据避讳进行考订

避讳是我国古代社会特有的文化现象,南宋时洪迈、王应麟等学者即已运用避讳知识进行考据工作,钱大昕更是从史籍的避讳现象出发,于考证多有发现。《总目》也运用避讳知识以考据,但对古代的避讳现象缺少深透了解,出现多处误考,为余嘉锡所纠正。如《荀子》提要认为荀子"汉人或称曰孙卿,则以宣帝讳询,避嫌名"②。余嘉锡指出,汉时尚不讳嫌名,荀之为孙,语音之转也。③又《易林》作者原题汉焦延寿。牟庭相则断为汉崔篆。刘毓崧认为"崔篆《易林》作于光武建武初年,而《易林》不避秀字,断不出自篆手"④。刘氏以《易林》不避"秀"字断为非崔篆之书,余嘉锡对此给予反驳:"不知汉人著书,往往临文不讳。《易林》于汉诸帝名皆不讳,何必独讳光武?据此一字以断必不出于篆,实非确证。"⑤余嘉锡以正确的避讳知识驳斥了《总目》等对以避讳考据史实的滥用。

(六)运用书籍义例进行考据

钱大昕《十驾斋养新录》云:"古人著书,简而有法,好学深思之士,当寻其义例所在,不可轻下雌黄。"⑥江藩云:"凡一书必有本书之大例,有句例,有字例;……学者欲读其书,宜先知其例;书例既明,则其义可依类而得矣。"⑦余嘉锡以义例断考据,如魏收《魏书》之《太宗纪》为魏澹书,宋代刘恕等已经考之甚明。余嘉锡从史书之

---

① 余嘉锡:《四库提要辨证》,北京:中华书局,2007年,第1114页。
② 永瑢等:《四库全书总目》,北京:中华书局,1965年,第770页。
③ 余嘉锡:《四库提要辨证》,北京:中华书局,2007年,第519页。
④ 刘毓崧:《通义堂文集》卷二《丁俭卿先生易林释文跋》,民国求恕斋丛书本。
⑤ 余嘉锡:《四库提要辨证》,北京:中华书局,2007年,第742—746页。
⑥ 钱大昕:《十驾斋养新录》卷4《说文连上篆字为句》,上海:上海书店,1983年,第64页。
⑦ 江藩:《经解入门》卷6《体例不可不熟第四十六》,天津:天津古籍书店,1990年,第164页。

书法义例出发来考据，又得两证据。其一，"魏收著书，务为魏讳国恶"①。而今本《魏书·太宗纪》"无所讳饰，则非魏收书也"②。"魏澹矫收之失，始分明直书。李延寿《北史》据收为本，而亦参用澹事，加之笔削。今《太宗纪》既与魏收书及《北史》皆不同，明是取之魏澹，其证一也。"③其二，"魏收以东晋为僭晋，宋、齐、梁为岛夷，为之作传，列于刘聪、李雄等之间，统斥之为僭伪。故其作帝纪，于南朝及十六国之君，皆直斥其名。凡聘使之来，皆书'遣使来贡'"④。但今本《太宗纪》却与此义例不合。余嘉锡认为，"盖魏澹于隋文帝开皇初奉诏修史，隋承周统，既以北魏为正，自不得不以南朝为伪。至于苻、姚辈，本出夷狄，割据中原，国势强盛，与魏、周约略相等。且已国亡身死，与隋了不相关，遂尔稍从假借，以敌国交聘为文。与魏收时天下三分，齐、周对峙，情势迥不相侔，故书法因之而异。是今本《太宗纪》之出于魏澹，其证二也。"⑤

（七）运用目录学进行考据

目录学具辨章学术、考镜源流之功用，"此其功用固发生于目录学之本身，而利被遂及于学者"⑥。

《文献通考》只载唐代马缟《中华古今注》而无晋代崔豹《古今注》。《总目》据《通考》所言，认为崔豹之书久亡，马缟之书晚出，后人撦缟书中魏以前事，赝为豹作。余嘉锡遍考目录学书籍，云："此书（《古今注》）著录于《隋志》《新唐志》《宋志》杂家类者皆三卷，惟《旧唐志》独作五卷，《新唐志》又于仪注类别出崔豹《古今注》一卷，《崇文总目》杂家类有《古今注》三卷，尤袤《遂初堂书

---

① 余嘉锡：《四库提要辨证》，北京：中华书局，2007年，第165页。
② 余嘉锡：《四库提要辨证》，北京：中华书局，2007年，第164页。
③ 余嘉锡：《四库提要辨证》，北京：中华书局，2007年，第165页。
④ 余嘉锡：《四库提要辨证》，北京：中华书局，2007年，第165页。
⑤ 余嘉锡：《四库提要辨证》，北京：中华书局，2007年，第165页。
⑥ 余嘉锡：《目录学发微》，《余嘉锡说文献学》，上海：上海古籍出版社，2001年，第16页。

目》仅注类亦有崔豹《古今注》。"①又周南《山房集》、赵希弁《读书附志》、陈振孙《直斋书录解题》皆载有崔豹《古今注》。"是则崔豹之书，历隋唐以至南宋，并见著录，班班可考，《提要》所谓豹书久亡者，亡于何时耶？"②以目录书著录之有无，断定书籍的存亡与真伪，目录之学，为用甚广。

（八）运用版本知识进行考据

考订古书古事，须求善本为依据。《平寇志》旧本题管葛山人撰，序文中题龙湫山人李确著。李文田跋彭孙贻《客舍纪闻》曰："余家有《平寇志》十二卷抄本，题管葛山人彭孙贻著。"③余嘉锡据此认为："李氏藏明人书极富，尤熟于明末史事，据其家藏本所题如此，则此书为彭孙贻所著无疑。"④

另外，通过同一书籍不同版本之间的比较，也可以断定是非。如《通考》引晁公武《郡斋读书志》言《荆楚岁时记》为四卷，《总目》引《读书志》认为必无四卷，断定"《通考》为传写之讹"⑤。然晁公武《郡斋读书志》有袁本、衢本之别，余嘉锡以两本记载比较发现袁本《读书志》虽作一卷，然衢本则作四卷，"《通考》凡引晁氏说，皆用衢本，故亦作四卷，非传写之讹"⑥。《总目》于此失之不考。

（九）疑以存疑，论而不断

有些历史问题，仅凭现有材料或逻辑推理，皆难以断定是非，不妨疑以存疑，多说共存，以待新材料的发现或新方法的应用后再加以解决。《元经》，旧本题隋王通撰，宋阮逸注。晁公武《郡斋读书志》、

---

① 余嘉锡:《四库提要辨证》，北京：中华书局，2007年，第860页。
② 余嘉锡:《四库提要辨证》，北京：中华书局，2007年，第861页。
③ 转引自余嘉锡:《四库提要辨证》，北京：中华书局，2007年，第313页。
④ 余嘉锡:《四库提要辨证》，北京：中华书局，2007年，第313—314页。
⑤ 永瑢等:《四库全书总目》，北京：中华书局，1965年，第622页。
⑥ 余嘉锡:《四库提要辨证》，北京：中华书局，2007年，第441—442页。

陈振孙《直斋书录解题》、陈师道《后山谈丛》、何薳《春渚纪闻》、邵博《闻见后录》等皆疑今本出于阮逸伪作，《提要》亦承此说。然皮锡瑞《师伏堂笔记》引《宋史》太祖建隆三年张昭奏议有"臣等窃以刘向之论《洪范》，王通之作《元经》"[1]语，证王通《元经》宋初已有其书，不得谓阮逸伪作。余嘉锡言皮氏所引《宋史》张昭之语乃"大抵文人用典，例难征实，恐不可以是驳晁、陈"[2]。但"惟其说亦言之成理，足备考证，故录存之"[3]。又比如，关于《千金要方》作者孙思邈之生年，《总目》断为隋开皇辛丑，并认为孙思邈生于后周，隐居不仕之说为史误。余嘉锡详考卢照邻《病梨树赋》序、《旧唐书·方技传》、《太平广记》、《册府元龟》以及《周书》《北史》等，认为"思邈究生于何时，卢照邻且不敢质言之，后人亦惟有付之存疑，无庸考辨矣"[4]。

余嘉锡对《总目》未能"疑以传疑"之处，提出批评。《麟角集》提要考该书作者唐代王棨生平，云王棨"黄巢乱后，不知所终"[5]《总目》之言实引用唐黄璞所撰《王郎中传》，但《王郎中传》言"（王棨）既遇离乱，不知所之，或云归终于乡里焉"[6]。《总目》所引，原本于此，"然删其末句，则非传疑之义也"[7]。

（十）以金石证史

金石之学盛于宋，欧阳修即已开启金石证史，清代朱彝尊、钱大昕等皆是运用金石证史的名家。以金石文字与纸上材料相校勘，相互补订，于史有益。《四库提要辨证》也运用金石材料，仅举两例。《鲍

---

[1] 脱脱等:《宋史》，北京:中华书局，1977年，第12796页。
[2] 余嘉锡:《四库提要辨证》，北京:中华书局，2007年，第224页。
[3] 余嘉锡:《四库提要辨证》，北京:中华书局，2007年，第224页。
[4] 余嘉锡:《四库提要辨证》，北京:中华书局，2007年，第662—664页。
[5] 永瑢等:《四库全书总目》，北京:中华书局，1965年，第1300页。
[6] 董诰:《全唐文》卷八百十七《王郎中传》，清嘉庆内府刻本。
[7] 余嘉锡:《四库提要辨证》，北京:中华书局，2007年，第1308—1309页。

氏战国策》提要只言鲍彪官尚书郎，而不知其隶何曹司。余嘉锡引《金石萃编》卷一百四十九有宋人所书《四十二章京碑》，"彪之仕履，于此可见"[①]。又《东家杂记》提要云孔子娶亓官氏，余嘉锡引汉韩敕《修孔庙礼器碑》、翁方纲《两汉金石记》皆为"幷官氏"，"今《提要》做亓官，则《四库》所收《东家杂记》，亦明刻误本也"[②]。

（十一）本证法

考据有时未必一定要旁征博引，以本书内容即可断本书存在之问题。《总目》云《齐民要术》今本句下之注非贾思勰自注，而依李焘《孙氏齐民要术音义解释序》断为南宋初年运使秘丞孙氏注。然《齐民要术》卷五《种竹》篇首注云："中国所生不过淡苦二种，其名目奇异者，列之于后条也。"卷十《五馨果蓏菜茹非中国物产者》篇首注云："聊以存其名目，记其怪异耳。爰及山泽草木任食非人力所种者，悉附于此。"余嘉锡案："此乃思勰著书发凡起例之语，明篇首注解，皆思勰自注也。"又《齐民要术》卷二《种芋》篇注云："芋可以救饥馑，度凶年，今中国多不以此为意。"卷三《种兰香》篇注云："兰香，罗勒也。中国为石勒讳，故改，今人因以名焉。"余嘉锡案："他篇注中亦多言中国者，盖思勰北人，故自名其国为中国，以别于南朝岛夷也。若宋人无缘作此语矣。且南宋之人，岂犹为石勒避讳乎？"[③] 余嘉锡以《齐民要术》注中的义例以及避讳断注之作者。

又如《肘后备急方》提要云："此本为明嘉靖中襄阳知府吕容所刊，始并列葛、陶、杨三序于卷首。[④] 书中凡杨氏所增，皆别题'附方'二字，列之于后，而葛陶二家之方，则不加分析，无可辨别。"对于《总目》所谓葛陶二家之方无可辨别的说法，余嘉锡即以该书之

---

① 余嘉锡：《四库提要辨证》，北京：中华书局，2007年，第279—280页。
② 余嘉锡：《四库提要辨证》，北京：中华书局，2007年，第323页。
③ 余嘉锡：《四库提要辨证》，北京：中华书局，2007年，第627—628页。
④ 此书初名《肘后卒救方》，晋葛洪撰，梁陶弘景又补其缺漏，金杨用道又取唐慎微《证类本草》诸方附于《肘后随证》之下。

内容进行了反驳。如该书卷一《卒救中恶死方》第一云:"后吹耳条中,葛尝言此云吹鼻,故别为一法。"又云:"寻此传出世在葛后二十许年,无容知见,当是此法,久已在世。"又《治尸注鬼注方》第七云:"尸注鬼注病者,葛云即是五尸之中尸注,又挟诸鬼邪为害也。"此皆明出于陶弘景之手。又卷四《治卒胃反呕哕方》以及五六七八各卷,皆有葛氏方云云。"《提要》乃谓二家之方,无可辨别,盖仅粗加翻阅,于本书未尝卒读也。"①

(十二) 以推理断正误

推理考证法即在缺乏直接材料来源作为证据的条件下,考据者运用间接材料依常理直接推证来得出结论。如《黄石公三略》提要云:"相传其源出于太公,圯上老人以一编书授张良者,即此。……今虽多亡佚,然大抵出于附会。是书文义不古,当亦后人所依托。"《总目》据该书之文义而断为伪书。余嘉锡则依据《史记·留侯世家》推理,来断定伪书。《史记·留侯世家》云:"父出一编书曰,读此则为王者师矣。旦日,观其书,乃《太公兵法》也。"余嘉锡断定:"使张良果有受书之事,则其书当即在《太公兵法》八十五篇之中。盖良既亲受之于老父,知其为太公书,则其后与韩信序次兵法,定著为三十五家,自当次入太公一家之内,不应别有所谓《黄石公记》与《三略》也。使良并无其事也,则即因《太公兵法》而附会,盖流俗人震于留侯之筹策如神,因转相传言,以为是尝受太公之书于下邳神人云尔,尤不当别有此书也。此其出于伪作,可据《史记》一言而决,何必更较量其文义耶?"②

又如《尔雅注疏》提要云:"《七录》载犍为文学《尔雅注》三卷,陆德明《经典释文》以为汉武帝时人。"关于犍为文学《尔雅注》者,陆德明《释文·叙录》称:"一云犍为郡文学卒史臣舍人,汉武

---

① 余嘉锡:《四库提要辨证》,北京:中华书局,2007年,第651—652页。
② 余嘉锡:《四库提要辨证》,北京:中华书局,2007年,第599—600页。

帝时待诏。"余嘉锡认为："今考舍人自是汉臣之名，汉人进书称臣，例不自记其姓，故往往名存而姓不可考。惟其时代则必在汉武以后。何以知之？"余嘉锡提出四点原因，推理论证舍人非汉武帝时代之人。第一，"盖汉代《尔雅》一书之传习，孝平以前犹未显著，至平帝元始四年，始令天下通《尔雅》者诣公车。"第二，"及乎东汉光武，游于灵台，以窦攸独能有鼮鼠之辨，故诏群臣子弟从攸受《尔雅》，足证东汉之初，习之者尚尠。"第三，"若舍人果为武帝时人，而有《尔雅注》，刘歆《七略》必著于目矣。然《汉志》不载其书，是舍人非汉武帝时人也。"第四，"且观陆氏《释文》及唐人《五经正义》与宋《御览》邢昺《尔雅疏》所引舍人注，已杂有类似《白虎通》之训诂，……此皆哀、平之世，谶纬既兴以后，所用说经解字之法，其与《白虎通》《释名》何异？舍人之注《尔雅》，既以此法训说字义，则舍人盖生于后汉之世矣。"①

（十三）以类比辅考据

所谓类比，就是根据两个对象在某些属性上的相同或相似，而做出他们在其他属性上也相同或相似的推理。《魏书》提要云："陈振孙《书录解题》引《中兴书目》，谓收书（注：魏收《魏书》）缺《太宗纪》，以魏澹书补之；志缺《天象》二卷，以张太素书补之；又谓澹、太素之书既亡，惟此纪、志独存。不知何据。"余嘉锡认为："至于澹及太素之书既亡，而此纪、志独存，具见于《崇文总目》。其所以能独存者，正因魏收书缺《太宗纪》及《天象志》二卷，后人取以补亡之故。然犹有单行未录入收书之本，故《总目》别著于录。犹之范晔《后汉书》无志，后人取刘昭所注《续志》以补之，于是昭注纪、传亡，而志独存，然仍自单行。至孙奭始合之于范书。以彼例此，情事正同。"②余嘉锡举范晔《后汉书》与刘昭《续志》之关系来类比魏收

---

① 余嘉锡：《四库提要辨证》，北京：中华书局，2007年，第89—91页。
② 余嘉锡：《四库提要辨证》，北京：中华书局，2007年，第161—163页。

《魏书》与魏澹书之关系，可谓"以彼例此，情事正同"。

但以类比方法断考据，只是一种主观的不充分推理。《总目》亦多用类比之法，其中不乏失误之处。如《疑耀》一书，旧本题李贽撰，实则明张萱撰。王士禛《古夫于亭杂录》"疑为萱自纂，而嫁名于贽"，《总目》执王士禛之说，认为"盖以万历中贽名最盛，托贽以行"，又进而举叶不夜撰书伪托李贽之例类比，以加强说服力，"相传坊间所刻贽《四书第一评》《第二评》，皆叶不夜所伪撰，知当时常有是事也"。实际《总目》此处的类比不成立，余嘉锡引张萱自撰之《疑耀新序》断此书为张萱所著，而当时人伪撰萱序并托此书为李贽所作，并非是张萱自撰而主动嫁名于李贽。"然王氏（王士禛）谓萱自著而嫁名于贽，《提要》又拟之于叶不夜之伪撰《四书评》，似萱欲假借贽之盛名以行其书者，皆非也。"①可以看出，类比方法只能是一种形象化的辅证，而不是绝对征实可靠的逻辑性论证。类比方法的运用，必须有赖于更可靠的其他考证方法作为前提，否则类比的作用往往会适得其反。

（十四）归纳演绎的逻辑论证法

所谓归纳演绎的方法，即把相关的同类型历史材料搜集排比，从中归纳出一般性的、具有普遍特征的结论，再由此结论作为出发点来考证解决相关的问题。归纳演绎的逻辑论证法是人类认识事物的科学思维方式，也是史学工作者应该具备的逻辑思辨能力。余嘉锡也自觉地将该方法运用于其《四库提要辨证》的考辨之中。《管子》提要认为该书大抵后人附会，多于仲之本书。余嘉锡通过对先秦古籍如《尚书》《诗》《周礼》《仪礼》《易》等成书过程的考证，归纳得出"古书不题撰人"的结论。"盖古人著书，不自署姓名，惟师师相传，知其学出于某氏，遂书以题之，其或时代过久，或学未名家，则传者失其

---

① 余嘉锡：《四库提要辨证》，北京：中华书局，2007年，第891—894页。

姓名矣。即其称为某氏者，或出自其人手著，或门弟子始著竹帛，或后师有所附益，但能不失家法，即为某氏之学。"①依此理论，余氏认为《管子》一书实为管氏学者之言，而并非一定是管仲之言，驳斥《总目》的《管子》为后人附会说，认为"《提要》之于周秦诸子，往往好以后世之见议论古人，其言似是而实非"②。余嘉锡通过诸多先秦书籍的个别，归纳出周秦"古书不题撰人"的通则，再由此通则来判断《管子》一书为管氏学派之著作，而非必管仲一人所撰。

（十五）据履历以断订

考证与人物行事有关问题时，常用此法。如《东南纪闻》提要云："又汪勃调官一事，称张浚、韩世忠迎合秦桧。浚之心术不可知，世忠当万万不至此，恐未免传闻失真。"《东南纪闻》原文云："汪勃，歙人也，仕州县，年逾六十，犹未调，官满趋朝，试干秦桧，求一近阙。秦问其已改官乎，曰：'未也。''有举者几人？'曰：'三人耳。'于是遣人导之往谒张、韩。时二公皆以前执政奉朝请，闻有秦命，倒屣出迎，执礼甚至。勃得改秩，秦后擢寘台省。"《总目》认为汪勃往谒之张、韩为张浚与韩世忠，余嘉锡考辨汪、张、韩之仕履后认为张为张俊而非张浚。据《建炎以来系年要录》，绍兴十三年三月丙辰，左宣教郎汪勃为太常寺主簿，其自州县改京秩，实始于此。"韩世忠先于十一年十月癸巳，自枢密使罢为醴泉观使奉朝请，与是书所谓前执政者合。若张浚虽亦以十一年十一月辛酉自知福州罢为万寿观使，然既免其奉朝请，且是前宰相，非前执政也。况浚自罢福州后，即奉母寓长沙，其后屡经转徙，直至绍兴之末，未尝入国门。桧何从遣人导勃往谒，浚亦何从倒屣迎之乎？"既然"张"者非张浚，余嘉锡又通过考张俊之仕履，从而断定此人实为张俊。"俊于十二年十一月癸

---

① 余嘉锡：《古书通例》，《余嘉锡说文献学》，上海：上海古籍出版社，2001年，第178—182页。
② 余嘉锡：《四库提要辨证》，北京：中华书局，2007年，第607—610页。

巳,自枢密使罢为醴泉观使奉朝请,进封清河郡王。俊故附秦桧同主和议者,是时又新进封,宜其奉令惟谨。"《总目》不考人物仕履,误以张俊为张浚。①

(十六)歧说择优法

对同一问题的认识,往往众说纷纭,可以从中选出最为可靠的说法。所谓最为可靠,汪受宽师认为大体包含两层意思。一是对诸说法本身从史料学上检验,看哪一种更早,更直接。二是对说法从典制、文化、习俗等诸方面检验,看哪一种更符合实际。此种方法,《四库提要辨证》亦有所应用。如《月令》之书,或云周公作,或云吕不韦作,从汉代开始便没有定论。《总目》认为该书是"不韦采集旧文,或传益以秦制欤"。余嘉锡认为:"后儒纷纷论辨,各是其事,其说亦无以相胜。《提要》谓为不韦采集旧文,而传益以秦制,较为持平,未始非解纷之道。"②

(十七)以众说驳孤证

《总目》云《蚕书》作者为宋代秦观之子秦湛,《总目》此说源自《宋史·艺文志·农家类》,而《宋史·艺文志》之说本于《馆阁书目》。然王应麟《困学纪闻》、陈振孙《书录解题》皆云秦观撰《蚕书》,见于秦少游《淮海集》。该书宋汪纲刻本亦题作秦观,孙镛《蚕书跋》也直指为秦淮海。"则《馆阁书目》之作秦处度(秦湛)者,……不足为据。……此书之不出于湛,居然可知。"③又《总目》因循晁公武《郡斋读书志》之言,怀疑《隆平集》非曾巩所作。余嘉锡考吴曾《能改斋漫录》、李焘《续通鉴长编》、李心传《旧闻证误》皆曾引《隆平集》,并称为曾巩所作。余氏道:"吴曾号为博洽,有宋

---

① 余嘉锡:《四库提要辨证》,北京:中华书局,2007年,第1114—1116页。
② 余嘉锡:《四库提要辨证》,北京:中华书局,2007年,第51—52页。
③ 余嘉锡:《四库提要辨证》,北京:中华书局,2007年,第629—630页。

一代史学之精，自司马光外，无如二李者，而其于此集均信为曾巩所作，未尝稍疑其伪。焘于考证最密，如王禹偁《建隆遗事》，虽屡引之，而屡言其伪托。使此集稍有可疑，焘岂得独无异词？心传著书，专证人之误，纤悉必举，又岂肯援用伪书、贻人口实邪？《提要》独执晁公武之单辞，便毅然断为依托。公武之学，既不博于吴曾，尤不及二李，未必能别黑白而定是非。"①

（十八）各种方法的综合运用

余嘉锡在考辨《总目》过程中，往往是多种考据方法同时使用，有时一种方法并不足以去解决问题，多方法、多角度去考证，结论才会更有说服力。

如《黄帝素问》提要云："《汉书·艺文志》载《黄帝内经》十八篇，无《素问》之名，后汉张机《伤寒论》引之，始称《素问》。晋皇甫谧《甲乙经序》称《针经》九卷，《素问》九卷，皆为《内经》，与《汉志》十八篇之数合，则《素问》之名起于汉、晋间矣，故《隋志·经籍志》始著录焉。"针对《总目》所言《素问》之名起于汉、晋间的说法，余嘉锡使用推理、类比、归纳演绎等多种方法，进行驳斥。

余嘉锡运用推理，提出反驳。总结如下：第一，"秦、汉古书，亡者多矣，仅存于今者，不过千百中之十一，而又书缺简脱，鲜有完篇，凡今人所言某事始见于某书者，特就今日仅存之书言之耳，安知不早见于亡书之中乎？以此论古，最不可据。即以医书言之，……安所得两汉以上之书而徧检之，而知其无《素问》之名乎？"第二，"使《内经》本不名《素问》，而张机忽为之杜撰此名，汉人笃实之风，恐不如此。"第三，"《内经》十八卷，其九卷名《素问》，其余九卷则本无书名，故张仲景、王叔和引后九卷之文无以名之，直名之曰《九

---

① 余嘉锡：《四库提要辨证》，北京：中华书局，2007年，第260—261页。

卷》。然则《素问》之名，其必出于仲景之前亦明矣。"

余嘉锡又以《战国策》《新语》之例为类比。第一，"如《战国策》三十三篇，初非一书，其本号或曰《国策》，或曰《国事》，或曰《短长》，或曰《事语》，或曰《长书》，或曰《修书》，而刘向名之曰《战国策》。使《短长》诸书今日尚存，固不可曰《汉书·艺文志》只有《战国策》三十三篇，无'短长'之名，必起于汉、晋以后也。"第二，"此如陆贾著《新语》十二篇，刘向校书之时又得贾平生论述十一篇，合而编之，为《陆贾二十三篇》，不复用《新语》之名，正同一例。今既不得以《新语》之名为后起，则亦安见《素问》之名必起于汉、晋以后也乎？"

余嘉锡亦运用演绎之法。"《提要》不过因《汉志》只有《内经》十八卷并不名《素问》，故谓其名当起于刘、班以后，不知向、歆校书，合中外之本以相补，除重复定著为若干篇，著之《七略》《别录》，其篇卷之多寡，次序之先后，皆出重定，已与通行之本不同，故不可以原书之名名之。"①余嘉锡运用刘向、歆父子校书之法，演绎证明《黄帝内经》出于重订，篇卷之多寡，次序之先后，已于通行本不同，故不可以原书之名名之，恰推断原书当名为《素问》。

通过多种方法的运用，余嘉锡驳斥《总目》所言《素问》之名起于汉、晋间的说法，其立说深为可信。

余嘉锡考据研究中所运用的方法，可以说在清代学者的考据研究中皆有所体现，这些方法在清代大体上都已经成熟并被当时的学者所熟练掌握。同时，余嘉锡摒弃了清儒研究中的不足，实现了对清儒的超越，使自己的考据更有科学性与合理性。

四、余嘉锡考据学的时代特色

与清代学者不同的是，余嘉锡的考据学摆脱了传统经学的束缚，

---

① 余嘉锡：《四库提要辨证》，北京：中华书局，2007年，第631—632页。

不迷信经典的权威，将儒家经典本身也作为考据的对象。同时在西方学术观念传入中国并影响日彰的形势下，余嘉锡对古典小说的考证，重视子部的研究、经学史研究以及宗教史的研究，皆表现出了强烈的时代特征，并与强调"科学方法"整理国故的新派学人在治学领域与方法上表现出了一致性。

（一）对子部考证的重视

自汉武帝时期罢黜百家、独尊儒术之后，诸子学渐湮没无闻，不为学者所关注，直至乾嘉考据学兴起之后，考据家从对经史的考证到对诸子之书的整理，遂导致对诸子学的重视。如梁启超所说："及考证学兴，引据惟古是尚，学者始思及六经以外，尚有如许可珍之籍。故王念孙《读书杂志》，已推勘及于诸子。其后俞樾亦著《诸子平议》，与《群经平议》并列。而汪、戴、卢、孙、毕诸贤，乃遍取古籍而校之。"[1] 此外，西方学术对中国传统学问的冲击，形成了中学与西学相竞争的局面，与西学的概念相应，清季形成了同时包容儒学与诸子学的"国学"，也加速了诸子学的兴起，形成了晚清时期西方学术与中国传统诸子之学"相因缘而并生"的局面。民国初期，胡适《诸子不出于王官论》及《中国哲学史大纲》的出版，打破传统的"九流出于王官说"，将诸子学抬高到一种与经学平等乃至超越经学的地位上。在胡适等学者的推动下，诸子学研究成为一时热潮。当时，"北平、上海各大报章杂志，皆竞谈先秦诸子"[2]。对此，章太炎认为："中国学说，其病多在汗漫。春秋以上，学说未兴。汉武以后，定一尊于孔子，虽欲放言高论，犹必以无碍孔氏为宗。强相援引，妄为皮傅。愈调和者愈失其本真，愈附会者愈违其解故。"[3] 故他提出："甄明

---

[1] 梁启超：《清代学术概论》，北京：中华书局，2010年，第88页。
[2] 钱穆：《八十忆双亲·师友杂忆》，北京：三联书店，1998年，第145页。
[3] 章太炎：《致国粹学报书》，1909年11月2日，汤志钧编：《章太炎政论选集》上册，北京：中华书局，1977年，第498页。

理学，此可为道德之训言（即伦理学），不足为真理之归趣。惟诸子能起近人之废。"①

余嘉锡博览群书，自称"史子两部，宋以前书未见者少；元明以后，亦颇涉猎"②。1937余嘉锡自刻本《四库提要辨证》，也是只有史、子两部写定之稿二百二十余篇而无经部与集部，其中史部四卷，子部八卷，子部篇幅最大。在最后定本的《四库提要辨证》中，也是以子部所占的篇幅最为庞大。余嘉锡对先秦诸子学以及后来的子部之书都格外的重视，其《古书通例》中便"颇能平等看待经子关系"③。先秦之书，子部的流传最为纷纭，因此整本《古书通例》，绝大篇幅皆是通过对先秦诸子之书的考证来说明古书的流传衍变。可见余嘉锡在子部书籍上下的功夫尤多。

（二）以历史考据法治小说研究

余嘉锡对中国古典小说的考据研究，将考据学方法运用到不被传统学者所重视的小说领域，从版本、源流、史事真伪等多个方面，考辨中国传统的小说。

现代学术意义上的"小说"属于西来观念，与中国传统学术分类体系中的小说即有联系，又有区别。《汉书·艺文志》云"小说家者流，盖出于稗官"，将小说列入子部内，所列书籍多为杂记、丛谈等。余嘉锡所考辨的小说，《殷芸小说》与《世说新语》更接近于传统意义上的杂记或丛谈，而从平话演变过来的《水浒传》与《杨家将》则与现代意义上的小说观念有所契合。不管是传统丛谈、杂记还是后来的话本，在中国传统文化中地位最低，难以登大雅之堂，被传统的学

---

① 章太炎：《致国粹学报书》，1909 年 11 月 2 日，汤志钧编：《章太炎政论选集》上册，北京：中华书局，1977 年，第 498 页。
② 周祖谟，余淑宜：《余嘉锡先生传略》，《余嘉锡文史论集》，长沙：岳麓书社，1997 年，第 663 页。
③ 李锐：《子学与经学的传承比较》，《清华大学学报》（哲学社会科学版），2013 年第 2 期，第 87 页。

者所歧视。在考据学如日中天的乾嘉时期，学者博览群书，但仍然对小说弃置不观。博学如钱大昕者，"于书无所不窥，然甚恶小说，尝作正俗篇，以为小说专导人以恶，有觉世牖民之责者，宜焚而弃之，勿使流播"①。因此，直至清末，中国传统小说文献资料都得不到重视，处于一种无人系统整理与研究的状态。在西方学术观念的不断冲击之下，又经梁启超、胡适等学者的大力倡导，人们开始对传统小说、戏曲等俗文学给予较多的关注，小说的学术地位开始逐渐提升，从被人鄙夷忽视的边缘开始走向学术研究的中心。

由于传统文化中对于小说研究的忽视，因此在20世纪初期小说研究的初兴阶段，鲜有前人的成果作为参考，也缺少成型的研究体系。如马廉曾说道："中国对于小说向视为琐屑小道，不足以登大雅之堂，故无人注意。即或注意，亦无加以研究者。所以现在我们研究这类的东西，实在太难：既没有目录供我们检查，又没有专书供我们参考。"②小说研究的起步阶段，便需要做足够的基础性工作，而对于学术研究而言，最基础的工作莫过于对研究对象进行文献方面的整理。因此，民国时期的小说研究，涉及最多的便是有关作品的作者、流传情况、版本优劣等文献学领域的内容，这种基础性的工作，成了民国时期小说研究的主流。正如郑振铎所言："研究中国小说的方向，不外'史'的探讨与'内容'的考索。但在开始研究的时候，必须先打定了一种基础，那便是关于小说本身的种种版本的与故事的变迁。"③因此，在这种文学研究考据化的强烈倾向下，直接导致不少学者以研究史籍的眼光来看待小说与戏曲。

余嘉锡便是其中的一个代表。在余嘉锡的学术著作中，除《目录学发微》《古书通例》以及《四库提要辨证》之外，小说考证作品

---

① 余嘉锡：《杨家将故事考信录》，《余嘉锡文史论集》，长沙：岳麓书社，1997年，第393页。
② 马廉：《明末短篇小说集"三言""二拍"》，《马隅卿小说戏曲论集》，北京：中华书局，2006年，第108页。
③ 郑振铎：《中国小说史料》序，上海：上海古籍出版社，1982年。

也占有足够的分量。余嘉锡在小说考证中的贡献，主要表现为文献搜集、版本考订、史事纠误等几个方面。代表性作品如《殷芸小说辑证》《宋江三十六人考实》《杨家将故事考信录》以及《世说新语笺疏》等。

与清代的考据学者鄙夷小说态度不同的是，余嘉锡认为小说自有它们存在的社会价值与功用，小说的产生当是源自社会民众的心理需求，不应对此废弃不谈，应该发掘小说中孕育的积极思想。如他在《杨家将故事考信录》中所说："小说虽出于街谈巷议，然春秋攘夷之义、诗人匪风下泉之思存焉，何可非也？"[1]"益信杨家将虽小说，而实一时人心之所同，故能与学者之作相表里。其后元之所以亡，明之所以兴，其几盖在于此。"[2]并驳斥钱大昕"乃谓小说专导人以恶，夫岂其然"[3]。

在《宋江三十六人考实》中，余嘉锡以考据之法，对《三朝北盟汇编》《通鉴纪事本末》《建炎以来系年要录》等书中有关水浒人物的资料，详加以梳理。诚如余嘉锡说云："清人其他考证著作，偶尔牵涉及宋江梁山泺者，大抵为随笔撷拾，非经意之作，故因袭前人者十恒八九，鲜所订正。"[4]"中年以后，从事考史之业，读书渐多，得见《三朝北盟会编》《建炎以来系年要录》《通鉴纪事本末》诸书，见有关宋江诸人事迹，足以订证《宣和遗事》《水浒传》诸书者，随手撷录，日久积成篇帙。比而观之，知诸说部书所叙，大体有所依据，真假相半。即其傅会缘饰之处，亦多推本于宋、元社会风习，初非向壁虚造。详加考索，不仅于北宋末年震烁一时之英雄事迹，可以粗明大概；即《水浒传》所用之名辞、典制，昔所认为难于索解者，至是亦渐能得其真义矣。其后读黄以周通鉴长编拾补，甚佩其援引详博，考

---

[1] 余嘉锡：《杨家将故事考信录》，《余嘉锡文史论集》，长沙：岳麓书社，1997年，第394页。
[2] 余嘉锡：《杨家将故事考信录》，《余嘉锡文史论集》，长沙：岳麓书社，1997年，第394页。
[3] 余嘉锡：《杨家将故事考信录》，《余嘉锡文史论集》，长沙：岳麓书社，1997年，第394页。
[4] 余嘉锡：《宋江三十六人考实》，《余嘉锡文史论集》，长沙：岳麓书社，1997年，第311页。

据精审。于宋江起兵山东之事，能订正旧说之讹误，使北宋末年之重要史实，复白于后世，有昭然发蒙之功。"①

《殷芸小说辑证》是关于《殷芸小说》的辑佚作品。该文采古书26种，辑得154则。"略加考证，并依原书次第定著为十卷。"②对从各书中所辑佚出的《殷芸小说》各条，则"考其时代，分别编次，不敢谓能复原书面目，求其约略近似而已"③。宋代以前人所称引，只称"小说"而不著姓名的，"以他书参互考之，往往即是殷芸之书，今故概行辑入"④。各书所引小说，往往文字有所异同，则"择善而从，并著之校语"⑤。

《世说新语笺疏》则是余嘉锡用功较勤的一部作品。本书始作于1937年，"曾分用五色笔以唐、宋类书和唐写本《世说》残卷校勘今本，一九三八年五月又用日本影印宋本与明、清刻本对校"⑥。"自此以后，作者一面笔录李慈铭的批校、程炎震的《笺证》、李详的《笺释》以及近人谈到的有关《世说》的解释，一面泛览史传群书，随文疏解，详加考校，分别用朱墨等色笔书写在三部刻本中。"⑦作者对这部著作花费较多心血。直至逝世前两年，在十余年间内，余嘉锡几乎将一半的时间都用在整理《世说新语笺疏》上了。"《笺疏》内容极为广泛，但重点不在训解文字，而主要注重考案史实。对《世说》原作和刘孝标《注》所说的人物事迹，一一寻检史籍，考核异同；对原书不备的，略为增补，以广异闻；对事乖情理的，则有所评论，以明是

---

① 余嘉锡：《宋江三十六人考实》，《余嘉锡文史论集》，长沙：岳麓书社，1997年，第310页。
② 余嘉锡：《殷芸小说辑证》，《余嘉锡文史论集》，长沙：岳麓书社，1997年，第260页。
③ 余嘉锡：《殷芸小说辑证》，《余嘉锡文史论集》，长沙：岳麓书社，1997年，第261页。
④ 余嘉锡：《殷芸小说辑证》，《余嘉锡文史论集》，长沙：岳麓书社，1997年，第261页。
⑤ 余嘉锡：《殷芸小说辑证》，《余嘉锡文史论集》，长沙：岳麓书社，1997年，第261页。
⑥ 周祖谟：《世说新语笺疏·前言》，余嘉锡：《世说新语笺疏》，北京：中华书局，2007年，第2页。
⑦ 周祖谟：《世说新语笺疏·前言》，余嘉锡：《世说新语笺疏》，北京：中华书局，2007年，第2页。

非。同时,对《晋书》也多有驳正。"[1]

余嘉锡以考据之法治小说研究,一方面是由于余氏本身受传统旧学影响深刻,以治经史之考据法治小说版本与小说中的史实研究,是其最擅长的研究途径。另一方面,以考据方法治小说研究,在整理国故运动风行民国时期,也是当时整个学术界的一种大风气,余嘉锡的小说研究,与当时的整体学风适相契合。

(三)余嘉锡的经学史研究

随着清朝统治的没落,作为中国传统社会的意识形态的经学也随之而走到了尽头。史学则因为有着强烈的现实功用性,则取代经学逐渐成了近代学术的主流。梁启超在《新史学》中就说:"史界革命不起,则吾国遂不可救,悠悠万事,惟此为大",正可见史学取代经学大势已定。五四以后,经学被彻底拉下圣坛,经书也变成了需要被重新审查的史料,因此,传统的经学考据研究逐渐淡出人们的视野,随之而起的是以历史考据的眼光审视经书。在这样的背景下,六经皆成史料,经学衰落,经学史研究却逐渐兴起。如周予同便说过:"中国经学研究的现阶段是在不徇情地消灭经学,是在用正确的史学来统一经学。"[2]正是在这样的一种大趋势下,民国时期的经学史研究蔚然成风。

余嘉锡虽然没有系统的经学史研究著述,但在《四库提要辨证》及其他著作中,均涉及了对经学源流授受的考辨,并时有精彩论断。余嘉锡在辅仁大学开设甲乙组必修科目"经学通论"课程。在课程介绍中云:

> 九经三传,为一切学问根柢,但义蕴宏深,其书亦浩

---

[1] 周祖谟:《世说新语笺疏·前言》,余嘉锡:《世说新语笺疏》,北京:中华书局,2007年,第3页。

[2] 朱维铮编:《周予同经学史论著选集》(增订本),上海:上海人民出版社,1996年,第622—623页。

如烟海；学者欲窥门径，不可不知其源流大略。皮锡瑞《经学历史》，敷陈详赡，今故取以为教材。然皮氏主张今文学，不免多所穿凿，讲授之时，当旁引群书，加以纠正。多闻阙疑，无取便辞巧说也[①]。

余嘉锡以皮锡瑞《经学历史》为教材底本，并批评皮锡瑞《经学历史》站在今文经学家立场，论述也多穿凿附会，对古文经学有所偏颇，不能完全走出门派之见。故余嘉锡讲授经学史，旁引群书，对皮氏之失加以纠正。皮锡瑞是经师而非史家，他站在今文经学的立场来看待经学史，因此皮氏的论述往往不能像史家考史一样将资料搜罗殆尽，故好加以主观的论断。皮锡瑞没有能够超越门派之见，因此站在史家的立场来看，皮氏的经学史未免"多所穿凿"。余嘉锡论经学史，则采取史家治史的态度，排比史料，摆脱经师立场，条理经学传授源流与演变，阐明经典的流传情况，并批驳了清代以来学者研究中的失误。余嘉锡立足于历史考据的经学史研究，主要体现在"对小学源流的考辨"[②]"论刘向所习未必为鲁诗"[③]"论西晋太学所立各家经学博士"[④]"论南北朝各家《易》学兴废"[⑤]等方面，皆有精彩论断。

晚清以来学风转移，子学研究蔚然兴起，民国时期子学研究仍是热潮。受近代以来整体学术风气的影响，余嘉锡亦以治经学的方法进行子学研究，体现了近代以来子学的兴起并与经学并驾的趋势。同时，从晚清到民国，学者对待小说考证的观念在逐渐发生改变，新文化运动以及整理国故运动之后，文学研究中的小说考证蔚然成风，余嘉锡在以史证小说方面也成绩卓著。但无论余嘉锡的子学研究、经学史研究或者小说研究，在方法上，都体现出了强烈的历史考据化倾向，即以历史考据的方法治子学、经学乃至小说，这种现象体现了近

[①] 民国二十四年度《北平辅仁大学学则》，第22页。
[②] 余嘉锡：《四库提要辨证》，北京：中华书局，2007年，第81—85页。
[③] 余嘉锡：《四库提要辨证》，北京：中华书局，2007年，第556—558页。
[④] 余嘉锡：《晋辟雍碑考证》，《余嘉锡文史论集》，长沙：岳麓书社，1997年，第123—159页。
[⑤] 余嘉锡：《四库提要辨证》，北京：中华书局，2007年，第2—14页。

代以来经学、子学以及俗文学地位的升降，以及最终史学研究的走向学术中心。余嘉锡的这些研究，皆与当时整个时代的学术研究风气大体趋同。但余嘉锡对"诸子出于王官论"①的认同，又体现出了余嘉锡与"五四"以后的新派学人有着明显的距离，体现了强烈的学术保守特征。

第二节 持平于汉学与宋学之间

余嘉锡以考据学名家，体现出了立足考据学的治史方法。但余嘉锡却反对清代以及民国时期的考据学者贬低宋学，并提出"清儒之学不胜宋儒"的说法，推崇宋代理学与史学。在《四库提要辨证》中，余嘉锡便言："有清一代汉学家之攻击宋学者，其持论率如此，而以《四库提要》为之赤帜。"②因此之故，余氏对四库馆臣攻击宋儒之处进行驳斥辨证，认为四库馆臣诋毁道学家，而不考情事之言。③

一、余嘉锡对《四库全书总目》批评宋代理学家的驳正

（一）《四库全书总目》对宋学的抨击

理学是清朝的官方意识形态，居于正统地位。而汉学在乾嘉时期如日中天，在乾隆中期以后，也受到了官方的鼓励支持。宋学与汉学，都"得到封建政府的'提倡'或'默认'而'合法'发展的"④。因此，在编纂《四库全书》之时，《四库全书总目》主旨是主张于汉

---

① 余嘉锡：《小说家出于稗官说》，《余嘉锡文史论集》，长沙：岳麓书社，1997年，第245—158页。
② 余嘉锡：《四库提要辨证》，北京：中华书局，2007年，第81页。
③ 余嘉锡：《四库提要辨证》，北京：中华书局，2007年，第338页。
④ 周予同、汤志钧：《关于中国经学史中的学派问题——中国经学史论之二》，《学术月刊》，1961年03期，第45页。

学与宋学之间采取一种持平之论,能相对公正客观的指出宋学与汉学的各自不足。如《总目》在总叙中,于汉学、宋学大抵能取持平态度,"总叙"说:"自汉京以后垂二千年,儒者沿波,学凡六变……要其归宿,则不过汉学、宋学两家互为胜负。夫汉学具有根柢,讲学者以浅陋轻之,不足服汉儒也。宋学具有精微,读书者以空疏薄之,亦不足服宋儒也。消融门户之见,而各取所长,则私心去而公理出,公理出而经义明矣。"①

但《四库全书总目》各书的提要中,则体现出明显的崇尚汉学、抨击宋学尤其是朱子学的倾向。②虽然《总目》也批评理学家学问空疏,但这还是偏于在学理方面来立论的,《总目》对宋明理学的批评,更多是遵循乾隆御旨,批评理学家好有门户之争,而门户之争的严重后果,将致国破家亡。如乾隆在《题〈东林列传〉》中严厉批评了讲学家有门户之见:"历代名臣莫如皋、夔、稷、契、伊、望、萧、曹、房、杜、王、魏、韩、范、富、欧,是皆非讲学者也。而其致君泽民实迹,古今争诵之。汉室党人已开标榜之渐,激而致祸。即宋之周、程、张、朱,其阐洙泗心传,固不为无功。然论其致君泽民之实迹,如向之所举若而人者,安能并肩齐趋乎?而蜀、洛之门户,朱、陆之冰炭,已启相攻之渐。盖有讲学,必有标榜,有标榜,必有门户,尾大不掉,必致国破家亡。汉、宋、明其殷鉴也。夫至国破家亡,黎民受其涂炭者不可胜数,而方以死节殉难者,多为有光于古,收讲学之效,则是效也,徒成其为害,真所谓国家将亡,必有妖孽而已。"③乾隆批评理学家讲学好有门户之见,严重后果将致国破家亡。正是在乾

---

① 永瑢等:《四库全书总目》,北京:中华书局,1965年,第1页。
② 也有学者认为《总目》并没有"尊汉抑宋"。如叶德辉便说:"近世士大夫每谓尊汉学、斥宋学自纪文达倡之,考《四库全书提要》一书,无论为汉为宋,其学之有流弊者,类皆一一别其是非。而其立词,则曰讲学家,又曰其末流如何,皆沿《班志》《隋书》《崇文总目》之例,其于汉学亦然,并不斥其初祖。乾嘉以后之人读《提要》不通,致有河间尊汉抑宋之论说。"(叶德辉:《叶德辉文集》,上海:华东师范大学出版社,2010年,第233页。)
③ 清高宗:《御制文二集》卷十八《题〈东林列传〉》,《四库全书》(第1301册),第395页。

隆这样一种思想的指导之下，《总目》作者对宋明理学家批评尤为猛烈。如《总目》子部儒家类"小序"云："古之儒者，立身行己，诵法先王，务以通经致用而已，无敢自命圣贤者。王通教授河汾，始摹拟尼山，递相标榜，此亦世变之渐矣。迨脱脱等修《宋史》，以道学、儒林分为两传。而当时所谓道学者，又自分二派，笔舌交攻。自时厥后，天下惟朱、陆是争，门户别而朋党起，恩仇报复，蔓延者垂数百年。明之末叶，其祸遂及于宗社。惟好名好胜之私心不能自克，故相激而至是也。"①可见，《总目》对道学家的批评，其立意全本于乾隆皇帝的旨意。清朝虽然将理学立为官方正统思想，但乾隆却极力抨击宋儒讲学好分门户、好立新说的方式。好立门户易衍生朋党之争，好立新说将导致思想的活跃与不同学派的形成，这都容易衍变成为太平盛世王权一尊的对立面，故深为乾隆所忌讳。《总目》作者深刻领会了乾隆的意旨，在各篇提要中对宋儒讲学尤其是朱熹批评尤甚。

　　如《四库全书总目》评价朱熹《伊洛渊源录》，极尽挖苦之词，云："宋人谈道学宗派，自此书始。而宋人分道学门户，亦自此书始。厥后声气攀援，转相依附，其君子各执意见，或酿为水火之争，其小人假借因缘，或无所不至。"②又如在《四库全书总目》"凡例"中批评明末东林党讲学，云："汉唐儒者，谨守师说而已。自南宋至明，凡说经、讲学、论文，皆各立门户。大抵数名人为之主，而依草附木者，嚣然助之。朋党一分，千秋吴越，渐远渐疏，并其本师之宗旨亦失其传，而仇隙相寻，操戈不已。名为争是非，而实则争胜负也。人心世道之害，莫甚于斯。"③

　　《四库全书总目》对理学的批评，还可以通过提要分纂稿与《总目》的对比来观察。如翁方纲颇能平亭于汉学与宋学之间，由翁氏所撰之《宋绍兴十八年同年小录》分纂稿云：

---

① 永瑢等：《四库全书总目》，北京：中华书局，1965年，第769页。
② 永瑢等：《四库全书总目》，北京：中华书局，1965年，第519页。
③ 永瑢等：《四库全书总目》，凡例，北京：中华书局，1965年。

  谨按:《宋绍兴十八年同年小录》一册,明弘治中,会稽王鉴之得句容江氏旧本重校,刻于紫阳书院者。其跋直谓"晦庵同年录",以明是录因朱子存也。考宋时廷试放榜唱名后,谒先圣先师,赴闻喜宴,列叙名氏、乡贯、三代之类具书之,谓之"同年小录"。高宗南渡后,自建炎二年李易榜至是,七设科矣。是科凡三百三十人,又特奏名一人,朱子名在五甲九十,不为高科,而诸人卒赖之以传。朱子平生,在朝四十六日,仕于外仅九考,不为腆仕,而卒能传此录者,信乎科名之重,重以人也。此本盖从刻本影钞,间有讹字,应校正重刊,以备故事。①

可见,翁方纲所撰提要稿只言"是录因朱子存也",并没有贬低理学家的意图。但经过纪昀等修改过的《四库全书总目》之《宋绍兴十八年同年小录》提要,则明显有贬低朱子的学术取向。《总目》云:"夫进士题名,统以状头。曰某人榜进士,国制也;标以年号,曰某年登科小录,亦国制也。故以朱子传是书可也,以朱子冠是书,而黜特选之大魁,进缀名之末甲,则不可;以朱子重是书可也,以朱子名是书,而削帝王之年号,题儒者之尊称,则尤不可。鉴之所称,盖徒知标榜门户,而未思其有害于名教。今仍以原名著录,存其真焉。"②

(二) 余嘉锡对理学家的回护

  余嘉锡在《四库提要辨证》中对《四库全书总目》批评理学的做法进行辩驳,体现出了鲜明的维护理学的思想倾向。如余嘉锡云:"纪晓岚之作《提要》务与朱子为难,……然儒者知人论世,当求协于是非之公,若挟持成见,以快其议论,则亦何所不至哉。汉学家例不喜宋儒,而宋儒之中尤不喜朱子,故于朱、陆之争,则右陆而左

---

① 翁方纲等:《四库提要分纂稿》,上海:上海书店出版社,2006年,第113页。
② 永瑢等:《四库全书总目》,北京:中华书局,1965年,第519页。

朱。而于朱、唐公案，又抑朱而袒唐。"①余嘉锡对《总目》抨击理学的批评，举如下三例以说明。

1. 如《四库全书总目》之《庆元党禁》提要云："宋代忠邪杂进，党祸相仍，国论喧呶，已一见于元祐之籍。迨南渡后，和议已成，外忧暂弭，君臣上下，熙熙然燕雀处堂。诸儒不鉴前车，又寻覆辙，求名既急，持论弥高，声气交通，贤奸混糅。浮薄诡激之徒，相率攀援，酿成门户，遂使小人乘其瑕隙，又兴党狱以中之。兰艾同焚，国势驯至于不振。《春秋》责备贤者，不能以败亡之罪，独诿诸韩侂胄也。"《总目》作者将宋代的败亡归罪于理学家的门户之争。余嘉锡对此提出了不同的看法，余嘉锡说："此乃苟欲诋毁道学家，而不考情事之言也。其实庆元之党祸，与元祐时事迥异。……则侂胄之倒行逆施，亦非道学激之使然也。"②《庆元党禁》提要又云："书中所录伪党共五十九人，如杨万里尝以党禁罢官，而顾未入籍，其去取之故，亦颇难解。盖万里之荐朱子，实出至公，与依草附木攀援门户者迥异，故讲学之家，终不引之为气类。"③余嘉锡案："万里实尝忤侂胄，然未尝罢官，更未尝入党籍也。……万里本不在党籍之中，自不得而录入之也。而《提要》乃谓讲学家不欲引之为气类，作此书者遂删除其姓名。夫以朝廷所定之党籍，而一二人乃恣其胸臆，奋笔删除，此情理之所必无，亦事实之所不容有。撰《提要》者乃凭空臆决，言之凿凿，真无稽之谈矣。"④

2. 《珩璜新论》提要云："考平仲（孔平仲，《珩璜新论》作者）与同时刘安世、苏轼，南宋林栗、唐仲友，立身皆不愧君子，徒以平仲、安世与轼不协于程子，栗与仲友不协于朱子，讲学家遂皆以寇雠视之。"⑤

---

① 余嘉锡：《四库提要辨证》，北京：中华书局，2007年，第989页。
② 余嘉锡：《四库提要辨证》，北京：中华书局，2007年，第338—339页。
③ 永瑢等：《四库全书总目》，北京：中华书局，1965年，第521页。
④ 余嘉锡：《四库提要辨证》，北京：中华书局，2007年，第341—344页。
⑤ 永瑢等：《四库全书总目》，北京：中华书局，1965年，第1037页。

余嘉锡案:"《提要》此条,所谓讲学家者特泛言之之辞,未尝实指其人。然《提要》尝谓朱子有心抑刘安世,不载其行事于《言行录》,于朱子之诋苏东坡,尤为愤懑不平,每借题发挥,以快其议论。夫刘安世、苏轼、孔平仲皆不协于程子者,《提要》既疑朱子排抑安世与轼,则此条谓讲学家视三人为寇仇者,非指朱子而谁,特以连类及于林栗、唐仲友之事,兼不协于朱子者言之,故泛以讲学家括之云耳。然吾尝以其实考之,则朱子之推服刘安世甚至,且具载其行事于《言行录》中。至于排诋东坡,诚所不免,此自因学术之不同,非恨其不协于程子。且其晚年于东坡赞不容口,《晦庵集》中年月可考也。其于平仲议论及之者盖寡,然考《晦庵集》卷八十四……是朱子于平仲著述,皆加护惜,且于伪托其言者,严加辨别,以免为平仲之累。而谓其百计排诋,欲灭其著述,然乎否乎?"[1]

3.《总目》评价《横塘集》作者许景衡,云:"景衡虽源出洛学,而立身刚直,不与贾易诸人嚣争门户。"[2]余嘉锡案:"景衡卒于建炎二年五月,年五十七,则当生于熙宁六年。贾易之请逐苏轼,事在元祐二年,景衡其时才十五岁。及元祐六年,易复劾轼,朝廷以易为言事失当,与轼两罢,景衡亦不过十九岁,已否受业程颐,尚不可知,即令已游其门,然以区区年少书生,岂能遽与贾易同为门户之争哉?《提要》忽无故将景衡牵入其中者,盖以平时素恶宋学,尤不平于洛党之攻苏轼,今得一程门弟子之文集,见其中未尝攻轼,遂欣然发此快语,而不悟其事实之相远也,是亦不可以已乎?"[3]

二、余嘉锡与新派学者在戴震评价上的分歧

清代的考据学大师戴震在民国时期受到了诸如胡适与梁启超等人的追捧。胡适在"科学主义"的旗帜下,将清代的考据学与杜威的

---

[1] 余嘉锡:《四库提要辨证》,北京:中华书局,2007年,第920—921页。
[2] 永瑢等:《四库全书总目》,北京:中华书局,1965年,第1345页。
[3] 余嘉锡:《四库提要辨证》,北京:中华书局,2007年,第1417页。

实验主义相沟通。他推崇清代的考据学，是为了在中国传统学术中发掘能够与现代科学精神相符合之处，整理国故也是以西方现代的学术分类体系为标准来重新看待中国传统文化。胡适在《治学的方法与材料》一文中说："科学的方法，说来其实很简单，只不过'尊重事实，尊重证据'。在应用上，科学的方法只不过'大胆的假设，小心的求证'。在历史上，西洋这三百年的自然科学都是这种方法的成绩；中国这三百年的朴学也都是这种方法的结果。"[1]胡适认为在中国传统的文化中，清代的考据学方法更符合现代的科学精神，而宋明理学则阻碍了中国人科学精神的发展。他说："宋儒讲格物全不注重假设。……中国旧有的学术，只有清代的'朴学'确有'科学'的精神。"[2]

因此，胡适极力推崇清代考据学大师戴震，他说："（戴震）用当时学者考证的方法，历史的眼光，重新估定五百年的理学的价值，打倒旧的理学，而建立新的理学。"[3]戴震批评宋儒"离人情欲"而求理，是"以理杀人"。胡适认为理学走的是中古时期宗教的道路，与现代的科学相去甚远，而考据方法则是科学的方法。胡适通过对戴震的表彰，借以推崇现代的科学方法，并打倒中国传统的理学。"戴震……一眼看破程、朱一派的根本缺点在于走错了路，在于不肯抛弃那条中古宗教的路。"[4]戴震的方法是科学的方法，戴震的哲学是科学的哲学。"戴氏是一个科学家，他长于算学，精于考据，他的治学方法最精密，故能用这个时代的科学精神到哲学上去，教人处处用心知之明去剖析事物，寻求事情的分理条则。"[5]"戴震的哲学，从历史上来看，可说是宋明理学的根本革命，也可以说是新理学的建设——哲学的中

---

[1] 胡适：《胡适全集》第3卷，合肥：安徽教育出版社，2003年，第131页。
[2] 胡适：《胡适全集》第1卷，合肥：安徽教育出版社，2003年，第363页。
[3] 胡适：《几个反理学的思想家》，《胡适文集》04，北京：北京大学出版社，1998年，第75页。
[4] 胡适：《几个反理学的思想家》，《胡适文集》04，北京：北京大学出版社，1998年，第76—77页。
[5] 胡适：《几个反理学的思想家》，《胡适文集》04，北京：北京大学出版社，1998年，第84页。

兴。"①胡适的戴震评价，有着明显的贬理学尊汉学的立场。

对于戴震的评价，与胡适相类似的尚有梁启超等人。如梁氏在《戴东原生日二百年纪念会缘起》中说：

> 东原在学术史上所以能占特别重要位置者，专在研究法之发明。他所主张"去蔽""求是"两大主义，和近世科学精神一致，他自己和他的门生各种著述中，处处给我们这种精神的指导。这种精神，过去的学者虽然仅用在考证古典方面。依我们看，很可以应用到各种专门科学的研究，而且现在已经有一部分应用颇著成绩，所以东原可以说是我们"科学界的先驱者"。②

在《清代学术概论》中也说："戴震盖确有见于此，其志愿确欲为中国文化转一新方向。其哲学之立脚点，真可称二千年一大翻案。其论尊卑顺逆一段，实以平等精神，作伦理学上一大革命。其斥宋儒之糅合儒佛，虽辞带含蓄，而意极严正，随处发挥科学家求真求是之精神，实三百年间最有价值之奇书也。"③

梁启超和胡适"都要在中国学术传统中发掘西方式的'科学精神''科学方法'"④。梁启超与胡适都将戴震作为推崇科学、反对理学的代表性人物。对于梁、胡极力推崇的戴震，遭到了余嘉锡的严厉批评。

治学秉承乾嘉考据而来的余嘉锡，对乾嘉汉学巨擘戴震的学术品格提出了尖锐批评。余嘉锡不仅认为戴震剽窃了赵一清的《水经注》校本，更是认为戴震之《屈原赋注》乃是将朱熹之《楚辞集注》改头换面而已。余嘉锡云：

> 至于《水经注》之作者，自当仍属之桑钦，戴氏虽以

---

① 胡适：《戴东原的哲学》，上海：商务印书馆，1927年，第83页。
② 梁启超：《戴东原生日二百年纪念会缘起》，《戴东原二百年生日纪念论文集·引子》，第1—2页，北京：晨报社出版部，1924年。
③ 梁启超：《清代学术概论》，北京：中华书局，2010年，第60页。
④ 刘巍：《中国学术之近代命运》，北京：北京师范大学出版社，2013年，第213—214页。

是书名家，其说未有确据，徒以一二地名之疑似，遽翻前人之存案，未可从也。戴氏所校之《水经》，魏源《古微堂集》中，有书后二篇，讥其攘赵一清《水经》注释，点窜之以为己作，虽其先戴之弟子段玉裁力辨以为赵氏虽成书在前，而刻书在后，乃赵攘戴，非戴攘赵，然近人仍分左右袒，莫衷一是，只可付之存疑。盖戴氏虽经学极精，而其为人专己自信，观其作《孟子字义疏证》，以诋朱子，及其著《屈原赋注》，只是取朱子《楚辞集注》，改头换面，略加点窜，以为己作。于人人习见昔贤之名著，尚不难公然攘取，况区区赵一清，以同时之人，声誉远出其下者乎？段懋堂谓非戴攘赵，在戴诚无所用其攘也，此正如王子雍之于郑康成，直夺而易之而已矣。不然，何《直隶河渠书》又适重修于赵氏之后乎？……如东原集中，与顾千里争《礼记王制篇》虞庠在国之西郊，各执一说，书牍往还，愈辨愈烈，卒之毒詈丑诋无所不至。①

余嘉锡对戴震的人品给予攻击。近代以来关于《水经注》公案众说纷纭，余嘉锡也抓住此事不放，并认为戴震还剽窃了朱子的《楚辞集注》，对戴震的学术品格加以攻击，反对戴震诋毁朱子之学。余嘉锡并非是《水经注》研究方面的专家，因此，他于此对戴震的批评，并无意确定《水经注》公案的是是非非，只是以此为手段，来攻击戴震的反义理、反朱子的行为。余嘉锡对戴震的评价，着眼于对传统理学的维护，这与胡适、梁启超等站在科学主义的立场上推崇戴震适成相对。义理当自躬行实践，余嘉锡认为，不讲义理则会导致世道人心的堕落，加速社会的衰败，因此，余嘉锡不仅批评戴震，同时也批评民国时期专事考据的学者。

---

① 余嘉锡:《四库提要辨证》，北京：中华书局，2007年，第428—429页。

三、余嘉锡对民国时期考据学者专尚考据的批评

(一) 对顾炎武的推崇

顾炎武说:"刘、石乱华,本于清谈之流祸,人人知之,孰知今日之清谈有甚于前代者。昔之清谈谈老庄,今之清谈谈孔孟,……以明心见性之空言,代修己治人之实学。股肱惰而万事荒,爪牙亡而四国乱,神州荡覆,宗社丘墟。"①顾炎武生于晚明乱世,目睹空谈误国之风气,故推重"博学于文"与"行己有耻"。顾炎武说:"愚所谓圣人之道者如之何?曰'博学于文',曰'行己有耻'。自一身以至天下国家,皆学之事也;自子臣弟友以至出入往来、辞受取与之间,皆有耻之事也。"②顾炎武以"博学于文"反对明末时期束书不观的王学末流,故强调"读九经自考文始,考文自知音始"③,通过文字、音韵、训诂之学以实现通经。但博学于文,并不仅仅是对古典经学著作的探寻,顾炎武说:"君子博学于文,自身而至于家国天下,制之为度数,发之为音容,莫非文也。"④对此,周予同解释道:"文字音韵的钩稽,旨在通经;广博知识的探寻,旨在致用。所以,他(顾炎武)所说的'文',就不是一般'文字''文章'的'文',而是具有经世内容的'文'。"⑤

顾炎武又强调"行己有耻"。顾炎武云:"不先言耻,则为无本之人;非好古而多闻,则为空虚之学。以无本之人而讲空虚之学,吾见其日是从事于圣人而去之弥远也。"⑥《日知录》云:"礼义,治人之大法;廉耻,立人之大节。盖不廉,则无所不取;不耻,则无所不为。人而如此,则祸败乱亡,亦无所不至。……夫子之论士曰,'行己有

---

① 顾炎武:《日知录》卷七《夫子之言性与天道》,清乾隆刻本。
② 顾炎武:《亭林诗文集·亭林文集》,卷三,四部丛刊景清康熙本。
③ 顾炎武:《亭林诗文集·亭林文集》,卷四,四部丛刊景清康熙本。
④ 顾炎武:《日知录》卷七《博学于文》,清乾隆刻本。
⑤ 周予同著,朱维铮编校:《经学和经学史》,上海:上海人民出版社,2012年,第128页。
⑥ 顾炎武:《亭林诗文集·亭林文集》,卷三,四部丛刊景清康熙本。

耻'……人之不廉而至于悖礼犯义，其原皆生于无耻也。故士大夫之无耻，是谓国耻。"①针对晚明时期士大夫趋炎附势的现象，顾炎武强调士大夫当谨守道德底线，不能为功利诱惑而丧失气节，不知廉耻。

"博学于文"与"行己有耻"是顾炎武的为学宗旨与立身处世之道，是讲求实学与经世致用的结合。顾炎武有鉴于晚明时期理学末流之空疏，误国误民，故倡导实学以补偏救弊，并以"行己有耻"加以约束。

身处晚清民国时势丕变的时代，余嘉锡体验到了顾炎武所经历的时势剧变时的精神苦痛。故余嘉锡对顾炎武的为学极为推崇，不仅仅只沉醉于名物训诂，也教人应务学之大者远者。如 1934 年，余嘉锡曾手书"一物不知，以为深耻""遭人而问，少有宁日"五尺楹联以赠张舜徽，但又对前人所提"一物不知，以为深耻"之说颇有驳难，故于跋语中又举顾炎武语云："有体国经野之心，而后可以登山临水；有济世安民之略，而后可以考古证今"②，厚相勖勉。但余嘉锡认为民国时期的政治环境，显然要比顾炎武时代还要糟糕。

（二）对民国时期新考据学者的批评

余嘉锡重考据，故对明人束书不观、空谈心性痛加指责，如余嘉锡认为明人有"窜乱古书之恶习"③，并以"明人固多不学"④来概括明代学风。但明儒虽不讲实学，却"服膺理学，故易代之际犹多伏节死义之臣"⑤，余氏对此又加以褒奖。他说："明代自心学盛行，儒者高谈性命，标榜宗旨，而于义例之辨，修己治人之学，转置之不讲。平时

---

① 顾炎武：《日知录》卷十三《廉耻》，清乾隆刻本。
② 张舜徽：《诚挚的仰慕 深切的怀念——纪念余嘉锡先生诞生一百周年》，《张舜徽学术文化随笔》，北京：中国青年出版社，2001 年，第 374 页。
③ 余嘉锡：《四库提要辨证》，北京：中华书局，2007 年，第 359 页。
④ 余嘉锡：《四库提要辨证》，北京：中华书局，2007 年，第 383 页。
⑤ 余嘉锡：《论顾炎武〈与友人论学书〉》，《余嘉锡文史论集》，长沙：岳麓书社，1997 年，第 651 页。

既不读书,枵腹面墙,不通今古。一旦与人家国事,张口论列是非,无不颠倒谬乱如盲人之道黑白,聚讼盈庭,漫无措置,败坏天下事于不觉。及其君弑于贼,国灭于敌,士大夫之贤者亦不能有所展布,不过以一死塞责而已;其不肖者遂相率迎降投拜,甘为臣妾而不耻。亭林目击其弊,故倡为博学有耻之说以救之。然明儒虽不知讲求实学,而平居尚能诵习六经,服膺理学,故易代之际犹多伏节死义之臣。"① 尽管明代学术空疏,遭到余嘉锡的批评,但余嘉锡认为最起码明人服膺理学,更替之际尚有死节之臣。

而民国时期的考据学者未尝不知读书,但弊端在于他们对于德性的学问少有阐发,"不顾义理,唯利是视"。余嘉锡说:"若今之君子,则又不然,承考据学盛行之后,流风未沫,未尝不知读书,而菲薄周孔,掊击程朱,惑经疑古,抉破藩篱,故其出处去就,辞受取与之际,不顾义理,唯利是视,攘夺干没,无所不至,礼法不足畏,人言不足恤,其行谊为妾妇所羞称。平日既不知廉耻为何事,见利害若毛发比,趋避惟恐不速,一旦国家有事,尚望其临大节而不可夺乎?不独一姓之兴亡无所动于其心,虽其极至于亡天下,亦且攘臂于其间,笑骂由他笑骂,好官须我为之矣。此其人多能读中外书,工诗文,善讲说,自名博学者也。虽其所学亦不知天下国家为何物,而以与明季士大夫较,则读书与不读书固有间也。"② 因此,在民国时期内忧外患的局势之下,民族危机日益严重,1930年代以后,日本加速侵华,国难日深。余嘉锡认为民国时期的考据学者未尝不读书,但他们掊击理学,而理学的衰微则导致了学者丧失道德底线,不顾义理,唯利是图。一旦国家有难,"尚望其临大节而不可夺乎?"学者的操守成为了余嘉锡攻击的对象。故余嘉锡认为,"以亭林之方治今日之病尚嫌药

---

① 余嘉锡:《论顾炎武〈与友人论学书〉》,《余嘉锡文史论集》,长沙:岳麓书社,1997年,第651页。
② 余嘉锡:《论顾炎武〈与友人论学书〉》,《余嘉锡文史论集》,长沙:岳麓书社,1997年,第651—652页。

不对症，未能箴膏肓，起废疾。"①

与余嘉锡认为考据家专注学问而不顾义理，最终导致学者丧失操守不同的是，傅斯年提出了相反的观点。傅斯年说："群众对于学术无爱好心，其结果不特学术销沉而已，堕落民德为尤巨。不曾研诣学问之人恒昧于因果之关系，审理不瞭而后有苟且之行。又，学术者深入其中，自能率意而行，不为情牵。对于学术负责任，则外物不足荧惑，以学业所得为辛劳疾苦莫大之酬，则一切牺牲尽可得精神上之酬偿。……又观西洋'Renaissance'与'Reformation'时代，学者奋力与世界魔力战，辛苦而不辞，死之而不悔。若是者岂真好苦恶乐，异夫人之情耶？彼能于真理真知灼见，故不为社会所征服；又以有学业鼓舞其气，故能称心而行，一往不返。"②傅斯年认为专心致力于学术，将研治学术之所得作为辛苦努力的报酬，按照这样的思路，则"一切牺牲尽可得精神上之酬偿"。但中国人对于学术没有爱好之心，其结果不仅是学术事业的消沉，更严重的是将导致中国人道德水准的堕落。因此，傅斯年强调"为学术而学术"不仅是学术之事，更可以此为方法，来逐渐提高中国民众的道德水准。③从余嘉锡与傅斯年的对比中看出，两人的观点适成相反，余嘉锡对"为学术而学术"的治学态度有所责难。1931年九一八事变后，国难临头。余嘉锡在《四库提要辨证》中抨击的对象固为纪晓岚，"而矛头则未尝不是指向提倡打倒旧礼教、反理学的人物"④。

显然，在余嘉锡看来，民国时期的文化思想痼疾，要比顾炎武所处的晚明时期更加令人痛心疾首。对此，余嘉锡给出了解决之道，他

---

① 余嘉锡：《论顾炎武〈与友人论学书〉》，《余嘉锡文史论集》，长沙：岳麓书社，1997年，第652页。
② 傅斯年：《傅斯年全集》第四册，台北：联经，1980年，第1398页。
③ 转引自王汎森：《中国近代思想与学术的系谱》，长春：吉林出版集团有限公司，2011年，第387页。
④ 牟润孙：《学兼汉宋的余季豫先生》，《海遗丛稿（二编）》，北京：中华书局，2009年，第224页。

说:"愚请仍以孔子之语易之曰:'见利思义,见危授命',如欲从事斯语,则请自临财勿苟得,临难毋苟免始。夫人之嗜利者将以为我也,将以私其身也。不利之甚,莫如无身,为我者拔一毛而利天下尚不肯为,安肯舍生而取义乎?故见利不思义者,见危必不能授命;临财而苟得者,临难亦必苟免,相为因果,理有果然。夫官爵名誉以及凡可以便其私者,皆利也。财者,利之小者也。事君不避难,有罪不逃刑,皆不苟免也,不必其授命也。然见小利而贪,临事而畏避,则是知有私而不知有公,知有身家而不知有国,使斯人而当大任,居大位,惟知趋利避祸,自私其身,虽举天下拱手授之于人不恤矣。寡廉鲜耻之徒,亦复何所不至,恶能见利思义,见危授命乎!昔者伊尹圣之任者也,其所乐之道无它焉,非其义也,非其道也。一介不以与人,一介不以取诸人。故士之志于道者,必严于义利之辨。凡神奸巨憝祸国殃民者,不必其罪已著名而后知之也,观其平日出处去就,辞受取与之际,可以决之矣。"[1]余嘉锡提出当以孔子所云"见利思义,见危授命"之义来改变当时中国学术界的不良风气,"使天下之士皆能见利思义,则当大难之时,忘身殉国,众志成城,其国必不至于亡。士习之良否,国家之兴亡系焉,可不加之意也哉"[2]。

而能够使知识分子做到"见利思义,见危授命"的最好文化思想资源,则莫过于宋明理学。余嘉锡在《四库提要辨证》中又说:"不知自汉以来,每当易代之际,其臣子能仗节死义、见危授命者,寥落如晨星。洎前后五代之时,视其君如弈棋,漠然曾不少动其心,甚至虽蛮夷猾夏,而稽首穹庐,望风投拜者踵相接。若自忘其为华夏之裔、神明之胄者。及宋明之亡,忠臣义士,乃决腔断胆,赤族绝嗣,前仆后继而不悔。此固由夷虏蹂躏我汉族之所激成,然而忠义之风,

---

[1] 余嘉锡:《论顾炎武〈与友人论学书〉》,《余嘉锡文史论集》,长沙:岳麓书社,1997年,第652页。

[2] 余嘉锡:《论顾炎武〈与友人论学书〉》,《余嘉锡文史论集》,长沙:岳麓书社,1997年,第652页。

何以澌灭于前后五代,而勃兴于宋元明清之际,此非经过百数十年之教化,养成倡导之不为功,故理学诸儒之移风易俗者大矣。"①

顾炎武等晚明学者将明朝覆灭的历史责任归咎于明末空疏的阳明心性之学,故讲求实学以求致用,最终导致考据学的兴起,可见考据学的发展,本来是由着从虚入实的路径而来。但完全沉醉于考据训诂之中而不顾现实关怀,本来追求实学的考据反而成了另类的空疏无用之学。处于民国时期考据学占据学术主流的时代,余嘉锡便认为中国近代的积弱一定程度上是民国时期考据学的兴起造成的,宋学具有的"尊德性"在内忧外患的时局下,倒可以正人心,具备了现实的致用性。余嘉锡推崇理学的目的便在于现实内外环境的刺激,体现出了兼重"道问学"与"尊德性"的特质。

中国的学问中,清代的考据学可以实现与西方学术的沟通,体现出一定的科学性。但除此之外,中国学问中有独特于西方的不同之处,即"德行的学问",这是无法用科学方法进行整理的,与纯客观的文献整理的方法决然不同,需要以内省及躬行的方式来实践。余嘉锡作学问能够发扬考据学的实证学风,而安身立命则采取宋学家的态度。尽管余嘉锡对宋代的学术也曾有所批评,如他说:"宋明人之辩诸子,大率类是,其言有得有失,然多辩乎其所不必辩者。"②又云:"古人著书,不皆精粹,浅陋之处,固所时有。九流百家,所出既异,故操术不同。宋明人读书,好以当时理学家言是非古人,尤非通方之论。"③但整体上来看,他仍重视宋代人的义理之学。余嘉锡于汉宋学术并重,可以归纳为类似陈寅恪所言的"讲宋学,做汉学"一语。余嘉锡身处晚清民国时势丕变的时代,他对宋代学术的回护,实则是在近代西方文化强力冲击中国传统的情况下,在中国处于严重内忧外患

---

① 余嘉锡:《四库提要辨证》,北京:中华书局,2007年,第325—327页。
② 余嘉锡:《四库提要辨证》,北京:中华书局,2007年,第609页。
③ 余嘉锡:《四库提要辨证》,北京:中华书局,2007年,第591页。

的历史背景下，对中国传统文化的一种坚守。

第三节　学术求真基础上兼顾致用

一、学术致用

抗战期间，留守辅仁的学者在极艰苦条件下仍坚持学术研究，但受时事影响，此时的学术研究多掺杂着以史为鉴、褒忠贬逆的特征，体现了较强的为时事所发的色彩。如陈垣此时便改变原有学术风格，所作"宗教三书"及《通鉴胡注表微》，皆寓褒贬于考证。《明季滇黔佛教考》一书作于1940年，在此书1957年重印《后记》中说："此书作于抗日战争时，所言虽系明季滇黔佛教之盛……其实所彰者乃明末移民之爱国精神，民族气节，不徒佛教史迹而已。"如陈垣致信方豪云："至于史学，此间风气亦变。从前专重考证，服膺嘉定钱氏；事变后颇趋重实用，推重昆山顾氏；近又进一步，颇提倡有意义之史学。故两年前讲《日知录》，今年讲《鲒埼亭集》，亦欲以正人心，端士习，不徒为精密之考证而已。"[①] 20世纪50年代初陈垣致信当年思辨社老友席启驷时说："九一八以前，为同学讲嘉定钱氏之学。九一八以后，世变日亟，乃改顾氏《日知录》，注意事功，以为经世之学在是矣。北京沦陷后，北方士气萎靡，乃讲全榭山之学以振之。谢山排斥降人，激发故国思想。所有《辑覆》《佛考》《诤记》《道考》《表微》等，皆此时作品，以为振国之道止此矣。所著已刊者数十万言。言道，言僧，言史，言考据，皆托词，其实斥汉奸，斥日寇，责当政耳。"[②]

---

① 陈智超编注：《陈垣来往书信集》，北京：三联书店，2010年，第326页。
② 陈智超编注：《陈垣往来书信集》，北京：三联书店，2010年，第247页。

以文字训诂之学名家的杨树达，其作品中也融入了民族主义情感。杨树达早年留学日本，在日本受过专业的学术训练，归国后与日本学者往来非常频繁，日本学者对他也推崇有加，但他却对日本的文化侵略抱有很深的警惕。如1935年，杨树达应日本学者之请，在东方文化会讲"湖南文化史略"，《积微翁回忆录》记载："余力言自王船山先生以后，湖南人笃信民族主义，因欲保持自己民族，故感觉外患最敏，吸收外来文化最力，且在全国为最先。如魏默深之志海国，郭筠仙、曾劫刚之赞欧化，光绪、戊戌之办新政，皆其例也。所言固是事实。亦欲听者会余微意，有所警觉耳。"[①] 又1936年，杨树达于日本人所设东方文化会讲《两汉书著作提要》，"以其为余专门之学，借此可温寻故事，其事不关政治，诺之；故作此文"[②]。杨树达于抗战期间又撰有《春秋大义述》一书。杨氏以书生荏弱，又迫衰年，不能执戈杀贼，每用为恨。便以《公羊传》为主，释《春秋》"复仇""攘夷"之大义，以增敌忾，撰为是编。[③] 此书与杨氏平日所作文字训诂文章风格迥异，并非完全的为学术而学术，而是存经世之意。1944年该书出版，四个月售去798部。"戎马苍黄之日，经术迂疏之书，得此销数，颇为意外。盖以复仇攘夷之说颇合国人心理故耳。"[④] 另外，杨氏于1943年作《自题〈春秋大义述〉》诗云："一生两见倭侵国，头白心伤写此书。却喜人间公理在，渐看斜日落西隅。"[⑤] 则颇能反映作者当时的心境。

　　与陈垣、杨树达相似，余嘉锡此时作品往往也不仅是为论史而论

---

① 杨树达：《积微翁回忆录》，北京：北京大学出版社，2007年，第70—71页。
② 杨树达：《积微翁回忆录》，北京：北京大学出版社，2007年，第78页。
③ 杨逢彬：《杨树达的〈春秋大义述〉极其相关未刊稿》，《中国典籍与文化》，2002年03期，第60页。
④ 杨树达：《积微翁回忆录》，北京：北京大学出版社，2007年，第152页。
⑤ 杨树达：《积微居诗文钞》，《积微翁回忆录·积微居诗文钞》，上海：上海古籍出版社，1986年，第64页。

史，但"凡举作者著书，多因时感事而发"[①]。在写给杨树达的书信中，余嘉锡"忧愤满纸，自署曰'钟仪'，以楚囚自况"[②]，并改题其书斋为"不知魏晋堂"，著述自题籍贯武陵，以《桃花源记》中避秦时乱的逸民自比。[③]余嘉锡的学术风格，也由专注考据转而兼顾致用，以倡民族大节。余氏于此时期所作之文，虽仍以考据见长，但"举凡作者著书，多因时感事而发"[④]《世说新语笺疏》一书作于沦陷期间，《笺疏》不仅仅是版本校勘、探寻史实、订正谬误之学。该书书后题记说："读之一过，深有感于永嘉之事，后之视今，亦犹今之视昔。他日重读，回思在莒，不知其欣戚为何如也。"[⑤]书中也品评人物，实为因时事而发，如山涛之劝嵇绍出仕，陷人于不义，余嘉锡引顾炎武《日知录》以明之，并按语说："顾氏之言，可谓痛切。使在今日有风教之责者，得其说而讲明之，尤救时之良药也。"[⑥]如批评华歆、王朗等魏晋士大夫虚伪矫情的不良风气，余嘉锡说："自后汉之末，以至六朝，士人往往饰容止、盛言谈、小廉曲谨，以邀声誉。逮至闻望既高，四方宗仰，虽卖国求荣，犹翕然以名德推之。华歆、王朗、陈群之徒，其作俑者也。""盖魏晋士大夫止知有家，不知有国，故奉亲思孝，或有其人；杀身成仁，徒闻其语。王祥、何曾之流，皆不免党篡，求忠臣必于孝子之门，竟成虚言。六代相沿，如出一辙，而国家亦几胥而为夷。爰及唐、宋，正学复明，忠义之士，史不绝书，故得常治久安，而吾中国，亦遂能灭而复兴，亡而复存。览历代之兴亡，察其风

[①] 周祖谟，余淑宜：《余嘉锡先生传略》，《余嘉锡文史论集》，长沙：岳麓书社，1997年，第676页。

[②] 杨树达：《积微翁回忆录》，北京：北京大学出版社，2007年，第98页。

[③] 傅试中：《忆余季豫先生》，《私立辅仁大学》，台北：南京出版有限公司，1982年，第126页。

[④] 周祖谟，余淑宜：《余嘉锡先生传略》，《余嘉锡文史论集》，长沙：岳麓书社，1997年，第676页。

[⑤] 周祖谟：《世说新语笺疏·前言》，余嘉锡：《世说新语笺疏》，北京：中华书局，2007年，第2页。

[⑥] 余嘉锡：《世说新语笺疏》，北京：中华书局，2007年，第204—205页。

俗之变迁，可以深长思矣。"① 又如对祖尚老庄、空谈终日的王衍之徒，则指斥其误国殃民。余氏之意不仅是为论史而论史，其意在以古援今，彰善瘅恶，正士气，励志节。② 对此，牟润孙曾言道："所有《笺疏》中抨击反礼教思想，涉及亡国亡民族的，都因为季老深处沦陷之区，触目惊心产生的愤慨言论。必须这样去知人论世，始能正确地理解季老在抗战时的心情。"③ 余嘉锡于小说考证之中砥砺士节，彰善瘅恶，以史鉴今。

抗战期间，余嘉锡还于《辅仁学志》上发表《杨家将故事考信录》《宋江三十六人考实》等文，通过以史证小说，来申明国家复仇之义。余嘉锡以考据名家，但在特殊的时代条件下，其学术作品明显带有以史为鉴、彰善瘅恶、褒忠贬逆的致用特征，体现了较强的为时事所用的色彩。《杨家将故事考信录》序言中便说："小说虽出于街谈巷议，然《春秋》攘夷之义，诗人匪风下泉之思存焉，何可非也？当元之时，天地闭，贤人隐，晦盲否塞极矣。物不可以终否，杨家将之作，如板荡之刺时，云汉之望中兴，其殆大义之未亡，一阳之复生者欤！……钱辛楣乃谓小说专导人以恶，夫岂其然？"④ 又说："今年五月，无意中得《杨家将通俗演义》，日长无事，取而读之。其文去《水浒传》远甚，然杨业祖孙三世，皆欲为国取燕云以除外患，其识乃高过赵普等。使当时能用其言，则金元无所凭借以起，靖康之辱、祥兴之祸，皆可以不作。且业有无敌之名，辽人望其旌旗辄引去，隐然若一敌国，故曾巩作《隆平集》，元人修《辽史》，皆以业之生死定辽宋之盛衰。业既被擒，辽人欲重用之，业义不负国，遂不

---

① 余嘉锡：《世说新语笺疏》，北京：中华书局，2007年，第18页。
② 周祖谟，余淑宜：《余嘉锡先生传略》，《余嘉锡文史论集》，长沙：岳麓书社，1997年，第674—675页。
③ 牟润孙：《学兼汉宋的余季豫先生》，《海遗丛稿（二编）》，北京：中华书局，2009年，第227—228页。
④ 余嘉锡：《杨家将故事考信录序》，《余嘉锡文史论集》，长沙：岳麓书社，1997年，第394页。

食以死。以区区一身，关系之重如彼，忠贞之节复如此，岂不诚大丈夫哉！此所谓国亡之后，遗民叹息歌咏杨家将，久而不置也欤？"①最后，余嘉锡立场鲜明地说道："（杨家将）遂为人所称盛，可谓豹死留皮，殁而不朽者欤？爱国之心，人所固有，后之人何乐而不为也！"②其以小说考证经世的意识显露无遗。

《四库提要辨证》为考辨《四库全书总目》而作，但其中也寄寓褒贬思想，贬奸佞彰死节，该书虽是文献考据著作，却时时彰显着余嘉锡的爱国热忱。余嘉锡曾说："凡读古人诗文，欲知其用意之所在，不考当时之事，而徒执文字以为揣摩，固未有能密合者。"③解诗解文当联系作者当时之时事，方能得作者言外之旨所在。同样，想理解余嘉锡文献考据中的弦外之音，也当结合民国时期内忧外患的时代背景，以及余嘉锡身处日伪统治之下的艰难度日，做到知人论世，方能得余嘉锡著述的主旨所在。

如南宋郭允蹈《蜀鉴》卷一《汉高帝由蜀汉定三秦》论曰："汉高帝留汉中，未几，反其锋以向关中。足迹虽未尝至蜀，然所漕者巴蜀之军粮，陷陈者巴渝之劲勇。由故道战陈仓，定雍地，而王业成矣。孰谓由蜀出师不可以取中原哉。"④郭允蹈站在南宋的角度论蜀地，显然有励士气、欲北取中原之意。《四库全书总目》则站在清官方的立场上，必不能主南宋北复之说，故贬斥《蜀鉴》，《总目》云："唯所论蜀之地势，可以北取中原，引汉高祖为证，则与李舜臣《江东十鉴》同意，姑以励恢复之气耳。诸葛亮所不能为，而谓后人能之乎？"⑤余嘉锡则驳斥《总目》，说道："南宋人著书，涉及此事，其立论固不得不如此。四库馆臣服官清代，承诏撰述，自不敢主宋人恢复之说。故于《江东十鉴》《江东十考》《南北十论》等书，不能不加以

---

① 余嘉锡：《杨家将故事考信录》，《余嘉锡文史论集》，长沙：岳麓书社，1997年，第394页。
② 余嘉锡：《杨家将故事考信录》，《余嘉锡文史论集》，长沙：岳麓书社，1997年，第461页。
③ 余嘉锡：《四库提要辨证》，北京：中华书局，2007年，第1380页。
④ 郭允蹈：《蜀鉴》卷一，清文渊阁四库全书本。
⑤ 永瑢等：《四库全书总目》，北京：中华书局，1965年，第438页。

痛辟，亦其势则然。况就历史观之，南宋之卒不能恢复者，已然之事也。据蜀汉江东之地利，可以北取中原者，不必然之论也。援已然之事，以破不必然之论，于是其说乃牢不可破，其论乃必不可移。若夫假设事实，以为快意，如马融所谓屈平适乐园，介推还受禄，及明徐渭所谱《四声猿》者，此特文章家诙诡之谈，非可以论史也。虽然，时有不同，则势有不同，乃至一事之曲折，莫不因之而大异，而其成败遂不可同年而语。古今来英雄，百计图之而不足，及时移势异，遂使竖子足以成名者，皆是也。《提要》谓以诸葛亮之智而不能北取中原，何况南宋之末流。允蹈之持此论，所以励恢复之气，其说似也。然从古至今，无一成不变之事，纵或不变，亦必始末不同，庸讵知数百年后国异三分，敌非仲达，而其并肩作战者亦非孙吴。虽亦偏安西蜀，其人不足为诸葛之重儓，而因利乘便，竟能北取中原者乎？《提要》谓后人不能者，鉴于明末之事，不得不如此立言耳。"①余嘉锡对《总目》说法的驳斥，显然是受到时事的影响，而力主国家恢复之气。

又，吴可为两宋之际的诗人，其诗作并非著名，其为人也非大奸大恶之辈。但宣和末年，北宋政权危难之际，吴可辞官不仕，规避艰难，并为文自饰。这遭到了余嘉锡的批评，余嘉锡云："且挂冠云者，即辞官也，凡宋人辞官，或乞宫观差遣，或致仕请闲，此在平时，或许或不许，无因以责降者，惟当艰难之际，朝廷有所任使，而畏难惧祸，讬词规避，始有得遣者耳。宣和之末，夷狄交侵，正多事之秋，吴可之降官，其以此耶？若果如此，则是贪生怕死，不忠之大者，非真能急流勇退，敝屣一官也，恶得谓之高逸耶？……可（吴可）诗尚未成家，其人亦非元恶大憝，本不足深论，特以政、宣之际，书阙有间，知之者寡，吾之著书，欲诛奸谀于既死，不得不贬纤芥之恶，故借吴可之事以发之，庶使读者知凡人立身一败，万事瓦裂，虽有文章传世，犹不足以自赎云尔。"②《四库提要辨证》虽是文献考据之作，

---

① 余嘉锡:《四库提要辨证》，北京：中华书局，2007年，第237—238页。
② 余嘉锡:《四库提要辨证》，北京：中华书局，2007年，第1436—1437页。

但余嘉锡在此却强调其著书"欲诛奸谀于既死,不得不贬纤芥之恶",这显然已经超出了历史文献考据的范畴,而带有强烈的价值立场。其对吴可辞官不敢担当的批评,并强调"立身一败,万事瓦裂"之语,不得不说与民国时期外患加剧的现实环境的有着深刻的牵连。

余嘉锡在《四库提要辨证》中发扬了《春秋》中所蕴含的"夷夏之辨"思想,余嘉锡所使用的"夷夏""夷狄"等语句,都是传统儒家春秋学中的术语。余嘉锡把传统春秋学中的民族观念融合于其考据学之中,强调夷夏之防,实则是在特殊的时代背景之下,体现出的一片爱国情怀。

如杨尧弼尝仕刘豫,刘豫被废之后,又曾经仕金,金宋和议之后又归宋。归宋之后,杨尧弼撰《伪豫传》,痛诋刘豫。余嘉锡云:"尧弼身为刘豫之臣,及其败而著书,绳以《春秋》之大法,不知己之北面于叛臣,屈膝于丑虏,此于《春秋》尊王攘夷之义合乎,不合乎?……余特恶其反覆狙诈,导夷狄祸中国以为己利,而又著书欺世而盗名,故发其覆如此,非欲为逆臣末减也。"①

余嘉锡对儒家的经世传统予以肯定,清初顾炎武等主张经世致用的学者得到余嘉锡的推崇,而专事于考辨的阎若璩则遭到了余嘉锡的严厉批评。如,对于郑思肖的《心史》,曹溶谓为姚士粦所伪撰,阎若璩于《尚书古文疏证》中接受此说法。余嘉锡力辨该书非伪,并批评阎若璩,云:"曹溶者,明季以进士官御史,国亡降清。明之亡于清,无异宋之亡于元,溶之罪与留梦炎等,想其于鼎革后读此书,自必通身汗下,愧愤之余,遂肆口诋諆,诬为伪作。阎若璩以明末遗老之子,平生热中于富贵,及试鸿博不第,求御书不得,乃为雍邸上客以为荣,其胸中本不知有夷夏之辨,故闻曹溶之言,亟以为是,遂甘冒大不韪之名,一再笔之于书,适见其学识之陋而已。"②又如批评宋亡而降元的徐硕。余嘉锡云:"徐硕者,以文学取科第,释褐登朝,

---

① 余嘉锡:《四库提要辨证》,北京:中华书局,2007年,第375页。
② 余嘉锡:《四库提要辨证》,北京:中华书局,2007年,第1543页。

亦既八载,国都甫破,桑荫未移,遽尔望风投拜,稽首穹庐,求得一郡博士,亟亟焉为之修书院,葺学宫,以章新天子稽古右文之盛。及其秉笔作志,遂大书特书不一书,以自鸣得意,且并载其进士甲科以为荣,亦可谓有腼面目者矣。……硕降元后将近二十年,犹老于青毡,未能因为奴才以取富贵,则亦何乐而为夷狄之臣哉!其书虽尚可备考,其人实至不足道,以《提要》不知其始末,余故备论之,知人论世者可以观焉。"①

余嘉锡的这些言论与抵抗外来侵略的特殊时代背景相联系,在史事考证中蕴藏着春秋华夷之辨。余嘉锡通过对历史史事的考辨,将中国传统的夷夏之辨与现代的民族观念相联系。在内忧外患的政治时局下,余嘉锡藉历史文献的考证以申明中国传统的华夷之辨与国家复仇之义,以达到正人心、励士气、贬奸佞的目的。由于现实政治环境的刺激,尤其是日本侵华之后所引发的民族生存危机,促使余嘉锡在学术研究中蕴藏着强烈的当下关怀,有以学术经世致用之义。

余嘉锡在辅仁大学课堂之上,也向同学们灌输爱国情怀。据林辰回忆说:

> 我们这一班,在大二开始注册时,有许多同学选修日文为第二外国语,学校已经聘妥教师排好课程。余老师在课堂上有意无意中的引述了司空图的两句诗:"汉儿竟作胡儿语,却向城头骂汉人。"因而有许多同学又向注册课要求退选日文,注册课不肯,于是同学们又向余老师要求,余老师竟一口气批准了二十几位同学退选日文,他甚至同意国文系同学退选日文后,可以不选读第二外国语。②

在北方沦陷的政治环境之中,陈垣、余嘉锡等学者仍然坚守学术阵地,以考据学为基础,从事于艰深的专业研究,治中国传统学问。

---

① 余嘉锡:《四库提要辨证》,北京:中华书局,2007年,第424—425页。
② 林辰:《忆恩师余嘉锡先生》,《私立辅仁大学》,台北:南京出版有限公司,1982年,第150页。

余嘉锡的历史文献研究，看似固守故纸堆，不问世事，与世无争，但他的研究中实则予以现实政治的关怀，阐发中国传统文化中的民族主义思想。

在国家面临危亡之际，杨树达与余嘉锡等学者皆体现出一定的"经世致用"的倾向，而对于那些气节有失的学者，他们则给予批评，哀其不幸。如 1943 年余嘉锡曾致信杨树达，言："柯昌泗六年不见，已成伪国名流，意气发舒甚。"① 得知此言，杨树达痛言："此人（柯昌泗）向来热中仕宦，宜其如此，然忝辱乃翁亦太甚矣。"② 柯昌泗为近代元史大家柯劭忞之子，尤擅历史地理之学，曾在辅仁大学主讲魏晋南北朝史、隋唐五代史以及明清史等，也曾担任历史地理课。台静农回忆柯昌泗时说道："史学世家柯昌泗先生在史学系任'历史地理'，这不是当时各大学普遍开的课，因为研究这门学问的人太少的关系。燕龄记闻浩博，天资极高，不仅精于'历史地理'，于商周铜器亦有研究，拓片收藏也多。但此君做官，入辅大以前在山东作过道尹，后来又参加察哈尔省政府做教育厅长。"③ 柯昌泗热衷仕宦，为余嘉锡、杨树达等所不齿。作为纯粹的学者，杨树达、余嘉锡的治学领域完全不涉政治，但在国家面临外患之际，他们的学术研究却能关照现实危难，内存大义，学者所能做，莫过于此。

二、求真为致用之基础

在国家处于内忧外患之际，余嘉锡的学术研究体现出以史经世的趋势。但余嘉锡仍然能严守学术标准，其讲求学术的"致用"，也存有严格的学术自律，不逾底线。余嘉锡将致用建立在了求真的基础之上，并不因为追求致用而损害历史真实，摆脱了宋明学者往往流于主观臆断的恶习，以免导致类似晚明一般高自标榜，空谈误国。

---

① 杨树达：《积微翁回忆录》，北京：北京大学出版社，2007 年，第 141 页。
② 杨树达：《积微翁回忆录》，北京：北京大学出版社，2007 年，第 141 页。
③ 台静农：《辅仁大学创校点滴》，香港《大成》杂志 82 期，第 276 页。

如明代权衡于《庚申外史》中称元顺帝为宋恭帝（瀛国公）之子，钱谦益、万斯同、全祖望等皆主此说。余嘉锡也认为："余于庚申帝为瀛国公之子说，虽颇信之，而苦于不得确证，则钱氏万氏全氏之所考，亦姑存其说可也。观全氏之言，于顺帝之为瀛国公子，疏通证明之，几乎深信不疑，则权衡之说，恐未可尽以为荒诞也。"① 可见，余嘉锡也颇信庚申帝为瀛国公之子的说法，但苦于得不到确证，故只能存疑处理。但王国维在《观堂集林》中则相信确有此事："少帝入吐蕃后事，史无所言，惟元明间盛传元顺帝为宋少帝之子，至国朝全谢山先生犹主此说。初疑此语乃南宋遗民不忘故国者所为，后读释念常《佛祖通载》，乃知其不然。……瀛国公之祸，正微示此事实，念常之书，谢山未见，他人亦从未引及。此事足为谢山诸人添一佐证，不独示宋室三百二十年之结局而已。"② 事实上，王国维宁相信元顺帝为宋恭帝之子，他对于宋元之变，仍是抱有一种遗民不忘故国之感慨。虽然元顺帝为宋恭帝之子的说法，可以在民国内忧外患的环境下，让人得到更多的心理安慰和精神慰藉，但余嘉锡说："王氏之言，亦先有庚申帝为瀛国公子之成见，从而傅会之耳。"③ 余嘉锡也同样主张民族大义，因此在历史问题上常常斥蒙元，如余嘉锡说："（元代时）国已亡，天下之人犹追恨奸臣，痛詈丑虏，愿保山河社稷。幸而此言发于元时，外族不甚通汉文字，无过问者。……元人敢形之于言，后之人则不敢言而敢怒。中国虽败亡，而人心终不屈服于强敌，无古今一也。元人恃其力以征服中国，得其地，得其人，而不能得其心。"④ 但余嘉锡仍然首先是站在求得历史真实的立场上，驳斥王国维以及全祖望等人的说法为不实。

题名岳飞的《满江红》词在清季民初曾被大力宣传，该词气势激

---

① 余嘉锡：《四库提要辨证》，北京：中华书局，2007年，第309页。
② 王国维：《观堂集林》，北京：中华书局，1959年，第1060—1061页。
③ 余嘉锡：《四库提要辨证》，北京：中华书局，2007年，第310页。
④ 余嘉锡：《杨家将故事考信录》，《余嘉锡文史论集》，长沙：岳麓书社，1997年，第400页。

昂，在内忧外患的近代中国，无论是晚清时期的排满，还是抵抗外来的侵略，该词都可以发挥激励人心的作用，传达正面能量。但余嘉锡在《四库提要辨证》中却首发议论，以该词为后人所伪撰，只是托名岳飞。余嘉锡云："《满江红》词不题年月，亦不言作于何地，故无破绽可指，然不见于宋元人之书，疑亦明人所伪托。……《满江红》词尤脍炙人口，虽妇人孺子无不能歌之者，不知其为赝本也。"[①]对《满江红》中的"莫等闲白了少年头，空悲切"以及"壮志饥餐胡虏肉，笑谈渴饮匈奴血"等词句，余嘉锡又自己设问道："(《满江红》)足以励迈往之风，而作忠义之气，于世道人心，深为有裨，子（余嘉锡）何必以疑似之词，强坐以伪也哉？"[②]对此设问，余嘉锡自答道："考证之学之于古书也，但欲考其文之真伪，不必问其理之是非。……号称武穆之《满江红》词，虽为人所信，以视经典，则有间矣。其词莫知所从来，尚不如《舜典》二十八字有一大航头公案在，吾何为不可疑之哉？疑之而其词不因我而废，听其流行可矣，至其为岳珂所未见，《鄂王家集》所无有，突出于明之中叶，则学者不可不知也。"[③]可见，余嘉锡一方面认可《满江红》词中所流露出的忠义之气，任其流传；同时并不因为该词所具有的激励作用而强以之为真，仍是首先站在考史求真的立场上，将致用建立在求真的基础上，承认《满江红》为伪词。

中国传统的士大夫，多少都有经世致用的价值情怀。《汉书·艺文志》的诸子皆出于王官之论，体现出了明显的学术为用的色彩。余嘉锡在《小说家出于稗官说》一文的考辨中，秉信诸子出于王官之说，则顺理成章的，在余嘉锡的学术研究中，始终不忘记以学术求用的思想精神。余嘉锡以考据学的研究相标榜，坚持不做空论，实事求是，但在特殊的历史背景下，并不反对学术研究的致用。余嘉锡虽然

---

① 余嘉锡：《四库提要辨证》，北京：中华书局，2007年，第1452页。
② 余嘉锡：《四库提要辨证》，北京：中华书局，2007年，第1452—1453页。
③ 余嘉锡：《四库提要辨证》，北京：中华书局，2007年，第1452—1453页。

批评清末今文学家以歪曲学术而求致用的做法[1]，但其本人却并不否定学术的致用，只是否定穿凿附会以求致用的不良学风。

---

[1] 余嘉锡曾说："至于近人伪经探原之作，多非常异义可怪之论，鄙人固陋，未喻其旨。道不同不相为谋，与其围学相非，毋宁置之不议。"见《太史公书亡篇考》，《余嘉锡文史论集》，长沙：岳麓书社，1997年，第2页。该说显然是针对晚清康有为等今文学家而发。

余论

余嘉锡的学术研究，在民国时期的学术背景下，至少反映了如下三个方面。

一、传统考据学的继承发展

清代以来，湖南学术大抵以理学为主，以通经致用为要务，而疏于小学。"乾嘉之际，汉学之盛如日中天；湘士无闻焉。道光间，邵阳魏氏治今文学，承其流者有湘潭、长沙二王氏，善化皮氏；皮氏尤为卓绝。然今文学家，不曾由小学入。"①清代汉学之盛，最初主要以江南地区为主，道咸以后，湖南学者如魏源、王闿运、皮锡瑞等人，所习又多在今文经学方面。故自清以来，湖南学风由宋学而今文经学，治朴学者甚少。到了王先谦、叶德辉之时，开始专注于考据校勘、版本目录、文字训诂之学，形成了晚清以来湖南考据学的新传统。余嘉锡、杨树达等学者走上以文字训诂、考据校勘为主的学术道路，当属这种湖南考据学风气的延续。余嘉锡最初问学的起点是家学，少小时期便在父亲教导下熟读五经、四史，做《孔子弟子年表》《吴越春秋注》，并以《四库全书总目》和《书目答问》等目录学书籍作为治学的门径。可以说，余嘉锡等学者的努力，代表了民国时期湖南考据学的最高成就。

余嘉锡治学所取得的成就，同时代学者多有佳评，如陈垣评价余嘉锡说："（余嘉锡）博览群籍，为文则取精用宏，非清代目录学家之专治版本、校勘者所能及。"②黄侃则评价余嘉锡与杨树达说："北京治国学诸君，自吴检斋、钱玄同外，余、杨二君皆不愧为教授。其他则不敢知也。"③1948年，余嘉锡当选为中央研究院院士，他继承清代考据学传统并以此为治学根本，所取得的成绩得到了当时学术界的公认。

---

① 杨树达：《积微翁回忆录》，北京：北京大学出版社，2007年，第155—156页。
② 陈垣：《余嘉锡文史论集·序》，《余嘉锡文史论集》，长沙：岳麓书社，1997年，第2页。
③ 杨树达：《积微翁回忆录》，北京：北京大学出版社，2007年，第44页。

余嘉锡治学，讲究学必立本，治之有序，择之有道。余嘉锡谈治学，认为"盖未有不致力乎本，而能成其学问者也"①。"不通小学不足以治经，不明制度不足以治史。根柢之中，又有根柢焉。学不穷根柢，而但求其枝叶。譬之未知叔重何所道，钱、段何所明，而读甲骨文；班、范之书，荀、袁之纪未能通晓，而考金石刻；其于学也，庸有当乎？"②余嘉锡治学，讲究穷原竟委，学有根柢，先因后创，继承发展了传统的乾嘉考据学。余氏治学亦主张博览贯通基础上的专而致精，其曾在演讲中要求辅仁大学学生要博览群书，"治学问贵博览，欲通一书，须通群书。无论研究何门学问，均应在本门之外备应有之常识。即看一部小说亦不易，倘若不知当时风俗制度，必不能完全了解其内容。清人为通经学而治小学，以碑版证历史。现在目的与前不同，余以为应利用小学通经学，以历史证碑版。总之，希望同学于专门书之外，多旁及他书"③。余嘉锡读书博览，自称"史子两部，宋以前书未见者少；元明以后，亦颇涉猎"④。主张多"读已见书"，对时人专以读未见书相标榜者，深不以为然，认为专以读奇书相夸耀，而对普通常见书却不读不知，是"舍本逐末，无根之学"⑤。对于当时那些有本不依或学无根本者，都给予批评。

二、折中于汉宋的学术风气

嘉庆道光以后，考据学的弊端开始逐渐显现。晚清时期的陈澧对此有详细的论述："今时学术之弊：说经不求义理，而不知经；好求新

---

① 余嘉锡：《积微居小学金石文字论丛序》，《余嘉锡文史论集》，长沙：岳麓书社，1997年，第540页。
② 余嘉锡：《积微居小学金石文字论丛序》，《余嘉锡文史论集》，长沙：岳麓书社，1997年，第540页。
③ 《国文学系语言文字学会概况》，《辅仁生活》，第1期，1939年11月15日。转引自孙邦华《身等国宝 志存辅仁——陈垣》，济南：山东教育出版社，2004年，第240—241页。
④ 周祖谟，余淑宜：《余嘉锡先生传略》，《余嘉锡文史论集》，长沙：岳麓书社，1997年，第663页。
⑤ 陈垣：《余嘉锡文史论集·序》，第2页，《余嘉锡文史论集》，长沙：岳麓书社，1997年。

义，与先儒异，且与近儒异；著书太繁，夸多斗靡；墨守，好诋宋儒，不读宋儒书；说文字太繁碎；信古而迂；穿凿牵强；不读史；叠木架屋。"①因此，嘉庆道光朝以降，理学思想又逐渐开始出现了复苏的迹象，许多擅长考据的学者开始注重宋学，以宋学加强"身心伦理"方面的休养。如段玉裁说："今日大病在弃洛、闽、关中之学不讲，谓之庸腐，而立身苟简，气节败，政事芜。天下皆君子而无真君子，未必非表率之过也。"因此段玉裁认为只治汉学而忽视宋学，"乃真人心世道之忧"②。汪喜孙也说："汉、宋之学可不必分，通经与力行更不必别，安有学周公、孔子之道而行与言违，又安有读程子、朱子之书可束书不观者！"③及至民国，许多从传统学术熏陶下走出的学者，尽管仍以考据立足，但却不忽视宋学的研究。

最著名者莫过于陈寅恪，陈氏曾有精彩论断："吾国近年之学术，如考古、历史、文艺及思想史等，以世局激荡及外缘熏习之故，咸有显著之变迁。将来所止之境，今固未敢断论。惟可一言蔽之，曰：宋代学术之复兴，或新宋学之建立是已。华夏民族之文化，历数千载之演进，造极于赵宋之世。后渐衰微，终必复振。譬诸冬季之树木，虽已凋落，而本根未死，阳春气暖，萌芽日长，及至盛夏，枝叶扶疏，亭亭如车盖，又可庇荫百十人矣。"④王国维也推崇宋代学术，如其评价近代金石之说时便曾说："近世金石之学复兴，然于著录考订，皆本宋人成法，而于宋人多方面之兴味反有所不逮，故虽谓金石学为有宋一代之学，无不可也。"⑤再如杨树达，杨氏著《周易古义》，于该书自序中云："余自十七八始治《易》，颇不然汉儒象数之说，而独喜

---

① 陈澧：《陈兰甫先生澧遗稿》，载《岭南学报》第2卷（2），1931年，第175页。
② 陈寿祺：《左文海集》卷四，清道光年间刊本，第50页。
③ 汪喜孙：《与任阶平先生书》，见《从政录》卷一，江都汪氏丛书，上海：中国书店，1925年。
④ 陈寅恪：《邓广铭〈宋史职官志考证〉序》，《金明馆丛稿二编》，上海：上海古籍出版社，1980年，第245页。
⑤ 王国维：《宋代之金石学》，《王国维遗书·静庵文集续编》，上海：上海古籍出版社，1983年，第75页。

宋程子书，以为博大精深，切于人事，与孔子系《易》之义为近。私谓今所传汉儒之说，殆一家之学，非其全也。"[1]故杨树达《周易古义》也体现了融合汉学与宋学的特征。

余嘉锡也同样重视宋人的学术，如前文所述，余嘉锡对宋明理学多有回护，对《总目》以及民国学者对宋代理学的批评，多进行反击，并强调宋学所具有的文化价值和时代意义。同时，史学也是宋代学术的重要领域，故余嘉锡对宋代的史家也不吝溢美之词。如余嘉锡曾说："清儒经学小学自辟蹊径，远过唐、宋，其他一切考证，则无不开自宋人，特治之益精耳。至于史学，不逮宋人远甚。乾嘉诸儒，鄙夷宋学，窃不谓然。"[2] "宋人史学较胜清儒。"[3] "清儒考证虽精，然其史学，岂能驾温公而上之乎？"[4]可以看出，余嘉锡推崇宋人的史学研究，并认为清儒虽然考证精良，但史学却远不及司马光，清儒史学不如宋儒之处，当是清代学者没有写出类似司马光《资治通鉴》这种具有历史宏通眼光的巨著，而只是流于考证却缺少必要的综合。清代虽然经学、史学考据极盛，但其精神内涵却相对匮乏，不如宋儒之学术更具一种文化蕴意。

余嘉锡做学问能够发扬考据学的实证学风，而安身立命则采取宋学家的态度。余嘉锡虽然以考据学名家，却极力维护着传统的中国独特的宋明理学思想，走了一条折中于汉宋之间的学术道路。

三、传统学术近代化的努力

在余嘉锡学术研究，其《目录学发微》《古书通例》《四库提要辨证》等书中，多强调知人论世，强调不可以后世之见轻议古人。清末

---

[1] 杨树达：《周易古义自序》，《积微居小学金石论丛》，上海：上海古籍出版社，2013年，第265—266页。
[2] 余嘉锡：《古书通例》，《余嘉锡说文献学》，上海：上海古籍出版社，2001年，第163—164页。
[3] 余嘉锡：《四库提要辨证》，北京：中华书局，2007年，第1236页。
[4] 余嘉锡：《四库提要辨证》，北京：中华书局，2007年，第1238页。

及至民国，西方目录学理论被引入中国后，使民国时期的目录学流派纷呈。在此学术背景下，余嘉锡著《目录学发微》，对中国传统目录学进行系统性、理论性的总结，借以维系传统目录学在现代学科体系中的存在价值。余嘉锡的《古书通例》，是在地下文献没有大量出土之前，主要依据传世文献，对中国上古时期古书体例的一次系统性总结，体现出对中国传统文化价值体系的强烈肯定。

余嘉锡的治学重心在历史文献考据学而不是理学，但余氏却对宋明理学表现出了强烈的回护之心，在中国近代思想文化加速更新的历史环境之中，余嘉锡所认同的是中国传统社会的道德标准，是中国社会固有的而不同于西方现代文明的价值体系。余嘉锡对传统的回护，带有明显的文化保守主义特征。

中国传统学术讲求通经明道，但随着晚清民国以来经学体系的解体坍塌，经学失去了原有的意识形态价值，显然"通经"已经无法再去"致用"。随着史学取代经学成为中国近代学术的中心，在余嘉锡的学术研究中，则通过"治史"以求"致用"。如在《四库提要辨证》中，在涉及史事考辨，尤其是易代之际的人物考辨之时，余嘉锡通过贬奸佞、赞忠良的方式，在涉及少数民族政权入主中原时，则通过对华夷之辨的论述，来阐明自己的民族主义观念。余嘉锡在追求史学求真的同时，在历史研究中则寄托着学者所能做的对国家、民族的关怀，体现出了在国家内忧外患尤其是在日伪的统治形势之下，学者通过学术研究体现出来的文化致用。但由于余嘉锡史学家而非经学家的身份，故其本人不必特意构建一整套系统的理论，也罕作更为宏观的文化分析。

余嘉锡治学从传统目录学着手，讲求治之有序，专而致精，博览基础上的约取。他的学术研究，立足于对传统历史考据学的继承，又吸收近代以来的新材料与新方法，与新旧学术皆有深刻牵连而又有所区别。另外，余嘉锡治学追求知人论世，要多有回护古人之心；讲求汉宋学术兼采，体现出的是中国传统治学方法在近代的继承。总而言之，余嘉锡的学术成果，无论《目录学发微》《古书通例》抑或《四库提要辨证》等，都体现了他为使中国传统学术，能在近代学术体系中占得一席地位而作出的努力。

附录

附录 1

余嘉锡学术编年

1927 年

《陆贾新语提要辨证》,《甲寅》1927 年第 1 卷第 43 期。

1928 年

《聚乐堂艺文目录考》,《图书馆学季刊》1928 年第 2 卷第 3 期。

《四库提要辨证》(包括《灵枢经辨证》《刘子辨证》),《图书馆学季刊》1928 年第 2 卷第 4 期。

《新续古名家杂剧跋》,后收入《余嘉锡论学杂著》(中华书局 1963 年出版)。

1929 年

《刘向新序提要辨证》,《国立北平图书馆月刊》1929 年第 3 卷第 4 号。

《明刻续古名家杂剧残本跋》,《大公报(天津版)》1929 年 3 月 25 日第 15 版文学副刊。

《书仪顾堂题跋后》,《北平北海图书馆月刊》1929 年第 2 卷第 6 号。

1930 年

《六韬辨证》,《图书馆学季刊》1930 年第 4 卷第 2 期。

《目录要籍解题》,《北平图书馆月刊》1930 年第 4 卷第 2 期。

开始撰写《目录学发微》(1963 年中华书局出版)。

开始撰写《古书通例》(1985 年上海古籍出版社出版)。

1931 年

《石门贾君墓志铭》,《国学丛编》1931 第 1 期第 1 册。

《四库提要辨证》(《西京杂记辨证》),《国学丛编》1931 年第 1 期第 1 册。

《清故候选训导廪贡生桃源聂君墓志铭》,《国学丛编》1931 年第 1 期第 3 册。

《古籍解题》,《师大国学丛刊》1931 年第 1 卷第 1 期。

《四库提要辨证——新语》,《师大国学丛刊》1931 年第 1 卷第 2 期。

《北周毁佛主谋者卫元嵩》,《辅仁学志》1931 年第 2 卷第 2 期。

1932 年

《四库提要辨证》(《新书辨证》),《国学丛编》1932 第 1 期第 6 册。

《晋辟雍碑考证》,《辅仁学志》1932 年第 3 卷第 1 期。

《水浒传宋江平方腊考》,《清华周刊》1932 年第 37 卷第 10 期。

《王西庄先生窥园图记卷子跋》,后收入《余嘉锡论学杂著》。

1933 年

《四库提要辨证》(《孟子正义辨证》),《辅仁学志》1933 年第 4 卷第 1 期。

《跋施愚山试鸿博后家书》,后收入《余嘉锡论学杂著》。

1934 年

《汉池阳令张君残碑跋》,《辅仁学志》1934 年第 4 卷第 2 期。

《巴陵方氏藏书志序》,《国立北平图书馆馆刊》1934 年第 8 卷第 6 号。

《内阁大库本碎金跋》,《国立北平图书馆馆刊》1934 年第 8 卷第 6 号。

《王觉斯题丁野鹤陆舫斋诗卷子跋》，《国立北平图书馆馆刊》1934 年第 8 卷第 6 号。

1935 年

《四库提要辨证》（包括《荆楚岁时记辨证》《吕氏春秋辨证》两篇），《国立北平图书馆馆刊》1935 年第 9 卷第 5 号。

《跋王石腥父子手稿》，后收入《余嘉锡论学杂著》。

《书册制度补考》，《文献特刊》，国立北平故宫博物院文献馆，1935 年。

《四库提要辨证》（《蒙求集注辨证》），《国立北平图书馆馆刊》1935 年第 9 卷第 6 号。

1936 年

《四库提要辨证》（包括《北史辨证》《洛阳伽蓝记辨证》《能改斋漫录辨证》三篇），《国立北平图书馆馆刊》1936 年第 10 卷第 3 期。

《四库提要辨证》（《论衡辨证》），《大公报（天津版）》1936 年 9 月 24 日第 11 版图书副刊。

《四库提要辨证》（《书断辨证》），《大公报（天津版）》1936 年 10 月 15 日第 11 版图书副刊。

《四库提要辨证》（《太平寰宇记辨证》），《大公报（天津版）》1936 年 11 月 26 日第 11 版图书副刊。

《牟子理惑论检讨》，《燕京学报》1936 年第 20 期。

1937 年

《四库提要辨证》（《颜氏家训辨证》），《大公报（天津版）》1937 年 1 月 7 日第 11 版图书副刊。

《四库提要辨证》（《酉阳杂俎辨证》），《大公报（天津版）》1937 年 2 月 25 日第 11 版图书副刊。

《四库提要辨证》(《唐阙史辨证》),《大公报(天津版)》1937年4月1日第11版图书副刊。

《小说家出于稗官说》,《辅仁学志》1937年第6卷第1—2期。

《四库提要辨证》(《涑水纪闻辨证》),《大公报(天津版)》1937年6月10日第13版图书副刊。

《论校勘学之起源》,天津《益世报》人文周刊3期,1937年7月15日。

《积微居小学金石论丛序》,杨树达:《积微居小学金石论丛》,商务印书馆,1937年。

《四库提要辨证》史、子两部,1937年7月自刊本(十二卷)。

开始撰写《世说新语笺疏》(1953年完成,1983年中华书局出版)。

1938年

《藏园群书题记续集序》,《藏园群书题记续集五卷补遗一卷》,1938年藏园刻本。

《寒食散考》,《辅仁学志》1938年第7卷第1—2期。

1939年

《宋江三十六人考实》,《辅仁学志》1939年第8卷第2期。

1940年

《汉武伐大宛为改良马政考》,《辅仁学志》1940年第9卷第1期。

《驳萧敬孚记皇甫持正集旧抄本》,《图书季刊》1940年新第2卷第2期。

《书章实斋遗书后》,《图书季刊》1940年新第2卷第3期。

《高阆仙小传》,《辅仁生活》,1940年第11期。

《论引书注卷数之缘起》,《中华图书馆协会会报》1940年第15卷第1—2期。

《述也是园旧藏古今杂剧》，《图书季刊》1940年第1期。

1941年

《疑年录稽疑》，《辅仁学志》1941年第10卷第1—2期。

1942年

《王雱不慧有心疾辩》，《辅仁学志》1942第11卷第1—2期。
《殷芸小说辑证》，后收入《余嘉锡论学杂著》。

1945年

《杨家将故事考信录》，《辅仁学志》1945年第13卷第1—2期。
《杨家将故事考信录序》，《辅仁学志》，1945年第13卷第1—2期。

1946年

《谢承后汉书传本之有无》，《经世日报》1946年9月11日读书周刊第5期。
《洪亮吉之地理学》，《经世日报》1946年9月25日读书周刊第7期。
《水浒传之俗语》，《经世日报》1946年10月9日读书周刊第9期。
《跋李文公集》，《大公报（天津版）》1946年10月16日第6版文史周刊。
《楚辞释文考》，《大公报（天津版）》1946年11月10日第7版文史周刊。
《书晋书桓玄传后》，《大公报（天津版）》1946年12月4日第6版文史周刊。
《南宋算学家秦九韶事迹考》，《大公报（天津版）》1946年12月11日第6版文史周刊。
《荀子性恶篇"伪"字解》，《经世日报》1946年12月11日读书周刊第 18 期。

1947 年

《黄顾遗书序》,《经世日报》1947 年 1 月 8 日读书周刊第 22 期。

《跋旧抄本中兴馆阁录》,《经世日报》1947 年 2 月 12 日读书周刊第 26 期。

《藏园群书题记序》,《经世日报》1947 年 4 月 16 日读书周刊第 35 期。

《四库提要辨证——关尹子》,《经世日报》1947 年 5 月 29 日读书周刊第 41 期。

《张籍之里贯及其病眼之时间》,《经世日报》1947 年 8 月 20 日读书周刊第 53 期。

《太史公书亡篇考》,《辅仁学志》1947 年第 15 卷第 1—2 期。

1949 年

《释伦楚》,《中国科学院历史语言研究所集刊》第二十本下册,1949 年 12 月。

1954 年

撰写《四库提要辨证序》,完成《四库提要辨证》(1958 年科学出版社出版)。

附录 2

《四库提要辨证》古籍辨伪书目

《诗补传》	《总目》	旧本题曰逸斋撰，不著名氏。朱彝尊《经义考》云："《宋史·艺文志》有范处义《诗补传》三十卷，卷数与逸斋本相符。明朱睦㮮《聚乐堂书目》，直书处义名，当有证据。处义，金华人，绍兴中登张孝祥榜进士"云云，则此书为处义所作，逸斋盖其自号也。①
	《辨证》	《困学纪闻》卷三引《解颐新语》云："文王之风，终于《驺虞》，《序》以为王道成，则近于雅矣。文、武之雅，终于《鱼丽》，《序》以为可告神明，则近于颂矣。"翁元圻注云，《宋史·艺文志》一范处义《解颐新语》十四卷。此条所引，见于逸斋《诗补传》第十六卷中。《四库全书总目》以《诗补传》为处义所作，今读王氏所引《解颐语》，互见于《补传》中，益可证为处义一人之作矣。②
《诗传》	《总目》	旧本题曰子贡撰，实明丰坊所作。《明史》坊本传称坊为《十三经训诂》，类多穿凿，世所传《子贡诗传》，即坊编本者是也。③
	《辨证》	丰坊，《明史》附见《丰熙传》，略云："子坊，字存礼，晚岁改名道生，别为《十三经训诂》，类多穿凿。或谓世所传《子贡诗传》，亦坊伪纂也。"《提要》所引，颇有删改，非其本文。《申培诗说》非坊所作，辨详后条。毛奇龄《诗传诗说驳义序》曰："《诗传》《诗说》，向来从无此书，至明嘉靖中，庐陵郭相奎家，忽出此二书，以为得之黄文裕秘阁石本，然究不知当时所为石本何如也。第见相奎家所传本，则摹古篆书，而附以楷体今文，用作音注。嗣此则张元平刻于贵州，专用楷体，无篆文，而李本宁复合刻篆文楷体于白下，且加子夏《小序》于其端，共刻之，名曰《二贤言诗》。于是《诗传》《诗说》，一人之《百家名书》，再入之《汉魏丛书》，而二书之名，遂相沿不可去矣。"《提要》谓郭子章、李维桢皆为传刻释文，实本于此。然毛氏但言嘉靖中出于郭相奎家，未尝云丰坊曾自刻之也。郭氏刻本，今尚有存者，其书题曰《合刻圣门二大家诗》，前有子章序曰："得黄文裕秘阁《子贡诗传》古本，原未有刻版，与湖州郡守沈叔顺等分校，并《小序》刻之，仍其篆文曰《诗传》，不敢确以为《鲁诗》也。"然则《诗传》刻本，实始于子章。《提要》云，"《子贡诗传》与所作《诗说》同，皆以古篆刻之"，似谓坊尝刻版者误也。且郭氏所刻但有《诗序》《诗传》，并无《诗说》，毛说亦误。坊固善篆书，尝伪为《正始石经》，此书古篆，盖亦出自坊手，而子章刻之，讬言得之黄佐耳。④

---

① 永瑢等：《四库全书总目》，北京：中华书局，1965年，第122页。
② 余嘉锡：《四库提要辨证》，北京：中华书局，2007年，第36页。
③ 永瑢等：《四库全书总目》，北京：中华书局，1965年，第139页。
④ 余嘉锡：《四库提要辨证》，北京：中华书局，2007年，第41—42页。

续表

《诗说》	《总目》	旧本题曰申培撰，亦明丰坊伪作也。何楷《诗世本古义》、黄虞稷《千顷堂书目》、毛奇龄《诗传诗说驳义》，皆力斥之。[1]
	《辨证》	《提要》谓此书亦丰坊伪作，以何楷、黄虞稷、毛奇龄为证。今考《明史》虽疑《子贡诗传》为坊所伪纂，然未尝言及《申培诗说》。……《提要》乃曰："《诗说》亦丰坊伪作，何楷、黄虞稷、毛奇龄皆力斥之。"其实三人者固未尝因《诗说》斥坊也。惟朱彝尊《经义考》始谓两书皆出于坊，故于《诗说》伪本条下曰："按申公《鲁故》，至晋已亡，今所存《诗说》及《子贡诗传》，皆出于鄞人丰坊伪撰。"于毛奇龄《诗传诗说驳义》条下曰："按二书皆系丰坊伪作。"《四库总目》经部《提要》多本之《经义考》，此条亦用朱氏说耳。尝窃疑二书既同出丰坊一手，相为表里。则坊所作《鲁诗世学》，何以但列《诗传》于卷首，而置《诗说》不录耶？抑其作《诗说》，在《世学》既成之后，不及增入耶？钱谦益、黄虞稷以《诗传》为坊所伪撰，有《世学》可据。彝尊以《诗说》并归之坊，与虞稷之说不同，未知其何据也。……余以为《子贡诗传》为丰坊《鲁诗世学》之根据，必是坊所自作，若《申培诗说》，坊未尝援以自证，疑为文禄（王文禄）之所作。盖坊既示以《诗传》，文禄遂依坊为此以为之羽翼，二人交谊甚密，故相与狼狈如此。海盐之人，徒闻其尝作《鲁诗》，遂以二书并归之，士䮸、震亨不考而笔之于书耳。文禄尝作《补衍》二卷，以补齐《邹子》，明末藏书家至真以为邹衍书，其才自足以办此。黄虞稷谓坊同时有作《诗说》者，王士禄谓寻有妄人依傍《诗传》作《诗说》，可见《诗说》别出一人之手，其人盖即文禄也。[2]
《月令解》	《总目》	《月令》于刘向《别录》，属《明堂阴阳记》，当即《汉书·艺文志》所云古明堂之遗事，在《明堂阴阳》三十三篇之内者，《吕氏春秋》录以分冠十二纪，马融、贾逵、蔡邕、王肃、孔晁、张华，皆以为周公作，郑康成、高诱以为即不韦作。论者据《汉百官表》言，太尉为秦官；或又据《国语》晋有"元尉""舆尉"之文，谓"尉"之名，不必起于秦，然究不得因"元尉""舆尉"，遂断三代必有太尉也。意不韦采集旧文，或傅益以秦制欤。[3]
	《辨证》	《月令》或云周公作，或云吕不韦作，自汉氏诸儒，已无定论。后儒纷纷论辨，各是其是，其说亦无以相胜。《提要》谓为不韦采集旧文，而傅益以秦制，较为持平，未始非解纷之道。《玉烛宝典》，书已亡佚，光绪初始自日本得之。今观其说，以为周末学者所记，而不韦治改之，与《提要》之说先后悬同，故著之于此，以与《提要》相印证焉。[4]

---

[1] 永瑢等:《四库全书总目》，北京：中华书局，1965年，第139页。
[2] 余嘉锡:《四库提要辨证》，北京：中华书局，2007年，第43—47页。
[3] 永瑢等:《四库全书总目》，北京：中华书局，1965年，第169页。
[4] 余嘉锡:《四库提要辨证》，北京：中华书局，2007年第52页。

续表

《春秋比事》	《总目》	旧本题宋沈棐撰。①
	《辨证》	余嘉锡引《仪顾堂序跋》云："都穆《听雨纪谈》据谭月卿序以为刘朔撰，四库所据本无谭序，故《提要》著录仍题沈棐名。此本谭序只存末三行，但以'顷得刘氏家本，特表而出之'二语证之，必以为刘朔作。考刘朔为后村之祖，《后村集》有《二大父遗文跋》云：'麟台公殁于信安传舍中，故遗稿尤少，有《春秋比事》二十卷，别为书。'与谭月卿之言合，则此书信为刘朔作矣。朔字复之，莆田人，与兄凤皆受业于林光朝。"②
《六经奥论》	《总目》	旧本题宋郑樵撰。朱彝尊《曝书亭集》有是书跋曰："成化中，盱江危邦辅藏本，黎温序而行之，云是郑渔仲所著，荆川唐氏辑《稗编》从之。今观其书，议论与《通志略》不合。樵尝上书自述其著作，胪列名目甚悉，而是书曾未之及，非樵所著审矣。后昆山徐氏刻《九经解》，仍题樵名。"今检书中论《诗》，皆主毛、郑，已与所著《诗辨妄》相反。又"天文辨"一条，引及樵说称夹漈先生，足证不出樵手。又"论《诗》"一条，引《晦菴说诗》，考《宋史》樵本传，卒于绍兴三十二年，朱子《诗传》之成，在淳熙四年，而晦菴之号，则始于淳熙二年，皆与樵不相及。"论书"一条，并引《朱子语录》，且称朱子之谥，则为宋末人所作，具有明验，不知顾湄校《九经解》时，何未一检也？第相传既久，所论亦颇有可采，故仍录存之，缀诸宋人之末，而樵之名，则从删焉。③
	《辨证》	《提要》举《奥论》"天文辨"条引及樵说，"论《诗》"条引晦菴说，以明为宋末人所作。陆心源跋，谓书中征引南宋人著述尚多，历举其所引，如晁公武、陈君举、林少颖、胡五峯、吴才老、洪容斋等，以是定为郑厚门弟子述其师及樵之说。……北京大学《国学季刊》一卷一号，载有顾颉刚撰《郑樵著述考》一篇，亦谓《奥论》可疑。第其所举为疑案者，徒以其论《毛诗传》，同于叶梦得之《毛诗说》，《诗序辨》又与叶之《卫宏毛诗说》同，而《国风辨》及《读诗法》，与程大昌《诗议》第十四、十七两章略同，而于其晁公武、陈君举诸人著作，不置一词，或者未考全氏（全祖望）集欤？④

---

① 永瑢等：《四库全书总目》，北京：中华书局，1965年，第221页。
② 余嘉锡：《四库提要辨证》，北京：中华书局，2007年，第58—59页。
③ 永瑢等：《四库全书总目》，北京：中华书局，1965年，第272页。
④ 余嘉锡：《四库提要辨证》，北京：中华书局，2007年，第70—71页。

续表

书名	类别	内容
《明本排字九经直音》	《总目》	不著撰人名氏。书中《春秋传》"素王"二字下，引真宗《宣圣赞》，但标真宗不称宋，又称御制，则为宋人所著可知。①
	《辨证》	日人河田熊辑《静嘉堂秘笈志》卷一引陆心源此书跋云："闻之故友嘉兴唐大令海宁查氏有宋刊九经附直音，题孙奕季昭撰，即著《履斋示儿编》者。因取《示儿编》所说经音，一一对勘，不独论议皆同，辞句亦如出一手，信乎其出于季昭矣。《宋史·艺文志》有许奕《九经直音》九卷，考魏了翁《鹤山集·许公神道碑》，列奕所著书，而不及《直音》，夫岂许氏所著哉？《宋史》殆误孙为许耳。"莫友芝《邵亭书目》卷三云："宋本《九经直音》十五卷，宋庐陵孙奕撰。《孝经》，《论语》卷一，《孟子》卷二，《毛诗》卷三、四，《尚书》卷五，《周易》卷六，《礼记》卷七、八、九，《周礼》卷十，《春秋》《左传》卷十一至卷十五，其音皆据《释文》，参以宋儒之读，不能直音者纽以四声，亦或用切音，简确易晓。奕撰有《示儿编》，乃好学淹通之士，此书虽取便蒙，亦具有根底。四库著录之《明本排字九经直音》二卷，盖元时坊间因其书合并卷数刊之，而失载奕名耳。"②
《说文系传考异》	《总目》	国朝汪宪撰。③
	《辨证》	《皕宋楼藏书志》卷十三载此书后有朱文藻云："作《考异》二十八篇，又别为附录上下二篇，书经岁周抄毕，藏之汪氏振绮堂。其《考异》附录等篇，录一通，随原书归吴下。"又与宗文翁牍云："适入夏，猝遭鱼亭先生尊人大故，未免间以他务停止。恰值潘先生有还吴之便，原书附顺奉上，外有《考异》二十八篇，附录二篇，合为一册，并呈教政。"又载丁杰手跋云："初见此跋，疑即朱君所撰书也，今询朱君，果如余所料，抃喜者累日。辇下诸公传抄者，并署朱君名，不复知有汪主政事，乃据吴门副本耳。"盖朱文藻馆于汪宪家，汪借得宗氏影宋抄本《系传》，倩朱抄之，朱因作此书。其署汪宪之名者，犹之徐善为高士奇作《春秋地名考略》故事耳。丁丙《善本书室藏书志》卷三云："汪启淑刊《系传》四十卷并附录，而遗《考异》。乾隆壬辰间，四库馆采访遗书，武林诸藏书家各以善本经大吏进于朝，先后凡五千余种。浙抚复令振绮堂后人汪汝瑮增选百种续进，遂以此应选，题为汪宪撰，实则朱文藻所校录也。文藻字朗斋，自号碧溪居士，钱塘诸生。"④

---

① 永瑢等：《四库全书总目》，北京：中华书局，1965年，第272页。
② 余嘉锡：《四库提要辨证》，北京：中华书局，2007年，第71—72页。
③ 永瑢等：《四库全书总目》，北京：中华书局，1965年，第346页。
④ 余嘉锡：《四库提要辨证》，北京：中华书局，2007年，第103—104页。

续表

《汉隶分韵》	《总目》	不著撰人名氏，亦无时代。①
	《辨证》	陆心源《仪顾堂题跋》卷一宋椠《汉隶分韵跋》云："《汉隶分韵》七卷，不著撰人名氏，宋椠元修本。案《宋史·艺文志》小学类有马居易《汉隶分韵》七卷，数与今本合，则是书乃居易所著也。"②
《三国志辨误》	《总目》	不著撰人名氏，亦莫详时代。《苏州府志》载陈景云字少章，吴江县学生，长洲人。少从何焯游，博通经史，淹贯群籍。长于考订，凡讹谬处，能剖析毫芒。所著书九种，其四为《三国志校误》，似即此书。③
	《辨证》	李慈铭《越缦堂日记》第二十册云："《三国志辨误》三卷，《四库目录》不著名氏。今案钱氏《廿二史考异》《诸史拾遗》所引陈氏景云说，皆与之合，文句亦同。"④
《元经》	《总目》	旧本题隋王通撰，唐薛收续，并作传，宋阮逸注。……陈师道《后山谈丛》、何薳《春渚纪闻》、邵博《闻见后录》并称逸（阮逸）作是书，尝以稿本示苏洵。薳与博语未可知，师道则笃行君子，断无妄语，所记谅不诬矣。⑤
	《辨证》	文中子《中说》屡言及《元经》，叙其著作之意甚详。……唐人相传，实有此书。晁、陈言其书为《崇文目》及《唐艺文志》所无，盖谓通之原书至唐末宋初已不复存，今本出于阮逸伪作耳。皮锡瑞《师伏堂笔记》卷三云："王通《元经》，宋阮逸注。晁公武曰疑阮逸依托为之，陈振孙曰河汾王氏诸书，自《中说》外，或云皆逸伪作。陈师道、何薳、邵博皆称逸作是书。锡瑞案：阮逸宋人，诸人皆与逸年代不相远，而其说相同，且谓逸以稿本示苏洵，似为逸作，无可疑矣。乃考《宋史》，有可疑者。太祖建隆三年四月，太常寺博士聂崇义上《三礼图》，尹拙驳正，诏下中书集议。吏部尚书张昭等奏议曰：'尹拙所述礼神之六玉，称取梁桂州刺史崔灵恩所撰《三礼义宗》，崇义非之，以为灵恩非周公之才，无周公之位，一朝撰述，便补六玉缺文，尤不合礼。臣等窃以刘向之论《洪范》，王通之作《元经》，非必挺圣人之姿，而居上公之位。有益于教，亦为斐然。'据此奏议，则王通《元经》宋初已有其书。阮逸天圣五年进士，建隆三年至天圣五年凡六十七年，当时逸尚未生，而奏议引之，则书必出宋前。不得以《崇文目》不载，遂指为逸作也。晁、陈诸人殆未见张昭奏议乎？"愚谓皮氏所举张昭奏议，诚为前人所未言。惟张昭之意，不过举古之非圣人而作经者，以

---

① 永瑢等：《四库全书总目》，北京：中华书局，1965 年，第 353 页。
② 余嘉锡：《四库提要辨证》，北京：中华书局，2007 年，第 116 页。
③ 永瑢等：《四库全书总目》，北京：中华书局，1965 年，第 404 页。
④ 余嘉锡：《四库提要辨证》，北京：中华书局，2007 年，第 128 页。
⑤ 永瑢等：《四库全书总目》，北京：中华书局，1965 年，第 419—420 页。

续表

《元经》	《辨证》	驳聂崇义,故以王通《元经》与刘向《洪范》并言。《洪范论》之佚文,见于《汉书·五行志》,而《元经》之大意亦见于《中说》。《洪范论》既是亡书,则所谓"有益于教,亦为斐然"者,不必便是《元经》在宋初见存之据也。大抵文人用典,例难征实,恐不可以是驳晁、陈。[1]
《靖康要录》	《总目》	不著撰人名氏。陈振孙《书录解题》曰"《靖康要录》五卷,不知作者。记钦宗在储时及靖康一年之事,案日编次。凡政事制度及诏诰之类,皆详载焉。其与金国和战诸事,编载尤详。"云云。是振孙之时,已莫知出谁手矣。[2]
	《辨证》	考徐松所辑《宋会要》第七十册职官类第十八实录院条下云"三年五月十一日,起居舍人、兼权中书舍人、兼同修国史、实录院同修撰洪迈言:得旨编修《钦宗实录》正史,除日历所发到《靖康日历》及汪藻所编《靖康要录》,并一时野史杂说,与故臣家搜访到文字外,缘岁月益久,十不存一"云云。是此书乃汪藻所撰,洪迈资之以修《钦宗实录》。《提要》谓实录既成之后,好事者抄撮之以成书,所考适得其反矣。[3]
《隆平集》	《总目》	今考巩本传不载此集,曾肇作巩形状及韩维撰巩神道碑,胪述所著书甚备,亦无此集。据《玉海》元丰四年七月巩充史馆修撰,十一月巩上《太祖总论》,不称上意,遂罢修《五朝史》。巩在史馆,首尾仅五月,不容遽撰此本以进,其出于依托,殆无疑义。……盖虽不出于巩,要为宋人之旧笈,故今亦过而存之,备一说焉。[4]
	《辨证》	案《宋史·艺文志》《通志·艺文略》《直斋书录解题》,于此集皆不著录,仅见于《郡斋读书志》卷六。盖其书绍兴时始付刻,而未大行于世,故见之者少耳。《读书志》曰:"《隆平集》二十卷,记五朝君臣事迹,其间记事多误,如以《太平御览》与《总类》为两书之类,或疑非巩书。"公武之言虽如此,然其卷十九《寇忠愍诗》条下则曰:"或又谤之云,在相位时与张齐贤相倾,朱能为天书降乾祐,准知而不言,曾巩明其不然,曰准审如是,丁谓拂须,固足以悦之。"是公武仍自信其为曾巩所作,未尝断言其伪也。考《遂初堂书目》有《五朝隆平集》,不著撰人。吴曾《能改斋漫录》卷五引曾南丰撰《国史·刘沆列传》凡百二十许字,与本书卷五《刘沆传》一字不差,可见此书为所撰《五朝史》之底稿。赵伯卫序所谓副存于家,不诬也。《漫录》卷十二《晏元献节俭》条又云曾南丰与公同里,元丰间神宗命以史事,其传公云"虽少富贵,奉养若寒士"。今《晏殊传》亦本书卷五,果有此二语,可与前条互证。余又考李焘《续通鉴长编》引《隆平集》者二,引曾氏《隆平集》者一,书名之上,冠以曾氏,则亦信为巩作也。李心传《旧闻证误》卷一引《王文正遗事》,记张师德两诣王旦门不得见,且谓师

[1] 余嘉锡:《四库提要辨证》,北京:中华书局,2007年,第222—224页。
[2] 永瑢等:《四库全书总目》,北京:中华书局,1965年,第427页。
[3] 余嘉锡:《四库提要辨证》,北京:中华书局,2007年,第227页。
[4] 永瑢等:《四库全书总目》,北京:中华书局,1965年,第447页。

续表

书名	类别	内容
《隆平集》	《辨证》	德奔竞,心传辨之曰,曾子固《隆平集》云:"尚贤(师德字)守道不回,执政不悦,在西掖者九年,则似非奔竞者。"此则直指为曾子固矣。吴曾号为博洽,有宋一代史学之精,自司马光外,无如二李者,而其于此集均信为曾巩所作,未尝稍疑其伪。焘于考证最密,……使此集稍有可疑,焘岂得独无异辞?心传著书,专证人之误,纤悉必举,又岂肯援用伪书,贻人口实邪?《提要》独执晁公武之单辞,便毅然断为依托。公武之学,既不博于吴曾,尤不及二李,未必能别黑白而定是非,况其言又自相矛盾,忽信忽疑,原非定论也乎?此书最早锓木于绍兴时,原本《说郛》卷九十四载李元纲《厚德录》引此书三十条,直名为曾子固《隆平集》。①
《东都事略》	《总目》	宋王偁撰。偁字季平,眉州人。②
	《辨证》	《四库》所收,盖明人刻本,误称为偁,《提要》信之,因谓"《学海类编》中所刻之王称《张邦昌事略》,改王偁为王称"为"愈伪愈拙"。自《提要》有此说,于是一切官私著述及刻书者,凡涉及作《东都事略》之王称,皆改作偁矣。③
《契丹国志》	《总目》	宋叶隆礼撰。隆礼号渔林,嘉兴人,淳祐七年进士,由建康府通判历官秘书丞,奉诏撰次辽事为此书,……所录亦颇有可据,……存之亦可备参考。惟其体例参差,书法颠舛,忽而内宋,则或称辽帝,或称国主;忽而内辽,则以宋帝年号分注辽帝年号之下;既自相矛盾,……又书为奉宋孝宗敕所撰,而所引胡安国说,乃称安国之谥,于君前臣名之义,亦复有乖。④
	《辨证》	隆礼之别号籍贯科目,《契丹国志》皆不载。厉鹗《宋诗纪事》卷六十六从《至元嘉禾志》采取隆礼《烟雨楼诗》一首,其小传云:"叶隆礼号渔林,嘉兴人,淳祐七年进士,官建康府西厅通判,改国子监簿。"《提要》所叙,全本于此。隆礼进书表云:"臣奉敕命,谨采撺遗闻,删剔繁冗,缉为《契丹国志》以进。"末题淳熙七年三月日秘书丞臣叶隆礼上表。淳熙者,孝宗年号,故《提要》云:"历官秘书丞,书为奉孝宗敕所撰也。"不思淳祐乃理宗年号,由淳祐七年上数至淳熙七年,凡六十八年。使此书果为淳祐进士叶隆礼者所撰,安有释褐登朝,回翔馆阁,又历六十余载,年将大耋,方登进士第之理乎?厉鹗尝撰《辽史拾遗》,引用《契丹国志》至夥,于隆礼表末署衔,不容不见,而小传中竟不言官秘书丞,盖因时代先后不合,疑其非一人耳。案《至元嘉禾志》卷十五《宋登科题名》,淳祐七年张渊微榜有叶隆礼。

---

① 余嘉锡:《四库提要辨证》,北京:中华书局,2007年,第260—262页。
② 永瑢等:《四库全书总目》,北京:中华书局,1965年,第449页。
③ 余嘉锡:《四库提要辨证》,北京:中华书局,2007年,第269页。
④ 永瑢等:《四库全书总目》,北京:中华书局,1965年,第449—450页。

续表

《契丹国志》	《辨证》	又卷十六《碑碣类》有《进士题名序》一篇，自称前进士叶隆礼，末题咸淳改元九月吉日书。又卷三十一《题咏类·烟雨楼诗》，有叶隆礼《渔林》一首。《景定建康志》卷二十四《西厅通判题名》云："叶隆礼承奉郎淳祐十年十月到任，至十二年二月改除国子监簿离任。"以上皆厉氏小传所本，可见其无一字无来历也。……丁卯为咸淳三年，上溯淳熙七年，凡八十八年，隆礼必不能为淳熙时秘书丞亦明矣。《千顷堂书目》卷三著录此书，注为元人，则隆礼盖已入元，必非孝宗时人也。若谓孝宗时别有一叶隆礼，则除进书表年月一行外，毫无显据。考之《中兴馆阁正续录》，上起建炎初元，下终淳熙五年，不独秘书丞中无叶隆礼姓名，即遍检馆阁群官，亦未尝有是人也。《续录》起于淳熙五年，其目录后有跋云："《中兴馆阁录》淳熙四年成书，其后附录者，多讹舛缺略。嘉定三年十月重行编次，是正讹舛，其缺略者增补之，名曰《馆阁续录》。逐卷之末，不题卷数，贵在他日可以旋入，继今每于岁杪分委省官，取岁中合载事，略加删润，刊于卷末。"嘉定三年，上距淳熙五年，才三十有二年，时代既近，考订自易，既经重行增补，不当犹有缺略，以后则每届岁终，随时增入，尤不当遗漏姓名，是进书表末所署年月官职，皆可疑也。或谓今本《馆阁录》为四库馆臣从《永乐大典》内辑出，安保其无所脱误，则又不然。余尝借得友人于思泊所藏旧钞本，其《续录》中，有钱大昕手钞数卷，黄丕烈逐卷以宋刻本校过，点画小异，纤悉必备。宋本亦颇有缺叶，然官联中秘书丞题名，实完好无缺，亦无叶隆礼姓名，是隆礼固未尝为是官也。或者秘丞题名，止于咸淳三年，隆礼之拜官，尚在其后，表末淳熙七年乃咸淳七年之误，则不可知耳。夫隆礼之书，即系奉敕撰集，且尝表奏进御，则立言之间，当倍极恭慎，乃其书法，竟或内辽而外宋，宜非当时臣子之所敢为，疑是后人所伪撰，假隆礼之名以行，犹之《大金国志》托名宇文懋昭耳。其书陈氏《书录解题》及《宋史·艺文志》皆不著录。元袁桷《清容集》卷四十一有《修辽金宋史搜访遗书条列事状》一篇，所列遗书，凡一百四十余种，尚无此书。……纵属伪作，亦出自元人之手，未尝不可备参考也。[①]
《大金国志》	《总目》	旧本题宋宇文懋昭撰。……懋昭既降宋，即当以宋为内词，乃书中分注宋年，又直书康王出质及列北迁宗族于衅俘，殊为失体。……亦多轻信伪书，冗杂失次，恐已经后人窜乱，非复懋昭原本，故抵牾若此。然其首尾完具，间有与《金史》异同之处，皆足资订证。所列制度服色，亦能与《金史》各志相参考，故旧本流传不废，今亦著其伪，而仍录其书焉。[②]
	《辨证》	此书之为伪作无待言，然《提要》所指摘，亦尚未尽。李慈铭《荀学斋日记》癸集下云："阅《大金国志》，此书前人多疑之，余谓实伪作也。宇文懋昭之名，亦是景譔，盖是宋元间人抄撮诸纪载，间以野闻

---

① 余嘉锡：《四库提要辨证》，北京：中华书局，2007年，第271—273页。
② 永瑢等：《四库全书总目》，北京：中华书局，1965年，第450页。

《大金国志》	《辨证》	里说，故多荒谬无稽，复沓冗俗。而亦时有遗闻佚事，为史所未及。其载世宗之荒淫，章宗之衰乱，世宗有元悼太子允升，因谋害晋王允猷，事发，叛亡。章宗诛郑王允蹈，后其子爱王大辨以大通节度使据五国城以叛，屡败国兵。及章宗母为宋徽宗子郓王楷之女，又有郑宸妃为宋华原郡王郑居宗之曾孙女，皆委巷传闻，绝无其事。又载明昌二年三月拜经童为相。经童，僧童也。是不知胥持国由五经童子科出身，但闻当时有经童作相、监女为妃之说，妄以经童为僧童，尤作伪之显证。至谓元鞑靼其先与女真同类，皆靺鞨之后，别有朦骨国亦曰蒙兀，在女真东北，人不火食，夜中能视，金末渐强，自称祖元皇帝，其后鞑靼乃自号大蒙古国。然二国居东西，两方相望，凡数千里，不知何以合为一名，其语尤荒谬。盖是南人全不知东北边事者，讹传妄说。所云朦骨，似即俄罗斯也。其言爱王构兵，与北朝通，定约以国家初起之地及故迁封疆，自沟内以北归之于北，沟南则为己有，累岁结谋用兵，爱王无分毫得也。章宗太和四年六月，爱王发疾，卒。其子雄三大王立，北朝约以进兵，雄畏惧而从。疑当日西北有假郑王子孙之名，啸聚扰边，蒙古阴与之通，伺衅而发，故一闻卫王之立，遂致与兵入犯，此书与张希颜《南迁录》所以异说滋纷耳。"颇可以与《提要》互证，故录之。①
《左逸・短长》	《总目》	漆书竹简，岂能阅二千年而不毁，其伪殊不足辨也。②
	《辨证》	此二书之为世贞所撰，灼然无疑。盖世贞为文，以摹拟秦汉为工，故作是狡狯，以拟《左》《国》，自以为其文果似秦汉，故诧言秦汉人之所伪讬云耳。然即刻入《四部稿》中，则明示人为其所自撰，未尝赝古以欺世也。《四库》所著录两书各仅三则，较原书不足十分之一，疑系蒋谨录其所最喜者而藏之，并改《左逸》小引中有小抵牾者三十五则句为有小抵牾者三，以泯其迹。其书本无世贞姓名，蒋世枋未见《四部稿》，不知其所自来，遂以为真秦汉人所作，故不足怪。四库馆臣既已见之，而于此篇竟莫知为谁撰，盖官书杂成众手，前后不相检照类如此。③
《孤臣泣血录》	《总目》	旧本题宋太学丁特起撰。……载汴京失守，二帝播迁之事。徐梦莘《北盟会编》颇采之，……特起不知何许人，又直书太学生丁特起上书者三，皆不似自述之语。前载特起自序，粗鄙少文，其叙事亦多俚语，岂当时好事者所为，以特起上书有名，故以托之欤？④
	《辨证》	此书初出之时，著述之家已加援用，未尝疑其依托，且不独见采于徐梦莘而已。……其叙事之不能尽符公论，时人固已言之矣。《建炎以来

---

① 余嘉锡:《四库提要辨证》，北京：中华书局，2007 年，第 275—276 页。
② 永瑢等:《四库全书总目》，北京：中华书局，1965 年，第 468 页。
③ 余嘉锡:《四库提要辨证》，北京：中华书局，2007 年，第 291 页。
④ 永瑢等:《四库全书总目》，北京：中华书局，1965 年，第 469 页。

续表

书名	类目	内容
《孤臣泣血录》	《辨证》	《系年要录》于此书引用亦多，皆署名丁特起，然则非伪撰也。……其书在当时已盛行，虽闺房之中亦熟知其得失矣。①
《北狩行录》	《总目》	旧本题宋蔡鞗撰。……然是书卷末云，北狩未有行纪，太上语王若冲曰：一自北迁，于今八年，所履风俗异事，不为不多，深欲纪录，未得其人，询之蔡鞗，以为学问文采无如卿者，为予记之云云。则是此书为若冲所作。惟是《宋史·艺文志》亦以此书为蔡鞗撰，疑不能明。或鞗述其事，而若冲润色其文欤？②
《北狩行录》	《辨证》	宋熊克《中兴小历》卷十七云："是岁道君在五国城，一日谕王若冲曰：一自北迁，于今八年，所履风俗异事多矣，深欲著录，未有其人。询之蔡鞗，以为无如卿者，高居山东躬耕之余，为予记之，善恶必书，不可隐晦，将为后世之戒。"与本书合。又卷十八云："甲子道君皇帝崩于五国城。先是，道君尝命随行王若冲录北迁事迹，未克成书。丙寅渊圣命若冲以谓先王嘉言善行，不可无纪，乃许随行官吏，各具见闻，送若冲编修，仍令蔡鞗提点。未及书成，即所谓《太上道君北狩行录》是也。"提点犹之监修，其衔名当居纂修之上，诸本或题蔡鞗，或并题二人之名者，以此《提要》以为鞗述其事而若冲润色之者，非也。③
《南渡录》二卷《窃愤录》二卷	《总目》	此二书所载语并相似，旧本或题无名氏，或并题为辛弃疾撰。盖本出一手所伪托，故所载全非事实。④
《南渡录》二卷《窃愤录》二卷	《辨证》	此书所载，虽非事实，而其书本无名氏，初非伪托。其题辛弃疾之名，特吴某（注：明万历年间吴君平）所妄增，不得以此并归罪于作者也。至《南渡录》亦并署辛弃疾，则冯舒所未言，疑后人又师吴某之故智而为之耳。⑤
《平寇志》	《总目》	旧本题管葛山人撰，不著姓名。前有序文，题曰龙湫山人李确著，以"著"之一字推之，疑即出于确手。案《海盐县志》李天植字因仲，前明崇祯癸酉举人，甲申后遁迹龙湫山中，改名确，字潜初，当即其人也。⑥

---
① 余嘉锡：《四库提要辨证》，北京：中华书局，2007年，第293页。
② 永瑢等：《四库全书总目》，北京：中华书局，1965年，第469页。
③ 余嘉锡：《四库提要辨证》，北京：中华书局，2007年，第294页。
④ 永瑢等：《四库全书总目》，北京：中华书局，1965年，第471页。
⑤ 余嘉锡：《四库提要辨证》，北京：中华书局，2007年，第295页。
⑥ 永瑢等：《四库全书总目》，北京：中华书局，1965年，第490页。

书名	类别	内容
《平寇志》	《辨证》	著者称管葛山人,序者称龙湫山人,其非一人,显然可见。杨凤苞《秋室集》卷二《南疆逸史跋》第五篇举明季稗史有《平寇志》,注其姓名为彭贻孙,乃孙贻之误。李文田跋孙贻《客舍纪闻》曰:"按陈其年《箧衍集》有彭孙贻字仲谋,浙江海盐人。又《浙江省查办奏缴应毁书目》有《西人志》,彭孙贻著。此书有记及汤若望事,《西人志》虽不传,以意度之,则其纪若望争历法事无疑也。又有《平寇志》,彭孙贻著,以《明史·艺文志》考之,杂史类有彭孙贻《平寇志》十四卷,今《四库目》有《平寇志》十二卷,疑为海盐李确,殆非也。余家有《平寇志》十二卷抄本,题管葛山人彭孙贻著。盖即羡门之从兄弟,羡门名孙遹,海盐人。"李氏藏明人书极富,尤熟于明末史事,据其家藏本所题如此,则此书为彭孙贻所著无疑。管葛山人,盖孙贻别号也。①
《京口耆旧传》	《总目》	不著撰人名氏。明杨士奇《文渊阁书目》、焦竑《国史经籍志》皆载其名,亦不云谁作。考书中《苏庠传》末云,予家世丹阳,先人知其状为详,又从其孙嘉借家传,则作者当为丹阳人。庠卒于绍兴十七年,而作者得交其孙,则当为南宋末年人也。②
	《辨证》	今考证为宋刘宰撰。
《保越录》	《总目》	不著撰人名氏。③
	《辨证》	此书陆心源刻入《十万卷楼丛书》,题作元徐勉之著,后有同治丁卯大兴傅以礼节子跋云:"是书余所见有二本,一为杭州吴氏瓶花斋旧抄,不著撰人名氏,卷首并佚。其序中称明兵为大军及太祖皇帝字样。今著录《四库》者,即祖是本。一为明代越中椠本,并《武备志》附《古越书》后,题曰元徐勉之撰,前有自序,节衔为乡贡进士杭州路海宁州儒学教授。中以明兵为敌军,明祖为敌主,间有寇贼之称。近时袖珍坊刻,即祖是本。顾越中旧椠,世不多见,自明以来,辗转传抄,各名家著录,姓名互异。《千顷堂书目》但云张士诚幕客作,《山阴志》则属之山阴郭钰。惟王士禛《居易录》、许尚质《酿川集》作徐勉之撰。考《绍兴府志》至正十九年,明将胡大海等攻绍兴,自二月至五月,迄不得下而去。海宁州教授徐勉之著《保越录》记其事云云,与《居易录》《酿川集》悉合,则是书出勉之手无疑。"其所考据甚核。④

① 余嘉锡:《四库提要辨证》,北京:中华书局,2007年,第313—314页。
② 永瑢等:《四库全书总目》,北京:中华书局,1965年,第521页。
③ 永瑢等:《四库全书总目》,北京:中华书局,1965年,第530页。
④ 余嘉锡:《四库提要辨证》,北京:中华书局,2007年,第349页。

续表

书名	类别	内容
《孔氏实录》	《总目》	不著撰人名氏，末一条云，大蒙古国领中书省耶律楚材奏准皇帝圣旨于南京特取袭封孔元措，令赴阙里奉祀，此书或即元措等所撰欤。[1]
	《辨证》	余家藏有旧抄《永乐大典书目》残本一册，即四库馆臣自《大典》录出者，中有《孔子实录》一卷，施泽之撰。则《大典》本实具有姓名，且书名《孔子实录》，与《提要》亦不合。疑《大典》或题孔子，或题孔氏，而馆中抄胥，自《大典》录出，则作孔氏，且失著撰人，《提要》因据以著录耳。然则此书乃施泽之所撰，其书盖以孔元措《祖庭广记》为蓝本，点窜删并，别题书名，攘为己作，非余无以发其覆也。施书十二卷，而《大典》只一卷，则又删节不全之本。[2]
《天鉴录》	《总目》	不著撰人名氏，题下注曰真心为国，不附东林，横被排斥，久抑林野，及冷局外转者，凡一百三人，皆魏忠贤之党也。[3]
	《辨证》	《提要》云不著撰人名氏，考《明史》卷三百六《阉党传》云："忠贤以阅工，故日至外朝，呈秀必屏人密语，以间进《同志》诸录，皆东林党人，又进《天鉴录》，皆不附东林者。令忠贤凭以黜陟，善类为一空。"《明史纪事本末》卷七十一略同，但不言进《同志录》而已。计六奇《明季北略》卷二《天鉴录》条下亦云："崔呈秀作，献逆阉，指东林党。"则撰此录者，自是崔呈秀，史有明文，不至不知名氏也。[4]
《两晋南北奇谈》	《总目》	旧本题宋王涣撰。涣为仁宗庆历末睢阳五老之一，……不闻其著此书。……考《太学进士题名碑》，弘治丙辰科有王涣，象山人。《明史·艺文志》有涣所著《墨池手录》三卷。此本自称墨池王涣，与墨池之号相合，知此书为明王涣撰，其称太原，盖举郡望耳。其书摘录《晋书》以下八史以下琐语杂事。[5]
	《辨证》	明李诩《戒菴漫笔》卷七云："余少时见苏城妇女祭所谓太妈者，献酒拜伏，必祝曰：今夜献过太妈娘娘三杯酒，愿得我家养子像陆南、王涣、文徵明。遍城皆然，习以为例，今人所皆知者惟文耳。"自注云："王涣，号墨池，习见其所纂《两晋南北奇谈》六卷，其所著杂赋一卷，则衡山公饷余者，与陆偕中正德己卯科应天乡举。"黄虞稷《千顷堂书目》卷十二子部小说类有王涣《墨池琐ечас》三卷，自注云："字涣之，长洲人，正德己卯举人，嘉兴府通判。"《提要》谓是弘治丙辰进士，丙辰系弘治九年，下距正德十四年己卯，已阅二十三年矣。恶有已中进士二十余年，复举于乡者乎？且其籍贯不同，一象山，一长洲，明系二人，此是长洲王涣之所作，提要张冠李戴耳。[6]

---

[1] 永瑢等：《四库全书总目》，北京：中华书局，1965年，第531页。
[2] 余嘉锡：《四库提要辨证》，北京：中华书局，2007年，第352页。
[3] 永瑢等：《四库全书总目》，北京：中华书局，1965年，第560页。
[4] 余嘉锡：《四库提要辨证》，北京：中华书局，2007年，第368页。
[5] 永瑢等：《四库全书总目》，北京：中华书局，1965年，第579页。
[6] 余嘉锡：《四库提要辨证》，北京：中华书局，2007年，第375—376页。

书名	类别	内容
《越绝书》	《总目》	不著撰人名氏，……书末叙外传记以廋词，隐其姓名，……为会稽袁康所作，同郡吴平所定也。……《隋》《唐志》皆云子贡作，非其实矣。[1]
	《辨证》	徐时栋《烟屿楼读书志》卷十三云："周时有《越绝》一书，所谓或子贡或子胥作者，今所传《越绝书》，乃汉袁康所作。是《越绝》之传，其后《越绝》亡而《越绝书》独存，书中明白可考。不解数千年来读是书皆复梦梦，即以汉人之书，而疑子贡、子胥作也。其篇末详记作书人姓名为袁康，删定者为吴平，既显著名氏，毫不掩饰如此，而书中乃曰子贡作此书、子胥作此书，虽梦中呓语，无是理也。《本事篇》明云何不称《越经书记》？谓此书何以不名曰《越经》、或《越书》、或《越记》，而乃名《越绝》，下文详释所以称绝之故。今此书俨然名《越绝书》，而尚曰何不称书，又梦中呓语所未有者。即此两端，今书显为《越绝》之传，作者本是明白，并未作一梦语，而后之读其书者，反皆愦愦说梦，可异也。余证甚多，余将为《越绝考》以发其覆，而解数千年不解之疑案，亦一快事也。"余案徐氏力驳子贡或子胥作《越绝》之说，固亦言之成理，自谓足解数千年之疑。……自来以《越绝》为子贡或子胥作者，固非其实，而如《提要》及徐氏（徐时栋）说，以为纯出于袁康、吴平之手者，亦非也。余以为战国时人所作之《越绝》，原系兵家之书，特其姓名不可考，于《汉志》不知属何家耳，要之，此书非一时一人所作。[2]
《十六国春秋》	《总目》	旧本题魏崔鸿撰，实则明嘉兴屠乔孙项琳之伪本也。鸿作《十六国春秋》一百二卷，见《魏书》本传。《隋志》《唐志》皆著录，宋初李昉等作《太平御览》犹引之。《崇文总目》始佚其名，晁陈诸家书目，亦皆不载，是亡于北宋也。万历以后，此本忽出，莫知其所自来，证以《艺文类聚》诸书所引，一一相同，遂行于世。论者或疑鸿身仕北朝，而仍用晋、宋年号。今考刘知几《史通·探赜篇》曰，鸿书之纪纲，皆以晋为主，亦犹班书之载吴项，必系汉年；陈志之述孙刘，皆宗魏世。乔孙等正巧附斯义，以售其欺，所摘者未中其疾。惟《魏书》载鸿子子元奏称，刊著越、燕、秦、夏、梁、蜀遗载，为之赞序，而此本无赞序。《史通·表历篇》称，晋氏播迁，南据扬越；魏宗勃起，北雄燕代。其间诸伪，十有六家，不附正朔，自相君长，崔鸿著表，颇有甄明。而此本无表，是则检阅偶疏，失于弥缝耳。然其文皆联缀古书，非由杜撰，考十六国之事者，固宜以是编为总汇焉。[3]
	《辨证》	愚谓以此书与《十国春秋》较，则屠乔孙等尚属独为其难，五代至今，时代较近，宋人著述，流传尚夥，而吴氏十国列传，亦复多寥寥数行，不具首尾，何可以此责难屠氏，失在不自居缀辑之名，而必追题崔氏，遂致有河豚赝本之讥耳。然讵不能与《述异记》《博物志》

---

[1] 永瑢等：《四库全书总目》，北京：中华书局，1965年，第583页。
[2] 余嘉锡：《四库提要辨证》，北京：中华书局，2007年，第380—382页。
[3] 永瑢等：《四库全书总目》，北京：中华书局，1965年，第584页。

续表

《十六国春秋》	《辨证》	之类并传耶？且考吴寿旸《拜经楼题跋记》卷二载其父吴骞语云："按屠乔孙等《十六国春秋》序，自谓辑录陈编，原未尝作伪欺人，如《于陵子》《天禄阁外史》之比也。"屠序今未见，不知其说云何？果如吴氏之言，则于此书尚何讥焉。①
《别本十六国春秋》	《总目》	旧本亦题魏崔鸿撰，……其非一百二卷之旧，已不待言。……岂好事者摭类书之语，以《晋书》载记排比之，成此伪本耶？……则或属后人节录鸿书，亦未可定也。②
	《辨证》	晁说之《嵩山集》卷十五《答贾子庄书》云："说之累年来尝欲求崔鸿《十六国春秋》、萧方等《三十国春秋》，勤未之得。司马公休言，温公所考《十六国春秋》，亦非崔鸿之全书。"夫谓之非鸿全书，则或系残缺之本，或为从全书内抄出，不可知。然《玉海》引《国史志》云："鸿书世有二十余卷。"而此本只十六卷，《通鉴》所引有表有赞序，而此本皆无之，则非温公所见之本也。至晁、陈志及《宋史》遂皆不著录，而突出于明代，其为明人抄撮群书，伪充古籍甚明，必非《崇文总目》所著录之《十六国春秋略》也。③
《南方草木状》	《总目》	诸本但题谯国嵇含，……惟《隋志》称广州太守嵇含，而此作襄阳太守，考书中所载皆岭表之物，则疑襄阳或误题也。其书凡分草木果竹四类，共八十种。叙述典雅，非唐以后人所能伪，不得以始见《宋志》疑之，其本亦最完整，盖宋以后花谱地志援引者多，其字句可以互校，故独勘讹缺云。④
	《辨证》	《书录解题》卷八云："《南方草木状》一卷，晋襄阳太守嵇含撰。"宋刻《百川学海》本所题，亦全与麻沙本合，知宋时各本皆如此。丁国钧《补晋书艺文志》卷二云："案含传，永兴初除中庶子，道阻未应召，寻授振威将军襄城太守，是则旧题'襄阳'实'襄城'之误。"其说是矣。然此书实非隋、唐人所见之旧，今本署衔，盖后人以此书托之嵇含，遂依据本传，约略题之如此。故按其岁月，讹舛非一，亦不独"襄城"之误为"襄阳"也。《隋书·经籍志》云："梁有广州刺史《嵇含集》一卷，录一卷，亡。"《提要》乃讹为广州太守，广州是州非郡，安得有太守乎？《隋志》举其所终之官以题其集，著录之体，固当如此，《提要》据此，遂谓含尝官广州，故纪岭表之物，不知含元未尝至广州也。……《南方草物状》既历为六朝唐人所引用，是当时确有其书，则虽不见于隋唐志，固不足致疑。然余尝就今日所传之本，反复考之，而知其非原书也。……夫古书展转传钞，残阙佚脱，事所常有，原不足怪，独不解此五条者，何以诸书之所引，适为今之所阙，

---

① 余嘉锡：《四库提要辨证》，北京：中华书局，2007 年，第 388—389 页。
② 永瑢等：《四库全书总目》，北京：中华书局，1965 年，第 584 页。
③ 余嘉锡：《四库提要辨证》，北京：中华书局，2007 年，第 389 页。
④ 永瑢等：《四库全书总目》，北京：中华书局，1965 年，第 622 页。

续表

《南方草木状》	《辨证》	而今本之文又适不为诸书所引用耶？且今本每条，皆首尾完具，竟不似有所阙佚，则又何也？吾疑此书在南宋时已断烂失次，好事者得其残本，嫌其不完，乃取《岭南草木钞》撮他书以足之，而不能博览群籍，征其佚文，故其间亦往往有与古书所引相合者，而此数条，则适在所阙之内，遂至抵牾百出也。……是此书之残缺，必在唐、宋之间，自南宋以后，则诸书所引者，同于今本矣。[①]
《都城纪胜》	《总目》	不著撰人名氏，但自署曰耐得翁，其书成于端平二年，皆纪杭州琐事，分十四门。[②]
	《辨证》	余考《古今说海》内刻有《就日录》一卷，不署名。明抄本《说郛》卷十四录有《就日录》七条，题为宋赵□□。注云："号灌园耐得翁。"……知其人姓赵。《书录解题》卷十一云："《山斋愚见十书》一卷，称灌园耐得翁，不知何人？"是其名字，终不可考。[③]
《秦边纪略》	《总目》	不著撰人名氏。……则此书为康熙间人所作[④]。
	《辨证》	据沈氏（沈曾植）所考，此书为梁份所著，固无疑义，洵足补《提要》所未详。[⑤]
《明宫史》	《总目》	旧本题芦城赤隐吕毖校次。毖始末未详，盖明季宦官也。[⑥]
	《辨证》	《提要》谓毖为明季宦官，不过以书中叙事多作内臣口吻断定之，其实别无证据，不知此书本非毖所自作，乃就刘若愚《酌中志》中掇取数篇，改署此名。[⑦]
《新语》	《总目》	旧本题汉陆贾撰。案《汉书》贾本传称著《新语》十二篇。《汉书·艺文志》儒家《陆贾》二十七篇，盖兼他所论述计之。《隋志》则作《新语》二卷，此本卷数与《隋志》合，篇数与本传合，似为旧本。然《汉书·司马迁传》称迁取《战国策》、《楚汉春秋》、陆贾《新语》作《史记》。《楚汉春秋》张守节《正义》犹引之，今佚，不可考。《战国策》取九十三事，皆与今本合。惟是书之文，悉不见于《史记》。[⑧]

[①] 余嘉锡：《四库提要辨证》，北京：中华书局，2007 年，第 437—440 页。
[②] 永瑢等：《四库全书总目》，北京：中华书局，1965 年，第 625 页。
[③] 余嘉锡：《四库提要辨证》，北京：中华书局，2007 年，第 450—451 页。
[④] 永瑢等：《四库全书总目》，北京：中华书局，1965 年，第 657 页。
[⑤] 余嘉锡：《四库提要辨证》，北京：中华书局，2007 年，第 472 页。
[⑥] 永瑢等：《四库全书总目》，北京：中华书局，1965 年，第 705 页。
[⑦] 余嘉锡：《四库提要辨证》，北京：中华书局，2007 年，第 481 页。
[⑧] 永瑢等：《四库全书总目》，北京：中华书局，1965 年，第 770—771 页。

续表

《新语》	《辨证》	自来目录家皆以《新语》为陆贾所作，相传无异词，至《提要》始创疑其伪，而其所考，至为纰缪，不足为据。如所引《汉书·司马迁传》，考之《汉书》，实无其文，迁传终篇未尝言及陆贾《新语》。其赞中惟言"司马迁据《左氏》《国语》，采《世本》《战国策》，述《楚汉春秋》，接其后事，讫于大汉。"亦无取陆贾《新语》作《史记》之语。①
《新书》	《总目》	疑谊《过秦论》《治安策》等，本皆为五十八篇之一，后原本散佚，好事者因取本传所有诸篇，离析其文，各为标目，以足五十八篇之数，故饾饤至此。其书不全真，亦不全伪。②
	《辨证》	《提要》疑《过秦论》《治安策》为五十八篇之一，其说亦不可通。……《过秦》可分二、三篇，《治安策》何为不可分为十余篇乎？……凡此，皆不必贾子手著，诸子之例，固如此也。至其间脱烂失次，盖所不免，要为古书所常有。陈振孙谓决非贾本书，固为无识，即《提要》调停之说，以为不全真亦不全伪者，亦尚考之未详也。③
《中说》	《总目》	知所谓文中子者，实有其人，所谓《中说》者，其子福郊、福畤等纂述遗言，虚相夸饰，亦实有其书。……宋咸必以为实无其人，洪迈必以为其书出阮逸所撰，诚为过当，讲学家或竟以为接孔、颜之传，则慎之甚矣。④
	《辨证》	夫王通之实有其人，上文考之已详。焦竑《笔乘》卷二已引王绩《负苓者传》、陈叔达《答王绩书》、陆龟蒙《送豆卢处士序》司空图、皮日休《文中子碑》，以为五子皆唐人，言之凿凿，宋咸独臆断其无，几于瞽说。然则咸之言早为前人所驳，朱氏乃欲嘘已熄之焰，不亦异乎！若谓其书为阮逸所伪撰，则亦不察之说也。⑤
《忠经》	《总目》	旧本题汉马融撰，郑元注。……《隋志》《唐志》皆不著录，《崇文总目》始列其名，其为宋代伪书，殆无疑义。《玉海》引宋《两朝志》载有《海鹏忠经》，然则此书本有撰人，原非赝造，后人诈题马、郑，掩其本名，转使真本变伪耳。⑥
	《辨证》	丁晏《尚书余论》云："惠松崖云今世所传马融《忠经》一卷，宋《艺文志》著于录，其书间引梅氏古文。马季长东汉人，安知晋以后书，此皆不知而妄作者。钱竹汀《宋史考异》云《忠经》，隋唐志皆不著录，为宋人伪托。晏按此书亦非依托，当别一马融，与汉马融同

---

① 余嘉锡：《四库提要辨证》，北京：中华书局，2007年，第524—525页。
② 永瑢等：《四库全书总目》，北京：中华书局，1965年，第771页。
③ 余嘉锡：《四库提要辨证》，北京：中华书局，2007年，第548—551页。
④ 永瑢等：《四库全书总目》，北京：中华书局，1965年，第774页。
⑤ 余嘉锡：《四库提要辨证》，北京：中华书局，2007年，第573页。
⑥ 永瑢等：《四库全书总目》，北京：中华书局，1965年，第801页。

续表

书名	类别	内容
《忠经》	辨证	姓名，非东京扶风马氏也。《崇文总目》五行类有《绛囊经》一卷马融撰。桐乡金锡鬯云融，唐居士，非汉马融也。余观《忠经序》云臣融岩野之臣。当亦唐居士所撰，后人误为南郡太守耳。若果汉之马氏，乃外戚豪家，不得云岩野之臣矣。又《忠经兆人章》云此兆人之忠也；《冢臣章》云正国安人，《武备章》云王者立武，以威四方，安万人也；改'民'作'人'，唐人避太宗讳也。《天地神明章》昔在至理，又国一则万人理；《政理章》夫化之以德，理之上也，施之以政理之中也，惩之以刑理之下也，德者为理之本也；改'治'为'理'，唐人避高宗讳也。益信为唐人所撰。是时梅氏书盛行已久，其五引伪古文书，不足异矣。"《提要》以为海鹏撰，丁氏以为唐马融撰，二说不同。考《宋志》儒家类有马融《忠经》一卷，小说家类又有海鹏《忠经》一卷，《通志·艺文略》诸子类儒术有《忠经》一卷，注云"海鹏撰，失其姓名。"而无马融《忠经》，则《提要》谓今书即海鹏撰者，理自可信。《宋志》盖一书两收，不足据也。丁氏据《崇文总目辑释》以《绛囊经》为马融撰，因谓作《忠经》者即此马融，不知《崇文总目》原无撰人姓名，此马融撰三字乃金锡鬯辑书时所补。……惟其（丁晏）详证书中所避唐讳，以证其为唐人所撰，非汉之马融，则颇足补《提要》所不及，故仍录之，资参考焉①。
《渔樵对问》	总目	旧本题宋邵子撰。晁公武《读书志》又作张子，刘安上集中亦载之。三人时代相接，未详孰是也。②
《渔樵对问》	辨证	《朱子语类》卷一百云："康节《渔樵问对》无名公序，与一两篇书次第，将来刊成一集。"又云："古今历家，只是推得个阴阳消长界分尔，如何得似康节说得那'天依地，地附天，天地自相依附，天依形，地依气'几句，向尝以数语附于通书之后，钦夫见之殊不以为然，曰恐说得未是，某曰如此，则试别说几句来看。"又卷一百十五云："《渔樵问对》或者以为非康节所著，先生曰，其间尽有好处，非康节不能著也。"由朱子之言观之，则此书真邵子所作矣。周密《齐东野语》卷一引"世有温泉而无寒火"一条，亦称邵康节并引有昭德晁氏解。③
《残本文华大训箴解》	总目	明吴道南撰。道南有《河渠志》，已著录。④
《残本文华大训箴解》	辨证	黄虞稷《千顷堂书目》卷十一云："宪宗御制《文华大训》二十八卷，其书为纲四，目二十有四，廖道南《文华大训箴解》六卷。"丁丙《善本书室藏书志》卷十五明刻六卷本著录，亦作廖道南，与《提要》作吴道南者不合。《总目》卷七十五《河渠志提要》云："道南字会甫，

---

① 余嘉锡：《四库提要辨证》，北京：中华书局，2007年，第579—581页。
② 永瑢等：《四库全书总目》，北京：中华书局，1965年，第801页。
③ 余嘉锡：《四库提要辨证》，北京：中华书局，2007年，第582页。
④ 永瑢等：《四库全书总目》，北京：中华书局，1965年，第816页。

续表

《残本文华大训箴解》	《辨证》	崇仁人，万历己丑进士，官至文渊阁大学士，谥文恪，事迹其《明史》本传。"吴道南以万历十七年始成进士，上距嘉靖十四年，凡五十四年。道南其时尚幼，或并未生，安得注释表上此书？知作廖道南者为是。《提要》盖因所得残本纸墨断烂，偶缺其姓，遂传致之于吴道南耳。①
《六韬》	《总目》	今考其文，大抵词意浅近，不类古书，中间如避正殿，乃战国以后之事。将军二字，始见《左传》，周初亦无此名。其依托之迹，灼然可验。②
	《辨证》	特是《六韬·豹韬》之名，见于《庄子》《淮南》，则是战国秦汉之间本有其书，汉人仅有所附益，而非纯出于伪造。周秦诸子，类非一人之手笔，此乃古书之通例，又不独《六韬》为然。至于《汉志》儒家之《周史六弢》，班固既明著为惠襄时人，又云孔子问焉，则其人必非太公，其书亦必非兵家之《六韬》，师古之言，显为附会。……《六韬》之书，传之自古，远有端绪，已具见于前。《提要》所疑为非汉时旧本者，实无强有力之证据。此节所言，虽亦未尝无理，然此乃纯驳之说，而非真伪之说也。古人著书，不皆精粹，浅陋之处，固所时有。九流百家，所出即异，故操术不同。宋明人读书，好以当时理学家言是非古人，尤非通方之论。此书实是汉时旧本，非后世所能依托，特惜其为后人妄有删削，遂致残缺不完耳。③
《孙子》	《总目》	考《史记·孙子列传》载武之书十三篇，而《汉书·艺文志》乃载《孙子兵法》八十二篇，……杜牧亦谓武书本数十万言，皆曹操削其繁剩，笔其精粹，以成此书。然《史记》称十三篇，在《汉志》之前，不得以后来附益者为本书，牧之言故未可以为据也。④
	《辨证》	以章氏（章学诚）、毕氏（毕以珣）、沈氏（沈钦韩）三家之说互证，则《孙子》八十二篇之大略，犹可考见也。⑤
《司马法》	《总目》	旧题齐司马穰苴撰。今考《史记·穰苴列传》称齐威王使大夫追论古者司马兵法，而附穰苴于其中，因号曰《司马穰苴兵法》。然则是书乃齐国诸臣所追辑，隋唐诸志，皆以为穰苴之所自撰者，非也。《汉志》称《军礼司马法》百五十五篇，陈师道以传记所载《司马法》之文，今书皆无之，疑非全书。然其言大抵据道依德，本仁祖义，三代军政之遗规，犹籍存什一于千百。盖其时去古未远，先王旧典，未尽无征，掇拾成编，亦汉文博士追述王制之类也。……隋唐志俱作三卷，世所行本以篇页无多，并为一卷。⑥

---

① 余嘉锡：《四库提要辨证》，北京：中华书局，2007年，第584页。
② 永瑢等：《四库全书总目》，北京：中华书局，1965年，第836页。
③ 余嘉锡：《四库提要辨证》，北京：中华书局，2007年，第590—591页。
④ 永瑢等：《四库全书总目》，北京：中华书局，1965年，第836页。
⑤ 余嘉锡：《四库提要辨证》，北京：中华书局，2007年，第594页。
⑥ 永瑢等：《四库全书总目》，北京：中华书局，1965年，第836页。

《司马法》	辨证	盖《司马法》为古者军礼之一，不始于齐威王之大夫，并不始于穰苴。穰苴之兵法，盖特就《司马法》而申明之，而非其所创作，其后因附入《司马法》之中。古书随时增益，不出于一人之手，类皆如此。……孙星衍刻《司马法》序云："《御览》引古《司马兵法》文，与今本多同。又引《穰苴兵法》，不在此书。"余考之信然。则今本所存之五篇，乃威王诸大夫所追论之军礼，非其所附之《穰苴兵法》也。凌廷堪《校礼堂文集》卷二十四《复姚姬传书》曰："伏读集中论《司马法》，以世所传本为伪，故《汉书·刑法志》不载。窃谓《汉志》所载《司马法》，与今所行《司马法》，当是两书，何以知之？考《隋书·经籍志》三《礼杂大义》下注云梁有《司马法》三卷，亡。此即《汉书·艺文志·礼类》所载《军礼司马法》百五十五篇也。又《隋志》子类载《司马兵法》三卷下注云齐将穰苴撰，此即今所行本也。汪容甫明经因此书无传记所引者，遂谓是宋人删本，金辅之修撰又谓缺佚不全，皆不知为两书故耳。"凌氏谓《司马法》当有两书，是矣。然谓已亡者为《军礼》，今世所行乃穰苴所撰，则所考适得其反。其意不过以为《隋志》既称其已亡，自不容复存于后世。不知《隋志》凡称梁有某书亡者，非亡于江陵之难，乃谓武德五年所运炀帝东都之书，行经底柱多被湮没而亡者耳。然其书虽一时暂亡，而他处所藏者仍存，故凡所云亡者，《两唐》往往复著于录，不独此书为然。至于《隋志》所谓梁有某书者，清儒辄谓其是根据《七录》，此亦想当然之词，其实毫无所本，余谓当指梁时国家藏书有无言之，疑是据《文德殿书目》耳。①
《黄石公三略》	总目	相传其源出于太公，圯上老人以一编书授张良者，即此。盖自汉以来言兵法者，往往以黄石公为名。史志所载，有《黄石公记》三卷、《黄石公略注》三卷、《黄石公阴谋乘斗魁刚行军秘》一卷、《黄石公神光辅星秘诀》一卷。又《兵法》一卷、《三监图》一卷、《兵书统要》一卷。今虽多亡佚不存，然大抵出于附会。是书文义不古，当亦后人所依托。郑瑗《井观琐言》称其剽窃老氏遗意，迂缓支离，不适于用，其知足戒贪等语。盖因子房之明哲而为之辞，非子房反有得于此。其非圯桥授受之书，明甚。然后汉光武帝诏书引黄石公"柔能制刚，弱能制强"之语，实出于书中所载军谶之文，其为汉诏援据此书，或为此书剽窃汉诏，虽均无可考，疑以传疑，亦姑过而存之焉。②
	辨证	史志所载之书以黄石公为名者，《隋书·经籍志·兵家》有《黄石公内记敌法》一卷、《黄石公三略》三卷、《黄石公三奇法》一卷、《黄石公五垒图》一卷、《黄石公阴谋行军秘法》一卷、《黄石公兵书》三卷。《五行家》有《黄石公北斗三奇法》一卷。旧新《唐志·兵家》除《黄石公三略》《成氏三略训》各三卷外，有《黄石公阴谋乘斗魁刚行军秘》一卷。《宋史·艺文志·兵家》除《成氏注三略》三卷外，

① 余嘉锡：《四库提要辨证》，北京：中华书局，2007年，第597—598页。
② 永瑢等：《四库全书总目》，北京：中华书局，1965年，第837页。

续表

《黄石公三略》	《辨证》	有《黄石公神光辅星秘诀》一卷，又《兵法》一卷、《三监图》一卷、《兵书统要》三卷、《三略秘要》三卷。《五行家》有《黄石公备气三元经》一卷、《黄石公地镜诀》一卷、《黄石公公宅》一卷。《提要》随手拾掇，不完不备，观其去取，漫无义例，不知其何说也。至于其书之真伪，则《史记·留侯世家》明云："父出一编书曰，读此则为王者师矣。旦日，观其书，乃《太公兵法》也。"使张良果有受书之事，则其书当即在《太公兵法》八十五篇之中。盖良既亲受之于老父，知其为太公书，则其后与韩信序次兵法，定著为三十五家，自当次入太公一家之内，不应别有所谓《黄石公记》与《三略》也。使良并无其事也，则即因《太公兵法》而附会，盖流俗人震于留侯之筹策如神，因转相传言，以为是当受太公之书于下邳神人云尔，尤不当别有此书也。此其出于伪作，可据《史记》一言而决，何必更较量其文义耶？①
《太白阴经》	《总目》	唐李筌撰。筌里籍未详，惟《集仙传》称其仕至荆南节度副使、仙洲刺史，著《太白阴经》。又《神仙感遇传》曰筌有将略，作《太白阴符》十卷，入山访道，不知所终。《太白阴符》，当即此书，传写讹一字也。②
	《辨证》	此书自序及表文，固出后人伪造无疑。③
《管子》	《总目》	旧本题管仲撰。刘恕《通鉴外纪》引《傅子》曰，管仲之书，过半便是后之好事者所加，乃说管仲死后事，《轻重篇》尤复鄙俗。叶适《水心集》亦曰，《管子》非一人之笔，亦非一时之书，以其言毛嫱、西施、吴王好剑推之，当是春秋末年。今考其文，大抵后人附会，多于仲之本书。其他姑无论，即仲卒于桓公之前，而篇中处处称桓公，其不出仲手，已无疑义矣。书中称《经言》者九篇，称《外言》者八篇，称《内言》者九篇，称《短语》者十九篇，称《区言》者五篇，称《杂篇》者十一篇，称《管子解》者五篇，称《管子轻重》者十九篇。意其中孰为手撰，孰为记其绪言如语录之类，孰为述其逸事如家传之类，孰为推其义旨如笺疏之类，当时必有分别。观其五篇明题《管子解》者，可以类推，必由后人混而一之，致滋疑窦耳。④
	《辨证》	向歆班固条别诸子，分为九流十家。而其间一人之书，又自为一家。合若干家之书，而为某家者流，明乎其所谓家者，不必是一人之著述也。父传之子，师传之弟，则谓之家法。六艺诸子皆同，故学有家法，称述师说者，即附之一家之中。如《公》《谷》传中，有后师之说是也。其学虽出于前人，而更张义例别有发明者，则自名为一家之学。……

---

① 余嘉锡：《四库提要辨证》，北京：中华书局，2007年，第599—600页。
② 永瑢等：《四库全书总目》，北京：中华书局，1965年，第838页。
③ 余嘉锡：《四库提要辨证》，北京：中华书局，2007年，第604页。
④ 永瑢等：《四库全书总目》，北京：中华书局，1965年，第847页。

《管子》	《辨证》	学不足以名家，则言必称师，述而不作。虽笔之于书，仍为先师之说，而已原不必于一家之中分别其孰为手撰，孰为记述也。况周、秦、西汉之书，其先多口耳相传，至后世始著竹帛。如公羊谷梁之《春秋传》、伏生之《尚书大传》。故有名为某家之学，而其书并非某人自著者。惟其授受不明，学无家法，而妄相附会，称述古人，则谓之依托。……使《管子》而称齐太公问，疑之可也。《管子》而称毛嫱、西施、吴王、齐桓公，此明是为管氏学者之言，何足疑乎？若谓《管子》不当记仲之死，则《论语》不当记曾子之死乎？故读先秦之书，但当问其是否依托，而不必问其为何人所著。然而依托与否，亦正难言。惟汉人多见古书，知其授受源流，或能加以别白，犹不能必其无误。至于后世，去古已远，有必不可得而详者矣。①
《疑狱集》	《总目》	今本四卷，疑后人所分也。②
	《辨证》	据朱氏之说，则《四库》所收之《疑狱集》，乃明人窜乱之本，不止分三卷为四卷，为非和氏之旧已也。③
《蚕书》	《总目》	末有《蚕书》一卷，宋秦湛撰。湛字处度，高邮人，秦观之子也。④
	《辨证》	陈振孙、王应麟在宋时所见《淮海集》，已将《蚕书》编入，则《馆阁书目》之作秦处度者，盖与以处度为南唐人同一谬误，不足为据。汪纲刻本亦题作秦观，孙镛跋直指为秦淮海，不云处度，则此书之不出于湛，居然可知。⑤
《黄帝素问》	《总目》	《汉书·艺文志》载《黄帝内经》十八篇，无《素问》之名，后汉张机《伤寒论》引之，始称《素问》。晋皇甫谧《甲乙经序》称《针经》九卷，《素问》九卷，皆为《内经》，与《汉志》十八篇之数合，则《素问》之名起于汉、晋间矣，故《隋书·经籍志》始著录也。⑥
	《辨证》	《书录解题》卷十三云："《汉志》但有《皇帝内外经》，至《隋志》乃有《素问》之名。"《提要》推本其说，因谓《伤寒论》始称《素问》，其名当起于汉、晋之间。愚谓秦、汉古书，亡者多矣，仅存于今者，不过千百中之十一，而又书缺简脱，鲜有完篇，凡今人所言某事始见某书者，特就今日仅存之书言之耳，安知不早见于亡书之中乎？以此论古，最不可据。……安所得两汉以上之书而遍检之，而知其无《素

---

① 余嘉锡：《四库提要辨证》，北京：中华书局，2007 年，第 608—609 页。
② 永瑢等：《四库全书总目》，北京：中华书局，1965 年，第 849 页。
③ 余嘉锡：《四库提要辨证》，北京：中华书局，2007 年，第 617 页。
④ 永瑢等：《四库全书总目》，北京：中华书局，1965 年，第 852 页。
⑤ 余嘉锡：《四库提要辨证》，北京：中华书局，2007 年，第 629—630 页。
⑥ 永瑢等：《四库全书总目》，北京：中华书局，1965 年，第 856 页。

续表

《黄帝素问》	《辨证》	问》之名乎？使《内经》本不名《素问》，而张机忽为之杜撰此名，汉人笃实之风，恐不如此。《提要》不过因《汉志》只有《内经》十八卷并不名《素问》，故谓其名当起于刘、班以后，不知向、歆校书，合中外之本以相补，除复重定著为若干篇，著之《七略》《别录》，其篇卷之多寡，次序之先后，皆出重定，已与通行之本不同，故不可以原书之名名之。……《内经》十八卷，其九卷名《素问》，其余九卷则本无书名，故张仲景、王叔和引后九卷之文无以名之，直名之曰《九卷》。然则《素问》之名，其必出于仲景之前亦明矣。刘向于《素问》之外，复得《黄帝医经》若干篇，于是别其纯驳，以其纯者合《素问》编之为《内经》十八卷，其余则为《外经》三十七卷，以存一家之言。①
《灵枢经》	《总目》	是《灵枢》不及《素问》之古，宋、元人已言之矣。……其书虽伪，而其言则缀合古经，具有源本，……不可废也。②
	《辨证》	夫皇甫谧以《针经》《素问》为《内经》，王冰以《素问》《灵枢》为《内经》，《针经》《灵枢》，卷数相合，盖一书而二名耳。谧去古未远，其言当有所受之。冰邃于医学，唐时《针经》具在，必不舍流传有绪之古书，而别指一书以当《内经》，断可识矣。……考定古书真伪，要当视其书何若，旁征博引，以证明之，不当为此鲁莽灭裂之语，以厚诬古人也。③
《难经》	《总目》	《难经》八十一篇，《汉·艺文志》不载，隋唐志始载《难经》二卷，秦越人著，吴太医令吕广尝注之，则其文当出三国前，广书今不传，未审即此本否。然唐张守节注《史记·扁鹊列传》，所引《难经》，悉与今合，则今书犹古本矣。④
	《辨证》	《书录解题》卷十三云："《汉志》但有《扁鹊内外经》而已，《隋志》始有《难经》，《唐志》遂题云秦越人，皆不可考。"《提要》即本此立说而小变之，不知《汉书·艺文志》虽无《八十一难经》，而有《扁鹊内经》九卷，《外经》十二卷，今《黄帝素问》，即《汉志》《黄帝内经》十八卷中之九卷，安知《难经》非即《扁鹊内外经》中别本单行者乎？汉张仲景《伤寒论序》云："撰用《素问》九卷，《八十一难》、《阴阳大论》、《胎胪药录》、平脉辨证，为《伤寒杂病论》，合十六卷。"是此书与《素问》《灵枢》同为张仲景撰《伤寒论》时所采用，其为医家古书，了无疑义，不始于吕广作注，更不始见于《隋志》也。⑤
《褚氏遗书》	《总目》	旧本题南齐褚澄撰。澄字彦适，阳翟人。……疑宋时精医理者所著，而伪托澄以传，然其言可采，虽赝本不可废也。⑥

---

① 余嘉锡:《四库提要辨证》，北京：中华书局，2007年，第631—632页。
② 永瑢等:《四库全书总目》，北京：中华书局，1965年，第856页。
③ 余嘉锡:《四库提要辨证》，北京：中华书局，2007年，第634—639页。
④ 永瑢等:《四库全书总目》，北京：中华书局，1965年，第857页。
⑤ 余嘉锡:《四库提要辨证》，北京：中华书局，2007年，第640—641页。
⑥ 永瑢等:《四库全书总目》，北京：中华书局，1965年，第858页。

续表

《褚氏遗书》	《辨证》	《隋书·经籍志》云："梁有褚澄《杂药方》二十卷，齐吴郡太守褚澄撰，亡。"然旧新《唐志》皆有褚澄《杂药方》十二卷，盖至唐复出。至宋《崇文总目》、《秘书省缺书目》、《通志艺文略》、晁陈《书目》并不著于录，则其亡久矣。《宋史·艺文志》亦无《杂药方》，而有褚澄《褚氏遗书》一卷，即据此本著录。……《提要》谓为宋时精医者所伪托，其说确不可易，疑书与序，皆僧义堪一手之所作耳。①
《银海精微》	《总目》	旧本题唐孙思邈撰。唐宋《艺文志》皆不著录，思邈本传亦不言有是书。……安石以前绝无此说，其为宋以后书明矣。……方技之家，率多依托，但求其术之可用，无庸核其书之必真。②
	《辨证》	此书不惟不见于唐宋《艺文志》，亦绝不见于明以前藏书家目录。考《千顷堂书目》卷十四医家类有《银海精微》二卷，在明代不知撰人之内，书名卷数，皆与《四库》著录本同。然则此书乃明人所作，本不题撰人，亦未尝依托古书，不知何人忽题为孙思邈？盖方技家辗转传抄，因其书不著姓名，恐其术不足以取重，遂妄取古人之名以实之耳。③
《颅囟经》	《总目》	不著撰人名氏，世亦别无传本，独《永乐大典》内载有其书。考历代史志，自《唐·艺文志》以上，皆无此名。至《宋艺文志》，始有师巫《颅囟经》二卷。……疑是唐末宋初人所为，以王冰《素问注》第七卷内有"师氏藏之"一语，遂托名师巫，以自神其说耳。④
	《辨证》	然则作者固未尝自神其说，以此书为黄帝之所藏，师巫之所得也。《宋志》著录之本，署名师巫，殆庸医不识文义者之所为，《提要》又从而断章取义，未免厚诬古人矣。此书为何时何人所作，诚不可知，观其自叙，文辞不能高古，似非唐以前人手笔，然遂谓颅囟之名，自此书始，则又非也。……盖晋宋以前，自有《颅囟经》，此本则后人所作，以其述古人之言，遂以其名名之云尔。《提要》谓唐末宋初人始取以名其书，失于不考。⑤
《素问入式运气论奥》及附《黄帝内经素问遗篇》	《总目》	宋刘温舒撰。……前有元符己卯自序，……卷末别附《刺法论》一卷，题曰《黄帝内经素问遗篇》。案《刺法论》之亡，在王冰作注之前，温舒生北宋之末，何从得此。其注亦不知出何人，殆不免有所依托，未可尽信。⑥

---

① 余嘉锡：《四库提要辨证》，北京：中华书局，2007年，第657—658页。
② 永瑢等：《四库全书总目》，北京：中华书局，1965年，第859页。
③ 余嘉锡：《四库提要辨证》，北京：中华书局，2007年，第667页。
④ 永瑢等：《四库全书总目》，北京：中华书局，1965年，第860页。
⑤ 余嘉锡：《四库提要辨证》，北京：中华书局，2007年，第672—673页。
⑥ 永瑢等：《四库全书总目》，北京：中华书局，1965年，第862页。

续表

书名	类别	内容
《素问入式运气论奥》及附《黄帝内经素问遗篇》	《辨证》	此书所附《素问遗篇》，实《刺法论》《本病论》，凡二篇。……夫此二篇既为唐本所缺，后来何自得之，且王冰未见其文，焉得有注？其为依托，固不待言。但亿（林亿）等之校《素问》，在仁宗嘉祐时，下距元符己卯三十余年，其时已有所谓《素问亡篇》，则此二篇，盖出于北宋以前，初非温舒之所伪托，其注托名于王冰，《提要》亦未之知也。①
《太医局程文》	《总目》	此太医局，系绍熙二年后所置。程文以墨义为第一道，……其裒为一集，不知何人所编，世亦别无传本。②
	《辨证》	《千顷堂书目》卷十四有宋何大任《太医局诸科程文格》一卷，疑与《大典》所收者同，是一书题名各有省略耳。惟三册之书，似不当仅一卷，则疑《千顷堂》卷数有讹误也。大任不知何许人，所著尚有《保幼大全》二十卷，亦见《千顷堂书目》。③
《神农本草经百种录》	《总目》	然《本草》虽称神农，而所云出产之地，乃时有后汉之郡县，则后人附益者多。④
	《辨证》	《本草经》亦不类周以前文字，……《本草》之题神农耳，不足信也。……余敢据此以断《神农本草经》为周末时子仪所作，……要是秦汉以前有此相传之说，医术之兴，固当远在邃古之时，至春秋时，和缓之流已著名于世。药性所主，识识相因，传之既久，自必有人著之竹帛。桐君、雷公之说既不足信，则其书必出于周末，凡《汉志》著录三代以前之书，多六国时人所作，班固自注，言之甚明。……《本草》，《汉志》既不著录，而《中经簿》有《子义本草经》，足证为子仪所作。贾公彦谓《中经簿》并不说神农，可见《神农本草》之名，乃后人所题。盖推其学之所自出以题其书，久之，遂不知为子义所作矣。……或曰《本草》既周末人所著，则刘歆、李柱国皆当见之，何为不著于《汉书·艺文志》乎？应之曰古书有单篇别行之例，如《夏小正》《弟子职》之类是也。有自一书之内析出数篇别行之例，如《太公》书之外有《六韬》，陆贾书之外有《新语》之类是也。凡书真出于周秦人之手，而不见于《汉志》者，当以此求之。⑤
《疮疡经验全书》	《总目》	旧本题宋窦汉卿撰。卷首署燕山窦汉卿，而申时行序乃称"汉卿合肥人，以疡医行于宋庆历祥符间，曾治太子疾愈，封为太师，所著有《窦太师全书》。其裔孙梦麟亦工是术，因增订付梓"云云。考《宋史·艺文志》不载此书，仅有《窦太师子午流注》一卷，亦不详窦为何名，疑其说出于附会。⑥

---

① 余嘉锡：《四库提要辨证》，北京：中华书局，2007年，第675—676页。
② 永瑢等：《四库全书总目》，北京：中华书局，1965年，第866页。
③ 余嘉锡：《四库提要辨证》，北京：中华书局，2007年，第682页。
④ 永瑢等：《四库全书总目》，北京：中华书局，1965年，第880页。
⑤ 余嘉锡：《四库提要辨证》，北京：中华书局，2007年，第683—688页。
⑥ 永瑢等：《四库全书总目》，北京：中华书局，1965年，第883页。

续表

书名	类别	内容
《疮疡经验全书》	《辨证》	《读书敏求记》卷三医家类有《窦太师注标幽赋》一卷，今人章钰校证云："钰案窦默字汉卿，肥乡人，金末以医自给，入元官至昭文馆大学士，卒赠太师，谥文正，见《元史》钱补，《元志》因著录是书，绛云目作金太师，殊误。又案《四库》存目有《疮疡经验全书》十三卷，《提要》云旧本题宋窦汉卿撰，卷首署燕山，而申时行序乃称为合肥人，以疡医行于宋庆历祥符间，《提要》纠之，而未举《元史》为证，且言《宋志》有《窦太师子午流注》一卷，今检《宋志》并无此书，馆臣以误滋误，至为可异！又《爱日志》有影写元刊本《针灸四书》，内《针经指南》一卷，题金窦杰字汉卿撰，有其子桂芳至大辛亥序云南北有二汉卿，姓同字同，为医亦同，北之汉卿官至太师，南之汉卿，隐居济世云云。一窦汉卿，为宋、为金、为元，离奇至此，洵属异闻。似当以见《元史》者为有据。"余考《元史》本传云："窦默字子声，初名杰，字汉卿，广平肥乡人。医者王翁妻以女，使业医，转客蔡州，遇名医李浩，授以铜人针法。"……是默生平固精于医，而尤于针法独得真传。《针经指南》序末题岁在壬辰，乃金哀宗天兴元年，其时盖尚未改名，故题为金窦杰也。……默又自改其名字，于是后人不知著医书之窦汉卿，即是窦默，又讹肥乡人为合肥人。以讹传讹，遂有窦梦麟者，殆乡曲间粗习歌括之庸医，习闻前朝医家中有合肥窦汉卿者，号为窦太师，遥遥华胄，可依附以取名，乃冒为其后裔，取其书刻之，附入己之治验，以邀声价。申时行又据俚俗传闻，为之作序以实之，离奇荒诞，令人如坠五里雾中，而作《提要》者，亦遂不知窦汉卿为何如人矣。①
《原本革象新书》	《总目》	不著撰人名氏，宋濂作序称赵缘督先生所著。先生鄱阳人，隐遁自晦，不知其名若字。或曰名敬字子恭，或曰友钦，弗能详也。王祎尝刊定其书，序称名友某，字子公，其先于宋有属籍。②
	《辨证》	《四库简明目录》卷十一云："《原本革象新书》五卷，元赵友钦撰。旧题赵缘督者，其号也。"《总目》卷一百四十七道家类存目《诸真元奥集成》《提要》云："第八卷为赵友钦《仙佛同源》，友钦即赵缘督，尝作《革象新书》者。"是皆以著此书之赵缘督为赵友钦，与此篇《提要》不敢确定其名字者不同。③
《孙子算经》	《总目》	今考书内设问有云长安洛阳相去九百里，又云佛书二十九章，章六十三字，则后汉明帝以后人语，孙武春秋末人，安有是语乎？④
	《辨证》	朱彝尊以孙子为即作兵法之孙武，其说本无所据。阮氏因此附之周末，吴氏以为先秦旧书，愚未敢深信。要之，其为六朝以前人著作，固无可疑，至其中不免为后人所窜改附益，则古书类然，无足深讶也。⑤

---

① 余嘉锡：《四库提要辨证》，北京：中华书局，2007年，第691—692页。
② 永瑢等：《四库全书总目》，北京：中华书局，1965年，第892页。
③ 余嘉锡：《四库提要辨证》，北京：中华书局，2007年，第694页。
④ 永瑢等：《四库全书总目》，北京：中华书局，1965年，第903页。
⑤ 余嘉锡：《四库提要辨证》，北京：中华书局，2007年，第699页。

续表

《五曹算经》	《总目》	朱彝尊《曝书亭集》有《五曹算经跋》云"相传其法出于孙武"。然彝尊第曰相传，无所引证，益不足据。观《唐书·选举志》称《孙子》《五曹》共限一岁，既曰共限，则《五曹》不出《孙子》明矣。[1]
	《辨证》	夫所谓孙子者，是否即为孙武，《孙子》《五曹》是否出于一人，诚无显据，未敢断言。第《提要》据《唐书·选举志》以证《五曹》必非孙子所作，则殊不然。[2]
《星经》	《总目》	是书卷数虽与《隋志》合，而多举隋唐州名，必非秦汉间书也。[3]
	《辨证》	钱大昕《养新录》卷十四云："今世俗传《甘石星经》，不知何人伪撰，大约采晋隋二志成之。《续汉书·天文志》注引《星经》五六百言，今本皆无之，是刘昭所见之《星经》，久失其传矣。"此说可补《提要》所未及。[4]
《潜虚》	《总目》	宋司马光撰。……此本首尾完具，当即朱子所谓泉州本，非光之旧。……究无以知某条为赝本，盖世无原书久矣，故以源出于光而存之耳。[5]
	《辨证》	此书自朱子首发其伪，后人皆知非温公之完书，《提要》之考之也详矣，然卒不能得作伪之主名。……盖行成（张行成）先取《潜虚》不全本补缀之，使其书单行，而后徐出其《演义》以掩作伪之迹，不谓楼氏之能发其覆也。[6]
《潜虚发微论》	《总目》	张敦实论凡十篇，据吴师道后序，则元时已附刻于后，今亦并存。[7]
	《辨证》	张敦实之《发微论》十篇之中，其八篇皆窃自张汉之《辨虚》，殆甚于郭象之注《庄》。[8]
《葬书》	《总目》	旧本题晋郭璞撰。……惟《宋志》载有璞《葬书》一卷，是其书自宋始出，……书中词意简质，犹术士通文义者所作。必以为出自璞手，则无可征信。[9]

---

[1] 永瑢等:《四库全书总目》，北京：中华书局，1965年，第904页。
[2] 余嘉锡:《四库提要辨证》，北京：中华书局，2007年，第700页。
[3] 永瑢等:《四库全书总目》，北京：中华书局，1965年，第910页。
[4] 余嘉锡:《四库提要辨证》，北京：中华书局，2007年，第718页。
[5] 永瑢等:《四库全书总目》，北京：中华书局，1965年，第915页。
[6] 余嘉锡:《四库提要辨证》，北京：中华书局，2007年，第723—724页。
[7] 永瑢等:《四库全书总目》，北京：中华书局，1965年，第915页。
[8] 余嘉锡:《四库提要辨证》，北京：中华书局，2007年，第727页。
[9] 永瑢等:《四库全书总目》，北京：中华书局，1965年，第921页。

续表

书名	类型	内容
《葬书》	《辨证》	(《晋书》郭璞本传)载璞之著述,可谓详矣,独不言有此书。《隋》《唐志》又不著于录,其非璞所作,固不待言。①
《青囊奥语》	《总目》	旧本题唐杨筠松撰。其序则题筠松弟子曾文辿所作。相传文辿赣水人,其父求己,先奔江南,节制李司空辟行南康军事,文辿因得筠松之术,后传于陈抟。是书即其所授师说也。②
《青囊奥语》	《辨证》	《提要》以是书为地学理气家之权舆,而不疑其伪。丁氏(丁芮朴)因高其倬之说,考之群书,力断非杨筠松所作,其言颇核。③
《灵棋经》	《总目》	旧本题汉东方朔撰。或又以为出自张良,本黄石公所授,后朔传其术,《汉书》所载朔射覆无不奇中,悉用此书。或又谓淮南王刘安所撰,其说纷纭不一,大抵皆术士依托之词。……则是书本出自六朝以前,其由来亦已古矣。④
《灵棋经》	《辨证》	此书乃自法昧始传于世,至六朝而盛行,则其即为法昧所托,盖可知也。《提要》未考《异苑》,故仅知其为术士依托,其来已久,而不能得其主名也。⑤
《易林》	《总目》	汉焦延寿撰。延寿字赣,梁人……旧本《易林》首有费直之语,称王莽时建信天水焦延寿,其词盖出伪托,郑晓尝辨之审矣。⑥
《易林》	《辨证》	牟庭相《翟云升易林校略序》云:检《崔骃传》云祖篆王莽时为建新大尹,称疾去,在建武初著《周易林》六十四篇。余于是执卷而笑曰:"《易林》者,王莽时建新大尹崔延寿之所撰也。新、信声同,大尹行误为天水,崔形误为焦。崔篆盖字延寿,与焦赣名偶同,此所以致误也。"余嘉锡案:"牟氏之说可谓善思误书者,其自谓旷若发蒙,非虚语也。"⑦
《李虚中命书》	《总目》	旧本题鬼谷子撰,唐李虚中注。……且其他职官称谓,多涉宋代之事,其不尽出虚中手,尤为明甚。中间文笔有古奥难解者,似属唐人所为,又有鄙浅可嗤者,似出后来附益。真伪杂出,莫可究诘。疑唐代本有此书,宋时谈星学者以己说阑入其间,托名于虚中之注鬼谷,以自神其术耳。⑧

---

① 余嘉锡:《四库提要辨证》,北京:中华书局,2007年,第729页。
② 永瑢等:《四库全书总目》,北京:中华书局,1965年,第921—922页。
③ 余嘉锡:《四库提要辨证》,北京:中华书局,2007年,第735页。
④ 永瑢等:《四库全书总目》,北京:中华书局,1965年,第923页。
⑤ 余嘉锡:《四库提要辨证》,北京:中华书局,2007年,第739页。
⑥ 永瑢等:《四库全书总目》,北京:中华书局,1965年,第923页。
⑦ 余嘉锡:《四库提要辨证》,北京:中华书局,2007年,第743—744页。
⑧ 永瑢等:《四库全书总目》,北京:中华书局,1965年,第926页。

续表

《李虚中命书》	《辨证》	余谓此书盖实虚中所作，传其术与注其书者，皆托之于鬼谷。其注则宋人所作，其初当自有姓名，不知何人伪撰一序，以虚中书既为鬼谷所撰，因归其注于虚中，以为之调停，遂与书名及注中文义无一可合，术数家之不通古今如此。而传写其书者，又误以《补遗》为卷上，由是纷纭纠错，莫可究诘矣。[1]
《珞琭子书》	《总目》	是书前有楚颐序，又谓珞琭子者，陶弘景所自称。……考其书始见于《宋艺文志》，而晁公武《读书志》亦云宣和、建炎之间是书始行，则当为北宋人所作，旧称某某，皆依托也。[2]
	《辨证》	案此书撰人，当以王廷光所谓"达观之士不显其声名者"为定论。盖作者不自署姓名，后人因纷然附会，言人人殊。要之，皆不足信。[3]
《葬经》	《总目》	题云《青乌先生葬经》，大金丞相兀钦仄注。考《青乌子》名见《晋书·郭璞传》。《唐志》有《青乌子》三卷，已不知为真古书否。此本文义浅近，经与注如出一手，殆又后人所依托矣。[4]
	《辨证》	盖古之《青乌子相墓书》已亡，是书乃唐以后人所伪作，而托之青乌子耳。至其注题大金丞相兀钦仄，考之《金史》，并无此丞相，殆又后来术士所依托，《提要》必以为经与注如出一手，亦未见其然也。[5]
《续画品》	《总目》	旧本题陈吴兴姚最撰。[6]
	《辨证》	最生于梁，仕于周，殁于隋，始终未入陈。[7]
《元元棋经》	《总目》	宋晏天章撰。[8]
	《辨证》	至于十三篇之撰人，则《元元棊经》及《忘忧清乐集》皆题曰皇祐中学士张儗撰，而其前之自序又题张靖序，二者不同。钱氏跋语，似以作儗者为是，以余考之，作靖者是也。[9]

---

[1] 余嘉锡：《四库提要辨证》，北京：中华书局，2007年，第768页。
[2] 永瑢等：《四库全书总目》，北京：中华书局，1965年，第926页。
[3] 余嘉锡：《四库提要辨证》，北京：中华书局，2007年，第769页。
[4] 永瑢等：《四库全书总目》，北京：中华书局，1965年，第940页。
[5] 余嘉锡：《四库提要辨证》，北京：中华书局，2007年，第773—774页。
[6] 永瑢等：《四库全书总目》，北京：中华书局，1965年，第952页。
[7] 余嘉锡：《四库提要辨证》，北京：中华书局，2007年，第776页。
[8] 永瑢等：《四库全书总目》，北京：中华书局，1965年，第972页。
[9] 余嘉锡：《四库提要辨证》，北京：中华书局，2007年，第801页。

		续表
《宣和博古图》	《总目》	案晁公武《读书志》称《宣和博古图》为王楚撰，而钱曾《读书敏求记》称"元至大中重刻《博古图》，凡臣王黼撰云云，都为削去，殆以人废书。"则是书实王黼撰，'楚'字为传写之讹矣。[1]
	《辨证》	考宋刻袁州本《读书志》及元刻本《玉海》，皆作王楚撰，则无以见作黼之必是，而作楚之必非也。……此亦可证此书之为王楚作，非王黼之误矣。[2]
《古玉图谱》	《总目》	旧本题宋龙大渊等奉敕撰。《宋史·艺文志》不载，他家著录者皆未之及，尤袤《遂初堂书目》……亦无是书之名，朱泽民《古玉图》作于元时，亦不言曾见是书，莫审其所自来。[3]
	《辨证》	余疑为明人有此伪本，藏书家以其不见著录，矜为秘本，互相传抄，而不知其罅漏百出，既经《提要》指驳，黠者遂改头换面，去其总裁、副总裁之名，并改淳熙三年为乾道元年，以泯其迹，至其职衔不可胜改，又或未谙宋时官制，遂致无法弥缝。[4]
《兰易》、《兰易十二翼》《兰史》附录	《总目》	《兰易》旧题宋鹿亭翁，《兰易十二翼》《兰史》题冯京。[5]
	《辨证》	以愚考之，《经义考》及全祖望《鲒埼亭集》外编卷二十五《冯侍郎遗书序》，此两书皆明冯京第之所作也，鹿亭翁亦其托名。……《提要》引作冯京，当亦是时人以其为胜国遗民，去其一字以避忌讳。《提要》不知为京第，遂以为与宋之冯京同姓名矣。[6]
《淮南子》	《总目》	《隋志》《唐志》《宋志》皆许氏、高氏二注并列，陆德明《庄子释文》引《淮南子注》称许慎，李善《文选》、殷敬顺《列子释文》引《淮南子注》，或称高诱，或称许慎，是原有二注之明证。后慎注散佚，传刻者误以诱注题慎名也。观书中称景古影字，而慎《说文》无影字，其不出于慎，审矣。[7]
	《辨证》	《提要》谓许注散佚，传刻者误以诱注题慎名，亦未尽然。盖今本《淮南子》内有许注有高注，自陈振孙已不能别白，至近世劳格、陶方琦二家考之《苏魏公集》，始得其说，而陶氏辨之更详，劳氏书成较早，而刻行甚迟，陶未见也。[8]

---

[1] 永瑢等:《四库全书总目》，北京：中华书局，1965年，第983页。
[2] 余嘉锡:《四库提要辨证》，北京：中华书局，2007年，第803—805页。
[3] 永瑢等:《四库全书总目》，北京：中华书局，1965年，第997页。
[4] 余嘉锡:《四库提要辨证》，北京：中华书局，2007年，第812页。
[5] 永瑢等:《四库全书总目》，北京：中华书局，1965年，第1003页。
[6] 余嘉锡:《四库提要辨证》，北京：中华书局，2007年，第813—814页。
[7] 永瑢等:《四库全书总目》，北京：中华书局，1965年，第1009页。
[8] 余嘉锡:《四库提要辨证》，北京：中华书局，2007年，第828页。

续表

《刘子》	《总目》	题北齐刘昼。"观其书末《九流》一篇，所指得失，皆与《隋书·经籍志》子部所论相同，使《隋志》袭用其说，不应反不录其书，使其剽袭《隋志》，则贞观以后人作矣。"①
	《辨证》	自晁、陈以下，题此书为刘昼撰者，大抵据袁孝政之序。余尝疑孝政作注，文理尚复不通，其言岂足为据，既而考之，始知初唐时人早有此说。……余尝取此书反复读之，而确信其出于刘昼，有四证焉。②
《化书》	《总目》	旧本题曰齐邱子，称南唐宋齐邱撰。……然宋碧虚子陈景元跋称旧传陈抟言谭峭景升在终南著《化书》，因游三茅，历建康，见齐邱有道骨，因以授之，……齐邱遂夺为己有而序之，则此书为峭所撰，称齐邱子者非也。③
	《辨证》	宋齐丘者，奸人之雄，亦颇能文章，其窃景升之书而有之，殆亦有所润饰于其间，必不肯一字不易，仅作抄胥而已。④
《古今注》《中华古今注》	《总目》	《古今注》三卷，旧本题晋崔豹撰。《中华古今注》三卷，旧本题后唐太学博士马缟撰。……考《太平御览》所引书名有豹书而无缟书，《文献通考》杂家类又只有缟书而无豹书，知豹书久亡，缟书晚出，后人摭其中魏以前事，赝为豹作。又检校《永乐大典》所载苏鹗《演义》，与二书相同者十之五六，则不特豹书出于依托，即缟书亦不免于剿袭，特以相传既久，姑存以备一家耳。⑤
	《辨证》	"余尝取《北堂书钞》、《艺文类聚》、《文选》李善注、《后汉书注》、《初学记》、《唐六典注》、《史记索引》、《史记正义》、《通典》、释慧琳《一切经音义》、《北户下录》、《说文系传》、《太平御览》、《广韵》诸书，检其所引《古今注》，与今本逐条对校，虽字句时有同异，文义亦互有短长，而大致相合，但多所删节，不如今本之首尾完具。今本凡一百九十二条，而就诸书所引者，除其复重，尚得一百一十七条，若更举唐以前书，遍加检索，当犹不止此。凡此诸书，自《北户录》以上，皆唐人著作。……使今本《古今注》出于马缟，则唐以前人安得先引其说乎？然则今本犹是崔豹原书，盖无疑义。《中华古今注》文多相同，乃是缟书抄豹书，而非后人抄缟书以赝豹书亦明矣。"⑥ "余谓《提要》惟失之不详考，误以崔豹为伪作，故不谓《演义》袭崔豹，而以为马缟袭《演义》，因益信崔书之出于依托，是犹执盗赃而罪事主以行窃也。"⑦

---

① 永瑢等：《四库全书总目》，北京：中华书局，1965年，第1010页。
② 余嘉锡：《四库提要辨证》，北京：中华书局，2007年，第837—838页。
③ 永瑢等：《四库全书总目》，北京：中华书局，1965年，第1011页。
④ 余嘉锡：《四库提要辨证》，北京：中华书局，2007年，第855页。
⑤ 永瑢等：《四库全书总目》，北京：中华书局，1965年，第1015页。
⑥ 余嘉锡：《四库提要辨证》，北京：中华书局，2007年，第859—860页。
⑦ 余嘉锡：《四库提要辨证》，北京：中华书局，2007年，第866页。

续表

《资暇集》	《总目》	唐李匡乂撰。旧本或题李济翁,盖宋刻避太祖讳,故书其字。……《文献通考》一入杂家,引《书录解题》作李匡文,一入小说家,引《读书志》作李匡义,而字济翁则同。陆游集有此书跋,亦作"李匡文",王楙《野客丛书》作"李正文",然《读书志》实作"匡乂",诸书传写自误耳。①
	《辨证》	《提要》谓诸书作"匡文"者为误,谓其始末未详,得周氏(周中孚)此条,足订其误。考订该书作者为李匡文。②
《爱日斋丛钞》	《总目》	《爱日斋丛钞》散见《永乐大典》者,共一百四十三条,俱不题撰人姓氏。考诸家书目,亦多未著录,惟陶宗仪《说郛》第十七卷内载有此书二十二条,题为宋叶某所撰,而不著其名。③
	《辨证》	涵芬楼排印明钞本《说郛》第十七卷,有《爱日斋丛钞》十卷,题宋叶□□,第十八卷有《坦斋笔衡》六卷,题宋叶寔,注云"金华人",二书前后相次。考黄虞稷《千顷堂书目》卷十二小说家类有宋叶寔《爱日斋丛钞》十卷,又《坦斋笔衡》一卷。黄氏虽未必果见原书,然必有所本,决非杜撰,或者其所见陶宗仪《说郛》原本《爱日斋丛钞》条下,撰人姓名尚未残缺,遂据以著录欤? 然则此书乃宋金华叶寔号坦斋者所撰,《提要》谓诸家书目未著录者,非也。④
《疑耀》	《总目》	"旧本题明李贽撰。"王士禛"疑为萱自纂,而嫁名于贽",《提要》执王士禛之说,认为"盖以万历中贽名最盛,托贽以行"。⑤
	《辨证》	然则此书为萱所著,而当时人伪撰萱序,托为李贽之所作,萱自叙其始末甚详。王士禛诸家未见此序,故虽能钩稽考核,而知其出于萱,然王氏谓萱自著而嫁名于贽,《提要》又拟之于叶不夜之伪撰《四书评》,似萱欲假借贽之盛名以行其书者,皆非也。⑥
《拾遗录》	《总目》	题明胡爌撰。"是书杂考训诂,分为六类,援引采辑,颇有根据。"⑦
	《辨证》	实即取《困学纪闻》卷七之下半卷及卷八卷十九之文,重录一过,……无所考证,亦无所增补。……书中之所称引,无一宋以后之人,亦无一宋以后之书,且有仅见于《纪闻》而不见他书者,故就其词气观之,已可决其非明人所作,乃四库馆臣为之作《提要》数百言,盛相推许,于人人习读之《困学纪闻》竟至觌面不相识,宁非异事。⑧

---

① 永瑢等:《四库全书总目》,北京:中华书局,1965 年,第 1016 页。
② 余嘉锡:《四库提要辨证》,北京:中华书局,2007 年,第 869 页。
③ 永瑢等:《四库全书总目》,北京:中华书局,1965 年,第 1025 页。
④ 余嘉锡:《四库提要辨证》,北京:中华书局,2007 年,第 889 页。
⑤ 永瑢等:《四库全书总目》,北京:中华书局,1965 年,第 1026—1027 页。
⑥ 余嘉锡:《四库提要辨证》,北京:中华书局,2007 年,第 894 页。
⑦ 永瑢等:《四库全书总目》,北京:中华书局,1965 年,第 1028 页。
⑧ 余嘉锡:《四库提要辨证》,北京:中华书局,2007 年,第 897—898 页。

续表

《五总志》	《总目》	炯（吴炯）仕履未详，惟《宋中兴百官题名记》载绍兴十三年七月吴炯为枢密院编修官，八月除浙西提举，其始末则不可考见矣。①
	《辨证》	此书今有《知不足斋》及《艺海珠尘》两刻本，题为吴坰。书中凡自称名处，皆作坰，《吴郡志》《临安志》亦作坰，《提要》作炯者误也。②
《东园丛说》	《总目》	旧本题宋李如箎撰。"无论儒生或近时好事者，因如箎书名，捃摭旧文，益以所见，伪为此帙欤。"③
	《辨证》	引张文虎《舒艺室杂著》甲编卷下是书之跋，证为李如箎之书。④
《诚斋挥尘录》	《总目》	旧本题宋杨万里撰，"今检其文，实从王明清《挥麈录话》内摘出数十条，别题此名。凡明清自称其名者，俱改作万里字，盖坊刻赝本，自宋已然。"⑤
	《辨证》	近人王国维《观堂外集·庚辛之间读书记》云："《挥麈录》二卷，刊于左圭《百川学海》第二集，题杨万里撰，《四库全书提要》谓其全文全从王明清《挥尘录话》内摘出数十条，别题此名。余谓此书，似即《挥尘前录》之初稿，其题诚斋撰固误，然谓摘抄为之，则不尽然。"⑥
《蒙求集注》	《总目》	晋李瀚撰。瀚始末未详，考李匡义《资暇集》称宗人瀚作《蒙求》，则亦李勉之族。⑦
	《辨证》	考林述斋、森立之、杨守敬、黄廷鉴、周中孚、顾起伦等之所论，证《蒙求》作者为唐代李翰。⑧
《章申公九事》	《总目》	题宋代章惇著。"不著编辑者名氏，晁、陈二家书目及《宋史艺文志》皆未著录。卷首序云，丞相惇性喜挥翰，在政府时，日书数幅，予尝见杂书一卷，乃抄录之。……知非伪托，然惇人不足道，并其书亦为世所弃置矣。"⑨

---

① 永瑢等：《四库全书总目》，北京：中华书局，1965年，第1041页。
② 余嘉锡：《四库提要辨证》，北京：中华书局，2007年，第925页。
③ 永瑢等：《四库全书总目》，北京：中华书局，1965年，第1043页。
④ 余嘉锡：《四库提要辨证》，北京：中华书局，2007年，第931—932页。
⑤ 永瑢等：《四库全书总目》，北京：中华书局，1965年，第1093页。
⑥ 余嘉锡：《四库提要辨证》，北京：中华书局，2007年，第944页。
⑦ 永瑢等：《四库全书总目》，北京：中华书局，1965年，第1144页。
⑧ 余嘉锡：《四库提要辨证》，北京：中华书局，2007年，第960—962页。
⑨ 永瑢等：《四库全书总目》，北京：中华书局，1965年，第1093页。

续表

《章申公九事》	《辨证》	宋张邦基《墨庄漫录》卷十云："章丞相申公子厚，以能书自负，性喜挥翰，虽在政府，暇时日书数幅。予尝见杂书一卷，凡九事，乃抄之，因载于此。"与此书卷首小序语意吻合，盖此序即点窜邦基之语为之，特删去十数字耳。《漫录》所抄九事，其前七事及第九事皆论书法，惟第八事记吕元圭，亦与此书同。……然则此书，盖好事者从《墨庄漫录》中抄出，以绐藏书家者，非真从墨迹录出也。①
《编珠》《补遗》《续编珠》	《总目》	《编珠》二卷，旧本题隋杜公瞻撰。《补遗》二卷、《续编珠》二卷，则国朝康熙戊寅詹事府詹事钱塘高士奇所辑也。②
	《辨证》	知士奇之本，确得之内库矣，非士奇及朱彝尊之所依托也。③
《翰苑新书》	《总目》	不著撰人名氏，据明陈文烛序亦但称为宋人。今别有刊本，题宋谢枋得撰者，坊贾所赝托也。④
	《辨证》	《天一阁书目》卷三之二有钞本《新编翰墨新书》，其前别续三集卷数，皆与此同，惟后集作三十一卷，不分上下，盖即一书，题进士刘子实茂夫著。天一阁书，藏自前明，远有端绪，其目录虽范式后人所编，然曾经阮文达审定，决无杜撰。然则此书实有撰人姓名，其不著撰人者，书贾翻刊时之所删削也。大抵此种类书，皆以备当时人酬应獭祭之用，著书者既不作传世之想，亦不甚重视之。坊贾刊之以射利，则或变幻其书名，分合其卷帙，如刘应李之《翰墨大全》，又名《事文类聚》《翰墨全书》，其卷帙之不同，则以余所考，已有七八种之多。又其甚者，则并没其撰著之人，如《锦绣万花谷》，据《天一阁书目》乃宋萧赞元所著，而通行本皆不署名。此书之不题刘子实之名，亦其类也。⑤
《岁华纪丽》	《总目》	旧本题唐韩鄂撰。……且《杜阳杂编》，苏鹗所作，鹗，僖宗光启中进士，已属唐末。《摭言》，王定保所作，定保昭宗光化三年进士，已入五代，鄂安得引二人之书？至中引《四时纂要》一条，考之《唐志》，是书即鄂所作，鄂又何至自引己作？况鄂既唐人，不应称唐元宗及唐时，均属疑窦，曾（钱曾）所云云，正未可据为定论也。⑥

---

① 余嘉锡：《四库提要辨证》，北京：中华书局，2007 年，第 943—944 页。
② 永瑢等：《四库全书总目》，北京：中华书局，1965 年，第 1141 页。
③ 余嘉锡：《四库提要辨证》，北京：中华书局，2007 年，第 953 页。
④ 永瑢等：《四库全书总目》，北京：中华书局，1965 年，第 1152 页。
⑤ 余嘉锡：《四库提要辨证》，北京：中华书局，2007 年，第 992—993 页。
⑥ 永瑢等：《四库全书总目》，北京：中华书局，1965 年，第 1160 页。

续表

《岁华纪丽》	《辨证》	此书撰人，《唐》《宋志》《玉海》《书录解题》作韩鄂，《读书志》及《通考》则题韩谔，是其人之是否名鄂不可知。且古今同姓名者甚多，作此书之韩鄂，是否即世系表中之韩鄂，复不可知。如《世系表》中有王定保，乃王起之曾孙，而作《摭言》之王定保，乃王抟之从孙，姓名不见于表，是其例也。五代时人如杜荀鹤、罗隐、韦庄之流，选唐诗者皆附之于唐，即王定保之《摭言》，目录家亦未尝不题以唐也。则此书虽题为唐韩鄂，《提要》何据而知其为韩浚之曾孙，必不入五代乎？鄂如与定保同时，固可称引其书，或鄂之年辈尚在定保之后，亦未可知也。……此书即有宋本传世，书中引用之事，颇有不经见者，即其现存之书，如《荆楚岁时记》之类，亦往往长于今本。纵令不出于韩鄂，亦绝非宋以后人所能作，至谓为胡震亨所伪撰，则纯为臆测之词，毫无证据，《提要》必信王士祯而疑钱曾，是徒以名之轻重为是非，恐不足以服曾也。①
《西京杂记》	《总目》	旧本题晋葛洪撰。……黄伯思《东观余论》称此书中事皆刘歆所说，葛稚川采之。②
	《辨证》	可见《杂记》是杂采诸书，托之刘歆，又可见其记事多有所本，不皆杜撰也。至谓吴均深于史学，此书非其所作，亦为有识。然又谓所载靡丽神怪之事，或出吴均所为，则未免依违两可。余今证以殷芸所引，张柬之所考，知其书决非六朝人所能凭空伪造。葛洪去汉不远，又喜抄短杂奇要之书，故能弄此狡狯。盖其书题为葛洪者本不伪，而洪之依托刘歆则伪耳。近人根据葛洪后序，证之《汉书》出于刘歆，此则因欲攻击古文，不惜牵引伪书，其说盖不足辩。③
《云仙杂记》	《总目》	旧本题唐金城冯贽撰。贽履贯无可考。其书杂载古今逸事，……然实伪书也。无论所引书目，皆历代史志所未载。即其自序称天复元年所作，而序中乃云天祐元年，退归故里，书成于四年之秋，又数岁始得终篇。年号先后，亦复颠倒，其为后人依托，未及详考明矣。案陈振孙《书录解题》有冯贽《云仙散录》一卷，亦有天复元年序。振孙称其记事造语，如出一手，疑贽为子虚乌有之人。④
	《辨证》	不应凡贽之所藏，适为前人所未见，后世所不传，其为杜撰依托，殆无疑义。直斋之言，未尝不深中其病也。……（《杂记》九、十两卷）所引正是常见之书，显与自序不合。且冯贽既题为唐人，乃引宋人所著之《五代史补》《洞微志》《南部新书》《北梦琐言》《通鉴》等书，时代抵牾，可发一噱。作伪者纵复无识，必不至此。盖此两卷，又系后人所窜入，本非《散录》所有，尤为伪中之伪。⑤

---

① 余嘉锡：《四库提要辨证》，北京：中华书局，2007年，第1001—1002页。
② 永瑢等：《四库全书总目》，北京：中华书局，1965年，第1182页。
③ 余嘉锡：《四库提要辨证》，北京：中华书局，2007年，第1016页。
④ 永瑢等：《四库全书总目》，北京：中华书局，1965年，第1186页。
⑤ 余嘉锡：《四库提要辨证》，北京：中华书局，2007年，第1037—1038页。

续表

书名	类别	内容
《后山谈丛》	《总目》	陆游《老学菴笔记》颇疑此书之伪，又以为或其少时作。然师道《后山集》前，有其门人魏衍附记，称《谈丛》《诗话》别自为卷，则是书实出师道手。①
	《辨证》	《晦菴集》卷三十八《答周益公书》云："若《谈丛》之书，则其记事固有得于一时传闻之误者。然而此病，在古虽迁、固之博，近世则温公之诚，皆所不免，况于后山。虽颇及见前辈，然其生平踪迹，多在田野，则其见闻之间，不能尽得事实，宜必有之。恐亦未必以此便谓非其所著也。"然则此书实出师道之手，而其记事则不能无失，朱子已早言之矣。②
《孔氏谈苑》	《总目》	旧本题宋孔平仲撰。平仲有《珩璜新论》，已著录。是书多录当时琐事，而颇病丛杂。赵与旹《宾退录》尝驳其记吕夷简、张士逊事，谓以宰相押麻，不合当时体制，疑为不知典故者所为，必非孔氏真本。今考其所载，往往与他书相出入。……其书或在平仲前，或与平仲同时，似亦摭拾成编之一证。③
	《辨证》	纵此书非孔氏真本，然亦必出自北宋人之手，何至凭空妄言。④
《墨客挥犀》	《总目》	宋彭乘撰。案北宋有两彭乘：一为华阳人，真宗时进士，官至翰林学士，《宋史》有传。其作此书者，则筠州高安人，史不载其仕履，故始末无可考。⑤
	《辨证》	《提要》不知其全书皆由采辑而成，而徒疑其中之数条同于《冷斋夜话》，盖偶然翻阅，未之细检也。张氏（张文虎）能考其出处，而遂诋为伪书，亦非。惟王氏（王国维）为得之。⑥
《南窗记谈》	《总目》	不著撰人名氏。⑦
	《辨证》	以两书（《曲洧旧闻》《南窗记谈》）对勘，大抵《旧闻》详而此书略，又间有数字不同。其删节窜改之迹，显然可见。盖徐度所著之《南窗纪谈》，原书已亡。后人从他说部中抄取二十许条，伪题此名，托之徐度。其不题撰人姓名，疑是传写佚脱也。⑧

---

① 永瑢等：《四库全书总目》，北京：中华书局，1965年，第1192页。
② 余嘉锡：《四库提要辨证》，北京：中华书局，2007年，第1057页。
③ 永瑢等：《四库全书总目》，北京：中华书局，1965年，第1192页。
④ 余嘉锡：《四库提要辨证》，北京：中华书局，2007年，第1063页。
⑤ 永瑢等：《四库全书总目》，北京：中华书局，1965年，第1195页。
⑥ 余嘉锡：《四库提要辨证》，北京：中华书局，2007年，第1080—1081页。
⑦ 永瑢等：《四库全书总目》，北京：中华书局，1965年，第1196页。
⑧ 余嘉锡：《四库提要辨证》，北京：中华书局，2007年，第1083页。

续表

《随隐漫录》	《总目》	旧本题宋临川陈随隐撰。盖后人以书中自称随隐，而称陈郁为先君，知为临川陈姓，故题此名，实则随隐非名也。……证以书中所记，与此批一一吻合，知随隐即世崇（陈世崇）号也。①
	《辨证》	近人夏敬观校刊此书，据朱存理《铁网珊瑚》所载世崇《题曾氏诸帖》诗，署大德丁未立冬日前宫讲陈随隐题。疑随隐当是入元后所改名。《提要》谓旧本题随隐为误以号为名者，未必确当。……《提要》之改陈随隐撰为陈世崇撰者，非也。……《千顷堂书目》卷十二及倪灿《宋史艺文志补》小说家类，均有陈《随隐漫录》五卷。钱大昕《元史艺文志》则著录于杂家，署名陈世崇。而沈嘉辙等《南宋杂事诗》、程穆衡《吴梅村诗笺》卷首引用书目，于《随隐漫录》条下，均题作陈晦，未详其故，疑别有所据也。②
《山海经》	《总目》	断不作于三代以上，殆周、秦间人所述，而后来好异者又附益之欤？③
	《辨证》	是明言《山海经》为禹、益等所著。……是书虽有秦、汉诸地名，不害其为三代以前之书，颜之推固言之矣。④
《神异经》	《总目》	旧本题汉东方朔撰。……此书既刘向《七略》所不载，则其为依托，更无疑义。……观其词华缛丽，格近齐、梁，当由六朝文士影撰而成，与《洞冥》《拾遗》诸记，先后并出。⑤
	《辨证》	夫此经既为服虔所引用，则至迟当出于灵帝以前。或且后汉初年，已有其书。班固所谓后世好事者，因取奇言怪语附著之朔者也。……此经本出于方士，而有媚佛之言，亦后汉时风气然耳。若为齐、梁人所作，则佛道二家，已如水火，必不肯作此等语矣。⑥
《汉武帝内传》	《总目》	旧本题汉班固撰。……其殆魏、晋间文士所为乎？⑦
	《辨证》	钱氏（钱熙祚）不深信此书为葛洪所造，而孙氏（孙诒让）则信之。愚谓张柬之语必非无据，证以《抱朴子》所言，与此书相出入，尤觉信而有征，当从柬之定为葛洪所依托。⑧

---

① 永瑢等：《四库全书总目》，北京：中华书局，1965年，第1201页。
② 余嘉锡：《四库提要辨证》，北京：中华书局，2007年，第1110—1112页。
③ 永瑢等：《四库全书总目》，北京：中华书局，1965年，第1205页。
④ 余嘉锡：《四库提要辨证》，北京：中华书局，2007年，第1118—1120页。
⑤ 永瑢等：《四库全书总目》，北京：中华书局，1965年，第1205—1206页。
⑥ 余嘉锡：《四库提要辨证》，北京：中华书局，2007年，第1125—1128页。
⑦ 永瑢等：《四库全书总目》，北京：中华书局，1965年，第1206页。
⑧ 余嘉锡：《四库提要辨证》，北京：中华书局，2007年，第1132页。

续表

书名	类目	内容
《汉武洞冥记》	《总目》	旧本题后汉郭宪撰。……至于此书所载，皆怪诞不根之谈，未必真出宪手。又词句缛艳，亦迥异东京，或六朝人依托为之。①
	《辨证》	大宝（蔡大宝）叙其耳目所闻见，其言最可征信，然则此书实梁元帝作也。②
《搜神记》	《总目》	然其书叙事多古雅，而书中诸论，亦非六朝人不能作，与他伪书不同。疑其即诸书所引，缀合残文，傅以他说，亦与《博物志》《述异记》等。……辑此书者，则多见古籍，颇明体例，故其文斐然可观，非细核之，不能辨耳。③
	《辨证》	然古人著书，有随时增补者。古书流传既久，亦有后人附益者。类书之体，往往有一事数书并见，随手引用者。似不得便为作伪之据也。余谓此书似出后人缀缉，但十之八九，出于干宝原书。若取唐、宋以前诸书所引，一一检寻，尚可得其出处，与他书之出于伪撰者不同。④
《搜神后记》	《总目》	旧本题晋陶潜撰。中记桃花源事一条，全录本集所载诗序。惟增注"渔人姓黄名道真"七字，又载干宝父婢事，亦全录《晋书》，剽掇之迹显然可见。明沈士龙跋，谓潜卒于元嘉四年，而此有十四、十六两年事。陶集多不称年号，以干支代之，而此书题永初、元嘉。其为伪托固不待辨，然其书文词古雅，非唐以后人所能。《隋书·经籍志》著录，已称陶潜，则赝撰嫁名，其来已久。⑤
	《辨证》	梁释慧皎《高僧传序》云："陶渊明《搜神录》续出诸僧，皆是附见。"则此书之题作陶潜，自梁已然，远在《隋志》之前。慧皎《高僧传》，《四库》未收，故《提要》不知引证也。⑥
《博异记》	《总目》	旧本题唐谷神子还古撰，不著姓氏。考晁公武《读书志》，载《老子指归》十三卷，亦题谷神子注，不著姓氏。而《唐书·艺文志》有冯廓注《老子指归》十三卷，与公武所言书名卷数皆合，则谷神子其冯廓欤？胡应麟《二酉缀遗》则曰唐有诗人郑还古，当为殷七七作传，其人正晚唐，而殷传文与事皆类是书，盖其作也。其说亦似有依据。然古无明文，缺所不知可矣。⑦

---

① 永瑢等：《四库全书总目》，北京：中华书局，1965 年，第 1207 页。
② 余嘉锡：《四库提要辨证》，北京：中华书局，2007 年，第 1136 页。
③ 永瑢等：《四库全书总目》，北京：中华书局，1965 年，第 1207—1208 页。
④ 余嘉锡：《四库提要辨证》，北京：中华书局，2007 年，第 1142 页。
⑤ 永瑢等：《四库全书总目》，北京：中华书局，1965 年，第 1208 页。
⑥ 余嘉锡：《四库提要辨证》，北京：中华书局，2007 年，第 1144 页。
⑦ 永瑢等：《四库全书总目》，北京：中华书局，1965 年，第 1209 页。

续表

《博异记》	《辨证》	《读书志》云："或曰名还古，而竟不知其姓。"今本因于"谷神子纂"下题曰"名还古"。胡应麟《二酉缀遗》卷中云："此三字盖本晁氏说，非本书旧文。"是也。应麟以为即为殷七七作传之郑还古，《提要》谓其说似有据依。余考《太平广记》卷七十九许建宗条，记郑还古见建宗，以符术治龙兴寺井水事。注云："出《传异记》。"而卷首引书目，有《博异志》，无《传异记》，"传"字明是"博"字之误。序言隐其姓名，而复见于书中者，盖叙事之辞，与记他人同例，无妨直书，非矛盾也。是与应麟所意测者正合。晁公武所得，盖亦不全之本，适无此条，故但据传闻，知其名还古，而不知其姓耳。[①]
《博物志》	《总目》	旧本题晋张华撰。考王嘉《拾遗记》，称华好观秘异图纬之部，捃采天下遗逸，自书契之始，考验神怪，及世间闾里所说，造《博物志》四百卷，奏于武帝。帝诏诘问，卿才综万代，博识无伦，然记事采言，亦多浮妄，可更芟截浮疑，分为十卷云云。是其书作于武帝时。今第四卷物性类中，称武帝泰始中武库火，则武帝以后语矣。……裴松之《三国志注·魏志·太祖纪》《文帝纪》《濊传》《吴志·孙贲传》，引《博物志》四条。今本惟有《太祖纪》所引一条，而佚其前半，余三条皆无之。……或原书散佚，好事者掇取诸书所引《博物志》，而杂采他小说以足之。故证以《艺文类聚》《太平御览》所引，亦往往相符。其余为他书所未引者，则大抵剽掇《大戴礼》《春秋繁露》《孔子家语》《本草经》《山海经》《拾遗记》《搜神记》《异苑》《西京杂记》《汉武内传》《列子》诸书，饾饤成帙，不尽华之原文也。[②]
	《辨证》	《提要》此篇，旁征博引，用力颇为勤至，与他篇之偶阅数条，便加论断者殊科。然其所考，亦尚有未尽然者。……周中孚《郑堂读书记》卷六十七，亦谓诸书所引，有出今本之外者，或即《张公杂记》之文。且以士礼居刊本为张氏原书。实则均之想当然耳。较丁氏（丁国钧）以今本为常景所删正者，尤无根据。考据之学，贵于征实，臆断之说，未敢雷同。[③]
《清异录》	《总目》	陈振孙《书录解题》以为不类宋初人语，胡应麟《笔丛》尝辨之。今案谷（陶谷）虽入宋，实五代旧人。当时文格，不过如是，应麟所云良是。惟谷本北人，仅一使南唐，而《花九品九命》一条云："张翊者，世本长安，因乱南来，先主擢置上列。"乃似江南人语，是则稍不可解耳。岂亦杂录旧文，删除未尽耶？[④]
	《辨证》	王国维《观堂外集·庚辛之间读书志》云：《清异录》二卷，旧题宋陶谷撰，直斋谓此书似《云仙散录》，而语不类国初人，盖假托也。惟胡应麟《少室山房笔丛》谓此书命名造语，非谷不能。《四库提要》亦右其说。惟疑其《花品九命》一条，似江南人作。今以本书证之，陈

---

① 余嘉锡：《四库提要辨证》，北京：中华书局，2007年，第1148页。
② 永瑢等：《四库全书总目》，北京：中华书局，1965年，第1213—1214页。
③ 余嘉锡：《四库提要辨证》，北京：中华书局，2007年，第1155—1157页。
④ 永瑢等：《四库全书总目》，北京：中华书局，1965年，第1215页。

续表

书名	类别	内容
《清异录》	《辨证》	说良是。按《宋史·陶谷传》，谷以开宝三年卒。而南唐之亡，在开宝八年。今此书第一条，即云"李煜在国时作祈雨文"云云，明明作于煜入宋之后，去谷之卒已五年。余如书中称宋太祖之谥，违命侯之封，及郑文宝、陈乔、张佖之子等，皆在南唐亡国之后，或更远在太宗时，则陈氏假托之说不误，胡辨妄也。①
《剑侠传》	《总目》	旧本题为唐人撰，不著名氏。……盖明人剿袭《广记》之文，伪题此名也。②
	《辨证》	若世贞者，可谓发愤而著书，其志可悲，故其书足以自传，原未依托古人。吴琯刻之而失其序，汪士汉遂妄题为唐人。《提要》又不能考而妄辨之，由斯世间多一伪书矣。③
《神僧传》	《总目》	不著撰人名氏，焦竑《国史经籍志》载此书，卷帙相符，亦不云谁作。所载始于汉明帝时摩腾法兰，终于元世祖时国师帕克巴，凡二百八人，盖元人所撰。④
	《辨证》	李慈铭《荀学斋日记》壬集下云："明椠《神僧传》首有序一叶，前题《御制神僧传序》，末题永乐十五年正月初六日。《四库提要》未见此序，以其第九卷终于元帝师瞻巴，故疑元仁宗时人所为也。"愚考《文渊阁书目》卷十七寒字号有《神僧传》一部，九册。又一部三册，均不著撰人。张萱《内阁书目》不著录，然《明史艺文志》子部释家类明有成祖《御制诸佛名称歌》一卷、《普法界之曲》四卷、《神僧传》九卷。《千顷堂书目》卷十六同。《提要》固失之不考，李氏亦未之知也。⑤
《阴符经解》	《总目》	旧本题黄帝撰，太公、范蠡、鬼谷子、张良、诸葛亮、李筌六家注。……明之中叶，忽出于征明家，石刻之真伪，尚不可定，又乌可据以定书之真伪乎？特以书虽晚出，而深有理致，故文士多为注释，今亦录而存之耳。⑥
	《辨证》	可见其时依托伪造，莫可究诘矣。其实不独王灵期作伪，即杨、许所受于高真者，亦伪也。其后杜京产将诸经书往剡南，吾疑《阴符经》即为此辈所作。⑦
《关尹子》	《总目》	旧本题周尹喜撰。⑧

---

① 余嘉锡：《四库提要辨证》，北京：中华书局，2007年，第1163页。
② 永瑢等：《四库全书总目》，北京：中华书局，1965年，第1227页。
③ 余嘉锡：《四库提要辨证》，北京：中华书局，2007年，第1174页。
④ 永瑢等：《四库全书总目》，北京：中华书局，1965年，第1240页。
⑤ 余嘉锡：《四库提要辨证》，北京：中华书局，2007年，第1176页。
⑥ 永瑢等：《四库全书总目》，北京：中华书局，1965年，第1241页。
⑦ 余嘉锡：《四库提要辨证》，北京：中华书局，2007年，第1180—1181页。
⑧ 永瑢等：《四库全书总目》，北京：中华书局，1965年，第1244页。

续表

《关尹子》	《辨证》	此书不独如陈振孙所言《隋》《唐》及《宋》《国史志》不著于录也，自唐洎北宋，其文章著述传世者夥矣，曾无一人引用其语，或评论其书者。即南宋初年诸目录，如《通志艺文略》《郡斋读书志》尚不列其名，至《遂初堂书目》及《目录解题》始有之。……此书必出于孝宗之世，出而仍不甚显，故赵希弁之徒，犹未之见也。[①]
《列仙传》	《总目》	旧本题汉刘向撰。……陈振孙《书录解题》谓不类西汉文字，必非向撰。黄伯思《东观余论》谓是书虽非向笔，而事详语约，词旨明润，疑东京人作。今考是书《隋志》著录，则出于梁前。又葛洪《神仙传》序亦称此书为向作，则晋时已有其本。……或魏、晋间方士为之，托名于向耶？[②]
	《辨证》	特是《提要》所征引之证据，则殊苦其不确。如谓《隋志》著录，则必出于梁前。案《隋志》惟注中所谓梁有某书亡者，可信其为梁时所有。至其本志之所著录，则本之武德时所得隋时目录，而又有所删去增益，本志总序中，言之甚明。且其所载陈、隋人书甚多，安得以志所著录为出于梁以前之证乎？……综合诸说观之，此书盖明帝以后顺帝以前人之所作也。[③]
《枕中书》	《总目》	旧本题晋葛洪撰。考《隋》《唐》《宋》《艺文志》但有《墨子枕中记》及《枕中素书》，而无葛洪《枕中书》。此本别载《说郛》中，一名《元始上真众仙记》，而《通志》所列《元始上真记》无众仙字，似亦非此书。[④]
	《辨证》	《宋史·艺文志》神仙类有《上真众仙记》一卷，与《通志》所列之《元始上真记》一无元始字，一无众仙字，似即一书。疑《元始上真众仙记》其本名，《宋史》《通志》皆从其省名耳。然则《提要》以《通志》无众仙字，遂断其非此书者，非确证也。今人刘师培《读道藏记》云："《元始上真众仙记》一卷，次行题葛洪《枕中记》五字，中志各仙官位号及治所，即今所传《枕中记》也。据《嘉定赤城志》卷三引夷齐治天台，称《众真记》。又《上清众经诸真圣决》卷第五全录此书，书名与此同。自《说郛》所采仅称《枕中记》，明人所刊均没其名，而此书之旧题遂沦也。"是此书犹是宋人所见旧本。[⑤]
《冥通记》	《总目》	梁周子良撰。[⑥]

---

① 余嘉锡：《四库提要辨证》，北京：中华书局，2007年，第1192页。
② 永瑢等：《四库全书总目》，北京：中华书局，1965年，第1248页。
③ 余嘉锡：《四库提要辨证》，北京：中华书局，2007年，第1203—1207页。
④ 永瑢等：《四库全书总目》，北京：中华书局，1965年，第1258页。
⑤ 余嘉锡：《四库提要辨证》，北京：中华书局，2007年，第1220—1221页。
⑥ 永瑢等：《四库全书总目》，北京：中华书局，1965年，第1258页。

《冥通记》	《辨证》	又知此书实为弘景（陶弘景）所撰，孙星衍《廉石居藏书记》内编著录，明胡震亨、毛晋合订本署陶弘景撰，与弘景启合，《四库》本题周子良，盖后人所改。[1]
《至游子》	《总目》	前有嘉靖丙寅姚汝循序，谓原书不著名氏。考宋曾慥号至游子，慥尝作《集仙传》，盖亦好为道家言者，则似乎当为慥作。然《玉芝篇》首引《朝元子注》曰陈举宝元人，则明人所撰矣。[2]
	《辨证》	曾慥号至游子，而古别号相同者甚多，不能即指为作伪之据，似与毛渐、商英之事不同。书中口吻，似出宋人。然考宋时公私书目，皆无此书。明《文渊阁书目》、《内阁书目》、焦竑《经籍志》，亦均不著录。朱睦㮮《万卷堂书目》卷三始有《至游子》六卷，《聚乐堂艺文目》有《至游子》二卷，均不著撰人名氏。惟范懋柱《天一阁书目》卷三之二题为宋曾慥撰，不知何据。赵绍祖《读书偶记》卷七云："余买得《至游子》二卷，凡二十五篇，不知其谁所作也。后以他事检陈直斋《书录解题》，于卷十二中见《道枢》二十卷，直斋云曾慥端伯撰。慥自号至游子，采诸家金丹大药修炼般运之术为百二十二篇，初无所发明，独黜采御之法，以为残生害道云。始知至游子为曾慥，而是书即其所作，但不知此即《道枢》中之一种，或另为一书也。又案此书内有《容成篇》，正辟采御之术，则此书或即《道枢》未可知。"[3]
《心史》	《总目》	旧本题宋郑思肖撰。……思肖尤不宜为此无稽之谈，此必明末好异之徒作此以欺世，而故为眩乱其词者。[4]
	《辨证》	是此书之不能无失误，作者不惟自知之，而且痛切言之。然此为古今著述所不能免，未可独责一人，若摘其一二失误，遂指此数百年来绝无仅有之书为伪作，使学者弃置不读，或读之而不敢信，沮后人爱国之心，而长勍敌方来之焰，此则吾所期期以为不可者也。[5]
《棠湖诗稿》	《总目》	旧本题宋岳珂撰。珂有《金陀粹编》，已著录。兹编乃所作《宫词》一百首，皆咏北宋之事。前有珂自序，称棠湖纶钓之暇，适有犹子从军自汴归，诵言宫殿钟簴，俨然犹在，慨想东京盛际，文物典章之伟观，圣君贤相之懿范，辄用王建体成一百首，以示黍离宗周之末志云云。其本为鲍氏知不足斋所刊，宋以来公私书目悉不著录，不知其所自来。[6]

---

[1] 余嘉锡:《四库提要辨证》，北京：中华书局，2007 年，第 1224 页。
[2] 永瑢等:《四库全书总目》，北京：中华书局，1965 年，第 1263 页。
[3] 余嘉锡:《四库提要辨证》，北京：中华书局，2007 年，第 1225—1226 页。
[4] 永瑢等:《四库全书总目》，北京：中华书局，1965 年，第 1544 页。
[5] 余嘉锡:《四库提要辨证》，北京：中华书局，2007 年，第 1540 页。
[6] 永瑢等:《四库全书总目》，北京：中华书局，1965 年，第 1542 页。

| 《棠湖诗稿》 | 《辨证》 | 岳珂以后之书目，最早者莫如《直斋书录解题》，于珂所著述，只有《金陀稡编》《桯史》，而无《宝真斋法书赞》《愧郯录》《玉楮集》及此书，《宋史·艺文志》于宁宗以后本极草草，故仅有《金陀稡编》而无其他各种，则其不著于录，无足深怪。有元一代，并无公私目录，明之《文渊阁书目》，直是甲乙之账，且已不免有所残缺，其余《内阁书目》以下各家，博综不及《直斋》，而杂乱等于《宋志》，著录与否，何须措意。至于清初专家之目录，则固有可考者。毛扆《汲古阁秘本书目》云："宋板岳倦翁《宫词》，宋板《石屏词》，许棐《梅屋词》，二本，合一套。许、岳二家，人间绝无，《石屏》比世行本不同，一校便知。"既为人间所绝无，则他家书目安得而著录之？《提要》顾因此指为赝作，是专以人言为是非，而不能自具真赏也。黄丕烈《荛圃藏书题识》卷八云："嘉庆乙丑冬，钱唐何君梦华访余，出其友所藏宋刻《棠湖宫词》示余。因素知余有毛钞影宋本也，宋刻果出毛氏，上有宋本甲两图记，余皆子晋名号章，无他人印记。纸黄色阔连系竹料。首标"棠湖诗稿"四字，下有墨钉。板心第曰棠湖一，棠湖二，不标"宫词"，疑当日宋刻中一种，故不标"宫词"，兹毛钞板心添入'宫词'字，非其旧矣。"此可与毛氏之言相印证。以毛氏、黄氏鉴别之精，岂有不识宋板者？即系宋板，则必是南宋人所作无疑。鲍氏所刻，恐是别据一钞本，前后既无序跋，又仅系传钞而非影钞，故未摹刻藏书图记，宜乎《提要》不知其所自来耳。[1] |

---

[1] 余嘉锡：《四库提要辨证》，北京：中华书局，2007年，第1523—1524页。

参考文献

一、古籍类

1.《史记》，北京：中华书局，1959 年。

2.《汉书》，北京：中华书局，1962 年。

3.《后汉书》，北京：中华书局，1965 年。

4.《隋书》，北京：中华书局，1973 年。

5.《宋史》，北京：中华书局，1977 年。

6.［东汉］王符：《潜夫论》，四部丛刊景述古堂景宋抄本。

7.［东汉］袁康、吴平辑录，乐祖谋点校：《越绝书》，上海：上海古籍出版社，1985 年。

8.［唐］刘知几：《史通》，四部丛刊景明万历刊本。

9.［唐］刘知几撰，［清］浦起龙释：《史通通释》，上海：上海古籍出版社，1978 年。

10.［唐］陆德明：《经典释文》，清报经堂丛书本。

11.［唐］陆德明：《经典释文》，北京：中华书局，1983 年。

12.［宋］叶适：《习学记言》，清文渊阁四库全书本。

13.［宋］晁公武撰，孙猛校证：《郡斋读书志校证》，上海：上海古籍出版社，2011 年。

14.［宋］陈振孙：《直斋书录解题》，上海：上海古籍出版社，1987 年。

15.［明］杨慎：《升菴集》，清文渊阁《四库全书》本。

16.［清］永瑢等：《四库全书总目》，北京：中华书局，1965 年。

17.［清］钱大昕：《潜研堂文集》，上海：商务印书馆，1936 年。

18.［清］邵晋涵：《尔雅正义》，清乾隆刻本。

19.［清］王鸣盛：《十七史商榷》，清乾隆五十二年洞泾草堂刻本。

20.［清］赵翼：《廿二史札记》，清嘉庆五年湛贻堂刻本。

21.［清］姚际恒：《古今伪书考》，清知不足斋丛书本。

22. ［清］章学诚著，叶瑛校注：《文史通义校注》，北京：中华书局，1985年。

23. ［清］章学诚著，王重民通解：《校雠通义通解》，上海：上海古籍出版社，2009年。

24. ［清］章学诚：《章学诚遗书》，北京：文物出版社，1985年。

25. ［清］江藩：《经解入门》，天津：天津古籍书店，1990年。

26. ［清］梁玉绳：《史记志疑》，清广雅书局丛书本。

27. ［清］朱彝尊：《曝书亭全集》，上海：中华书局，1931年。

28. ［清］陈寿祺：《左文海集》，道光年间刊本。

29. ［清］皮锡瑞：《经学通论》，北京：中华书局，1954年。

30. ［清］周中孚：《郑堂读书记》，北京：商务印书馆，1959年。

31. ［清］俞樾：《古书疑义举例》，上海：上海古籍出版社，2007年。

32. 许维遹：《吕氏春秋集释》，北京：中华书局，2009年。

33. 王云五主编，吴曾祺编：《涵芬楼古今文钞简编》五，商务印书馆，1929年。

二、著作类

34. 陈其泰：《20世纪中国历史考证学研究》，北京：北京师范大学出版社，2005年。

35. 陈其泰：《学术史与当代史学的思考》，北京：北京师范大学出版社，2011年。

36. 陈其泰：《中国近代史学的历程》，郑州：郑州人民出版社，1994年。

37. 陈其泰：《清代公羊学》，上海：上海人民出版社，2011年。

38. 陈晓华：《"四库总目学"史研究》，北京：商务印书馆，2008年。

39. 陈智超主编：《陈垣来往书信集》，上海：上海古籍出版社，

1990 年。

40. 陈智超主编:《励耘书屋问学记》增订本,北京:三联书店,2006 年。

41. 陈尚君、张金耀主撰:《四库提要精读》,上海:复旦大学出版社,2008 年。

42. 陈少明:《汉宋学术与现代思想》,广州:广东人民出版社,1998 年。

43. 陈平原:《中国现代学术之建立》,北京:北京大学出版社,2010 年。

44. 陈垣著,陈智超编:《陈垣四库学论著》,北京:商务印书馆,2012 年。

45. 陈垣:《中国佛教史籍概论》,上海:上海世纪出版集团,2001 年。

46. 陈志超:《陈垣——生平学术教育与交往》,合肥:安徽大学出版社,2010 年。

47. 陈壁生编:《国学与近代经学的解体》,桂林:广西师范大学出版社,2010 年。

48. 陈祖武、朱彤窗:《乾嘉学派研究》,石家庄:河北人民出版社,2005 年。

49. 柴德庚:《史学丛考》,北京:中华书局,1982 年。

50. 曹家齐:《顿挫中嬗变——20 世纪的中国历史学》,北京:西苑出版社,2000 年。

51. 曹聚仁:《中国学术思想史随笔》,北京:生活·读书·新知三联书店,1986 年。

52. 崔富章:《四库提要补正》,杭州:杭州大学出版社,1990 年。

53. 杜春和等编:《胡适论学往来书信选》,石家庄:河北人民出版社,1998 年。

54. 邓之诚:《邓之诚文史札记》,南京:江苏凤凰出版社,2012

年。

55. 段治文：《中国现代科学文化的兴起 1919—1936》，上海：上海人民出版社，2001 年。

56. 傅斯年：《史学方法导论》，北京：中国人民大学出版社，2004 年。

57. 傅斯年：《傅斯年全集》三，长沙：湖南教育出版社，2003 年。

58. 傅荣贤：《〈汉书·艺文志〉研究源流考》，合肥：黄山书社，2007 年。

59. 傅增湘：《藏园群书经眼录》，北京：中华书局，1983 年。

60. 方克立、陈代湘主编：《湘学史》，长沙：湖南人民出版社，2008 年。

61. 方朝晖：《"中学"与"西学"：重新解读现代中国学术史》，保定：河北大学出版社，2002 年。

62. 冯胜君：《二十世纪古文献新证研究》，济南：齐鲁书社，2006 年。

63. 范凡：《民国时期图书馆学著作出版与学术传承》，北京：国家图书馆出版社，2011 年。

64. 顾颉刚：《当代中国史学》，上海：上海古籍出版社，2006 年。

65. 顾颉刚：《顾颉刚日记》，北京：中华书局，2011 年。

66. 顾颉刚：《古史辨自序》上册，北京：商务印书馆，2011 年。

67. 葛兆光：《西潮又东风：晚清民初思想、宗教与学术十讲》，上海：上海古籍出版社，2006 年。

68. 郭康松：《清代考据学研究》，武汉：崇文书局，2001 年。

69. 郭湛波：《近五十年中国思想史》，济南：山东人民出版社，1997 年。

70. 耿云志：《蓼草集》，北京：中国社会科学出版社，2000 年。

71. 耿云志主编：《胡适遗稿及秘藏书信》29 册、33 册、38 册、42 册，合肥：黄山书社，1994 年。

72. 龚鹏程:《近代思潮与人物》,北京:中华书局,2007年。

73. 桂遵义、袁英光:《中国近代史学史》,南京:江苏古籍出版社,1989年。

74. 河北教育出版社:《二十世纪中国史学名著叙录》,石家庄:河北教育出版社,2002。

75. 黄爱平:《朴学与清代社会》,石家庄:河北人民出版社,2003年。

76. 黄云眉:《〈古今伪书考〉补正》,金陵大学中国文化研究所,1932年。

77. 胡玉缙撰,王欣夫辑:《四库全书总目提要补正》,上海:上海书店出版社,1998年。

78. 胡逢祥、张文建:《中国近代史学思潮与流派》,上海:华东师范大学出版社,1991年。

79. 胡逢祥:《社会变革与文化传统——中国近代文化保守主义思潮研究》,上海:上海人民出版社,2000年。

80. 胡适:《中国哲学史大纲》,上海:上海古籍出版社,1997年。

81. 胡适:《胡适文集》,北京:北京大学出版社,1998年。

82. 胡适著,曹伯言整理:《胡适日记全编》,合肥:安徽教育出版社,2001年。

83. 侯云灏:《20世纪中国史学思潮与变革》,北京:北京师范大学出版社,2007年。

84. 姜胜利:《清人明史学探研》,天津:南开大学出版社,1997年。

85. 蒋俊:《中国史学近代化进程》,济南:齐鲁书社,1995年。

86. 蒋伯潜:《校雠目录学纂要》,北京:北京大学出版社,1990年。

87. 金毓黻:《中国史学史》,北京:商务印书馆,2007年。

88. 李裕民:《四库提要订误》,北京:书目文献出版社,1990年。

89. 李裕民：《四库提要订误》（增订本），北京：中华书局，2005年。

90. 李锐：《新出简帛的学术探索》，北京：北京师范大学出版社，2010年。

91. 李零：《简帛古书与学术源流》，北京：生活·读书·新知三联书店，2008年。

92. 李红岩：《中国近代史学史论》，北京：中国社会科学出版社，2011年。

93. 李肖聃：《湘学略》，长沙：岳麓书社，1985年。

94. 陆键东：《陈寅恪的最后二十年》，北京：生活·读书·新知三联书店，1995年。

95. 罗炳良：《清代乾嘉史学的理论与方法论》，兰州：兰州大学出版社，2004年。

96. 罗检秋：《近代诸子学与文化思潮》，北京：中国社会科学出版社，1998年。

97. 罗检秋：《嘉庆以来汉学传统的衍变与传承》，北京：中国人民大学出版社，2006年。

98. 罗志田：《裂变中的传承：20世纪前期的中国文化与学术》，北京：中华书局，2009年。

99. 罗志田：《权势转移：近代中国的思想、社会与学术》，武汉：湖北人民出版社，1999年。

100. 罗惠缙：《民初"文化移民"研究》，武汉：武汉大学出版社，2011年。

101. 廖名春：《中国学术史新证》，成都：四川大学出版社，2005年。

102. 刘俐娜：《由传统走向现代——论中国史学的转型》，北京：社会科学文献出版社，2006年。

103. 刘龙心：《学术与制度——学科体制与现代中国史学的建

立》，台北：远流出版公司，2002年。

104. 刘师培：《清儒得失论》，北京：中国人民大学出版社，2004年。

105. 刘咸炘：《刘咸炘论目录学》，上海：上海科学技术文献出版社，2008年。

106. 刘巍：《中国学术之近代命运》，北京：北京师范大学出版社，2013年。

107. 吕绍虞：《中国目录学史稿》，台北：丹青图书有限公司，1986年。

108. 柳诒徵：《国史要义》，北京：中国人民大学出版社，2007年。

109. 路新生：《中国近三百年疑古思潮研究》，上海：上海人民出版社，2001年。

110. 路新生：《经学的蜕变与史学的"转轨"》，上海：上海古籍出版社，2006年。

111. 梁启超：《清代学术概论》，北京：中华书局，2010年。

112. 梁启超：《中国历史研究法》，北京：中国人民大学出版社，2012年。

113. 梁启超：《中国历史研究法补编》，北京：中华书局，2010年。

114. 伦明：《辛亥以来藏书纪事诗》（外二种），北京：北京燕山出版社，1995年。

115. 伦明：《清代藏书楼发展史续补藏书纪事诗传》，沈阳：辽宁人民出版社，1988年。

116. 来新夏：《邃古师友》，上海：上海远东出版社，2007年。

117. 牟润孙：《海遗丛稿》（二编），北京：中华书局，2009年。

118. 马克锋编：《国学与现代学术》，桂林：广西师范大学出版社，2010年。

119. 苗怀明：《二十世纪中国小说文献学述略》，北京：中华书局，2009年。

120. 倪晓建：《目录学与文献利用》，北京：国家图书馆出版社，2008年。

121. 欧阳哲生：《探寻胡适的精神世界》，北京：北京大学出版社，2012年。

122. 彭林主编：《中国经学》第二辑，桂林：广西师范大学出版社，2007年。

123. 彭林主编：《中国经学》第三辑，桂林：广西师范大学出版社，2008年。

124. 彭斐章、谢灼华、乔好勤编：《目录学资料汇编》，武汉：武汉大学出版社，1986年。

125. 乔治忠：《中国史学史》，北京：中国人民大学出版社，2011年。

126. 乔治忠：《中国官方史学与私家史学》，北京：北京图书馆出版社，2008年。

127. 乔治忠：《清朝官方史学研究》，台北：文津出版社，1994年。

128. 乔治忠、姜胜利编著：《中国史学史研究述要》，天津：天津教育出版社，1996年。

129. 瞿林东：《中国史学史纲》，北京：北京出版社，2005年。

130. 瞿林东：《中国古代史学批评纵横》，北京：中华书局，1994年。

131. 瞿林东：《20世纪中国史学发展散论》，合肥：安徽人民出版社，2009年。

132. 漆永祥：《乾嘉考据学研究》，北京：中国社会科学出版社，1998年。

133. 钱基博：《近百年湖南学风》，北京：中国人民大学出版社，2004年。

134. 钱穆：《中国史学名著》，北京：生活·读书·新知三联书店，2000年。

135. 钱穆:《现代中国学术论衡》,长沙:岳麓书社,1986 年。

136. 丘为君:《戴震学的形成:知识论述在近代中国的诞生》,北京:新星出版社,2006 年。

137. 孙卫国:《王世贞史学研究》,北京:人民文学出版社,2006 年。

138. 孙邦华:《身等国宝志存辅仁——陈垣》,济南:山东教育出版社,2004 年。

139. 桑兵:《晚清民国的学人与学术》,北京:中华书局,2008 年。

140. 桑兵:《晚清民国的国学研究》,上海:上海古籍出版社,2001 年。

141. 盛邦和:《解体与重构:现代中国史学与儒学思想变迁》,上海:华东师范大学出版社,2002 年。

142. 司马朝军:《〈四库全书总目〉研究》,北京:社会科学文献出版社,2004 年。

143. 司马朝军:《文献辨伪学研究》,武汉:武汉大学出版社,2008 年。

144. 沈玉成、刘宁:《春秋左传学史稿》,南京:江苏古籍出版社,1992 年。

145. 田旭东:《二十世纪中国古史研究主要思潮概论》,北京:中华书局,2003 年。

146. 台静农:《台静农代表作》,北京:华夏出版社,1998 年。

147. 王学典:《二十世纪中国历史学》,北京:北京大学出版社,2009 年。

148. 王学典:《20 世纪中国史学评论》,济南:山东人民出版社,2002 年。

149. 王尔敏:《20 世纪非主流史学与史家》,桂林:广西师范大学出版社,2007 年。

150. 王汎森:《近代中国的史家与史学》,上海:复旦大学出版社,

2010年。

151. 王汎森：《中国近代思想与学术系谱》，石家庄：河北教育出版社，2001年。

152. 王国强：《古代文献学的文化阐释》，北京：国家图书馆出版和，2008年。

153. 王国维：《观堂集林》，北京：中华书局，1959年。

154. 王新才：《中国目录学：理论、传统与发展》，北京：国家图书馆出版社，2008年。

155. 王先明：《近代新学——中国传统学术文化的嬗变与重构》，北京：商务印书馆，2000年。

156. 王叔岷：《校雠学校雠别录》，北京：中华书局，2007年。

157. 汪辟疆：《目录学研究》，上海：华东师范大学出版社，2000年。

158. 文史哲编辑部编：《"疑古"与"走出疑古"》，北京：商务印书馆，2010年。

159. 吴少珉、赵金昭主编：《二十世纪疑古思潮》，北京：学苑出版社，2003年。

160. 许冠三：《新史学九十年》，长沙：岳麓书社，2003。

161. 谢保成：《民国史学述论稿》，上海：上海人民出版社，2011年。

162. 余嘉锡：《四库提要辨证》，北京：中华书局，2007年。

163. 余嘉锡：《余嘉锡说文献学》，上海：上海古籍出版社，2001年。

164. 余嘉锡：《余嘉锡文史论集》，长沙，岳麓书社，1997年。

165. 余嘉锡：《世说新语笺疏》，北京：中华书局，2007年。

166. 余嘉锡：《余嘉锡论学杂著》，北京：中华书局，2007年。

167. 余嘉锡：《目录学发微古书通例》，北京：中华书局，2009年。

168. 余嘉锡：《目录学发微》，成都：巴蜀书社，1991年。

169. 杨树达:《积微翁回忆录》,北京:北京大学出版社,2007年。
170. 杨树达:《积微翁回忆录·积微居诗文钞》,上海:上海古籍出版社,1986年。
171. 杨燕起、高国抗:《中国历史文献学》,北京:北京图书馆出版社,2003年。
172. 余庆蓉、王晋卿:《中国目录学思想史》,长沙:湖南教育出版社,1998年。
173. 杨绪敏:《中国辨伪学史》,天津:天津人民出版社,2007年。
174. 叶德辉:《郋园读书志》,上海:上海古籍出版社,2010年。
175. 余英时:《中国思想传统的现代诠释》,南京:江苏人民出版社,1989年。
176. 严耕望:《治史三书》,沈阳:辽宁教育出版社,1998年。
177. 杨东莼:《中国学术史讲话》,南京:江苏教育出版社,2005年。
178. 姚名达:《中国目录学史》,上海:上海古籍出版社,2005年。
179. 张传峰:《〈四库全书总目〉学术思想研究》,上海:学林出版社,2007年。
180. 张书学:《中国现代史学思潮研究》,长沙:湖南教育出版社,1998年。
181. 张固也:《〈管子〉研究》,济南:齐鲁书社,2006年。
182. 张国刚、乔治忠等:《中国学术史》,上海:东方出版中心,2002年。
183. 张舜徽:《中国文献学》,上海:上海世纪出版集团,2009年。
184. 张舜徽:《四库提要叙讲疏》,昆明:云南人民出版社,2005年。
185. 张舜徽:《广校雠略·汉书艺文志通释》,武汉:华中师范大学出版社,2004年。
186. 张京华:《古史辨派与中国现代学术走向》,厦门:厦门大学出版社，2009 年。

187. 章太炎:《国故论衡》，北京：商务印书馆，2010 年。

188. 赵仲邑编:《校勘学史略》，长沙：岳麓书社，1983 年。

189. 张越:《新旧中西之间——五四时期的中国史学》，北京：北京图书馆出版社，2007 年。

190. 张越:《史学史通论与近现代中国史学研究》，北京：北京师范大学出版社，2011 年。

191. 张越:《五四时期中国史坛的学术论辩》，南昌：百花洲文艺出版社，2004 年。

192. 张之洞撰，司马朝军点校:《輶轩语详注》，上海：华东师范大学出版社，2010 年。

193. 朱汉民:《湘学原道录》，北京：社会科学文献出版社，2002 年。

194. 朱汉民:《湖湘学派史论》，长沙：湖南大学出版社，2004 年。

195. 朱渊清:《再现的文明：中国出土文献与传统学术》，上海：华东师范大学出版社，2001。

196. 朱一新著，吕鸿儒、张长法点校:《无邪堂答问》，北京：中华书局，2000 年。

197. 郑良树:《诸子著作年代考》，北京：北京图书馆出版社，2001 年。

198. 周予同:《周予同经学史论著选集》，上海：上海人民出版社，1996 年。

199. 周予同原著，朱维铮编校:《经学和经学史》，上海：上海人民出版社，2012 年。

200. 周祖谟主编:《余嘉锡先生纪念文集》，长沙：湖南教育出版社，1989 年。

三、期刊论文类

201. 安学勇：《余嘉锡致胡适二札考释》，《文献》2013 年第 6 期。

202. 陈其泰：《清代学术史研究的新思路》，《光明日报》2013 年 12 月 8 日。

203. 陈其泰：《民国初年史学领域的新格局》，《社会科学战线》2012 年第 8 期。

204. 陈其泰：《新历史考证学与史观指导》，《中国史研究》2012 年第 2 期。

205. 陈其泰：《再谈"古史辨"派得与失》，《北京日报》2007 年 6 月 25 日。

206. 陈力：《二十世纪古籍辨伪学之检讨》，《文献》2004 年第 3 期。

207. 陈晓华：《余嘉锡〈四库提要辨证〉的考据学贡献》，《文献》2008 年第 1 期。

208. 陈晓华：《20 世纪"四库总目学"研究述略》，《图书情报工作》2002 年 11 期。

209. 陈晓华：《余嘉锡〈四库提要辨证〉及其辨证思想》，《史学史研究》2011 年第 4 期。

210. 柴平：《宋江投降史料辨伪——评余嘉锡〈宋江三十六人考实〉》，《包头师专学报》1982 年。

211. 邓之诚著，邓瑞选校整理：《五石斋文史札记》，《南京晓庄学院学报》2000 年 9 月第 16 卷第 3 期。

212. 杜志勇：《余嘉锡〈古书通例〉中的〈汉书·艺文志〉研究》，《燕赵学术》2012 年秋之卷。

213. 付中学、李俊德：《〈经籍访古志〉初探》，《世界中西医结合杂志》2010 年第 5 卷第 7 期。

214.《国内学术界消息》，《燕京学报》1938 年第 23 期。

215. 葛云：《浅议〈古书通例〉与"疑古"之辨》，《阅读与写作》2011年第8期。

216. 高远、汪受宽：《近三十年来〈四库全书〉研究现状与思考》，《图书与情报》2008年第3期。

217. 高旭：《"曲尽其源流、以备学术之史"——余嘉锡目录学思想探析》，《武汉科技大学学报》（社会科学版）2012年第4期。

218. 郭预衡：《回忆余嘉锡师"杜门却少"时》，《史学史研究》1992年第3期。

219. 郭金海：《中央研究院第一届院士候选人提名探析》，《中国科技史杂志》2008年第29卷第4期。

220. 郝刚：《余嘉锡史学述论》，《西藏民族学院学报》（哲学社会科学版）2008年7月。

221. 胡楚生：《〈四库提要补正〉与〈四库提要辨证〉》，《中国目录学研究》华正书局，1987年。

222. 胡逢祥：《试论中国近代史上的文化保守主义》，《华东师范大学学报》（哲学社会科学版）2000年第1期。

223. 胡元玲：《余嘉锡〈四库提要辨证〉探析》，《书目季刊》第35卷第1期。

224. 何晓明：《近代中国文化保守主义述论》，《近代史研究》1996年第5期。

225. 何周：《吕思勉的辨伪思想》，《淮北师范大学学报》（哲学社会科学版）2011年第6期。

226. 韩继章：《余嘉锡目录学思想初探》，《湘图通讯》1982年第4期。

227. 贺春燕：《胡应麟编目志向平议——余嘉锡〈目录学发微〉补阙一则》，《当代图书馆》2002年第1期。

228. 郝黎：《寒食散再考》，《文史知识》2002年第11期。

229. 郝刚：《余嘉锡史学述论》，《西藏民族学院学报》（哲学社会科学版）2008 年第 4 期。

230. 黄敏兰：《梁启超新史学从政治向学术的过渡》，《史学理论研究》2001 年第 1 期。

231. 黄震伟：《目录学研究书录》，《黑龙江图书馆》1989 年第 2 期。

232. 侯云灏：《20 世纪前期中国史学流派略论》，《史学理论研究》1999 年第 2 期。

233. 姜胜利：《中国史学史学科的发展与存在的问题》，《南开学报》2004 年第 2 期。

234. 姜胜利：《清初的经世致用史学思想》，《天津社会科学》1991 年第 3 期。

235. 抗父：《最近二十年间中国旧学之进步》，《东方杂志》第 19 卷第 3 号，1922 年 2 月 10 日。

236. 柯平：《古书目目录类之源流考》，《郑州大学学报》（哲学社会科学版）1994 年第 1 期。

237. 孔庆杰、赵闯：《余嘉锡与姚名达目录学思想比较研究》，《内蒙古图书馆工作》2007 年第 1 期。

238. 李小缘：《中国图书馆事业十年来之进步》，《图书馆学季刊》1936 年第 4 期。

239. 李零：《出土发现与古书年代的再认识》，《李零自选集》桂林：广西师范大学出版社，1998 年。

240. 李锐：《新出简帛与古书书名研究——〈古书通例·古书书名之研究〉补》，《文史哲》2010 年第 5 期。

241. 李锐：《子学与经学的传承比较》，《清华大学学报》（哲学社会科学版）2013 年第 2 期。

242. 李志芳：《〈日本国见在书目录〉初探》，《图书馆学研究》2009 年第 9 期。

243. 李岩、王纪坤、唐开：《从〈目录学发微〉探析余嘉锡目录学思想的主体价值》,《文化建设纵横》2009年第5期。

244. 李樱:《余嘉锡及其目录学思想》,《图书馆学研究》1983年第3期。

245. 李梦丹:《余嘉锡与姚名达目录学理论之比较》,《北方文学》(下半月)2012年第10期。

246. 缪凤林:《评胡氏诸子不出于王官论》,《学衡》1922年第4期。

247. 刘重来:《中国二十世纪文献辨伪学述略》,《历史研究》1999年第6期。

248. 刘毅:《杜定友目录学思想探微》,《图书馆》1988年第5期。

249. 刘茂华:《近代湘学概论》,《南强学刊》1938年连载。

250. 刘贤:《论民国时期陈垣的交游世界》,《史林》2008年第6期。

251. 栗正:《记余嘉锡语》,《文史杂志》1988年第3期。

252. 路新生:《诸子学研究与胡适的疑古辨伪学》,《华东师范大学学报》(哲学社会科学版)2000年第4期。

253. 路新生:《梁启超"史界革命"再审视——对〈新史学〉线性进化论与"四弊二病"说的批判》,《河北学刊》2013年9月第33卷第5期。

254. 卢颖:《余嘉锡目录学思想考略》,《兰台世界》2009年6月上半月。

255. 廖璠:《余嘉锡及其〈四库提要辨证〉》,《山东图书馆季刊》1999年第2期。

256. 廖璠:《余嘉锡目录学思想研究》,《图书情报知识》1991年第2期。

257. 廖璠:《余嘉锡目录学思想研究——"目录者学术之史也"》,《图书馆论坛》(双月刊)1995年第2期。

258. 廖璠:《余嘉锡与章学诚目录学思想之比较研究》,《山东图书馆学刊》1989 年第 3 期。

259. 廖璠:《"目录者学术之史也"——余嘉锡对章学诚目录学思想的继承和发展》,《河南图书馆学刊》1992 年第 1 期。

260. 雷平:《近十年来大陆乾嘉考据学研究综述》,《史学月刊》2004 年第 1 期。

261. 梁启超:《中华图书馆协会成立会演说辞》,《中华图书馆协会会报》1925 年第 1 期。

262. 马志立:《余嘉锡致徐行可书信考释》,《图书情报论坛》2010 年第 2 期。

263. 南江涛:《略谈〈小勤有堂杂钞〉中的〈驺子〉》,《中国图书评论》2011 年第 2 期。

264. 潘勇:《余嘉锡与张舜徽目录学思想比较研究》,《湖北经济学院学报》(人文社会科学版) 2006 年第 5 期。

265. 乔治忠:《论学术史视野下的史学史研究》,《南开学报》(哲学社会科学版) 2004 年第 2 期。

266. 乔治忠:《〈越绝书〉成书年代与作者问题的重新考辨》,《学术月刊》2013 年第 11 期。

267. 乔治忠、安学勇:《建立鉴定与整理新发现历史文献的学术规范》,《历史教学》2013 年第 11 期。

268. 乔治忠:《张荫麟诘难顾颉刚"默证"问题之研判》,《史学月刊》2013 年第 8 期。

269. 乔治忠:《中国史学史学科体系的思考》,《学术月刊》2012 年第 1 期。

270. 乔治忠、杨永康:《清代乾嘉时期的官方史学与私家史学》,《学术月刊》2007 年第 8 期。

271. 乔治忠:《论学术史视野下的史学史研究》,《南开学报》2004 年第 2 期。

272. 瞿林东:《二十世纪的中国史学(上)》,《历史教学》2000 年第 3 期。

273. 瞿林东:《二十世纪的中国史学（下）》,《历史教学》2000 年第 5 期。

274. 瞿林东:《论中国史学学术史的撰述方式》,《河北学刊》2013 年 03 期。

275. 瞿林东:《深入研究 20 世纪：中国史学面临的一个重要任务》,《高校社会科学研究和理论教学》1997 年第 10 期。

276. 瞿林东:《20 世纪中国史学发展的历史条件》,《安徽史学》1997 年第 1 期。

277. 乔好勤、陈东、廖璠:《我国目录学研究的回顾与前瞻》,《图书与情报》1989 年第 3 期。

278. 乔好勤:《略论我国 1919—1949 年的目录学》,《云南图书馆》1982 年第 1 期。

279. 钱亚新:《余嘉锡与目录学》,《益阳师专学报》(哲科版) 1985 年第 1 期。

280. 全根先:《中国近代目录学理论研究之学术遗产》,《北京师范大学学报》(社会科学版) 2013 年第 3 期。

281. 裘锡圭:《出土文献与古典学重建》,《光明日报》2013 年 11 月 14 日第 11 版。

282. 丘为君:《从批判传统到新诠国故——胡适的戴震研究及其思想史意义》,《新史学》十五卷二期,2004 年 6 月。

283. 孙卫国:《中国史学对东亚史学的影响与交流》,《历史教学问题》2012 年第 4 期。

284. 孙振田:《读余嘉锡〈汉书艺文志索隐稿〉札记》,彭林主编:《中国经学》第八辑,桂林：广西师范大学出版社,2011 年。

285. 史小军、潘林:《从〈目录学发微〉看郑樵对余嘉锡目录学思想的影响》,《图书馆工作与研究》2012 年 12 月。

286. 石建国:《吸收与创见：梁启超进化论思想的形成与发展》,

《社会科学战线》2013年第4期。

287. 汤勤福:《朱熹史学思想在宋代史学上的地位》,《学术月刊》1999年第7期。

288. 汤勤福:《朱熹是个"空谈义理"的理学家吗?——试论朱熹经世致用思想》,《安徽史学》1999年第2期。

289. 《图书介绍:四库全书提要辨证史部四卷子部八卷》,《图书季刊》1939年新1第2期。

290. 谭焰:《略述余嘉锡的目录学思想》,《图书馆学刊》2006年第4期。

291. 滕兰花、周艺:《余嘉锡目录学思想初探》,《广西师范大学学报》研究生专辑1999年第2期。

292. 汪受宽、刘凤强:《〈四库全书〉研究的回顾与思考》,《史学史研究》2005年第1期。

293. 汪受宽:《试论钱大昕的历史考证学》,《兰州大学学报》(社会科学版)1991年第2期。

294. 王晴佳:《论二十世纪中国史学的方向性转折》,《中华文史论丛》第62辑,上海:上海古籍出版社,2000。

295. 王晴佳:《论二十世纪中国史学的方向性转折(续)》,《中华文史论丛》第65辑,上海:上海古籍出版社,2001。

296. 王国维:《最近二三十年中中国新发现之学问》,《学衡》第45期,1925年9月。

297. 王承略:《杨守敬与〈日本访书志〉》,《文献》1989年第1期。

298. 王国强:《〈古书通例〉评析》,《郑州大学学报》(哲学社会科学版)2011年第6期。

299. 王国强:《中国目录学传统的创造性转化》,《河南图书馆学刊》1995年第2期。

300. 王国强:《20世纪30年代中国目录学的历史地位》,《图书与情报》2000年第1期。

301. 王国强:《"辨章学术考镜源流"之再批判》,《图书与情报》1994年第1期。

302. 王化平:《刘咸炘论古籍辨伪》,《西南大学学报》(社会科学版)2011年第1期。

303. 吴冠宏:《魏晋"方正不阿"及"与世委蛇"之人物论述的探索》,《台大中文学报》2008年12月第29期。

304. 王允亮:《〈世说新语笺疏〉丛考》,《文学与文化》2012年第3期。

305. 王春南:《民国时期中央研究院院士选举》,《历史档案》1991年第3期。

306. 汪大白:《戴震〈屈原赋注〉对朱熹〈楚辞集注〉的借鉴与超越——兼评余嘉锡的"攘取"说》,《阜阳师院学报》(社科版)1993年第3期。

307. 肖庆峰:《梁启超辨伪学思想和方法来源初探》,《牡丹江师范学院学报》(哲社版)2009年第4期。

308. 谢伟涛:《章学诚与余嘉锡目录学思想比较研究》,《图书馆》2004年第3期。

309. 许地山:《国粹与国学》,载《许地山选集》,630—646页,福州:海峡文艺出版社,1985年。

310. 肖希明:《论余嘉锡〈目录学发微〉》,《四川图书馆学报》1998年第1期。

311. 余庆蓉:《1915——1949年目录学研究综述》,《湖南师范大学社会科学学报》1990年第2期。

312. 余淑芬:《目录学家余嘉锡》,《励耘学刊》(文学卷)2008年第1期。

313. 余淑宜:《余嘉锡读书》,《语文建设》1995年第3期。

314. 余嘉锡:《书章实斋遗书后》,《图书季刊》1940年新2第3期。

315. 余嘉锡:《巴陵方氏藏书志序》,《国立北平图书馆馆刊》

1934年第8卷第6期。

316. 余嘉锡:《古籍解题》,《师大国学丛刊》1931年第1卷第1期。

317. 余嘉锡:《刘向新序提要辨证》,《国立北平图书馆月刊》1929年第3卷第4期。

318. 余嘉锡:《六韬辨证》,《图书馆学季刊》1930年第4卷第2期。

319. 余嘉锡:《陆贾新语提要辨证》,《甲寅(北京)》1927年第1卷第43号。

320. 余嘉锡:《论引书著卷数之缘起》,《中华图书馆协会会报》1940年第15卷第1—2合期。

321. 余嘉锡:《牟子理惑论检讨》,《燕京学报》1936年第20期。

322. 余嘉锡:《内阁大库本碎金跋》,《国立北平图书馆馆刊》1934年第8卷第6期。

323. 余嘉锡:《清故候选训导廪贡生桃源聂君墓志铭》,《国学丛编》1931年第1卷第3期。

324. 余嘉锡:《石门贾君墓志铭》,《国学丛编》1931年第1卷第1期。

325. 余嘉锡:《书仪顾堂题跋后》,《北平北海图书馆月刊》1929年第2卷第6号。

326. 余嘉锡:《水浒传宋江平方腊考》,《清华周刊》1932年第37卷第9—10期。

327. 余嘉锡:《四库提要辨证·西京杂记六卷》,《国学丛编》1931年第1卷第1期。

328. 余嘉锡:《四库提要辨证·新书十卷》,《国学丛编》1932年第1卷第6期。

329. 余嘉锡:《四库提要辨证·新语》,《师大国学丛刊》1931年第1卷第2期。

330. 余嘉锡:《四库提要辨证·蒙求集注二卷》,《国立北平图书馆馆刊》1935年第9卷第6期。

331. 余嘉锡:《四库提要辨证·荆楚岁时记一卷》,《国立北平图书馆馆刊》1935 年第 9 卷第 5 期。

332. 余嘉锡:《四库提要辨证·北史一百卷》,《国立北平图书馆馆刊》1936 年第 10 卷第 3 期。

333. 余嘉锡:《四库提要辨证·灵枢经十二卷》,《图书馆学季刊》1928 年第 2 卷第 4 期。

334. 余嘉锡:《聚乐堂艺文目录考》,《图书馆学季刊》1928 年第二卷第三期。

335. 余嘉锡:《王觉斯题丁野鹤陆舫斋诗卷子跋》,《国立北平图书馆馆刊》1934 年第 8 卷第 6 期。

336. 余嘉锡:《北周毁佛主谋者卫元嵩》,《辅仁学志》1931 年第 2 卷第 2 期。

337. 余嘉锡:《驳萧敬孚记皇甫持正集旧抄本》,《图书季刊》1940 年新第 2 卷第 2 期。

338. 余嘉锡:《汉池阳令张君残碑跋》,《辅仁学志》1934 年第 4 卷第 2 期。

339. 余嘉锡:《晋辟雍碑考证》,《辅仁学志》1932 年第 3 卷第 1 期。

340. 叶守恒:《余嘉锡〈世说新语笺疏〉引程炎震说义例之商榷》,《东海中文学报》2002 年 7 月第 14 期。

341. 袁世硕:《读余嘉锡〈宋江三十六人考实〉札记二则》,《济宁师专学报》1999 年第 4 期。

342. 杨艳秋:《章学诚对戴震的学术评价》,《南开学报》2007 年第 3 期。

343. 杨绪敏:《明清辨伪学的成立及古书辨伪之成就》,《中国社会科学院研究生院学报》1999 年第 4 期。

344. 杨勇军:《余嘉锡论引用古书的学术规范》,《史学史研究》2013 年第 2 期。

345. 朱洪斌:《王国维的遗民心态及其古史研究》,《淮阴师范学院学报》（哲学社会科学版）2012年第2期。

346. 赵朋生：《胡适历史考证方法的分析》，《学术月刊》第11卷，1979年第42期。

347. 赵争：《古书体例研究与古书辨伪——以孙德谦、刘咸炘、余嘉锡为中心的考察》，《湖南科技学院学报》2012年第1期。

348. 赵元章、申少春：《简论余嘉锡的目录学思想》，《商丘师范学院学报》2003年第4期。

349. 周质平：《评胡适的提倡科学与整理国故》，《近代史研究》1992年第1期。

350. 周予同：《五十年来中国之新史学》，载朱维铮编《周予同经学史论著选集》（增订本），上海：上海人民出版社，1996年。

351. 钟少华：《试论近代中国之"国学"研究》，《学术研究》1999年第8期。

352. 张越：《记〈辅仁学志〉》，《史学史研究》1992年第3期。

353. 张越：《五四时期中国史学的理论建树：科学与求真精神》，《江西社会科学》2009年第4期。

354. 张越：《"新史学"思潮的产生及其学术建树》，《史学月刊》2007年第9期。

355. 张越：《五四时期新历史考证学的实绩和特点》，《郑州大学学报》（哲学社会科学版）2003年第6期。

356. 张越：《五四前后新历史考证学兴起原因初探》，《人文杂志》2003年第6期。

357. 张越：《五四时期的中西史学交融》，《北京师范大学学报》（人文社会科学版）2000年第5期。

358. 张春菊：《生为人杰殁亦雄——目录学家姚名达传略》，《江西图书馆学刊》2004年第2期。

359. 张新民：《黎庶昌及其〈古逸丛书〉考论》，《古籍整理研究学刊》2006年7月第4期。

360. 张京华:《辨伪学与辨伪史的再评价——顾颉刚〈中国辨伪史略〉读后》,《咸阳师范学院学报》2007年第1期。

361. 张京华:《一些足以破解疑古思想的论述——现代学者关于古代书体书例的总结》,《湘南学院学报》2006年第6期。

362. 张玉春、王祎:《论余嘉锡对中国传统目录学思想的继承与发展》,《暨南学报》(哲学社会科学版)2007年第4期。

363. 张绪峰、王会杰:《余嘉锡的目录学成就》,《山东教育学院学报》2006年第6期。

364. 张鸿才:《余嘉锡与目录学》,《图书与情报》1986年第4期。

365. 张旭:《论余嘉锡的史学思想》,《西江月》2013年9月上旬刊。

366. 郑学弢:《〈世说新语·文学篇〉札记(三)——余嘉锡先生〈世说新语笺疏〉拾遗》,《徐州师范学院学报》(哲学社会科学版)1985年第4期。

367. 周祖谟、余淑宜:《余嘉锡先生学行忆往》,《中国文化》第13期。

368. 周玲:《关于〈论语〉〈史记〉的命名——余嘉锡、张舜徽观点之比较》,《广东教育学院学报》2009年第4期。

369. 周士琦:《余嘉锡说驴马优劣周祖谟论平仄后先》,《语文建设》2001年第1期。

四、博士硕士论文

370. 安学勇:《〈四库提要辨证〉研究》,兰州大学硕士论文,2008年,汪受宽指导。

371. 张循:《论十九世纪清代的汉宋之争》,复旦大学博士学问论文,2007年,朱维铮指导。

372. 王语欢:《余嘉锡学术年谱》,黑龙江大学硕士论文,2013年,杨庆辰指导。

373. 倪梁鸣:《论 20 世纪中国目录学成就》,安徽大学硕士论文,2007 年,周怀宇指导。

374. 滕兰花:《余嘉锡文献学思想研究》,2001 年,广西师范大学硕士学位论文,张家璠、任冠文指导。

375. 唐嘉莲:《余嘉锡之文献学研究》,台湾师范大学硕士论文,陈廖安指导。

376. 刘正元:《余嘉锡的目录学研究》,台北市立师范学院硕士论文,2002 年,古国顺指导。

377. 汪润:《"夺取汉学中心"的理念与实践——以〈辅仁学志〉为中心》,北京师范大学博士学位论文,2009 年,赵世瑜指导。